A Forum for Peace: Daisaku Ikeda's Proposals to the UN

新しき人類社会と国連の使命 上

――池田大作 平和提言選集

戸田記念国際平和研究所 編

潮出版社

新しき人類社会と国連の使命　上——池田大作　平和提言選集

目次

第2章　地球上から悲惨の二字をなくす

[平和の文化]

ブックデザイン　鈴木正道（Suzuki Design）
写真提供　聖教新聞社

凡例

一、本書に収録した池田大作ＳＧＩ（創価学会インタナショナル）会長の提言の全文および抜粋は、『池田大作全集』（聖教新聞社刊）の第1巻、第2巻、第１０１巻、創価学会広報室発行の小冊子を底本とした。

一、２００６年の国連提言、２００９年の核廃絶提言、２０１２年の環境提言、２０１２年と２０１３年の「ＳＧＩの日」記念提言は、全文を収録した。

一、１９８３年から２０１１年までの「ＳＧＩの日」記念提言については、内容をテーマ別に分類し、抜粋した文章を独立の項目として収めるにあたり、著者の了承を得て、若干、加筆・訂正を行った。その際、文章を省略した箇所には「（中略）」を、段落を省略した箇所には「◇」を付した。

一、本文中の肩書は提言の発表当時のままにした。時節は（）内に補足を施した。

一、『日蓮大聖人御書全集』（創価学会版）は「（御書　㌻）」と略記し、法華経は『妙法蓮華経並開結』（創価学会版）により「（法華経　㌻）」と略記した。

一、創価学会の牧口常三郎初代会長の著作は『牧口常三郎全集』（第三文明社刊）から、戸田城聖第2代会長の著作は『戸田城聖全集』（聖教新聞社刊）から引用した。

一、その他の引用は、そのつど書名を挙げた。引用の際、読みにくい漢字には、ふりがなを施し、現代表記に改めたものもある。

一、編者による注は（　）内の＝の後に記した。

発刊に寄せて

元国連事務次長　アンワルル・K・チョウドリ

持続《じぞく》可能な平和と開発の実現にその人生を捧《ささ》げてきた、偉大な人物による著作《ちょさく》の発刊に際《さい》し、こうして一文《いちぶん》を寄《よ》せることができるのは、私にとってこの上ない喜びであります。

平和の主導者《しゅどうしゃ》にして尊敬すべき人間主義者であるＳＧＩ（創価学会インタナショナル）の池田大作会長は、１９８３年以来、毎年、1月26日（ＳＧＩの結成記念日）に寄せる形で世界の人々に向けて平和提言を発表してこられました。この１９８３年は、ＳＧＩが、国連の経済社会理事会との協議資格《きょうぎしかく》を持つＮＧＯ（非政府組織）として、正式に認定された年です。

毎年発表されてきた平和提言は、優れた発想と深い洞察《どうさつ》、そして明快《めいかい》な表現に基《もと》づいています。それは、私たちの世界にとって非常に重要な四つの分野――すなわち、「平和の文化」の構築《こうちく》、女性の地位の向上《こうじょう》、国連改革の推進《すいしん》、世界市民の基盤《きばん》となる人間主義の強調――に焦点《しょうてん》を当てています。

世界の安定と国連の改革を目指して、こうした平和提言を積み重ねてきた池田会長の絶え間《たま》ない挑戦は、このたび、30周年の佳節《かせつ》を迎《むか》えました。本書は、この記念すべき年に、平和提言の中から特に国連に関連する内容に焦点を当てる形でまとめられたものです。

池田会長との長年にわたる対話や交流を通じて想起《そうき》することは、国連に対する揺《ゆ》るぎない信頼です。

「国連を守ること」は「国家を守ること」であり、「自分たちを守ること」であり、さらには「子どもたちの未来を守ること」であるとの不動《ふどう》の確信を思い起こします。

これほど長い間、首尾一貫《しゅびいっかん》して国連に期待し、その役割と責任について光を当ててきた人物は他にはおりません。

確かに、同様の問題意識をもった国連職員や研究者もおりますが、これだけ長期《ちょうき》にわたり、継続《けいぞく》して努力を積み重ねてきた人物は稀有《けう》です。しかも池田会長は、多国間《たこくかん》主義を中核《ちゅうかく》とする国連システムの理念《りねん》を訴《うった》え、支持《しじ》し続けてこられました。私は、こうした池田会長の国連に対する支持を、大変誇《ほこ》りに思います。

ここで、平和提言が発表開始20周年を迎えた際（２００３年）に私が申し上げたことを、改めて繰《く》り返《かえ》したいと思います。

「池田会長の平和提言の独自性《どくじせい》は、そこで取り上げられる問題が人類全体にかかわるものであると理解すると同時に、私たち一人一人の福利と幸福に直接関係すると理解する時、際立《きわだ》ってくる」

これらの提言には、私たちの世界をより良くするための素晴らしい考えや提案が数多く盛《も》り込《こ》まれています。

２００６年に東京を訪れた際、国連事務総長の代理として、池田会長から国連への提言（「世界が期待する国連たれ」）を直接いただいた時の栄誉《えいよ》と感謝の気持ちは、今でもはっきりと覚えています。

池田会長の提言は、「平和」に関するあらゆる側面《そくめん》を視野《しや》に収《おさ》めています。つまり、「平和」の概念《がいねん》を単なる戦争の不在《ふざい》を意味する「消極的平和《しょうきょくてきへいわ》」ではなく、より広範《こうはん》な「積極的平和《せっきょくてきへいわ》」として捉《とら》えています。

池田会長は、「平和の文化」、つまり、対話による平和や、非暴力《ひぼうりょく》による平和こそが、新しい地球社会の根本《こんぽん》であらねばならないことを強調《きょうちょう》されています。私自身も、私たちと未来の世代《せだい》にとって、世界が平和で安全な場所となるためには、「平和の文化」に焦点《しょうてん》を当てることが不可欠《ふかけつ》であると考えます。池田会長は、平和とはどこか遠くにあるものではなく、日々の生活の中で、自《みずか》らの努力によって勝ち取るものであると強く訴《うった》えています。

大変心強いことに、池田会長は数々の提言の中で、「平和の文化」構築《こうちく》のための重要な要素《ようそ》として、「人々のエンパワーメント（内発的《ないはってき》な力の開花《かいか》）」に光を当てること、そして、平和創造の主体者《しゅたいしゃ》として、女性の社会進出が重要であることを提唱《ていしょう》されています。２００１年の平和提言では、女性の社会進出こそが、21世紀の世界を平和と繁栄《はんえい》の方向へ導《みちび》く鍵《かぎ》になると述《の》べられました。

２０１０年は、国連安全保障理事会の１３２５号決議の採択《さいたく》10周年にあたりました。この決議は、政策決定過程《かてい》のすべての段階において、女性の平等な参加を求めるものです。

２０１０年の平和提言で池田会長は、教育における男女平等を実現するためにこれまでの試《こころ》みを一新《いっしん》することや、人間開発イニシアチブの中心に女性にかかわる問題や観点《かんてん》を置くことを提唱されました。池田会長はまた、若い世代にとって学校こそ「平和の文化」を育《はぐく》む中心的存在となるべきことを訴えています。

最も解決しがたい問題についても解決していく人間の能力や潜在的資質《せんざいてきししつ》、特に青年の可能性に対する池田会長の強い信頼に、私は大きく啓発《けいはつ》されました。地球の平和と連帯《れんたい》に貢献《こうけん》するために、池田会長は、青年に対して、さらに努力せよと激励《げきれい》されています。

池田会長は、「これらの提言を書く上で、私の最大の希望と決意と挑戦は、青年の心に変革《へんかく》の種子《しゅし》を植えることです」と述べています。

また、２００８年の平和提言で池田会長は、人権教育、生態系《せいたいけい》の保全《ほぜん》、平和のための社会構造の整備を訴えられました。これは国際社会において大きな反響を呼びました。なかでも草《くさ》の根《ね》運動の拡大《かくだい》、民衆の協働《きょうどう》を通したエンパワーメント、そして、「持続《じぞく》可能な開発のための教育の10年」へのイニシアチブは、特筆《とくひつ》すべきものです。

２００８年12月、国際通信社ＩＰＳ（インタープレスサービス）の配信《はいしん》記事で紹介された「人々が苦しまなくてはならない法律はない」と題する寄稿《きこう》において池田会長は、世界的な人権意識の確立のために必要なことは何かを論じています。その提言を踏《ふ》まえれば、今や国連は、「平和への権利」の擁《よう》護《ご》を「開発への権利」と同等に認《みと》めるべきであると、私は考えます。

世界が今、不確実《ふかくじつ》で不安定な状況に直面《ちょくめん》する中で、核兵器《かくへいき》の廃絶《はいぜつ》という課題に再《ふた》び注目が集まるようになってきました。そうした中で、長年にわたる池田会長の軍縮《ぐんしゅく》への取り組み、特に核兵器廃絶への呼びかけは、傑出《けっしゅつ》した光を放《はな》っています。池田会長は１９８４年の平和提言で「戦争のない世界」を呼びかけ、２００３年や２００４年の平和提言では「核兵器のない世界」の実現を提唱されています。

世界はこうした呼びかけに対して、今から5年以内に答えるべきです。核兵器廃絶の達成へ向けて、被爆者《ひばくしゃ》の方々《かたがた》が生きておられる間に、核兵器の時代に終わりを告《つ》げるという象徴的《しょうちょうてき》な意味も含めて、

2015年に広島・長崎で「核廃絶《かくはいぜつ》サミット」の開催《かいさい》を実現するべきです。

池田会長は、脅威《きょうい》を互《たが》いに削減《さくげん》し合う「安全と安心の同心円《どうしんえん》」の拡大を通じて、核政策が明確でない国や、NPT（核拡散《かくさん》防止条約）に加わっていない国を枠《わく》組みに引き寄せることができると信じています。

「軍事力というハード・パワーの使用は、決して安定をもたらすものではない」との池田会長の主張は、すべての人々を啓発《けいはつ》し、世界の指導者が胸に刻《きざ》むべき卓見《たっけん》でありましょう。

私はまた、国連の活動に市民社会の参画《さんかく》を呼びかける池田会長の提言を、非常に価値あるものと考えます。「人類の議会」というビジョンや、「地球民衆評議会《ひょうぎかい》」の創設といった構想は、国際社会において積極的に考慮《こうりょ》されるべき提案です。

「新たなる価値創造の時代へ」と題する2010年の平和提言で、池田会長は、意義ある雇用機会《こようきかい》――つまり、ILO（国際労働機関）が呼びかける「ディーセント・ワーク（働きがいのある人間らしい仕事）」を創出していくための具体的な提案をされています。今日の経済危機の状況において、この提言を実現するためには、女子教育の拡充《かくじゅう》が最優先課題となりましょう。

特にこの数年間、池田会長によってなされた国連改革のための提言は、国際社会において非常に独《どく》創的《そうてき》な視点を有《ゆう》するものです。池田会長は国連の普遍的《ふへんてき》な役割を認めた上で、それが有効に機能《きのう》するためには、〝民衆の、民衆による、民衆のための組織〟でなければならないと強調《きょうちょう》されています。

また、国連の活動やプログラムは、「人間の安全保障」に焦点《しょうてん》を当てたものでなければならないと主張されています。その意味で、子ども兵士の社会復帰や対人地雷《たいじんじらい》禁止に対する提案には、意義深いものがあります。池田会長はさらに、国連の将来的財源《ざいげん》の確保にまで思慮《しりょ》をめぐらせ、加盟国《かめいこく》の分担《ぶんたん》金《きん》に頼り過ぎる現在の予算体制を改めて、「国連民衆ファンド」の設置を提案されています。

　結論として私は、池田会長の平和提言を貫《つらぬ》く根本的《こんぽんてき》な哲学は〝人間精神の覚醒《かくせい》〟にあると思っています。それは、人類にとってより良い未来のために、「他者《たしゃ》を思いやる心」であり、地球に住むすべての人々に生きる力を与える精神です。池田会長は常々《つねづね》、「人間革命」の哲学について語っていますが、それは、一人一人の最も素晴らしい特質《とくしつ》を引き出す、すべての人々と国々にとって究極的《きゅうきょくてき》な目的となるものです。

　池田会長と親《した》しくお会いできたことは、私にとって最大の名誉《めいよ》であり、平和のために人生を捧《ささ》げてこられた池田会長の行動に、深く感謝するものです。池田会長とお会いするたびに、人類益《じんるいえき》を追求《ついきゅう》し、「人間開発」と「平和の文化」のメッセージを広めるためには、世界は池田会長のような英知《えいち》と献身《けんしん》と慈愛《じあい》と人格を必要としているとの思いが、私の胸に募《つの》ってきました。

　私は、国連の加盟国ならびに市民社会の代表とともに、池田会長を歓迎《かんげい》し、世界の平和と地球文明の発展へ向けて、国連の場で池田会長の力強いメッセージを拝聴《はいちょう》できる機会を心から待ち望んでおります。

　池田会長が「人類の議会」と呼ぶ国連の強化へ向けて、民衆の積極的な参画を巻き起こしていくために、本書が、国連の目的やその役割に関心を持つすべての人々、特に青年に読まれることを願っています。

第1章　国連の使命と強化のための方策

1945年6月に「国連憲章」の調印式が行われた歴史的な建物で、国連の意義についてスピーチ（93年3月、サンフランシスコ）

国連提言

「世界が期待する国連たれ」（2006年8月）

「世界平和の構造は、一人の人間や、一つの政党《せいとう》や、一つの国家だけでつくりあげられるものでは決してありません」

「それはあくまで、全世界の協力的な努力の結果としてのみ成《な》し遂《と》げられるものであります」

国連の生《う》みの親の一人で、その名付《なづ》け親でもあったフランクリン・ルーズベルト大統領が、1945年3月、アメリカ連邦議会の演説《えんぜつ》で語った言葉であります。

彼は、自身が夢見た世界平和のための国際機関の誕生《たんじょう》をみることなく、その翌月《よくげつ》、国連憲章《けんしょう》の採択《さいたく》のための「サンフランシスコ会議」が開幕する直前に逝去《せいきょ》しました。

その壮大《そうだい》な理想を受《う》け継《つ》ぐかのように、世界50カ国の代表が勇《いさ》み集《つど》った会議では、〝戦争と悲劇《ひげき》の流転《るてん》史と決別《けつべつ》し、平和な世界を断固《だんこ》として建設しゆくのだ〟との熱気に包《つつ》まれておりました。

当時、会議それ自体が「よりよき未来への人類の長い前進の里程標《りていひょう》」と形容《けいよう》されたほど、世界は、国連創設《そうせつ》という夢に熱い期待を寄せてやまなかったのであります。

2カ月にわたる討議《とうぎ》を経《へ》て採択された国連憲章は、一つの大いなる誓《ちか》いが結実《けつじつ》したものとなりました。

「われらの一生のうちに二度まで言語《げんご》に絶《ぜつ》する悲哀《ひあい》を人類に与えた戦争の惨害《さんがい》から将来の世代《せだい》を救い――」

前文に謳《うた》われたこの誓いは、単なる「過去」の反省だけにとどまりません。それは、何よりも「未来」の世代に対する崇高《すうこう》な責任感に貫《つらぬ》かれたものだったのであります。

私も今から13年前（1993年3月）、憲章の採択の場となったサンフランシスコの会議場を訪《おとず》れました。

「人類の議会」たる国連が産声《うぶごえ》をあげた世界史の劇的な瞬間に思いをはせながら、国連に託《たく》された使命の大きさを、改めてかみしめずにはいられませんでした。

創設から60年を経《へ》た国連の課題

世界を巻《ま》き込《こ》む大戦を、断《だん》じて再び起こさない――この当初の目的は、東西の冷戦《れいせん》対立をはじめとする数々の危機の中で、薄氷《はくひょう》を踏《ふ》むような危《あや》うさを常に抱《かか》えながらも、何とか生き永《なが》らえてきたといえましょう。

しかし、その間にも、各地で紛争《ふんそう》はやむことなく続いてきました。21世紀に入ってからは、テロの脅威《きょうい》がますます高まっております。さらに、貧困《ひんこん》や飢餓《きが》、環境破壊、難民《なんみん》問題など、人間の尊厳《そんげん》を脅《おびや》かす地球的問題群《ぐん》も、深刻《しんこく》の度《ど》を増《ま》しております。

創設から60年。国連を取り巻く状況に目を向けた時、浮かび上がってくるものは、一体何か。

それは、アナン事務総長《じむそうちょう》が、「加盟国間《かめいこっかん》の深い亀裂《きれつ》、また、国連諸機関《しょきかん》全体の機能不全《きのうふぜん》により、私たちが一致《いっち》団結《だんけつ》して今日《こんにち》の脅威《きょうい》に取り組み、機会をとらえることができなくなっている」（2005年9月、国連総会特別首脳《しゅのう》会合でのスピーチ）と指摘《してき》する厳しい現実でありましょう。

政府間組織という性格を有《ゆう》する中で、大胆《だいたん》な改革や挑戦を始めようとしても、各国の国益《こくえき》という厚い壁《かべ》が立ちはだかってしまう――これが、国連が長い間、直面《ちょくめん》してきた難問《なんもん》であります。

そうした中で、国連への失望《しつぼう》を語る声や、国連無力論《むりょくろん》が一部で叫《さけ》ばれてもきました。確かに国連には、時代の変化に対応しきれていない面があるかもしれない。また、多くの課題や批判があることも事実です。

しかし、世界の各地でさまざまな脅威に苦しんでいる人々がいる限り、国連の大使命《だいしめい》が失われることは、絶対にありません。

192カ国が加盟する最も普遍的《ふへんてき》な機関である国連を除《のぞ》いて、国際協力の礎《いしずえ》となり、その活動に正統性《とうせい》を与えられる存在を、他に求めることは、事実上、困難であります。

そうであるならば、この60年の長きにわたって、「グローバルな対話の場」として国際的なコンセンサス（合意《ごうい》）づくりに努《つと》め、各地で人道支援《じんどうしえん》の活動を担《にな》い続けてきた尊《とうと》き実績をもつ国連を、より力強く支え、より活性化していく以外に道はないのではないでしょうか。

私がこれまで世界のリーダーや識者の方々と対話を重ねゆく中で、一貫《いっかん》して焦点《しょうてん》を当ててきたのは「国連をどう考えるか」というテーマでありました。

それらの意見を要約《ようやく》するならば、国連が抱《かか》える問題点や、国連に対する要望《ようぼう》はあるにせよ、「国連支持」という一点においては、ほぼ完璧《かんぺき》に一致《いっち》をみたのであります。

ただし、いざ国連を中心に行動を起こすとなると、自国の立場や利害《りがい》のために距離をおいてしまう政治指導者が少なくないというのが、大方《おおかた》の見方でもありました。

実際、デクエヤル氏やブトロス・ガリ氏をはじめ、歴代の国連首脳との対話の中で浮《う》き彫《ぼ》りとなったのも、〝国連に「最大の期待」が寄せられる一方で、現実には「最小の支援」しか寄せられていない〟という不本意《ふほんい》な実情だったのであります。

「戦争の文化」を乗り越えるために

では、いかにして、この状況を打開《だかい》すればよいのか。

そのためには、まず当然のようであっても、国連が「人類の議会」であるという原点に常《つね》に立ち返ることであり、国益や主張のぶつかり合いで、どれだけ厳しい対立の構図《こうず》に陥《おちい》ったとしても、各国が「対話」という軸足《じくあし》を動かすことなく、人類共闘《きょうとう》の地歩《じほ》を一歩ずつでも固めていくしかないと、私は考えます。

「対話」がなければ、世界は、分断《ぶんだん》の暗闇《くらやみ》の中を迷走《めいそう》し続けなければなりません。その意味で「対話」とは、ギリシャ神話の怪物《かいぶつ》ミノタウルスが住む迷宮《めいきゅう》のような袋小路《ふくろこうじ》から、人類が抜け出すための〝アリアドネの糸〟ともいえましょう。

こうした「対話」を忍耐《にんたい》強く継続《けいぞく》する中でこそ、時代の要請《ようせい》する「共生《きょうせい》」と「寛容《かんよう》」のエートス（道徳的気風《きふう》）が育《はぐく》まれる。それがやがては、人類史を転換《てんかん》しゆく「平和の文化」の土壌《どじょう》となることを、私は確信してやみません。

今、世界には、混迷《こんめい》深まるイラク・中東《ちゅうとう》情勢をはじめ、北朝鮮やイランの核《かく》開発問題、またアフガニスタン情勢の悪化、さらにアフリカ各地で続く紛争《ふんそう》など、幾多《いくた》の問題が山積《さんせき》しております。

しかし、状況が深刻《しんこく》だからこそ、国連の最大の特性《とくせい》ともいうべきソフト・パワーの源泉《げんせん》となる「グローバルな対話の回路《かいろ》」を、できうる限り駆使《くし》しながら、事態打開《じたいだかい》の糸口《いとぐち》を探《さぐ》る努力を粘《ねば》り強く続けることが、大切ではないでしょうか。

グローバル化の波とは裏腹《うらはら》に、国家間の対立や内戦など、分断化《ぶんだんか》が進む世界にあって、戦争や暴力といった手段に訴《うった》えて自己の主張を押し通そうとする「戦争の文化」が増長《ぞうちょう》しております。今ほど、その根《ね》を断《た》ち切《き》る挑戦が求められている時はありません。

それは対話を通じて、互《たが》いの立場を理解しながら、共《とも》に人間の尊厳《そんげん》が輝く「平和な地球社会」を目指していく断固《だんこ》たる前進であります。

この「対話の文明」の大建設に向けて、国連が厳然《げんぜん》と中心的な役割を死守《ししゅ》していただきたいと、私は強く訴えたいのであります。

世界の紛争解決と平和に捧《ささ》げた生涯《しょうがい》

ここで、21世紀の国連が進むべき方向性を見定《みさだ》めるために、今なお〝国連の良心《りょうしん》〟として慕《した》われ、国連史に不滅《ふめつ》の光を放《はな》つダグ・ハマーショルド第2代事務総長《じむそうちょう》の事績《じせき》にスポットを当てておきたい。

スウェーデン出身の経済学者であったハマーショルド総長は、東西冷戦《れいせん》の緊張が高まる最中《さなか》、国連が受動的《じゅどうてき》な対応にとどまることなく、世界平和への主体的な役割を担《にな》うことを志向《しこう》したリーダーであります。昨年（2005年）は、生誕《せいたん》100周年に当たっておりました。

その手腕《しゅわん》は、スエズ危機をはじめ、レバノン事件やラオス問題などで発揮《はっき》され、自《みずか》ら現地に赴《おもむ》き、調停《ちょうてい》に当たる「静かな外交」に精力的に取り組んだことも、不滅《ふめつ》の足跡《そくせき》であります。

そうした積極的《せっきょくてき》な外交姿勢に批判的な国もあり、ソ連のフルシチョフ首相から辞任《じにん》を迫《せま》られた時もありました。しかし、ハマーショルド総長は、断固、これを拒否《きょひ》し、国連の中心者として難局《なんきょく》に挑《いど》み続けたのであります。

亡くなった後、発刊された『道しるべ』には、その不屈《ふくつ》の信条《しんじょう》を綴《つづ》った言葉が残されております。

「《鑿《ジ・アンカーヴド・ブロック》を打ちこんでない石塊》――。おまえ自身の、また全人類の中核《ちゅうかく》に留《とど》まってあれ。そのためにおまえに課《か》される目標めざして行動せよ。一瞬一瞬に、能《あた》うかぎりの力を尽《つ》くして行動せよ。結果を顧《こ》慮《りょ》せず、自分のためにはなにごとも求めずに行動せよ」（鵜飼信成訳、みすず書房）

ハマーショルド総長は、この宗教的ともいうべき高邁《こうまい》な使命感をもって、「世界が期待する国連」の重責《じゅうせき》を、最後の瞬間まで担い続けました。そして1961年9月、コンゴ紛争の解決のため、カタンガのチョンベ大統領との会談に向かう途中、北ローデシア（現在のザンビア）で飛行機事故に殉難《じゅんなん》し、56年の生涯を閉じたのであります。

その一連の功績《こうせき》を称《たた》え、没後《ぼつご》にノーベル平和賞が贈られています。

『我と汝《なんじ》』の翻訳《ほんやく》に込められた思い

このハマーショルド総長が、逝去《せいきょ》の直前、コンゴ紛争の調停とともに、やり遂《と》げようと決意していたことが、実はもう一つありました。

それは、彼が敬愛《けいあい》してやまなかった〝対話の哲学者〟マルティン・ブーバー氏の『我《われ》と汝《なんじ》』を、母国スウェーデン語に翻訳《ほんやく》することだったのであります。（以下、モーリス・フリードマン『評伝マルティン・ブーバー　下』黒沼凱夫・河合一充訳、ミルトスを参照）

両者の交流は、事務総長《じむそうちょう》に就任《しゅうにん》する前年の1952年に始まりました。共感を深め合う中、ハマーショルド総長は、ブーバー氏の著作《ちょさく》を自ら翻訳したいとの思いを強めていきました。その気持ちを手紙に綴《つづ》ったところ、ブーバー氏からの返事で、『我と汝』を翻訳してはどうかとの提案《ていあん》を受けたのは、コンゴへ出立《しゅったつ》するわずか数週間前であったようであります。

即座《そくざ》にスウェーデンの出版社と連絡を取り、快諾《かいだく》を得たハマーショルド総長は、その旨《むね》を手紙に認《したた》め、ブーバー氏に送りました。

ハマーショルド総長はニューヨークを飛び立ち、コンゴへ向かう途次《とじ》でも、著者本人から贈られたドイツ語版の『我と汝』を、常に携《たずさ》えておりました。

そして飛行機での移動時間や、一時滞在《たいざい》したレオポルドビル（現キンシャサ）で、激務《げきむ》の合間《あいま》を縫《ぬ》いながら、翻訳作業に取りかかっていたのであります。

最後の滞在の地には、その遺稿《いこう》というべき『我と汝』の12ページ分の翻訳原稿が残されていたといいます。

ブーバー氏がハマーショルド総長からの手紙を受け取ったのは、飛行機事故のニュースをラジオで聞いた、まさに1時間後のことでありました。

ブーバー氏は、「使命のために殉教《じゅんきょう》してしまった」と、その死を深く悼《いた》みました。そして、最後まで成《な》すべきことを成し遂《と》げようと試《こころ》みた善意《ぜんい》と情熱の人生を、心から偲《しの》んだのであります。

難局《なんきょく》を打開《だかい》した〝一対一〟の対話

ハマーショルド総長が、ブーバー氏と共有し、著作の翻訳を通じて、人々に伝えようとした信念とは何であったのか――。

それは、いかなる難局にあろうとも、人間は他者と「真の対話」を持ちうるという確信だったのではないか。そして「真の対話」がなされれば、不信《ふしん》と分断《ぶんだん》の世界にも、必ず橋をかけることができる、との信念であったに違いないと、私は思うのです。

そのことを象徴《しょうちょう》する有名なエピソードがあります。（以下、Brian Urquhart, *Hammarskjold*, W. W. Norton & Company）

１９５４年の暮れ、ハマーショルド総長は、朝鮮戦争の際《さい》に囚《とら》われたアメリカ人飛行士の釈放《しゃくほう》を求めて、国連の議席が未《み》回復《かいふく》状態にあった中国へ向かい、年明け早々に、周恩来総理《しゅうおんらいそうり》との会見に臨《のぞ》みました。

周囲からは反対され、また通訳の同行《どうこう》も認められないなか、単身《たんしん》、会見の席に臨んだ総長は、周総理にこう語りました。

「私は、あなたに懇願《こんがん》するためにきたのではなく、あなたの知恵と平和実現の思いの強さを信頼してきました。今、囚われているアメリカ人飛行士の運命が、平和への重要な要素となっていることを理解していただきたい。

目と目を合わせ、率直《そっちょく》に会談することによって、今ここにある摩擦《まさつ》を悪化《あっか》させないことが、切迫《せっぱく》した要請《ようせい》であると理解してもらうことが、事務総長《じむそうちょう》として、また一人の人間としての大きな懸念《けねん》であることを、どうかわかっていただきたいのです」と。

人間こそが人間を知る――私も、この周総理《しゅうそうり》とは、忘《わす》れ得《え》ぬ出会いを結《むす》びました。周総理が逝去《せいきょ》される1年ほど前（1974年12月）のことです。

これに先立つ1968年9月、日本と中国との間で戦争状態が正式に終結していない状況にあって、私は、日中の国交正常化《こっこうせいじょうか》と、国連における中国の議席回復を求める提言を行いました。そうした経緯《けいい》をよくご存じであった周総理は、病気療養中《りょうようちゅう》で、こちらが辞退《じたい》したにもかかわらず、北京の病院で私を温かく迎《むか》えてくださったのです。

周総理は、30歳も年の離れた私に対し、烈々《れつれつ》たる気迫《きはく》で「全世界の人びとが、お互《たが》いに平等な立場で、助け合い、努力することが必要です」と語られました。そして、アジアと世界の平和を展望《てんぼう》されながら、中国と日本の万代《ばんだい》の友好を、強く願われたのであります。

この私自身の体験に照《て》らしても、周総理とハマーショルド総長との間に、どのような魂《たましい》と魂の対話が交《か》わされたのか、その光景が目に浮かんでまいります。

事実、この会見を通じて、総理と総長に、ある種の共感が芽生《めば》えたことが端緒《たんしょ》となり、11人のアメリカ人飛行士の釈放《しゃくほう》への道が開かれたのであります。

ともあれ、国と国の関係、また、国連と各国の関係といっても、その源《みなもと》は、人間と人間との出会い、そして心を開いた対話から、すべては始まります。

いかに情勢が厳しくとも、直接会って、対話を重ねる中で、問題解決の突破口《とっぱこう》は必ず開くことができる――。ハマーショルド総長が在任中《ざいにんちゅう》、紛争《ふんそう》の調停《ちょうてい》のため、各地へ駆《か》けつける際《さい》に、常に念頭《ねんとう》においていたものは、この確信にほかならなかったと、私は考えるのであります。

世界平和のために飽《あ》くなき努力を傾《かたむ》けた、このハマーショルド総長の精神こそ、「対話の文明」の担《にな》い手たる国連がよって立つべき指針《ししん》であります。そして、ここにこそ、21世紀の人類が受け継ぐべき、重大な魂の遺産《いさん》があるとはいえないでしょうか。

その意味でも、今、緊張の高まる中東《ちゅうとう》地域において、国連を軸《じく》に、関係各国が粘《ねば》り強い対話と連携《れんけい》を通して、事態の打開《だかい》と安定化を図《はか》ることが強く求められます。

1カ月にわたって武力衝突《ぶりょくしょうとつ》が続いたレバノン情勢も、先日、国連安保理《あんぽり》の決議を受けて、ようやく停戦《ていせん》状態に至《いた》りました。

しかし、いつ紛争が再燃《さいねん》するかわからない不安定な状態が続いており、そこから一歩進めて、より安定的な平和秩序《ちつじょ》の回復という段階に移行《いこう》させることが急務《きゅうむ》となっております。

私は、その新《あら》たな局面を開くための対話の回路を、国連を通じて、あらゆる面から模索《もさく》していく努力を切《せつ》に望むものであります。

軍国主義と対峙《たいじ》した創価学会の原点

こうした国連の大使命《だいしめい》を思う時、私の胸に響《ひび》いてくるのは、創設60周年を迎《むか》えた昨年（2005年）の9月、世界170カ国の首脳《しゅのう》が集《つど》って行われた国連総会特別首脳会合の席上《せきじょう》、アナン事務総長《じむそうちょう》が呼びかけた言葉であります。

「フランクリン・ルーズベルト大統領の言葉を借《か》りれば、私たちは『世界が理想とは程遠《ほどとお》いとわかっていても、自分たちの責任を全《まっと》うする勇気』を持たなければなりません」

60年の歳月《さいげつ》を経《へ》ても変わらざる国連の存在意義とは、まさに、この「勇気」と「責任」の結集軸《けっしゅうじく》たる点にあるといってよいでありましょう。

この国連を支《ささ》えるために、世界の民衆の連帯をつくり上げていくことは、私の師である戸《と》田城聖《だじょうせい》・創価学会第2代会長の遺命《ゆいめい》でもありました。

戦時中、宗教的信条《しんじょう》に基《もと》づき、牧口常三郎《まきぐちつねさぶろう》初代会長とともに、日本の軍国主義と真《ま》っ向《こう》から対峙《たいじ》した戸田第2代会長は、2年に及《およ》ぶ投獄《とうごく》にも屈《くっ》しませんでした。

その出獄《しゅつごく》は、1945年の7月3日。サンフランシスコで国連憲章《けんしょう》が採択《さいたく》されたのと、ほぼ時を同じくしていたのであります。

「地球民族主義」や「原水爆《げんすいばく》禁止宣言」をはじめ、卓越《たくえつ》した平和思想を残した戸田会長は、次のような信条を抱《いだ》いておりました。

国連は、20世紀の人類の英知《えいち》の結晶《けっしょう》である。この世界の希望の砦《とりで》を、次の世紀へ断《だん》じて守り、断じて育てていかねばならない、と。

そして、「地球上から悲惨《ひさん》の二字をなくしたい」と念願《ねんがん》しつつ、平和を求める民衆の連帯を広げる行動に邁進《まいしん》していったのであります。

わが家も4人の兄が徴兵《ちょうへい》され、長兄《ちょうけい》は戦死しました。老《お》いたる父母の悲しみは、あまりにも深かった。

戦争ほど、残酷《ざんこく》なものはない。戦争ほど、悲惨なものはない。このことを、私は青春の生命に刻《きざ》みつけました。

そして戦後まもなく、戸田会長と出会い、師と同じく、戦争の流転《るてん》に終止符《しゅうしふ》を打ち、平和な世界を実現させるために、この人生を捧《ささ》げようと固く決意したのであります。

1960年10月に国連本部を初訪問

わが師の遺志《いし》を継《つ》ぎ、第3代会長に就任《しゅうにん》した私は、世界平和への行動の第一歩を踏《ふ》み出すに際《さい》し、アメリカの天地《てんち》を選びました。

その理由の一つも、アメリカに、地球平和の基軸《きじく》としての国連本部が設置《せっち》されていたからであります。

1960年の10月、ニューヨークの国連本部を訪《おとず》れた時の記憶《きおく》は、今なお鮮烈《せんれつ》であります。当時は、ハマーショルド総長の時代で、国連本部では折《おり》しも、アメリカのアイゼンハワー大統領やソ連のフルシチョフ首相をはじめ、世界各国の首脳《しゅのう》が数多く出席した、第15回国連総会が行われておりました。

本会議や委員会の議事を傍聴《ぼうちょう》する中で、私の胸に深く残ったのは、独立してまもないアフリカ諸国の代表が、生き生きと討議に参加している姿であります。この総会では、カメルーンやトーゴ、マダガスカルなど17カ国の国連加盟が認められました。キプロスを除《のぞ》いて、そのすべてがアフリカ大陸の新しい独立国だったのです。

それだけに、本会議や委員会の討議においても、〝国連を通じて、より良い世界をつくり上げたい〟との息吹《いぶき》が、アフリカ諸国の若き代表の姿からひしひしと伝わってきました。以来、国連の大使命《だいしめい》を思う時、いつも、まず脳裏《のうり》に浮かんでくるのは、この時の情景《じょうけい》なのであります。

その後も私は、世界各地を回る中で、多くの人々が国連に対して抱《いだ》いている強い期待や願望《がんぼう》を感じてきました。そうした人々の思いを、国や民族や宗教の違いを超えて一つに結びつけ、国連支援《しえん》の輪《わ》を広げるべく、私は世界の指導者や識者との対話を重ねてきたのであります。

こうした「文明間の対話」や「宗教間の対話」に取り組む一方、時代変革のための具体策《ぐたいさく》を打ち出す作業が欠《か》かせないとの思いから、1983年以来、毎年、平和提言を発表してまいりました。

そして、国連強化の道を展望《てんぼう》し、さまざまな角度からの提案を続けるとともに、民衆レベルでの国連支援の重要性を訴《うった》えてきたのであります。

またSGI(創価学会インタナショナル)としても、国連支援の運動を世界各地で展開してきました。

冷戦《れいせん》の時代から民衆次元《じげん》で行動

東西冷戦《れいせん》の緊張が高まる中、国連の「世界軍縮《ぐんしゅく》キャンペーン」を受けて、1982年6月にニューヨークの国連本部でスタートした「核兵器《かくへいき》――現代世界の脅威《きょうい》」展は、その代表的なものです。ソ連(現ロシア)や中国などの核保有国《ほゆうこく》をはじめ、世界25都市を巡回《じゅんかい》し、のべ120万人の市民が見学しております。

さらに冷戦崩壊《ほうかい》後も、「戦争と平和」展や、内容を刷新《さっしん》した「核兵器――人類への脅威」展等を行い、平和を求める民衆の心を喚起《かんき》しながら、世界不戦への潮流《ちょうりゅう》を高めてまいりました。

人権教育の分野では、「国連人権教育の10年」(1995―2004年)を推進《すいしん》する形で、「現代世界の人権」展を開催してきました。この10年の取り組みが終わった後も、人権教育の新たな国際的枠組《わくぐ》みづくりのために、国連機関や他のNGO（非政府組織）と連携《れんけい》を深め、その努力は、国連の「人権教育のための世界プログラム」として結実しています。

また地球環境問題の分野においても、「持続《じぞく》可能な開発のための教育の10年」の設置《せっち》を、他のNGOとともに呼びかけてきました。その結果、国連総会での採択《さいたく》を経《へ》て、ユネスコ（国連教育科学文化機関）を中心とした取り組みが昨年（2005年）からスタートしております。

さらに人道援助《えんじょ》の分野では、UNHCR（国連難民高等弁務官《なんみんこうとうべんむかん》事務所）の難民救援活動への長年にわたる支援に加えて、1992年にはカンボジアでの民主選挙実施《じっし》のために、UNTAC（国連カンボジア暫定《ざんてい》行政機構）の要請《ようせい》に応《こた》え、約30万台の中古ラジオを集め、寄託《きたく》した「ボイス・エイド」キャンペーンなどにも取り組んできました。

こうしたSGIの国連支援の輪は、今や世界190カ国・地域に広がっております。

SGIが、これまで取り組んできた運動は、いずれも、生命尊厳《そんげん》の仏法の哲理《てつり》を学び、実践する人間としての、やむにやまれぬ思いの発露《はつろ》にほかなりません。

国連が目指す道は、「平和」「平等」「慈悲《じひ》」を説《と》く仏法の思想と相通《あいつう》じております。ゆえに、その国連への支援は、私ども仏法者にとって〝必然《ひつぜん》〟ともいうべき行為なのです。

仏典には、勝鬘《しょうまん》夫人という一人の女性が、釈尊《しゃくそん》に次のような誓願《せいがん》を立てる話が説《と》かれております。

「私は、孤独《こどく》な人、不当《ふとう》に拘禁《こうきん》され自由を奪《うば》われている人、病気に悩《なや》む人、災難《さいなん》に苦しむ人、貧困《ひんこん》の人を見たならば、決して見捨《みす》てません。必ず、その人々を安穏《あんのん》にし、豊かにしていきます」

そして彼女は、自ら立てた誓願のままに、生涯《しょうがい》、苦悩に沈《しず》む人々のための行動を貫《つらぬ》き通したのであります。

私どもの信奉《しんぽう》する日蓮大聖人の仏法には、そうした大乗《だいじょう》仏教の精神が脈々《みゃくみゃく》と流れ通《かよ》っております。したがって、現代世界において、人間の尊厳《そんげん》を脅《おびや》かす脅威《きょうい》に立ち向かい、その解決のために努力を続ける国連を支援《しえん》することは、勝鬘《しょうまん》夫人に象徴される菩薩道《ぼさつどう》的生き方の一つの帰結《きけつ》にほかならないのであります。

特に国連が近年、力を入れている「人権」「人間の安全保障」「人間開発」、さらにまた「平和の文化」や「文明間の対話」といった分野は、仏法を貫《つらぬ》く平和思想とも極《きわ》めて親近《しんきん》しており、私どもは大いに共感を抱《いだ》いてまいりました。

『立正安国論《りっしょうあんこくろん》』を貫《つらぬ》く平和思想

その思想的源流《げんりゅう》には、日蓮大聖人が、戦乱や天災で民衆が塗炭《とたん》の苦しみにあえいでいた13世紀の日本で著《あらわ》された『立正安国論』があります。

『立正安国論』では、「くに」を表す漢字一つをとってみても、「囗（くにがまえ）」の中に、「玉」（王の意）や「或」（戈《ほこ》を手にして国境と土地を守る意）の字ではなく、「民」を用いた、「囻」という字が大半《たいはん》を占《し》めています。そこには、権力者でも領土《りょうど》でもなく、民衆の幸福と平和に最大の眼目《がんもく》を置く、現代でいうところの「人間の安全保障」に通《つう》ずる思想が脈動《みゃくどう》しているのであります。

また全編《ぜんぺん》を通じて、当時の日本に蔓延《まんえん》していた、無力感や諦《あきら》めを人びとに促《うなが》し現実の変革から目を背《そむ》けさせる思想や、個人の内面にのみ沈潜《ちんせん》し、社会とは没交渉《ぼつこうしょう》となる思想などを、厳しく指弾《しだん》しております。

そうではなく、人間が本来もつ可能性や力を存分《ぞんぶん》に開花させながら、民衆一人一人が時代変革の主体となって立ち上がる——今でいう、「人間開発」の核心《かくしん》をなす「エンパワーメント（内発的な力の開花）」の発想が、明瞭《めいりょう》に打ち出されております。

さらにその上で、「汝須《なんじすべから》く一身《いっしん》の安堵《あんど》を思わば先《ま》ず四表《しひょう》の静謐《せいひつ》を禱《いの》らん者か」（御書31ジペー）と、一身の幸福にとどまらず、全人類の平和をともに希求《ききゅう》していく「平和の文化」の創造を強く促しているのであります。私どもがこれまで、展示活動やセミナーを通じた草の根レベルでの意識啓発《けいはつ》に力を入れつつ、国連の活動を「軍縮《ぐんしゅく》教育」「人権教育」「環境教育」といった「教育」の側面《そくめん》から支えようとしてきた最大の理由も、ここにあります。

さらにまた『立正安国論』は、「客来《きた》って共に嘆《なげ》く屢《しばしば》談話《だんわ》を致《いた》さん」（同17ジペー）とあるように、思想的背景の異《こと》なる二人が、共に社会を憂《うれ》う場面から始まっております。

そして、「悲劇《ひげき》を生み出す原因は何か」「悲劇を止める術《すべ》はあるのか」「人間はそのために何ができるのか」と、真摯《しんし》な対話を交《か》わす中で、最後に、共に心を合わせて行動することを誓《ちか》う場面で、論を終えているのであります。

こうした「対話」による内面的な触発《しょくはつ》を通し、社会変革への「行動」に力を合わせて立ち上がるアプローチは、釈尊《しゃくそん》以来の仏法の伝統的な精神に基《もと》づくものです。

1995年に制定したSGI憲章《けんしょう》においても、「SGIは仏法の寛容《かんよう》の精神を根本《こんぽん》に、他の宗教を尊重《そんちょう》して、人類の基本的問題について対話し、その解決のために協力していく」と明確に謳《うた》い上げております。SGIでは、この精神に則《のっと》り、地球的問題群を解決する方途《ほうと》を探《さぐ》るため、宗教や文化的背景の異《こと》なる多くの人々と「開かれた対話」を重ねながら、目覚めた民衆の連帯を世界各地に広げてまいりました。

ソフト・パワーを時代の潮流《ちょうりゅう》に

冒頭《ぼうとう》で述《の》べたように、対立と緊張が続く世界にあって、こうした「対話」の力で、平和と共存の時代への潮流を高めていくことこそ、21世紀の国連が目指すべき道であります。

そして、グローバルな対話に基《もと》づく合議体《ごうぎたい》、行動体として、民衆の平和と幸福に焦点《しょうてん》を定めた「人権」「人間の安全保障」「人間開発」の三つの柱を根本《こんぽん》に、地球的問題群の解決に臨《のぞ》む人類共闘《きょうとう》の足場を築《きず》いていくことに、その最大の使命はあると、私は思うのです。

もちろん国連憲章《けんしょう》には、紛争《ふんそう》の平和的解決を定めた第6章とともに、強制措置《きょうせいそち》を定めた第7章があるように、軍事的措置を含む「ハード・パワー」の行使も想定《そうてい》されてはおります。しかし憲章が、第6章の先行《せんこう》を特に謳《うた》っているように、「ハード・パワー」の選択はあくまでもぎりぎりの局面での最終手段であらねばなりません。

国連の第一義《だいいちぎ》的使命は、どこまでも対話と国際協調をベースにした「ソフト・パワー」による世界の平和と安定化にあるのです。

思想家のオルテガ・イ・ガセットは、「文明とは、力をウルティマ・ラチオたらしめる試《こころ》みに他《ほか》ならない」（『大衆の反逆』神吉敬三訳、筑摩書房）との名言を残しました。

ウルティマ・ラチオとは「最後の手段」の謂《いい》であり、二度の世界大戦を教訓《きょうくん》に誕生《たんじょう》した国連の淵源《えんげん》を鑑《かんが》みても、この原則は断《だん》じて守り抜《ぬ》かれるべきものであります。

ゆえに国連は今後とも、軍事力など「ハード・パワー」による問題解決のアプローチではなく、信頼醸成《じょうせい》や予防的措置を重視した「ソフト・パワー」の充実にこそ、力を注《そそ》ぐことが大切であると思うのです。

東洋の伝統的な考えに、「60年」を一つの大きな時代の節目《ふしめ》と位置づけ、そこから再び新しい時代が始まるという捉《とら》え方があります。

その意味でいえば、昨年（2005年）、創設60周年を迎えた国連は、今一度、大いなる使命に立ち返って、新たなスタートを切る絶好の機会を迎えているのではないでしょうか。

人類への貢献《こうけん》を競《きそ》い合う世界へ

そこで、私が、新しい国連像の一つの形として具体的に提起《ていき》したいのが、「人道的競争」の中心軸《じく》としての国連であります。

この「人道的競争」とは、私ども創価学会の牧口常三郎《まきぐちつねさぶろう》初代会長が、20世紀の初頭（1903年）に発刊した著書《ちょしょ》『人生地理学《じんせいちりがく》』で提示した理念です。

牧口初代会長は、帝国主義や植民地《しょくみんち》主義が世界を跋扈《ばっこ》していた時代にあって、軍事や政治面、また経済面での熾烈《しれつ》な競争が繰《く》り広げられ、肝心要《かんじんかなめ》の〝人間一人一人の幸福〟が埋没《まいぼつ》している状況を鋭《するど》く批判しました。

そして、こうした弱肉強食《じゃくにくきょうしょく》的な競争から脱《だつ》し、共生のビジョンに基《もと》づいて〝自他共《じたとも》の幸福〟を目指す「人道的競争」へと進みゆくことを訴《うった》えたのであります。
牧口《まきぐち》会長は、その時代転換《てんかん》の要諦《ようてい》について、こう論じております。
「従来《じゅうらい》武力或《あるい》は権力を以《もっ》て其領土《そのりょうど》を拡張《かくちょう》し、成《な》るべく多くの人類を其意力《いりょく》の下《もと》に服従《ふくじゅう》せしめ、或は実力を以て其外形《がいけい》は異《こと》なるとも、実は武力若《も》しくは権力を以てしたると同様の事をなしたるを、無《む》形《けい》の勢力を以て自然に薫化《くんか》するにあり。即《すなわ》ち威服《いふく》の代《か》はりに心服《しんぷく》をなさしむるにあり」（『牧口常三郎全集第2巻』）

つまり、「威服」から「心服」へ――現代的に言い換《か》えれば、軍事力や政治力、または圧倒的《あっとうてき》な経済力をもって、他国を一方的に意のままにしようとしたり、強制的な形で影響を及《およ》ぼそうとする「ハード・パワー」の競争から決別《けつべつ》することであります。

そして、それぞれの国がもっている外交力や文化力、また人的資源《しげん》や技術・経験等を駆使《くし》した国際協力を通して、自然とその国の周《まわ》りに信頼関係や友好関係が築《きず》かれていくような、「ソフト・パワー」による切磋琢磨《せっさたくま》を呼びかけたのであります。

こうした「人道的競争」、すなわち「ソフト・パワー」に基《もと》づく影響力の競争が広がっていくならば、従来のような敗者の犠牲《ぎせい》や不幸の上に勝者がある「ゼロサム・ゲーム」に終止符《しゅうしふ》が打たれるようになるはずです。

さらに、それぞれの国が、人類への貢献《こうけん》を良い意味で競《きそ》い合う中で、地球上のすべての人々の尊厳《そんげん》が輝く「ウィン・ウィン（皆《みな》が勝者となる）」の時代への道が開かれていくはずであります。

直面する課題に一致《いっち》した対処《たいしょ》を

残念なことに、世界では今なお、自己の利益のために他の犠牲を顧《かえり》みない競争が続いており、急速に進むグローバル化の動きと相《あい》まって、貧富《ひんぷ》の差は拡大の一途《いっと》をたどっております。

また地球環境問題に代表されるように、人間の尊厳を脅《おびや》かす脅威《きょうい》もボーダーレス化しており、各国の個別的な対応だけでは、もはや通用《つうよう》しない時代を迎《むか》えていることに留意《りゅうい》せねばなりません。

アナン事務総長《じむそうちょう》が「21世紀にあっては、各国がそれぞれの優先課題にばらばらに取り組んだり、特定国の優先課題を損《そこ》なうような試《こころ》みを他国がしているような余裕《よゆう》はない」「各国が協調《きょうちょう》して問題に取り組めば、もっとも強大な国が単独《たんどく》で達成できる以上の成果《せいか》を手にできるようになる」(「国連改革、今こそ決断のとき」フォーリン・アフェアーズ・ジャパン訳、「論座」２００５年7月号所収、朝日新聞社)と強調しているのも、その意味からでありましょう。

大切なのは、各国の持てる力を分散《ぶんさん》させることなく、国連に結集《けっしゅう》させていくことです。人類の共有財産である国連を、名実《めいじつ》ともに「世界の民衆のために貢献する国連」へと強化する第一歩は、すべてそこから始まるといっても過言《かごん》ではありません。

本来、いかなる国も、国際社会のよき一員として名誉《めいよ》ある地位を占《し》めたいと願っているはずです。その志向性《しこうせい》を引き出しながら、競争のエネルギーを、暴力的な方向ではなく、人道的な方向へと向けていくことが肝要《かんよう》なのです。

こうした時代転換の旗振《はたふ》り役を果たすことこそ、「人道的競争」の中心軸《じく》としての国連の最大の責《せき》務《む》であると、私は考えるのであります。

その流れをつくり出し、21世紀の国連の背骨《せぼね》に「人道的競争」の理念を定着化《ていちゃくか》させるバロメーターとして私が提示したいのは、①「目的の共有《きょうゆう》」②「責任の共有」③「行動の共有」という、「三つの共有」であります。

ここで、この「三つの共有」に沿《そ》って、国連が取り組むべき課題とそのための改革案を、私なりに提起してみたいと思います。

第一は、〝平和とは単《たん》に紛争《ふんそう》が存在しないことではない〟との認識に立って、地球上のすべての人々の尊厳と幸福のために「平和の文化」を建設するという、「目的の共有」を確立していくことであります。

その意味で真《ま》っ先《さき》に取り組むべきは、人間の尊厳《そんげん》を日常的に脅《おびや》かしている「貧困《ひんこん》」の問題でありましょう。UNDP（国連開発計画）によれば、いまだに世界で25億人もの人々が、一日2ドル未満《みまん》での生活を余儀《よぎ》なくされているといいます。

UNDPのケマル・デルビシュ総裁《そうさい》は、このままでは国連が2015年までに目指している、貧困層《そう》の半減《はんげん》などの「ミレニアム開発目標」は達成できないとして、次のように警告《けいこく》しております。

「そのような状況は、とりわけ世界の貧困層にとって悲劇《ひげき》となる一方、富裕国《ふゆうこく》もその失敗がもたらす結果から逃《のが》れることはできないだろう。相互《そうご》依存の世界において、我々が共有する繁栄《はんえい》と集団的安全保障は、貧困との闘《たたか》いの成否《せいひ》にかかっているのだ」（UNDP『人間開発報告書　2005』のプレスリリースから）

多くの資源《しげん》を消費《しょうひ》し、豊かな生活を謳歌《おうか》する一部の国々の陰《かげ》で、世界の大半《たいはん》の人々が貧困の苦しみから抜《ぬ》け出せずに、幾世代《いくせだい》にもわたって人間の尊厳を脅かされ続けている――この地球社会の歪みを是正《ぜせい》することは、人道的な面でも絶対に避《さ》けて通れない重大問題であります。

しかも、これは決して克服《こくふく》できない課題ではありません。UNDPによれば、貧困問題の解決にかかるコストは、全世界の所得《しょとく》合計のわずか1％にすぎないと言われております。

各国で軍事費に費《つい》やされている資金の一部でも、そこに充当《じゅうとう》されるような仕組みができれば、貧困に苦しむ多くの人々の状況を改善する上で大いに役立っていくに違いありません。

私は、今一度、こうした資金の国際的な枠組《わくぐ》みづくりについての真剣《しんけん》な検討を、強く求めたい。

そしてこれと合わせて、貧困に苦しむ民衆一人一人へのエンパワーメントを重視した人間開発のための国際協力、特にユネスコが進めている「万人《ばんにん》のための教育」の活動などに積極的《せっきょくてき》な支援《しえん》を行っていくことを、各国に改《あらた》めて呼びかけたいと思うのであります。

「核軍縮《かくぐんしゅく》」をめぐる停滞《ていたい》状況の打破《だは》を

この貧困問題の解決とともに、「戦争の文化」に終焉《しゅうえん》を告《つ》げるために目を背《そむ》けてはならないのは、「軍縮問題」なかんずく「核軍縮」の問題であります。

先に述《の》べた「人道的競争」の思潮《しちょう》が国際社会に定着《ていちゃく》していくためには、「他国の恐怖《きょうふ》と不幸の上に、自国の安全と幸福を築くことはできない」という現実認識と、新たな地球的倫理《りんり》の確立が欠《か》かせません。この地球的倫理とまさに対極《たいきょく》にあるのが、圧倒的《あっとうてき》な破壊力《はかいりょく》をもって他国《たこく》に脅威《きょうい》を与えることで、自国《じこく》の安全保障を確保しようとする〝核保有《ほゆう》の論理〟といえましょう。

国連には、軍縮《ぐんしゅく》のための多《た》国間討議《こくかんとうぎ》の場として「ジュネーブ軍縮会議」があります。しかし、1996年に「包括的核実験《ほうかつてきかくじっけん》禁止条約」の案をまとめる成果《せいか》をあげて以降、各国の意見対立が続き、10年近く活動が停滞《ていたい》する状態となっていることは、憂慮《ゆうりょ》すべき事態というほかありません。

その停滞状況は、広島・長崎への原爆投下《げんばくとうか》から60年を迎《むか》えた昨年（2005年）も変わることはなく、5月のNPT（核拡散《かくさん》防止条約）再検討《さいけんとう》会議は、具体的な成果を得られぬまま閉会《へいかい》しました。それに続く、9月の国連総会特別首脳《しゅのう》会合でも、成果文書における核軍縮・不拡散に関《かん》する言及《げんきゅう》がすべて削除《さくじょ》されるなど、世界の平和を願う多くの人々に深い失望《しつぼう》を抱《いだ》かせる結果となってしまったのであります。

こうした中、ハンス・ブリクス氏（イラクの査察《ささつ》にあたった国連監視《かんし》検証査察《ささつ》委員会の元委員長）を中心とする有識者《ゆうしきしゃ》グループ「大量破壊兵器《はかいへいき》委員会」が、核軍縮と核不拡散に関する提言をまとめ、今年（2006年）の6月、アナン事務総長《じむそうちょう》に『恐怖《きょうふ》の兵器』と題する報告書を提出しました。

国際司法《しほう》裁判所の勧告《かんこく》から10年

そこでは、①軍縮や不拡散、またテロリストによる大量破壊兵器の利用に関して議論する「世界サミット」を国連で開催《かいさい》する②ジュネーブ軍縮会議の停滞を打開《だかい》するため、議題を設定するにあたっての全会一致《ぜんかいいっち》方式を改《あらた》め、3分の2以上の多数決《たすうけつ》方式に変更する、などの提案がなされております。

また核保有国に対し、「核兵器によらない安全保障の計画を開始すること。核兵器の非合法化《ひごうほうか》のための準備を開始すること」との勧告《かんこく》も盛《も》り込《こ》まれました。

いずれも、私がこれまで主張してきた方向性と合致《がっち》するものです。同委員会による意欲的《いよくてき》な提案を、各国が真摯《しんし》に受け止め、暗礁《あんしょう》に乗り上げたままの核軍縮問題の突破口《とっぱこう》を開く外交努力を一日も早く開始してほしいと、心から願ってやみません。

1996年に国際司法裁判所は、「核兵器の使用と威嚇《いかく》は一般的に国際法に違反《いはん》する」との勧告的《かんこくてき》意見を出しました。その中で、「厳格《げんかく》かつ効果的な国際管理の下《もと》において、すべての側面《そくめん》での核軍縮に導《みちび》く交渉《こうしょう》を誠実《せいじつ》に行いかつ完結《かんけつ》させる義務が存在する」との判断が示されてから、今年(2006年)で10年になります。

今一度、この勧告的意見の重みを、各国政府に呼びかけながら、核軍縮の遂行《すいこう》を強く求める国際世論を高めるべきだと、私は考えます。

大量破壊兵器委員会の報告書でも、この点に関して、「意思さえあれば、最終的には核兵器廃絶でさえも、世界が到達《とうたつ》できないことはない」「この10年間にわたり、軍縮と不拡散の取り組みの勢《いきお》いと方向付《づ》けが、深刻《しんこく》で危険なほど失われている」と指摘されている通りであります。

核軍縮への各国の政治的意思が冷《ひ》え切《き》っている今だからこそ、世界の民衆が連帯《れんたい》し、声をあげることが、いやまして重要となってくるのではないでしょうか。

そこで、私は、「核廃絶へ向けての世界の民衆の行動の10年」の、国連での制定を呼びかけたい。

核拡散が進む中にあって、より多くの人々が核の脅威を「自分にかかわる問題」として捉えること、また、その脅威をなくすために「自分も何かができる」と認識することが、現実の厚い壁《かべ》を破るための足がかりとなります。

「行動の10年」は、そのための意識啓発《けいはつ》を、国連とNGO(非政府組織)が協力して推進《すいしん》する10年としたい。そして、国際世論《よろん》を糾合《きゅうごう》する中で、大量破壊兵器《はかいへいき》委員会が提案しているように、軍縮問題を集中的に討議《とうぎ》する世界サミットや国連の特別総会の開催《かいさい》を、速《すみ》やかに実現させるべきではないでしょうか。

核《かく》兵器の徹底的《てっていてき》な軍縮《ぐんしゅく》、そして核廃絶《はいぜつ》を目指す中で、「戦争のない世界」への展望《てんぼう》を開くことが、今後の世界の焦点《しょうてん》となる――。これは、昨年（２００５年）、逝去《せいきょ》されたパグウォッシュ会議のロートブラット博士と私が、対談集『地球平和への探究《たんきゅう》』（潮出版社）で深く合意《ごうい》した点でありました。

核時代を終わらせるためには、核兵器を抑止《よくし》のための〝必要悪《ひつようあく》〟としてきた国益優先《こくえきゆうせん》の思考から、人類が脱却《だっきゃく》することが欠《か》かせません。

この抑止論に抗《こう》し、核兵器の使用をいかなる理由があろうと認めないと訴《うった》えたのが、ロートブラット博士らによる「ラッセル＝アインシュタイン宣言《せんげん》」でありました。さらにまた、私の師《し》である戸田《とだ》第２代会長の「原水爆《げんすいばく》禁止宣言」だったのであります。

人類の生存権《せいぞんけん》に対する脅威《きょうい》という観点からみるならば、核兵器は〝絶対悪〟というほかありません。その廃絶こそが人類共通の責務《せきむ》であるとの思潮《しちょう》を時代精神へ高めることを、「核廃絶へ向けての世界の民衆の行動の10年」の眼目《がんもく》とすべきであると、私は提案したいのであります。

以上、私は「目的の共有《きょうゆう》」という面から、特に貧困《ひんこん》問題と軍縮問題を取り上げましたが、このほかにも多くの諸《しょ》課題が人類に重くのしかかっております。

なかでも、地球環境問題は、文明論的なアポリア（難問）ともいうべき性質を有《ゆう》しており、その解決は容易《ようい》ならざるものがあるといえましょう。

私はその問題意識から、「環境国連」の創設《そうせつ》の提案をはじめ、毎年の平和提言などを通し、人類が英知《えいち》を結集《けつしゅう》して、その解決にあたる体制を整《ととの》える必要性を訴《うった》え続けてきました。

「貧困」「軍縮」「環境」のいずれをとってみても、同じ地球で暮らす「人類の一員としての自覚」と、「未来への責任感」に基《もと》づいた国際社会の一致《いっち》した行動なくして、打開《だかい》できるものは一つとしてありません。

国連を通じた「目的の共有」の確立が絶対に欠《か》かせないのも、その理由からなのであります。

青年の積極参加で国連を再活性化《さいかっせいか》

第二の提案は、「責任の共有」を図《はか》るために、国連でのさまざまな討議や、国連諸機関が各地で行う活動に、次代《じだい》を担《にな》う青年たちが積極的にかかわっていける制度を確立していくことです。

私が創立した戸田記念国際平和研究所では、今年（２００６年）の2月、ロサンゼルスで、国連の改革と強化をテーマにした国際会議を開催しました。

これに出席された国連のチョウドリ事務次長《じむじちょう》が、会議に寄《よ》せた「ビジョン・ステートメント（改革構想《こうそう》）」で提示しておられた次の主張に、私は誠《まこと》に意を強くしました。

「現代の若い人びとが、国連の諸活動が有する価値に対し、理解を深め、評価を高めていくならば、世界の未来は、今よりもはるかに多くの『善《ぜん》なる行動者』に満《み》ちたものになるであろう。その確信を、我々は抱《いだ》くことができる」

「今後、国連は、世界の将来を形づくる際《さい》、若い世代《せだい》の発想や情熱でさらに力を得ていくために、若い人びとと一段《いちだん》と密接《みっせつ》な関係を保《たも》ちながら、交流を図っていく組織となるべきである」

まったく同感であります。

国連がより力を発揮《はっき》するためには、世界の多くの人々の粘《ねば》り強い理解や支援《しえん》が欠《か》かせません。加えて、グローバルな問題を解決する上では、旧来《きゅうらい》の国益《こくえき》重視の考え方を脱《だつ》し、地球益や人類益に立った「責任の共有《きょうゆう》」の裾野《すその》を広げていくことが大前提《だいぜんてい》となります。そして、その主役こそ、まさに「青年」なのであります。

創設60年を経《へ》た国連は、青年の積極的《せっきょくてき》な参画《さんかく》という〝アルキメデスの支点《してん》〟を得ることで、活力をいやましながら、新たな出発をすべきではないでしょうか。

未来を信じ、変革の種子《しゅし》を植える

実際、紛争《ふんそう》解決の問題を例に考えてみても、いったん和平を達成しながら、5年以内に再び紛争や内戦《ないせん》状態に陥《おちい》ってしまう地域は少なくありません。ひとたび紛争が起き、暴力の応酬《おうしゅう》が引き起こす悲《ひ》劇《げき》に見舞《みま》われた地域では、その支配層《しはいそう》をなす世代《せだい》は、容易《ようい》に「憎《にく》しみや暴力の連鎖《れんさ》」を断《た》ち切ることができない状況があるからです。

だからこそ、そうした過去を乗り越えられる可能性をもった若い世代に光を当てて、青年たちが新しい発想で平和と共存への道を模索《もさく》することが、事態の改善《かいぜん》を図《はか》る上での一つのポイントになるのではないでしょうか。

さらに、先に述《の》べた貧困《ひんこん》や軍縮、また環境問題についても、長期的《ちょうきてき》な視野《しや》に立って、次の世代に力点を置いた教育と意識啓発《けいはつ》を着実《ちゃくじつ》に進めていくならば、やがて時を経《へ》て〝変革の種子〟が芽《め》生《ば》えていくはずであります。

私の師《し》である戸田会長が「原水爆禁止宣言《げんすいばくきんしせんげん》」で、核兵器《かくへいき》の廃絶《はいぜつ》を特に青年に託《たく》したのも、そうした遠大《えんだい》な未来展望《てんぼう》に基《もと》づくものにほかなりませんでした。

そこで私は、一つの試《こころ》みとして、毎年の国連総会の開会前に、世界の青年の代表を招《まね》いた「プレ・ミーティング」を行い、青年たちの意見に各国の首脳《しゅのう》が耳を傾《かたむ》ける機会を設《もう》けることを検討してみてはどうかと提案したい。

また学生や青年たちの代表が、1年または2年単位で、国連諸機関が各地で行う活動に携《たずさ》わり、国連の活動の意義や課題を身をもって体験しながら、具体的なケースを通《とお》して地球的問題群《ぐん》に苦しむ人々と同苦《どうく》し、それを乗り越える道を探《さぐ》る機会を設けることも望ましいと思います。

例えば、現在、UNV（国連ボランティア計画）を通し、毎年約5000人が各地に派遣《はけん》されておりますが、その平均年齢《ねんれい》は39歳で、主《おも》に専門分野の実務《じつむ》経験を持つエキスパートによって構成されています。

これとは別の形で、学生や20代の青年層《そう》が体験的に参加できる枠組《わくぐ》みを拡充《かくじゅう》していってはどうでしょうか。

また、国連のインターン（研修）制度のさらなる改善についても提案しておきたい。

参加対象を大学院生だけでなく、学生やNGOの若手スタッフまで広げる形で、国連における政策立案《りつあん》や審議《しんぎ》の準備作業のサポートにあたるなど、青年たちが幅広《はばひろ》く関与《かんよ》できる仕組みを検討していくことも重要だと思います。

私の創立したアメリカ創価大学の卒業生も、この国連のインターンに勇《いさ》んで参加しております。

この点、平和学者のエリース・ボールディング博士が、私との対談集の中で、「未来を担《にな》う青年たちに、活躍できる〝場〟を与えることが重要である」と強調されていたことを思い出します。博士は、「『世界市民』として成長できるような機会を、もっと作っていくべきです」とも語っておられました（『「平和の文化」の輝く世紀へ！』、『池田大作全集第114巻』所収）。

世界市民の育成《いくせい》が〝国連の生命線〟

ボールディング博士ご自身、国際平和学のクラスで学生たちに、一学期の間、地元にある国際的なNGOの支部の実習生《じっしゅうせい》として出向《でむ》き、その活動を経験するよう推奨《すいしょう》してきたとの話を伺《うかが》い、深い共感を覚《おぼ》えたものであります。

こうした試《こころ》みを一つ一つ積み上げながら、国連全体として、青年に焦点《しょうてん》を当てていく体制を整え、青年の積極的《せっきょくてき》な参画《さんかく》の機会を確保《かくほ》していただきたい。その意味からも、世界の青年のために活動を特化した専門機関、もしくは国連事務局における「青年担当《たんとう》局」の設置《せっち》を、今後の課題として検討してはどうかと思うのであります。

現在、同様の提案として、世界の人口の半分を占《し》める女性のために、より総合的で強力な政策を進める専門機関の設置を求める声も、NGOの間で高まっております。

国連が、世界の各地で厳しい状況に置かれている「青年」や「女性」へのエンパワーメントを推進《すいしん》していく。それと同時に、国連の諸《しょ》活動への「青年」や「女性」の参加の道が確立していくならば、今まで以上に多様《たよう》な意見が国連の政策万般《ばんぱん》に反映されるようになり、国連の新時代も前途《ぜんと》洋々《ようよう》と開かれていくのではないでしょうか。

加えて私は、世界の諸大学に、その社会的使命の一つとして「国連支援《しえん》の拠点《きょてん》」としての機能を担っていくことを呼びかけておきたい。

すでに個々《ここ》の大学では、研究者や研究機関が国連の諸活動を学術面でサポートする取り組みがなされてきました。これを世界的な規模《きぼ》で広げていくとともに、大学が学生や市民に対する恒常的《こうじょうてき》な意識啓発《けいはつ》の場となることを目指し、国連の活動に関する講座などを重層的《じゅうそうてき》に設けることが強く望《もう》まれます。

これと同時に、学生を主体とした国連支援のネットワークづくりの重要性についても強調しておきたいと思います。

かつて私は「国連を守る世界市民の会」を各地に設け、国連支援の輪を広げていくことを提唱したことがあります。国や民族の枠《わく》を超えた人類的視野《しや》に立った人材を輩出《はいしゅつ》していくことが、長期的《ちょうきてき》にみて、国連活性化《かっせいか》の生命線となると考えたからです。

その一番の核《かく》となるべき存在こそ、学生であります。すでに世界には、学生同士が連携《れんけい》して国連支援の連帯《れんたい》を深める活動を行っているNGOなどもあり、さらなる伸展《しんてん》が期待されます。

こうして、学生や大学が「点」となり、それをつなぐネットワークが「線」となって、やがては国連支援の輪という「面」が地球全体に広がっていく――私は、そうした〝学生や大学と、より強固《きょうこ》な関係を結んだ国連の未来図《みらいず》〟を思い描《えが》いているのです。

民衆からの基金《ききん》で財政基盤《きばん》を安定化

「責任の共有《きょうゆう》」という面で、もう一つ提案しておきたいことがあります。それは、国連の長年の課題である財政の安定化を図《はか》るために、現在の加盟国《かめいこく》の分担金《ぶんたんきん》とは別の枠組《わくぐ》みで、財政を支える制度を検討することであります。

国連が地球的問題群《ぐん》に効果的《こうかてき》に対処《たいしょ》し、責任を全《まっと》うするためには、予算《よさん》の安定的な確保が欠《か》かせません。しかし、分担金の支払いの遅《おく》れや滞納《たいのう》に伴《ともな》い、財政的な制約《せいやく》から、即応《そくおう》すべき課題や重点的に取り組むべき活動に支障《ししょう》が出ることもあり、国連の力を損《そこ》なう要因《よういん》の一つともなっています。

ゆえに私は、こうした課題を乗り越えるために、市民社会などから幅広《はばひろ》く資金の提供《ていきょう》を募り、国連財政を支《ささ》えるもう一つの柱《はしら》とする――例《たと》えば「国連民衆基金」のような制度を設《もう》けてはどうかと考えるものです。

ユニセフ（国連児童基金）の財政は、加盟国の任意《にんい》協力と民間の募金《ぼきん》から成り立っており、総収入《そうしゅうにゅう》のうち、民間からの資金協力は33％を占めています。

こうした事例《じれい》なども参考にしながら、個人や団体、またグローバルに活動する国際企業《きぎょう》等からの尊《とうと》い寄金《ききん》を募り、人道分野を中心とした国連の活動資金に重点的に充《あ》てる制度を考えていくべきではないでしょうか。

地域的視点からの解決のアプローチ

第三の提案は、「行動の共有」を図るために、加盟国と国連との関係をより緊密《きんみつ》にするとともに、国連の各機関の現地における活動を調整するための「国連地域事務局」を設置するプランであります。国連の活動が軌道《きどう》に乗るまでには、長い時間と労力《ろうりょく》が必要であり、特に脅威《きょうい》に苦しむ国にとっては、その周辺地域の国々の持続的《じぞくてき》な支援《しえん》が大きな力となります。

また、「貧困《ひんこん》(Poverty)」と「人口増加(Population growth)」と「環境悪化(Environmental degradation)」の英語の頭《かしら》文字をとって、それらの間にみられる悪循環《あくじゅんかん》が「PPE問題」と呼ばれるように、地球的問題群はさまざまな形で密接《みっせつ》に絡《から》み合い、個別《こべつ》に対処するだけでは解決できない複雑性を帯《お》びております。

さらに、地球的問題群といっても、地域によって状況は異《こと》なるため、それぞれの実情を踏《ふ》まえた問題解決のアプローチが求められています。

この「持続性」「複雑性」そして「地域性」という三つの要請《ようせい》を鑑《かんが》みる時、地域ごとに、何らかの形で国連の中心拠点《きょてん》を設けることが、重要なポイントとなってくるのではないでしょうか。

それはまた、各地域において、民衆一人一人の平和と幸福に焦点《しょうてん》を定め、「人権」「人間の安全保障」「人間開発」の政策を総合的に推《お》し進める体制を整えることにもつながるでありましょう。

といっても、既存の各機関の体制を編成《へんせい》し直す必要は、必ずしもないと思われます。

この案の主眼《しゅがん》はあくまで、国連と加盟国をより緊密につなぐとともに、地域ごとに国連諸機関のシナジー・グループ（相乗作用《そうじようさよう》を及《およ》ぼし合い、より大きな効果を発揮《はつき》する体制）をつくり上げながら、地域が抱《かか》える問題に一丸《いちがん》となって当たる「行動の共有《きょうゆう》」を図《はか》る点にあるからです。

具体的に「国連地域事務局」の受《う》け皿《ざら》となりうる既存の機関としては、例《たと》えば、経済社会理事会のもとに置かれている五つの地域経済委員会である「アジア太平洋経済社会委員会」「西アジア経済社会委員会」「アフリカ経済委員会」「欧州《おうしゅう》経済委員会」「ラテンアメリカ・カリブ経済委員会」なども候補《こうほ》として挙《あ》げられましょう。

現在、ＥＵ（欧州連合）やＡＵ（アフリカ連合）をはじめ、各地で地域統合や地域協力が進んでおります。これらの組織と国連を結ぶ懸《か》け橋となり、国連を軸《じく》とした「グローバル・ガバナンス（地球社会の運営）」を支える、地域の〝扇《おうぎ》の要《かなめ》〟として、今後、五つの「国連地域事務局」を設置《せっち》することも検討に値《あたい》するのではないでしょうか。

国連と市民社会の協働《きょうどう》関係の確立を

このプランに加えて、私が最後に「行動の共有」を図る重要な鍵《かぎ》として言及《げんきゅう》しておきたいのが、国連と市民社会のパートナーシップの強化であります。

市民社会の国連参加は、１９９０年代の一連の国連会議を通して飛躍的《ひやくてき》に進んできました。志《こころざし》を共《とも》にする政府やＮＧＯなどのパートナーシップは、「対人地雷《たいじんじらい》禁止条約」に結実《けつじつ》したオタワ・プロセスや、「国際刑事裁判所《けいじさいばんしょ》」の設立条約の採択《さいたく》など、時代を画《かく》する成果《せいか》を生み出すまでになっております。

また２００３年には、「国連と市民社会の関係に関する有識者《ゆうしきしゃ》パネル」が設置されました。そこでの成果が翌2004年に、「われら人民――市民社会、国連、グローバル・ガバナンス」と題する報告書（カルドーゾ・リポート）として発表され、国連の活動を支える市民社会の役割への認識も高まってきています。

こうした中、昨年（2005年）6月、私どもSGIの代表が議長を務《つと》める国連宗教NGO委員会では、国連部局・機関や各国政府と合同《ごうどう》で「平和のための宗教間協力会議」を開催《かいさい》しました。三者が国連で宗教間会議を共催《きょうさい》したことは、極《きわ》めて歴史的な出来事だったとの声も寄《よ》せられております。

国連が活性化《かっせいか》し、世界の民衆が期待する役割を果たしていくためには、「国連」と「加盟国《かめいこく》」に、「市民社会」を加《くわ》えた三者が、それぞれ他にはない特性と役割を認め合い、協力関係を深めていくことが、断《だん》じて欠《か》かせません。

今後も、この三者が人類の直面する課題を前に同じテーブルにつき、対話を重ね、協働作業を行う環境づくりを進めていくことを、心から念願《ねんがん》するものであります。

新たなる千年の大道《だいどう》をともに!!

以上、私なりに、21世紀の国連を展望《てんぼう》し、三つの角度からの提案を述《の》べさせていただきました。

かつて、第1次世界大戦が「国際連盟《れんめい》」を生み、第2次世界大戦が「国際連合」を誕生《たんじょう》させました。

人類は今こそ、戦争の悲劇《ひげき》を経《へ》ることなく、世界の民衆のための「グローバル・ガバナンス」の創造に向けて、国連のさらなる強化を図る挑戦を開始すべきでありましょう。

その勇気ある一歩を踏《ふ》み出すには、国家間の討議《とうぎ》の結果としての〝上からの改革〟を待つだけでなく、国連を支援《しえん》する民衆の声を背景《はいけい》とした〝下からの改革〟のうねりを高めていくことが、どうしても不可欠《ふかけつ》であることを、重ねて訴《うった》えたいのであります。

多くの悲劇《ひげき》を生み出した20世紀が「警告《けいこく》の時代」であったとするならば、「行動」と「連帯《れんたい》」こそ、21世紀のキーワードであります。

この精神を、民衆一人一人が縦横《じゅうおう》に開花《かいか》させながら、時代変革を目指す連帯の絆《きずな》を深め、「平和の文化」を地球全体に広げていくことが肝要《かんよう》であります。ここにこそ、人類が着手《ちゃくしゅ》すべき最大の挑戦があると私は思うのです。

その主役こそ、「民衆」であります。「青年」であります。

私たちSGIは、志《こころざし》を同じくする世界の人々と力を合わせながら、国連を軸《じく》とした平和と共存共栄《きょうえい》の世界を目指し、人類の新たなる千年の大道《だいどう》を、断固《だんこ》として切り開いていくことを決意するものであります。

[人類の議会]

「国益《こくえき》」から「人類益《じんるいえき》」へ（1987年）

私はかつて『創大《そうだい》平和研究』創刊号（1979年2月）に「二十一世紀への平和路線《ろせん》」を寄稿《きこう》した際《さい》、恒久《こうきゅう》平和構築《こうちく》のために大切と思われる6項目の指標《しひょう》を挙《あ》げておきました。すなわち、①日本国憲《けん》法《ぽう》=平和憲法の遵守《じゅんしゅ》②南北問題への視座《しざ》③国連重視と新たな世界秩序《ちつじょ》への統合化《とうごうか》のシステムづくり④〝地域〟の活性化《かっせいか》⑤平和のための教育⑥個の尊厳《そんげん》の確立——の6点であります。

私なりの試案《しあん》でありますが、なかでも、新たな世界秩序を模索《もさく》していくためには、当面、安全保障を軸とした国連の機能を充実《じゅうじつ》、強化していくことが、避《さ》けて通れぬ課題であると思うのであります。

◇

私は、現実の国際政治の場で〝国連無力論《むりょくろん》〟が根強《ねづよ》く存在していることを、もとより承知《しょうち》しております。だが、世界統合化へのシステムづくりのために、国連に代《か》わりうるものを、と問われれば、何人も代案《だいあん》を持ち合わせていないのであります。もし〝国連無力論〟や〝国連離れ〟現象を、おもむくがままにしておけば、国際社会は、再《ふたた》び元の無法《むほう》状態を招きかねないでありましょう。

世界のほとんどの国を網羅《もうら》した国連のような国際平和組織が、戦後40年余《よ》の長きにわたって、ともかくも存続《そんぞく》し続けてきたという〝時間の要素《ようそ》〟を、私は、まず評価したい。国際連盟《れんめい》のあまりにもはかなかった命脈《めいみゃく》を考えれば、なおさらであります。肝心《かんじん》の安全保障機能《きのう》に象徴《しょうちょう》されるように、思うに任《まか》せぬ点も、多々《たた》あったかもしれない。しかし、どんなに意見が対立しようと、討議《とうぎ》を交《か》わす場――「人類の議会」として――が存在すること自体《じたい》の意義《いぎ》の大きさは計《はか》り知れず、世界の民衆に、想像以上に安堵《あんど》を与えてきたはずであります。

安全保障の面でも、スエズ動乱《どうらん》、キューバ・ミサイル危機、キプロスなど、国連が解決へのイニシアチブをとった事例《じれい》は決して無視《むし》されてはならず、そのほか、もし国連が存在しなければと考えると、肌《はだ》に粟《あわ》を生《しょう》ずるのは、私一人ではないと思います。

さらに、経済社会理事会の広範《こうはん》な活動に代表される社会面、経済面、人道面での多大《ただい》な貢献《こうけん》を考え合わせれば、もはや、国連を抜《ぬ》きにした国際社会のイメージは描《えが》けないといっても過言《かごん》ではないのであります。

とりわけ、重視されるべきは、国連設立の土台《どだい》となった国連憲章《けんしょう》の存在であります。1941年の大西洋憲章から1945年の国連憲章への流れは、ウィルソン大統領の発想の基盤《きばん》となったといわれるカントの『永遠《えいえん》平和のために』はもとより、ルソーやサン・ピエール、エラスムスなどの平和思想に、深く淵源《えんげん》をもつものであります。

国連憲章に盛《も》られた理想主義、人道主義、普遍《ふへん》主義等々の理念は、のちの国連の歩《あゆ》みが、いかにその理想から逸脱《いつだつ》していようとも、二つの大戦の惨禍《さんか》を経験した人類の平和への希求《ききゅう》と英知《えいち》が生んだ結晶《けっしょう》であり、立ち返るべき原点であります。それは、世界統合化《とうごうか》へのシステムづくりの道程《どうてい》においても、一つの〝導《みちび》きの星〟として輝き続けるに違いありません。

◇

ところで、かつての主権《しゆけん》国家は、自らの権益《けんえき》を守るために武力《ぶりよく》を行使《こうし》し、戦争という手段《しゆだん》に訴《うった》えることが、当然の権利として無条件《むじようけん》で許されている存在でした。したがって、軍事力は、主権の重要な構成要素だったわけであります。しかし、今世紀に入ってからの戦争規模《きぼ》の拡大《かくだい》は、こうした国際法上の常識が常識として通用《つうよう》しない新たな状況を引き起こしました。敗戦国はもとより戦勝国をも国力を疲弊《ひへい》させ、国土を荒廃《こうはい》させてしまう戦禍《せんか》の加速度《かそくど》的《てき》な増大《ぞうだい》は、国家主権の無条件の行使ということに何らかの制限《せいげん》を加えることを、必然の要請《ようせい》としたのであります。国際連盟や国際連合の普遍的安全保障という考え方も、そこから生まれております。

そうした流れを決定づけたのが、言うまでもなく核兵器《かくへいき》の出現であります。（中略）国権の発動がそのまま人類の絶滅《ぜつめつ》につながりかねない核状況下にあって、人類は否応《いやおう》なく国家の枠《わく》を超え「国益《こくえき》」から「人類益《じんるいえき》」へ、「国家主権」から「人類主権」へと発想の転換《てんかん》を迫《せま》られているのであります。そうでなければ、早晩《そうばん》、全体的破滅《はめつ》という悲劇《ひげき》的事態を招いてしまうからであります。

そこで、重要なことは、そうしたドラスチック（抜本的《ばつぽんてき》）な発想の転換を行うと同時に、具体的にどのようにして国家主権に制限を加え、超国家的機関《ちようこつかてききかん》への権限《けんげん》の委譲《いじよう》を行っていくかということであります。

さまざまな方途《ほうと》が考えられるでしょうが、それらを逐一《ちくいち》追うことは、私の意図《いと》するところではありません。しかし、私は、国家主権の制限や委譲は、あくまで自発的制限であり、自発的委譲でなければならないと思っております。力を背景《はいけい》にして強制的《きようせいてき》に行おうとしても、現状では、それが大国《たいこく》相手であった場合は、戦争の危険性をはらんでおり、小国《しようこく》相手の場合は、容易《ようい》に抑圧《よくあつ》と化《か》してしまうでしょう。いずれにしても将来に禍根《かこん》を残してしまいます。

私は、先に恒久平和構築《こうきゅうへいわこうちく》のための6項目を挙《あ》げた中で、3番目の世界秩序《ちつじょ》への統合化《とうごうか》のシステムづくりの次に、4番目として〝地域〟の活性化《かっせいか》を挙げておきました。ここにいう〝地域〟とは、国内的に言えば、文字通りの地方・地域、国際的には、端的《たんてき》に言って各民族であります。したがって、国連を足場に新たな世界秩序を模索《もさく》していくには、諸民族が、多くの権限を超国家的機構《ちょうこっかてききこう》に委《ゆだ》ねながらも、なおかつ活性化されていなければならない。それには、主権の制限や委譲《いじょう》が自発的になされるという一点が、絶対にゆるがせにしてはならない条件なのであります。そうでなくては〝角《つの》を矯《た》めて牛を殺す〟弊害《へいがい》を招《まね》いてしまうでありましょう。武力よりも言論、説得を旨《むね》とする国連の行き方に照《て》らしても、困難ではありましょうが、この点を守り抜いてほしいものであります。

考えてみれば、今でこそ、そして国連という場において、主権国家というものを考えると、どうしても〝悪玉《あくだま》〟のイメージばかりが際立《きわだ》つのですが、そこには善悪両面があるということを、特に歴史的アプローチを踏《ふ》まえながら、押さえておいたほうがよいのではないでしょうか。

歴史的にみれば、主権国家が、現代のような攻撃的イメージを持ったのは、近代化に先んじた欧米《おうべい》列強諸国《れっきょうしょこく》の植民地主義《しょくみんち》、帝国主義の鉄火《てっか》が、世界を蹂躙《じゅうりん》し始めてからのことではないかと思われます。それ以前の、近代国家の形成過程《かてい》においては、どちらかといえば防衛的《ぼうえいてき》、自立的イメージのほうが強かったようであります。ですから、世界平和へのシステム構想に、あのように熱心に意《い》を用《もち》いたルソーやカントも、国際機構による国家主権への侵害《しんがい》という点に関しては、極《きわ》めて警戒的《けいかいてき》なのであります。

ルソーは「主権をそこなうことなしに、どの点まで連合の権利を拡張《かくちょう》することができるか」（『エミール 下』今野一雄訳、岩波書店）と自らに問いかけつつ、緩《ゆる》やかな連合である「同盟《どうめい》」や、緊密《きんみつ》な連合である「連邦国家《れんぽう》」をともに斥《しりぞ》け、その中間形態である「国家連合」を採《と》っております。平和への実《じつ》効性《こうせい》を欠《か》く「同盟」と主権侵害の恐《おそ》れのある「連邦国家」の長所、短所を秤《はかり》にかけた上での、ぎりぎりの選択であったと思われます。

また、カントも、国家主権の保護のために連合の目的は平和の維持《いじ》だけに限定されるべきであるとし、「たんに戦争の除去《じょきょ》を意図《いと》するだけの国家の連合状態が、国家の自由と合致《がっち》できる唯一《ゆいいつ》の法的状態である」(『永遠平和のために』宇都宮芳明訳、岩波書店)と述《の》べております。

ルソーもカントも、主権国家というものを保護されるべき防衛的、自立的イメージで捉《とら》えていたことは、明らかでありましょう。ちなみに、ルソーやカントにとって、主権国家のイメージは、人民にとって必ずしも抑圧的なものではなく、人民主権とかなりの部分でオーバーラップしておりました。

こうした主権国家の防衛的、自立的イメージは、現在でもなくなったわけでは決してない。それどころか中小国、なかでも戦後、植民地の軛《くびき》から解《と》き放《はな》たれたアジア・アフリカ諸国にとっては、今なお死活《しかつ》の重要性を持っているといってよい。①領土・主権の相互尊重《そうごそんちょう》②相互不可侵《ふかしん》③内政不干渉《ないせいふかんしょう》④平等互恵《ごけい》⑤平和共存――を柱とした〝バンドン精神〟は第三世界の人々にとって、過去の遺物《いぶつ》ではないはずであります。

それよりも何よりも、戦後、信託統治《しんたくとうち》理事会を舞台《ぶたい》に、民族自決《じけつ》(国家主権と裏腹《うらはら》の問題としての)の原則を推進《すいしん》してきた功《こう》は、一《いっ》に国連に帰《き》せられるべきものであります。主権制限という次なる課題への挑戦は、そうした過去の実績をこぼつようなものであってはならない。主権の制限、委譲は自発性を原則に、と私が重ねて訴《うった》えるのも、こうした微妙《びみょう》な問題は、時間をかけながら、慎重《しんちょう》かつ漸進的《ぜんしんてき》に進めていく以外にないと思うからであります。

◇

そのような国家主権の自発的制限、委譲《いじよう》という課題を〝自動車〟に例《たと》えれば、そのなめらかな走行のために欠《か》かすことのできない〝道路整備〟や〝交通整理〟にあたるものこそ、恒久《こうきゆう》平和を目指して国連を守り育てようという国際世論《よろん》の形成であります。

交通機関の発達もあって、民衆と民衆とのトランスナショナルな（国家や民族の枠《わくぐ》組みを超えた）相互《そうご》交流は、急速に増大《ぞうだい》しつつあります。国家機関同士の〝国際関係〟に対し、民衆次元《じげん》における〝民際関係〟が、新たな世界秩序《ちつじよ》を切り開く上で、無視《むし》できない力を持ちつつあることが〝地球的相互依存時代〟の大きな特色《とくしよく》といえましょう。

このような世界的な民衆パワーのうねりを予告する象徴《しようちよう》の一つとして、SGIもその一員であるNGO（非政府組織）の存在があります。環境NGO、人権NGO、軍縮《ぐんしゆく》NGOなど、その数は、世界に約1万ともいわれる。（中略）

それらのうち現在約８００の団体が、かなりの制約こそあれ、正式に国連活動に参加しているといわれます。すなわち、草の根の市民の声を、国連に送り届《とど》けているのであります。民間機関のより幅《はば》広《ひろ》い国連への参加は、そのまま市民の国連参加と民意《みんい》の反映を進めることになり、国連に新しい活力を与えることが期待される。また、民間機関相互の連携《れんけい》、交流が強まれば、国境を超えた民衆の連帯《れんたい》もさらに広がるはずであります。

現段階では、国連でのこうした民間団体の参加、決定権は微弱《びじやく》である。加えて、多岐《たき》にわたる民間団体相互間の連帯をもたらすための調整機関も不備《ふび》であります。また、民間機関の発展は、今のところ先進諸国側《せんしんしよこくがわ》に多くみられるなど、その現状には少なからぬ難題《なんだい》が横たわっていることも事実でありま す。しかし、国際世論の形成といった大課題が、そう簡単になしうるはずはありません。中国流にいえば「愚公《ぐこう》、山を移《うつ》す」といった信念と忍耐《にんたい》と努力を要《よう》することを、忘れてはならないのであります。

それは、端的《たんてき》に言って、「世界市民」をどう育成《いくせい》していくかという課題に集約《しゅうやく》されるでありましょう。そのためにも、私は、国連を支援《しえん》する一民間人の立場から、一つの具体的な提案を申《もう》し述《の》べたい。それは、「国連世界市民教育の10年」の設定であります。私は、これを、１９９１年から21世紀までの10年間とすることを提案いたします。

国連は、これまでも、こうした長期的《ちょうきてき》な取り組みを進めてきております。例えば、「国連開発の10年」を通して、発展途上国《とじょうこく》への開発援助協力が活発になされてきました。また「国連婦人の10年」の努力は、女性の権利と地位を高める上で、大きな力があった。同様に「世界市民」を育成するという作業は、地球大の視野《しや》をいよいよ必要としている21世紀の未来を考えれば考えるほど重要であります。

ソクラテスが国名を問われて「アテナイ人」と答えずに「世界市民」と答えたように、国家、民族、地域というこれまでの狭《せま》い思考形式を超えて、地球全体を〝わが祖国《そこく》〟とするような人類愛こそが、「世界市民」教育の最も根幹《こんかん》をなすものでありましょう。

その具体的な教育内容としては「環境」「開発」「平和」「人権」といった、今日、人類が取り組むべき重要課題を包括《ほうかつ》すべきであります。平和教育としては、戦争の残酷《ざんこく》さ、特に核兵器《かくへいき》の脅威《きょうい》、軍縮の必要性が中心テーマとなりましょう。開発教育としては、当然、飢餓《きが》や貧困《ひんこん》の撲滅《ぼくめつ》の問題であります。世界の約３分の２の貧困国《ひんこんこく》、約５億人の栄養不良者《えいようふりょうしゃ》、こうした現実に目を向けさせ、人類の経済福祉《ふくし》をどう確立すべきかを考える。環境教育では、自然と人間の調和がテーマとなりましょう。例《たと》えば、核爆発《かくばくはつ》が生態系《せいたいけい》にいかに深刻《しんこく》な影響を及《およ》ぼすかを真剣《しんけん》に考えさせることも重要です。人権教育としては、人格の尊厳《そんげん》についてて学ぶことになりましょう。

これら四つのテーマは、いずれも国家の枠《わく》を超《こ》える人類的価値を追求《ついきゅう》するものであり、「世界市民」の資質《ししつ》に欠《か》かせないものであります。また、四つのテーマは相互《そうご》に関連《かんれん》し合っており、全体で人類平和という一つの目標を可能にするものであります。したがって、「世界市民」教育も、これらのテーマを包括《ほうかつ》した総合的な平和教育の性格を帯《お》びたものとすべきでありましょう。

同時に、これら四つのテーマは国連が取り組むべき中心的課題でもあることから、「世界市民」教育の柱《はしら》の一つに、国連の重要性への認識が置《お》かれることは当然であります。

言うまでもなく、教育は、時間がかかる忍耐《にんたい》のいる作業であります。まして「世界市民」の教育は、新しい課題であり、人類の英知《えいち》を結集《けっしゅう》して取り組まねばならないでしょう。その意味からも、私は、第一に「国連大学」に、10年間で何を、どう、教育するのか、「世界市民」を育成するための教育システムの研究を委嘱《いしょく》してはどうかと考えます。

これは、世界の平和を願う人類の大学として発足《ほっそく》した「国連大学」の本来の使命と責任にも則《そく》したテーマでありましょう。また、環境、開発、平和、人権のそれぞれの問題ごとに、世界の平和研究機関などの研究者、エキスパートに研究を依頼《いらい》し、その結果を「世界市民」教育の一環《いっかん》として学ぶことも考えられる。この点でも、世界の英知に期待するところは大であり、わが創価大学の「平和問題研究所」も、この点、創立者として協力を惜《お》しまぬ所存《しょぞん》です。

さらに「世界市民」育成《いくせい》のための教科書を検討することも、一つの試《こころ》みでしょう。各国との協力のもとにSGIが行った「世界の教科書展」においても、グローバルな視野《しや》に立った教科書による人類意識の涵養《かんよう》を求める声が数多く聞かれました。「国連大学」をはじめとする世界の英知を結集した教科書と教育システムは、「世界市民」教育への情熱を各国に喚起《かんき》するに違いありません。

1991年までの向こう4年間は、「国連世界市民教育の10年」を軌道《きどう》に乗せるための準備期間とし、この期間中に確《かく》たる展望《てんぼう》と方途《ほうと》を十分に練《ね》り上げる必要があります。その準備作業の一環として、国連の努力はもとより、これに加えて、草の根の活動によって世論を喚起していくことこそ、「世界市民」教育計画にはふさわしい。NGOは、こぞって、この〝10年計画〟の意義を世界に周知徹底《しゅうちてってい》させていくべきでしょう。

また、〝10年計画〟そのものにも、できうる限り民間機関の参画《さんかく》が可能となることを期待したい。各機関は、それぞれの分野で研究、展示《てんじ》、出版などを通して貢献《こうけん》できるはずであります。創価学会としても、これまでに反戦出版（青年部編80巻、婦人部編16巻）や展示会などにより、ささやかながら平和意識の高揚《こうよう》に努《つと》めてきました。反戦出版は、幾《いく》つかの外国語に翻訳《ほんやく》されてもおります。こうした草の根の啓発《けいはつ》運動と〝10年計画〟とのリンケージ（連携《れんけい》）も、十分に意義あることと考えられます。

こうして〝道路整備〟や〝交通整理〟が進めば、国家主権の自発的制限、委譲《いじょう》といった〝自動車〟も、なめらかな走行が可能になってくるでありましょう。その行く手には、面目《めんもく》を一新《いっしん》した国連のそのまた向こうに、新たな世界秩序《ちつじょ》の〝堂宇《どうう》〟さえ望見《ぼうけん》できるに違いない、と私は信ずるものであります。

「国家の顔」より「人間の顔」を（1989年）

21世紀まであと十余年、私どもはこの残された期間で、21世紀を迎《むか》える準備を整《ととの》えねばなりません。いわば20世紀の総仕上《そうしあ》げの時を迎えており、それだけ既成《きせい》の枠組《わくぐ》みにとらわれないダイナミックで柔《じゅう》軟《なん》な発想と対応が要請《ようせい》されております。

何よりも現代が〝大いなる過渡期《かとき》〟を迎えているという所以《ゆえん》は、戦後四十数年以上にわたって世界の政治構造《こうぞう》の機軸《きじく》となってきた米ソの二極《にきょく》体制、すなわちヤルタ体制が大きく揺《ゆ》らぎ、世界は多極化《たきょくか》の中で混迷《こんめい》の度《ど》を深めているからであります。

旧知《きゅうち》のキッシンジャー米元国務長官《こくむちょうかん》は、十数年前、世界は、軍事面では米ソ二極体制だが、経済面では、米国、ソ連、中国、日本、西ヨーロッパの五極体制化しており、政治面で見れば、さらに多極化していると指摘しました。昨年（1988年）、日本でも出版された話題の書『大国《たいこく》の興亡《こうぼう》』（鈴木主税訳、草思社）でも、ポール・ケネディ教授は、この五極体制論を受けて、論を展開しております。軍縮《ぐんしゅく》の流れが進めば、こうした多極化現象がさらに加速《かそく》していくことは間違いありません。

問題は、多極化現象がはらむ善悪《ぜんあく》両面であります。すなわち、それは一方では新たな世界秩序《ちつじょ》形成への助走《じょそう》たりうると同時に、他方、対応を誤《あやま》ると、救いようのないカオス（混沌《こんとん》）を招《まね》き寄《よ》せてしまうからであります。（中略）

こうした地《ち》殻変動的《かくへんどうてき》な揺れをそのまま放置《ほうち》しておくとT・ホッブスの「万人《ばんにん》の万人に対する戦い」ではありませんが、世界は、無政府状態のカオスになりかねません。今、必要なのは東西、南北の古い枠組みを超えた相互《そうご》依存の新たな世界秩序のシステムをつくり出す構想力でありましょう。そこに、人類史の直面《ちょくめん》する最重要課題があるといってよい。

◇

現在の地殻変動的な激動によってもたらされるのは、単《たん》に米ソ体制の崩壊《ほうかい》という現実だけではありません。それは歴史的な視点でいえば、17世紀中葉《ちゅうよう》にヨーロッパに端《たん》を発し、今日《こんにち》に至《いた》るまで続いてきた「国民国家」システム、すなわち国家を国際的に最重要の行為《こうい》主体《しゅたい》と見なすあり方が、根本的《こんぽんてき》に問《と》い直《なお》されているからであります。

この「国家」が、一朝一夕《いっちょういっせき》に消え去ることは、まずありえないでしょう。しかし、だからといって、あまり既成の観念にとらわれるのも考えものであります。日本の江戸時代末期、あれほどの堅牢《けんろう》を誇《ほこ》った徳川幕藩《とくがわばくはん》体制のあっけない解体を、どれほどの人が予想したでありましょうか。「国家」といっても、それが勢威《せいい》を振《ふ》るったのは、19世紀がピークであり、20世紀の第1次世界大戦頃からは、揺らぎ始めております。さらに核兵器《かくへいき》の出現によって、今まで自明《じめい》のこととされてきた国家の戦争遂行《すいこう》能力が問われ始めるなど、もはや「国家」という統合体《とうごうたい》の中だけでは何事も処《しょ》しえない時代を迎えております。国家の名のもとにのみ国民が一元的にまとまって進んでいける状況にはありません。

核兵器や環境汚染《おせん》に代表されるような人類的課題を解決するには、国家の枠組みを超えた発想と取り組みが必要なことが、世界的に認識されるようになってきました。主権国家の狭《せま》い枠組みにとらわれている限り、人類の未来を考えることはできず、そうであっては、人類存続《そんぞく》の基盤《きばん》すら根本から揺さぶられるというのが、私どもの置かれている時代の位置なのであります。

そこからグローバルな発想に立った新たな思考法が要請されております。国際的な〝対話の時代〟

が生まれている背景《はいけい》には、経済問題等さまざまな誘因《ゆういん》がありますが、こうした新しい変化の芽《め》が生《しょう》じていることに注目したい。

◇

繰《く》り返し訴《うった》えてきたことですが、国連を中心にした世界秩序《ちつじょ》システムを構想《こうそう》するに際《さい》し、忘れてならないのはNGO（非政府組織）の存在であります。

国連総会は、しばしば〝人類の議会〟と称《しょう》されます。しかし、主権国家同士が国益《こくえき》を最優先させ角《かく》逐《ちく》し合う場に、加《くわ》えて大国《たいこく》のエゴイズムがまかり通る場になってしまっては〝人類の議会〟の名に値《あたい》しません。

国連憲章《けんしょう》の前文冒頭《ぼうとう》には「われら連合国の人民は」とあることを改《あらた》めて想起《そうき》したい。国連が平和維《い》持《じ》機関であるとともに、民主的な機関たろうとするならば、国連を構成する主権国家の市民の支持《しじ》こそが必要不可欠であります。

近年、国家を機軸《きじく》にして地球を捉《とら》えるのではなく、国境を超《こ》えた人類共同体としての意思をまとめ、地球が生き残るための方策《ほうさく》を考えることが、国連の重要な役割となっております。この場合、利害《りがい》が複雑に絡《から》んだ主権国家だけに任《まか》せておいては問題の解決はなかなか困難であります。そこで、何よりも今日要請《こんにちようせい》されるのは「国家の顔」よりも「人間の顔」――すなわち、国連が真実〝人類の議会〟を目指すならば、従来《じゅうらい》、あまりにも目《め》立《だ》ち過ぎた「国家の顔」ではなく「人間の顔」を立てるよう努《つと》めてこそ、よりよき機能《きのう》を発揮《はっき》できるでありましょう。

こうした背景もあってNGOの活動が注目され、その役割の重要性が強調されてまいりました。SGIとしても、これまで国連と協力しつつ、「核兵器《かくへいき》――現代世界の脅威《きょうい》」展を世界各地で開催《かいさい》してまいりました。6年間にわたった開催は、16カ国25都市に達《たっ》しております。

私どもがこの展示開催に力を入れたのは、何よりもここ数年、核兵器の脅威が全人類の頭上《ずじょう》に重くのしかかっていたからにほかなりません。現在もこうした脅威が消えたわけではない。しかし、21世紀を指呼《しこ》の間《かん》にした今、核の脅威に限定せず、技術革新によって急速に進歩する現代兵器を含《ふく》め、よりトータルな形で20世紀の戦争と兵器の歴史を振り返りつつ、新たな不戦の時代へとつなげる視座《しざ》が要請《ようせい》されております。

そこで、これまでの展示を発展的に解消《かいしょう》し、新たに環境、人権問題等、21世紀の人類的課題も含んだ総合的展示の開催を図《はか》ってまいりたい。こうした企画に賛同《さんどう》する世界のNGOとも協力しつつ、新しい「戦争と平和展」を国際的に開催する方向を考えていってはどうかと思っております。

言うまでもなく国連中心の新たな世界秩序を確立するためには、国際的な世論《よろん》のバックアップが不《ふ》可欠《かけつ》であります。そこにNGOの知恵と力の結集《けつしゅう》が必要であります。そこで、新しい世界秩序のシステムを多角的《たかくてき》に構想する民間の力を結集する方途《ほうと》を考えてみたい。例えば、世界のNGO、平和研究者、平和運動家等の代表が参加する国際会議を〝NGO平和サミット〟のような形で開いてはどうか。世界のNGOと協議しつつ、SGIもこうした方向に協力を惜《お》しむものではありません。

国連憲章の〝われら民衆〟の精神（1991年）

1990年代の出発は「民意《みんい》の時代」の到来《とうらい》という歴史的変化を予感させつつ、人々に将来への希望を抱《いだ》かせる一種《いっしゅ》の明るさに満《み》ちたものでありました。

しかし、このところの国際情勢の激動は、冷戦終結後《れいせんしゅうけつご》の新たな世界秩序《ちつじょ》をつくり上げることが決して容易《ようい》な道ではないことを改《あらた》めて痛感《つうかん》させるものとなりました。

長く続いた厳しい冷戦の谷間《たにま》からやっと抜《ぬ》け出したのも束《つか》の間《ま》、イラクがクウェートに侵攻《しんこう》した昨年（1990年）夏以降、世界情勢は一挙《いっきょ》に暗転《あんてん》し、湾岸《わんがん》戦争という最悪の事態に至《いた》りました。

私も、イラク軍の撤退《てったい》期限切れを前に、作家のチンギス・アイトマートフ氏、物理学者のバーナード・ベンソン氏、ローマクラブのリカルド・ディエス＝ホフライトネル会長、ユネスコのフェデリコ・マヨール事務局長、作家のウォレ・ショインカ氏（ノーベル文学賞受賞）とともに、イラクのフセイン大統領あてに緊急アピールを共同提案しました。その中で、イラクの勇気ある撤退による戦争回避《かいひ》、その後の中東《ちゅうとう》問題解決のための国際会議の開催《かいさい》を訴《うった》えました。

いつに、生命の尊厳《そんげん》を説《と》く仏法を奉《ほう》ずる者としての、やむにやまれぬ叫《さけ》びでしたが、こうした破局《はきょく》を迎《むか》えて残念でなりません。戦火《せんか》のやむ日の一日も早からんことを、祈るのみであります。

そして一日も早い停戦《ていせん》とともに、国連のリーダーシップによる中東和平国際会議を開き、包括的《ほうかつてき》な中東和平への展望《てんぼう》を切り開くよう強く訴えるものであります。（中略）

もとより東西の冷戦が終わったといっても、新しい世界秩序が自然のうちにできあがってくるものではありません。ヨーロッパを中心に軍事力の意義《いぎ》が低下する一方で、地球上の一部地域では、依然《いぜん》として独裁《どくさい》体制による軍事力への依存が続いております。すでに民族的、宗教的、経済的対立の激化《げきか》から地域紛争《ふんそう》の増える兆《きざ》しが現れており、地球社会の全体としての平和的発展の展望が見えていないというのが現状であります。

とりわけ湾岸戦争の勃発《ぼっぱつ》は、南北問題の解決なしには新たな世界秩序の構図《こうず》が描《えが》けないことを改めて思い知らせたといえましょう。地域紛争の防止も含めて、国際社会は新しい世界平和の構想に衆知を集める必要に迫《せま》られております。深刻化《しんこくか》の一途《いっと》をたどる環境問題などと併《あわ》せて、オンリー・ワン・アース（かけがえのない地球）ということが、これほど人類共通の課題として浮かび上がったことは、空前《くうぜん》であろうと思います。

そうした今、切実《せつじつ》に要請《ようせい》されているのは、その新しい世界平和の構想力《こうそうりょく》であり、何よりもその構想を実行しようとする人間の積極的《せっきょくてき》な意思であります。

世紀末ということもあって、明暗《めいあん》とりまぜ、さまざまな憶測《おくそく》がとびかっていますが、ここ数年来の「民意の時代」「民主の流れ」という巨大な世界史のうねりを定着《ていちゃく》させるためにも、我々は、ここに、ケネディ大統領の古典的演説《こてんてきえんぜつ》、「人間の偉大さは、彼が望めばどんなにでも偉大になれることだ。人間に運命づけられたいかなる問題も、人間存在を超えたものではあり得ない」（「平和の戦略」、1963年6月10日、アメリカン大学卒業式）との一節《いっせつ》を思い起こしたい。そして、平和を願う世界の民衆の団結した力で、カオス（混沌《こんとん》）への逆流を押しとどめ、新しい世紀の扉《とびら》を開かねばならないのであります。

◇

湾岸戦争の勃発は、冷戦終結ムードに冷水を浴びせ、「平和の配当《はいとう》」を期待する人々の声をむなしくかき消してしまいました。（中略）

しかし、カール・ヤスパースも言うように「どんな状況も、絶対的に希望がないわけではない」（アルトゥール・カウフマン『正義と平和』竹下賢監訳、ミネルヴァ書房）のであります。重要なことは、世界が湾岸戦争からいかなる教訓《きょうくん》を導《みちび》き出すかであります。長い目で見るならば、それは国連の改革、強化であり、国連を中心にした安全保障、危機《きき》管理、世界秩序《ちつじょ》づくりをどう進めるかという点に、集《しゅう》約《やく》できるのではないでしょうか。

今回、国連はデクエヤル事務総長を中心に平和的解決《かいけつ》を目指し必死の調停《ちょうてい》努力を続けました。結果的には、米国を中心とする多《た》国籍軍《こくせきぐん》による武力行使《ぶりょくこうし》という形になってしまいましたが、それは国連にとって「悲しいこと」（デクエヤル事務総長）であっても、必ずしも不面目《ふめんぼく》とはいえないと思います。国連といっても万能《ばんのう》ではなく、緊迫《きんぱく》した状況のなか、ともかく、紛争《ふんそう》の解決機関として世界が最後の拠《よ》り所《どころ》としたのが国連でありました。

国連のもつ力は、アメリカが武力を行使する際《さい》、国連安全保障理事会の決議なくして不可能であったという事実からも、逆証明《ぎゃくしょうめい》されております。国際世論《よろん》といっても、国連という場に結実《けつじつ》してこそ、あのような拘束力《こうそくりょく》を発揮《はっき》する――つまり、現代の国際社会にあって、国連はそれほど〝重い〟のであります。

言うまでもなく、現在の国連の活性化《かっせいか》は、米ソが国連外交を重視し、米ソの協調《きょうちょう》体制がとられたことによってもたらされました。湾岸《わんがん》危機をめぐって、10を超える決議案が安全保障理事会で拒否《きょひ》権《けん》なしに通ったことが、それをよく示しております。

しかし、今回の経過に見られるように、現状の国連では、まだまだ世界平和の維持《いじ》に十分な力を発揮しえないことも、冷厳《れいげん》に直視《ちょくし》せねばならない。その意味で、新たな世界秩序を築《きず》き上げるために、国連をいかにして改革、強化していくか――湾岸戦争という悲劇《ひげき》を乗り越えて、人類が本気で、それぞれが当事者《とうじしゃ》意識に立って取り組んでいかなければならない第一の課題も、この一点にあるといってよい。

今日《こんにち》の世界の状況は、国連創設《そうせつ》の時代とは根本的《こんぽんてき》に異《こと》なっております。多極化《たきょくか》し、複雑化した変化の様相《ようそう》は、質的《しってき》な深みをもっているといってよく、国際機関もこの変化に柔軟《じゅうなん》に対応していくことが必要であります。国連憲章《けんしょう》が国際社会を律《りっ》する優《すぐ》れた規範《きはん》であることは疑《うたが》いありませんが、何といっても半世紀近い歩みを刻《きざ》んだ現在、時代にマッチした強化改革を検討すべき時を迎《むか》えていることも確かでありましょう。

昨年（1990年）、私はノーマン・カズンズ氏と対談の形で、国連の強化改革をめぐり突っ込んだ意見の交換をしました。その際、カズンズ氏は「国連自体《じたい》が名実共《めいじつとも》に力をもつようにすることが、国連改革の目的である」とし、「その必要を国連憲章は予見《よけん》しています」（『世界市民の対話』、『池田大作全集第14巻』所収）と述《の》べております。

国際機関の歴史から考察《こうさつ》すれば、国際連盟《れんめい》の時代は第1期、戦後期の国連は第2期という位置づけができましょう。そして、1995年の国連創設50周年を目標に、第3期の国際機関を構想《こうそう》し、21世紀に備《そな》えるというのは、誠《まこと》に時宜《じぎ》を得《え》たものではないでしょうか。この機会に、国連創設の原点を踏《ふ》まえつつ、長期的展望《ちょうきてきてんぼう》に立った国連改革の構想を練《ね》り上げる必要があるように思えてなりません。国連は言うまでもなく主権国家から成る世界組織ですが、第3期の国際機関を構想するには、まず主権国家連合のもつ限界を乗り越える方策《ほうさく》を考えるべきであります。戦後、国連が多くの成果《せいか》を上げてきたことは確かですが、同時に多くの挫折《ざせつ》も経験してきました。その挫折の主《おも》な原因は、言うまでもなく、主権国家の連合体であるために、どうしても国益《こくえき》が表に出てしまい、人類的立場に立った意思決定ができなかったことにあります。

◇

こうした現行《げんこう》の国連の限界を突《つ》き破《やぶ》るには、総《そう》じて「国家の顔」よりも「人間の顔」を、機構面《きこうめん》や運営面で際立《きわだ》たせていかなければならない。これは、私の年来《ねんらい》の信念でありますが、「人間の顔」ということを、より具体的に考えると「民衆の顔」と「人類の顔」という、二つの方向性が浮かび上がってくると思われます。

まず「国家の顔」よりも「民衆の顔」を、という課題ですが、国連に限らず国際社会における行動主体として、民衆レベルの力を活性化《かっせいか》し、組織化するということは、もはや時代の要請《ようせい》であります。（中略）

そもそも、国連はその出発の時点から、〝政府〟と〝人民〟という二つの側面《そくめん》をもっておりました。それは国連憲章《けんしょう》の前文に「われら連合国《れんごうこく》の人民は」と「われらの各自《かくじ》の政府は」という二つの主語《しゅご》が使われていることにも明らかであります。

にもかかわらず、国連が現実には政府間の機構《きこう》であり、その意思決定はすべて政府が担《にな》ってきており、民衆はいつも舞台裏《ぶたいうら》に追《お》いやられてきました。

私が国連に「民衆の顔」を強めてほしいと願う理由は、今日《こんにち》、民間レベルの力、端的《たんてき》にいって、例《たと》えばＮＧＯ（非政府組織）の役割が極《きわ》めて重要になりつつあるからであります。とりわけ、主権国家

に任《まか》せておいては解決が困難な諸《しょ》問題を打開《だかい》する有力な担い手としてNGOに対する期待が高まっております。（中略）

現在、国連とNGOとの関係は、憲章第71条でNGOは経済社会理事会だけと協議を行うとなっております。しかし、今日では、そうした規定《きてい》の域《いき》をはるかに超《こ》えて協力関係が大きくなってきております。

NGOの活動で、さらに特筆《とくひつ》すべきは、環境や軍縮《ぐんしゅく》などの国連における会議を通《つう》じ、地球的問題群《ぐん》へ活発な活動を展開することにより、国家間外交へも少なからざる影響を与えてきたことであります。こうした地球的諸問題の解決には、国家の枠《わく》を超え人類益《えき》に立ってアプローチするNGOの活動が不可欠であります。

本来、政府の施策《しさく》をチェックし、正しい方向に向かわせるのが民主的システムであります。今後、NGOの主張をより国連の議論に直接反映《はんえい》させていくシステムが、考えられてよい時期に来ております。私はこの点で「民衆の顔」をした国連システムの改革、強化にぜひ衆知《しゅうち》を集めてほしいと願うものであります。

国連の総合力を高める鍵（1993年）

現在の国連は、言うまでもなく国家の連合体組織であります。国連の各機関も加盟国《かめいこく》の政府代表から構成されております。そこでは、いわゆる国家ではないアクター（行為主体《こういしゅたい》）、すなわちNGO（非政府組織）等が十分《じゅうぶん》力を発揮《はっき》できるシステムになっておりません。

民主主義は主権在民《ざいみん》が基盤《きばん》であり、国連改革が国連の民主化を大きな柱《はしら》にするのであれば、各国の民衆の意思をどう正確に反映するかが鍵《かぎ》だといえましょう。総じて「国家の顔」よりも「人間の顔」を、国連の機構面と運営面で際立たせねばならないというのが、私の年来の主張であります。

「人間の顔」を際立たせるには、具体的には「民衆の顔」と「人類の顔」という二つの側面からの、国連改革へのアプローチが必要であります。

まず「民衆の顔」をより強める方策《ほうさく》の一つとしては、国際社会における行為主体《こういしゅたい》として近年《きんねん》、活躍《かつやく》が著《いちじる》しいNGOの力を国連強化のために生かすことであります。現在、国連とNGOとの関係は、国連憲章《けんしょう》の定めにより経済社会理事会だけと協議《きょうぎ》を行うことができるとされております。

しかし、国際社会におけるNGOの飛躍的《ひやくてき》な成長と活躍からして、また国連との協力関係の大きさからいっても、現状《げんじょう》にとどまることは不自然《ふしぜん》だと思います。経済社会理事会のみならず、安全保障理事会や総会にもNGOの意見を反映《はんえい》できるシステムを工夫《くふう》すべきでありましょう。

現在、国連改革の一つとして専門家の間で、安保理《あんぽり》を四つほどに分割《ぶんかつ》する案《あん》が出ているそうであります。「平和、軍縮《ぐんしゅく》」「人権、人道」「人口、資源《しげん》、開発、環境」「技術、情報、コミュニケーション、教育」の四分野のそれぞれに理事会が必要だという意見であります。これら四つのどの領域《りょういき》においてもＮＧＯの協力が不可欠《ふかけつ》な時代を迎えております。

例《たと》えば、創価学会は昨年（１９９２年）、国連支援《しえん》活動の一環《いっかん》として、青年部が中心となり、ＵＮＴＡＣ（国連カンボジア暫定行政機構《ざんていぎょうせいきこう》）に協力して「ボイス・エイド」（カンボジアの民主化を目指す１９９３年の総選挙実施《そうせんきょじっし》を支援するために、ラジオを集め、国連に寄託《きたく》する運動）を行い、大きな反響《はんきょう》を呼《よ》びました。すでに11万台にのぼる市民の真心《まごころ》のラジオが、現地の人々に届《とど》けられ、最終的には28万台を超《こ》える見込みであります。この種《しゅ》の課題に敏速《びんそく》に対応するには、足腰《あしこし》の軽い民間団体のほうがよほど適《てき》しているのであります。こうした諸《しょ》領域において、参加のシステムさえ確立できれば十分、ＮＧＯの力が発揮《はっき》でき、国連の総合力は一段《いちだん》とアップするに違いありません。

また、このところ早期警報《そうきけいほう》（アーリー・ウォーニング）ということが、国連の活動で重視されております。近年、国連システムは、環境破壊《はかい》、天災《てんさい》、飢餓《きが》発生、人口移動、疾病《しっぺい》の拡大《かくだい》、核《かく》事故の危険などの情報を集め早期警報を発するシステムを開発してきました。

これはさまざまな問題が紛糾《ふんきゅう》する以前に、当事者《とうじしゃ》に警告を発し、解決に持ち込むためのもので、国連が目指す「予防外交」の柱《はしら》になるものであります。この早期警報の活動のための情報収集の分野でもＮＧＯの力が高く評価されており、国連との協力関係が進めばさらに効果的《こうかてき》でありましょう。

今後の国連強化の一つのポイントは、安全保障理事会、総会、そして事務総長が事《こと》にあたって国連関連機関の資源を総動員《そうどういん》し、国連機構《きこう》の力を結集《けっしゅう》して解決にあたれるメカニズムをつくり上げることであります。そうした横のつながりのある有機的《ゆうきてき》なメカニズムが、現状では存在しないところに現在の国連の問題があるといわれます。

さらにそこに総合力として、NGOの力をどのように活用していくかが鍵《かぎ》といえましょう。そこで、私は少なくとも当面《とうめん》、NGO代表と国連事務総長との何らかの定期協議の場を創設《そうせつ》してはどうかと思います。

◇

次に、「国家の顔」よりも「人類の顔」をより際立《きわだ》たせる方策の一つとして、ここでは国連総会の民主化を考えてみたい。

このところ国連を改革し強化するために、安保理をどう改革するかに焦点《しょうてん》が当たっております。それも重要ではありますが、やはり加盟国《かめいこく》の総意《そうい》という点から人類の意思を表明《ひょうめい》する場として総会の改革を重視したい。

私は今、世界的な平和学者として知られているヨハン・ガルトゥング博士と対談集出版のため意見の交換《こうかん》を進めております。そこでも国連改革が一つの重要な論点になっております。博士はこの中で、現在の国連総会と並《なら》ぶ第二の議会として、国連民衆総会の創設《そうせつ》を提案しております。

その中身については熟考《じゅっこう》する必要がありますが、政府主導のグローバリズムが、どうしてもインターナショナル（国家単位の連携《れんけい》）になりがちなのに対し、トランスナショナル（民族や国家の枠組《わくぐ》みを超《こ》えた関係）な視座《しざ》を獲得《かくとく》していくために、政府と民衆が協力し力を合わせてこそより良い世界が築《きず》けるとの博士の基本的考えに、私も賛成《さんせい》であります。

もとより言うは易《やす》く実行は極《きわ》めて困難なことは、私もよく認識しております。こうした抜本的《ばっぽんてき》な改革を行うには、まず国連憲章《けんしょう》の改定《かいてい》という大きな壁《かべ》が存在するからであります。しかし、今、要請《ようせい》されている最大の課題は、現代の世界をより良く反映《はんえい》しつつ、21世紀の世界にも通用《つうよう》するグローバルな統治《とうち》機構《きこう》を人類の総意《そうい》でつくり上げることであります。

先日（1993年1月）、グローバル・ガバナンス委員会のP・ハンセン専務《せんむ》理事が創価学会本部を訪問《ほうもん》し、意見交換《こうかん》が行われましたが、委員会の最新リポートには次のように記《しる》されております。

「過去半世紀の間に、世界の国々は幅広《はばひろ》い国際協力のシステムをつくり上げてきた。その中心は国連であり、国連憲章であり、それは多くの可能性を秘《ひ》めている。さらに特定《とくてい》の地域や領域《りょういき》では、数多くの重要な組織ができあがっている。しかしながら、これら世界統治の機構は新しい時代の要請に十分応《こた》えられるようになっていない」。私も同感する部分が多い。

私は先年（1990年）、惜《お》しくも亡くなったノーマン・カズンズ氏と対談集『世界市民の対話』（『池田大作全集第14巻』所収）を編《あ》みました。カズンズ氏は、世界連邦《れんぽう》協会の会長を務《つと》めるなど、国連強化のための運動を精力的《せいりょくてき》に進めてきた人としてよく知られております。私との対談でカズンズ氏は、国連の将来を根本的《こんぽんてき》に左右しかねない新たな事態が生《しょう》じた場合、その事態を本格的に検討する全体会議を開催する必要性があることを強調していたことが忘れられません。

確かに国連憲章には、この憲章を再審議《さいしんぎ》するための国連加盟国《かめいこく》の全体会議の開催《かいさい》が記されてあります。それが今日《こんにち》まで開催されずにきたわけであり、開催の理由は十分《じゅうぶん》成り立つと思います。

特に1995年には国連創設50周年という節目《ふしめ》を迎《むか》えます。こうした全体会議を開くには絶好《ぜっこう》の時期といえましょう。

グローバル・ガバナンス委員会は、国連創設50周年の前年（1994年）に新しい報告書をまとめあげる予定だと聞いております。私はこうした英知《えいち》の構想《こうそう》を数多く結集《けっしゅう》して、1995年には国連がイニシアチブをとって、国連改革のための世界首脳《しゅのう》会議を開催してはどうかと提案したい。

同時に、世界の市民の声を結集する「世界ＮＧＯサミット」の開催も検討に値《あたい》しましょう。

［市民社会の参画《さんかく》］

「地球民衆評議会《ひょうぎかい》」の創設《そうせつ》（2000年）

私たち人類は、「戦争と分断《ぶんだん》の時代」から決別《けつべつ》し、万年《まんねん》の未来を見据《みす》えながら、21世紀が「世界不戦の時代」の始まりとなるよう、戦争の原因を取り除《のぞ》き、制度としての戦争をなくす挑戦《ちょうせん》を開始すべき時を迎《むか》えております。グローバル化の進行に伴《ともな》う形で、環境破壊《はかい》や貧困《ひんこん》問題、難民《なんみん》の急増《きゅうぞう》や疫病《えきびょう》の蔓延《まんえん》といった国境を超《こ》えた問題群《ぐん》が顕在化《けんざいか》し、その対応が迫《せま》られるようになりました。

長《なが》らく主権国家体制の枠組《わくぐ》みの中で、危機《きき》といえば領土《りょうど》にまつわる危機とされ、多くの国々が軍事力の拡充《かくじゅう》に力を入れてきたわけですが、地球的問題群と呼ばれる一連《いちれん》の危機は、従来《じゅうらい》の手法《しゅほう》では対処《たいしょ》できないものといえます。むしろ、これらの問題が放置《ほうち》されているために、内戦や衝突《しょうとつ》を招《まね》いている地域が多いのです。（中略）

グローバルな危機が深刻化《しんこくか》する現代にあっては、自国《じこく》の利益《りえき》や安全のみに汲々《きゅうきゅう》とする「国益至上《しじょう》主義」ではなく、共通の課題に立ち向かう「人類益」の思想こそが求められています。

この点、国家中心の安全保障観《かん》に代《か》わる「人間の安全保障」の概念《がいねん》を提起《ていき》したＵＮＤＰ（国連開発計画）が、『地球公共財《こうきょうざい》』と題する報告書を昨年（１９９９年）発表し、21世紀の国際協力のあり方を考察《こうさつ》しています。（インゲ・カール／イザベル・グルンベルグ／マーク・Ａ・スターン編、ＦＡＳＩＤ国際

開発研究センター訳、日本経済新聞社）

地球公共財《こうきょうざい》とは、すべての国家、すべての人々、すべての世代に利益をもたらすものです。どの国も、どの社会層《そう》も、いかなる人も排除《はいじょ》せず、未来の世代をも害《がい》しない、まったく新しい国際社会の方向性を志向《しこう》したものなのです。報告書では地球公共財を実現する上での三つの課題――「権限のギャップ」「参加のギャップ」「インセンティブ（動機）のギャップ」を指摘しています。

「権限のギャップ」とは、地球レベルの政策問題の範囲《はんい》と国レベルの政策策定《さくてい》の範囲との矛盾《むじゅん》であり、「参加のギャップ」は、世界にさまざまな行為主体《こういしゅたい》が存在する中で国際協力の決定が主《しゅ》として政府間交渉に限られている矛盾です。そして、「動機のギャップ」とは、道義的《どうぎてき》理由だけでは関係国の政策を変更《へんこう》するだけの説得力《せっとくりょく》とはならず、協力関係が成立しにくいという矛盾なのです。

私は、この三つのギャップを解消《かいしょう》し、「人類益」の視点に立った共闘《きょうとう》の枠組みづくりの礎《いしずえ》となる機関は、国連しかないと考えます。新たな千年の戸口《とぐち》に立った私たちは、今こそ地球時代の到来《とうらい》にふさわしいグランドデザインを描《えが》き、行動を開始せねばなりません。

そのためにも、人類共闘の基軸《きじく》となる国連をさらに強化していくことが最重要の課題となります。

◇

地球公共財を実現するための三つの課題――「権限のギャップ」「参加のギャップ」「動機のギャップ」を克服《こくふく》するための原動力こそ、国連を支える民衆次元《じげん》での連帯《れんたい》であり、広範《こうはん》で多岐《たき》にわたるNGO（非政府組織）の活動であると考えます。NGOが、主権国家を中心とする国際社会の枠組みの中で、看過《かんか》されがちであったテーマを取り上げ、問題解決のために先駆的《せんくてき》に取り組んできた功績《こうせき》は誠《まこと》に大きいといえるでしょう。私はそこに、国家だけでは埋《う》めることのできないギャップを、民衆の力で乗り越えていく希望の萌芽《ほうが》をみるのです。特に1992年の「地球サミット」以来、一連《いちれん》の世界会議を通じて、NGOの役割がクローズアップされるようになりました。

ブトロス・ガリ博士（当時、国連事務総長）が、「今日《こんにち》、NGOは国際社会における全面的な参加者と見なされている」「NGOの参加は、国際機関の政治的正当性《せいとうせい》を保証するものである」（馬橋憲男「国連でのNGOの見えざる貢献」の中で紹介。「軍縮問題資料」1998年2月号所収、宇都宮軍縮研究室）と評価したような時代の変化が見られたのです。

最近は、NGOといった消極的《しょうきょくてき》な呼称《こしょう》ではなく、CSO（市民社会組織）と呼ぶことも多くなりました。そこには〝地球社会の担《にな》い手〟としての積極的《せっきょくてき》な意義《いぎ》が込められているようです。

このように存在価値を高めているNGOですが、現在のところ国連で公式に認められているのは、経済社会理事会のNGO協議《きょうぎ》制度をはじめとする限定的《げんていてき》なものにとどまっています。

私はこれまで、「民衆の声が届《とど》く国連」「民衆の声を生かす国連」こそ国連改革の骨格《こっかく》であるとの信念のもと、市民社会の代表からなる「国連民衆総会」の設置構想《せっちこうそう》など数々の提案を行ってきました。「民衆総会」の実現は容易《ようい》ではないにしても、何らかの形で国連に民衆の意思が反映《はんえい》する制度を確立すべきであると思うのです。そこで私が提案したいのが、総会の諮問《しもん》機関としての機能《きのう》をもつ「地球民衆評議会《ひょうぎかい》」の創設《そうせつ》です。

この評議会は、人類共通の利益《りえき》や共通の脅威《きょうい》といった「地球公共財」の観点《かんてん》から、総会に審議《しんぎ》すべきテーマを諮問したり、危険性に応《おう》じて注意を喚起《かんき》する権限をもつものです。また、NGOが得意とする情報収集能力や、活動現場での経験を生かし、事前《じぜん》に議論を積《つ》み上げておくことによって、総会での審議に資《し》することもできましょう。近年《きんねん》は、国連主導《しゅどう》の新たな世界会議の開催《かいさい》が減《へ》り、過去の会議のフォローアップも5年や10年単位で行われている現状を鑑《かんが》みると、評議会が過去の合意《ごうい》の実施状況を常《つね》にフォローするとともに、新しいテーマを総会に先《さき》んじて議題設定していくことの意義は大きいと私は考えます。

また、新たな国際協力を確立する上で、評議会がNGOや加盟国《かめいこく》とのネットワークづくりの核となり、恒常的《こうじょうてき》な議論の場としての機能を果たしていけば、状況の改善《かいぜん》に大きく貢献《こうけん》できるでしょう。

NGOが連帯《れんたい》して世論《よろん》を幅広《はばひろ》く喚起する中で、国際社会を突《つ》き動かす力が生み出されることは、すでに証明されています。国連のミレニアム総会に先駆《さきが》け、今年（2000年）5月に開催される「ミレニアムNGOフォーラム」では、議題の一つに「国連と諸《しょ》国際機関の強化と民主化」が掲《かか》げられていますが、民衆の視点《してん》から実《みの》りある国連の強化・改革案が検討されることを心から期待するものです。

「国連民衆ファンド」の設置《せっち》（2001年）

今後の国連を考える上で外《はず》してはならない柱《はしら》は、ＮＧＯ（非政府組織）をはじめとする市民社会と国連との揺《ゆ》るぎない協働《きょうどう》体制の確立――つまり、〝民衆の民衆による民衆のための国連〟への転換《てんかん》です。

各国が国益至上《こくえきしじょう》主義という20世紀の負《ふ》の遺産《いさん》を引きずったままで、国連が「対立・排除《はいじょ》の論理」の渦《うず》に巻《ま》き込《こ》まれて機能《きのう》不全《ぜん》に陥《おちい》ったり、「外圧《がいあつ》・強制の論理」にたやすく傾《かたむ》いて禍根《かこん》を残したり、信頼を失うような道をたどらないためにも、民衆をベースにした〝人間のための国連〟の建設が不可欠《ふかけつ》です。

この民衆を主役《しゅやく》とした国連の強化こそが、21世紀の人類の命運《めいうん》を左右《さゆう》するといっても過言《かごん》ではない。

そうした時代の方向性は、国連のミレニアム宣言《せんげん》でも反映《はんえい》されていました。国連の強化と題する章の中で、「民間セクター、非政府組織（ＮＧＯ）および市民社会全般《ぜんぱん》が、国連の目標とプログラムの実現に貢献《こうけん》できるよう、より多くの機会を与えること」（『国連ミレニアム総会　国連ミレニアム・サミット　関連資料集』国連広報センター）と、市民社会が国連のパートナーとして不可欠《ふかけつ》の存在であることが明記《めいき》されています。これは、国家の集まりに過ぎなかった従来《じゅうらい》の国連からの〝脱皮《だっぴ》〟を明確《めいかく》に志向《しこう》した宣言としての意義《いぎ》があります。

私は、民衆の参画《さんかく》は、単《たん》に国連活性化《かっせいか》の一番の方法というだけにとどまらず、国連が〝国家間の連合体〟の限界を打《う》ち破《やぶ》り、〝地球市民社会の結集軸《けっしゅうじく》〟へと発展的《はってんてき》成長を遂《と》げるために欠《か》かせないものと考えます。民衆の広範《こうはん》な力の結集によって、国連に「人間の顔」を一段《いちだん》と際立《きわだ》たせていく――これこそ国連が歩《あゆ》むべき大道《だいどう》であらねばならない。

今後、必要なのは、この方向性を過《あやま》たず実行へと移《うつ》すことです。具体的には、ミレニアム・サミットに先立って昨年（２０００年）５月に開催《かいさい》された「ミレニアムＮＧＯフォーラム」で提案された内容をベースに検討していくことが有益《ゆうえき》だと思います。

採択《さいたく》された文書では、「グローバル市民社会フォーラム」の創設《そうせつ》や、総会をはじめとする国連機構に対するＮＧＯのアクセスと協議権《きょうぎけん》の拡大などの項目《こうもく》が盛《も》り込《こ》まれております。いずれの提案も、私がこれまで提唱してきたプランと合致《がっち》するものであり、一日も早い実現が望まれます。

私が創立した戸田記念国際平和研究所でも昨年（２０００年）、国連改革に関する報告書を発表しました。これは、オーストラリアのラトローブ大学やタイのグローバル・サウス研究所（チュラロンコン大学）との共同プロジェクトで、ガリ前国連事務総長ら有識者《ゆうしきしゃ》と、専門家からなる二つのグループで進められてきた研究の成果をまとめたものです。ここでも「民主化」が改革の柱《はしら》の一つに掲《かか》げられ、国連のシステムを市民社会に開かれたものにするための大胆《だいたん》な改革が求められるとして、「民衆総会」の創設をはじめとする具体的な提案が盛り込まれています。

かつて平和学者のガルトゥング博士は、私との対談集の中で、民衆総会（国連人民総会）などの構《こう》想《そう》に触《ふ》れて、「ほとんどアイデアらしいアイデアが出されることもなく、最後には投票で事が決せられて勝者と敗者が生まれる短期間《たんきかん》の討議《とうぎ》よりも、新しい発想と合意《ごうい》（コンセンサス）を生みだすような長期的《ちょうきてき》な対話のほうがよい」（『平和への選択』、『池田大作全集第１０４巻』所収）と述べておられました。

こうした民衆参加の新しい制度によって確保されるべきものは、敗者を生まないための長期的な〝ビジョン〟であり、すべての人々の幸福を考慮《こうりょ》する〝対話〟です。同様のプランはさまざまな団体からも提唱されており、実現に向けて大きく一歩を踏《ふ》み出す時を迎《むか》えていると、私は思います。

NGOは国家の連合体を補完《ほかん》する〝脇役《わきやく》〟では決してなく、「共生《きょうせい》」と「内発《ないはつ》」の流れに沿《そ》った新しい国際システムをつくり上げていく〝主役《しゅやく》〟にほかなりません。こうして民衆の手でつくり上げられる国連であってこそ、一人一人の人間の尊厳《そんげん》と安全を守る機関となりうるはずです。

付言《ふげん》すれば、国連の長年の課題である財政についても、〝世界の民衆が支える〟制度づくりが重要なポイントとなります。具体的にはユニセフ（国連児童基金《ききん》）で導入《どうにゅう》されている制度などを参考にしながら、個人や団体、企業からの寄金《ききん》を積極的《せっきょくてき》に募《つの》り、人道分野を中心とした活動資金に充当《じゅうとう》する「国連民衆ファンド」ともいうべき制度を検討してみてはどうでしょうか。加盟国《かめいこく》の拠出金《きょしゅつきん》に依存するため、即応《そくおう》すべき活動や重点的に取り組む課題に支障《ししょう》が生じてしまう現状を踏《ふ》まえ、市民社会からの基金をもう一つの柱《はしら》に国連財政の安定化を図ることが望ましいのではないかと思います。

安全保障理事会とNGOとの協議《きょうぎ》（2005年）

ソフト・パワーの面からの国連の機構《きこう》改革と併《あわ》せて提案しておきたいのは、国連と市民社会とのパートナーシップの強化を図《はか》るための改革案です。

この分野に関しては、ブラジルのカルドーゾ元大統領らによる有識者《ゆうしきしゃ》パネルの報告書「われら人民――市民社会、国連、グローバル・ガバナンス」で、示唆深《しさぶか》い提案がされています。

報告書では目指すべき改革の方向性として、「国連のみで問題に取り組むにとどまらず、外部の協力を招集《しょうしゅう》・調整し、国連を『外を向いた』組織にする」「問題に関係する多くの異《こと》なったアクター（行為主体《こういしゅたい》）と連携《れんけい》を図《はか》る」などの原則《げんそく》が打ち出されています。

そのためには、国連と市民社会、なかんずくNGO（非政府組織）とのパートナーシップの強化が不可欠《ふかけつ》の前提《ぜんてい》となってくるはずです。

国連が創設《そうせつ》された1945年と現在とを比較《ひかく》して、最大の変化として挙《あ》げられるのは、山積《さんせき》する地球的問題群《ぐん》の存在であり、その解決に向けて多くのNGOが重要な役割を果たしている事実だと思います。そこに目を向けずして、国連内部だけの改革に終わってしまえば、画竜点睛《がりょうてんせい》を欠《か》き、実《みの》りある成果《せいか》を得ることは難しいでしょう。

その意味で、経済社会理事会で認められているNGOの協議資格《しかく》のような参加形態を、国連の他の機関にも何らかの形で広げ、民衆の声を反映《はんえい》させていく改革が求められます。

総会においてNGOは、会議の傍聴《ぼうちょう》と文書の入手は認められてきましたが、オブザーバーとして意見表明を行うことができない中、１９９０年代に相次《あいつ》いで開催《かいさい》された国連の特別総会において、ＮＧＯの代表が各国の政府代表とともに演説を行い、閣僚級《かくりょうきゅう》の政府間協議に参加するなどの試《こころ》みがなされてきました。

また安保理《あんぽり》でも１９９３年以来、議長国とＮＧＯの約30団体が非公式に意見交換《こうかん》を行う「アリア方式」と呼ばれる慣行《かんこう》が続けられ、双方《そうほう》が関心をもつテーマについて語り合う場がもたれています。

こうした実績を踏《ふ》まえながら、経済社会理事会で認められている、討議《とうぎ》へのオブザーバー参加や仮議題案の提出などを、総会や安保理でも保障する制度を、今一度、前向きに検討していくべきではないでしょうか。

かつて、アメリカのケネディ大統領は、国連総会の場で、「この地球にともに住む諸君《しょくん》よ。この各国の集会場を、われわれの足場《あしば》としようではないか。そしてわれわれの時代に、この世界を正しい永《えい》続的《ぞくてき》な平和に向かって動かせるかどうかやってみようではないか」と呼びかけました（『絶叫するケネディ』高村暢児編、学習研究社）。

創設60周年を迎えた今こそ、〝われら人民は〟で始まる国連憲章《けんしょう》の精神を深くかみしめ、地球益と人類益に立脚《りっきゃく》した、国連強化の道を開くべき時であります。

この絶好《ぜっこう》の機会を逃《のが》すことなく、世界の首脳《しゅのう》が英知《えいち》と信念をもって国連改革に取り組むことを、強く願うものです。

国連総会とNGOとの協議《きょうぎ》（2006年）

目覚めた「民衆」が主役《しゅやく》となって、平和と共生《きょうせい》の地球社会を建設するための具体的な方途《ほうと》について論じたい。

その中心軸《じく》となるべき存在は、何といっても国連でありましょう。テロや紛争《ふんそう》、貧困《ひんこん》や環境破壊《はかい》、飢餓《きが》や疫病《えきびょう》など、国境を超《こ》えて人々の生活と安全を脅《おびや》かす脅威《きょうい》が広がる中、新時代に対応した国連の改革・強化が望まれています。

民衆の視点に立った国連改革という面で、私が提案したいのは総会の強化です。世界の平和と安全に関する分野では、安全保障理事会が主要な役割を負《お》うものの、すべての加盟国《かめいこく》が参加し、グローバルな脅威への対策を論じ合う「普遍的《ふへんてき》な対話のフォーラム」は、国連総会をおいて他《ほか》にありません。この〝人類の議会〟を活性化《かっせいか》していくことが、国連全体の強化につながっていくはずです。

アナン事務総長の報告書（『より大きな自由を求めて』2005年発表）でも、総会の改革に関して、「その時々のもっとも本質的《ほんしつてき》な問題を集中的に審議《しんぎ》するとともに、市民社会と全面的かつ組織的に協力するためのメカニズムを確立すべきである」との方向性が打ち出されていました。

残念ながら国連総会での特別首脳《しゅのう》会合（2005年9月）では、その具体的手立《てだ》てについて合意《ごうい》されませんでしたが、今後もこうした方向性が国連総会の改革の要《かなめ》となることは間違いありません。

そこで私は、特に「市民社会との協働《きょうどう》関係」の確立という観点《かんてん》から、総会の議長や各委員会の代表とNGO（非政府組織）との協議の場を積極的《せっきょくてき》に設《もう》けていくべきであると提案したい。

昨年（2005年）6月には、国連の史上初《しじょうはつ》の試《こころ》みとして、総会主催《しゅさい》で、市民社会との公聴会《こうちょうかい》が2日間にわたって行われ、世界各地から集まったNGOの代表や専門家が、幅広《はばひろ》く意見を表明する場となりました。

特別首脳会合の成果《せいか》文書でも、〝公聴会のような、市民社会の代表らと加盟国との対話を歓迎《かんげい》する〟と謳《うた》われるなど、極《きわ》めて画期的《かっきてき》なものだったと評価できます。

一方、NGOの側でも、「ミレニアム＋《プラス》5NGOネットワーク」を立ち上げ、市民社会からの声を取りまとめたり、国連側との窓口《まどぐち》としての機能《きのう》を果たすなど、意欲的《いよくてき》な挑戦《ちょうせん》がスタートしています。

こうした「民衆と国連をつなぐ対話の場」を定着《ていちゃく》させていくことは、加盟国と民衆（市民社会）という二本足に支えられた国連をつくり上げる基盤となるはずです。

SGIとしても発足《ほっそく》以来、仏法の「人間主義」の理念に基《もと》づき、国連支援の活動を続けてきました。

昨年（2005年）6月には、SGIの代表が、宗教・倫理《りんり》関連の国連登録NGOからなる「国連宗教NGO委員会」の議長に就任《しゅうにん》するなど、より多角的《たかくてき》な役割を担《にな》うようにもなっています。

また、私が創立《そうりつ》した戸田記念国際平和研究所では、創立10周年を記念して、国連の改革・強化のための国際会議を、2月（2006年）にアメリカのロサンゼルスで開催《かいさい》します。

そこでは、「人間の安全保障とグローバル・ガバナンス（地球社会の運営）」や「文明間の対話」など、これまでの研究プロジェクトの成果を踏《ふ》まえながら、〝民衆の民衆による民衆のための国連〟を構築《こうちく》するための方途《ほうと》を討議《とうぎ》する予定です。

「市民社会担当《たんとう》」の国連事務次長（2009年）

地球的問題群《ぐん》に立ち向かう人類共闘《きょうとう》の結集軸《けつしゅうじく》となるべき、国連の強化について提案しておきたい。二度にわたる世界大戦の反省に基《もと》づいて創設《そうせつ》された国連が、これまでどのように山積《さんせき》する難問《なんもん》に取り組んできたのか――。

その60年余りの歴史に、さまざまな角度から光を当てて、実像を浮かび上がらせた労作《ろうさく》に、歴史学者ポール・ケネディ氏の『人類の議会』（古賀林幸訳、日本経済新聞出版社）があります。

私が特に感銘《かんめい》したのは、ケネディ氏が国連の歴史を単《たん》に国際政治史の一側面《そくめん》としてではなく、「国際機関を通《とお》して相互《そうご》の尊厳《そんげん》と繁栄《はんえい》と寛容《かんよう》の未来を築《きず》くという共通の目的のために、人類が集まり模索《もさく》してきた活動の物語」として描《えが》き出している点です。

つまり、それは国連を軸《じく》にした人類史にほかならず、私なりに言い換《か》えれば、国連憲章《けんしょう》の理念の実現を求めての「人道的競争」をめぐる険難《けんなん》と挑戦《ちょうせん》の歴史だったともいえるでしょう。

果たして国連は、今後も憲章に託《たく》された使命を全《まっと》うしていくことができるのか。それは、「人類共通の善《ぜん》と長期的《ちょうきてき》利益《えき》のために、自《みずか》らの不安や利己《りこ》主義を克服《こくふく》できるかどうかである。二十一世紀の歴史の大半は、その課題にわれわれ全員がどう対処《たいしょ》するかにかかっている」と、ケネディ氏は強調しています。

その問題意識は、現在、対談を進めているアンワルル・チョウドリ元国連事務次長と私が共有《きょうゆう》するものでもありました。

この点から国連の未来を展望《てんぼう》した時、まず必要と思われるのは、将来にわたって国連を支《ささ》え、力を与え続ける源泉《げんせん》となる「市民社会との強固なパートナーシップ」の構築《こうちく》です。

その基盤《きばん》づくりの一環《いっかん》として、国連に「市民社会担当の事務次長」のポストを設《もう》けることを呼びかけたい。同様の提案は、カルドーゾ元ブラジル大統領を委員長とする「国連と市民社会の関係に関する有識者《ゆうしきしゃ》パネル」が２００４年に発表した報告書でも提起《ていき》されていたものですが、検討に値《あたい》すると思われます。

この事務次長を、ＮＧＯ（非政府組織）の地位向上《こうじょう》とパートナーシップの促進《そくしん》のために専門に活動する常設職《じょうせつしょく》とし、平和と安全保障、経済・社会問題、開発協力、人道問題、人権といった国連の主要テーマに関する討議《とうぎ》の場に加《くわ》わり、市民社会の意見の反映《はんえい》を求めていくことなども考えられましょう。

先の有識者パネルの報告書でも、「市民社会は国連にとって決定的に重要で、それを連動《れんどう》させていくことは必要なことであり、選択肢《せんたくし》ではない」と強調されていましたが、ＮＧＯをいつまでもオブザーバー的な存在にとどめるのではなく、国連を支える〝かけがえのないパートナー〟として位置づけることこそ、21世紀の国連の生命線であると訴《うった》えたい。

こうした改革を一里塚《いちりづか》として、国連憲章が冒頭《ぼうとう》に掲《かか》げる〝われら人民〟との言葉を修辞的《しゅうじてき》なものに終わらせることなく、「民衆の顔をした国連」の実現に向けての潮流《ちょうりゅう》を高めていくことが望まれます。

［ソフト・パワー］

安保理事会と経済社会理事会との連携《れんけい》（1994年）

国連のガリ事務総長は、先日（1994年1月）の安全保障理事会への報告書で、PKO（平和維持《いじ》活動）史上初の「平和執行部隊《しっこうぶたい》」である第2次国連ソマリア活動について、国連部隊の武力行使《ぶりょくこうし》による強制的な武装解除《ぶそうかいじょ》を断念《だんねん》し、人道援助物資《えんじょぶっし》の補給路《ほきゅうろ》の護衛《ごえい》活動などに重点を置いた従来型《じゅうらいがた》PKOに任務を転換《てんかん》するよう勧告《かんこく》しました。性急《せいきゅう》な武力行使が必ずしも有効でないことを証明する一例といえましょう。

ソマリアの一例をもってして、今後の国連のPKOのあり方すべてを判断するわけにはまいりません。これからも国連は、さまざまな事態に臨機応変《りんきおうへん》に対処《たいしょ》していかねばならないからです。しかし、その場合も、「軍事力」をハード・パワーとすれば、国連の原点はあくまでも各国を協調《きょうちょう》させ、行動を調和させるというソフト・パワーにあることを忘れてはなりません。

◇

さまざまな要因が絡《から》んで、現在、紛争《ふんそう》が各地で多発《たはつ》しております。現状は紛争が深刻化《しんこくか》してから国連が動き出す形になっていますが、そうならないように未然《みぜん》に食い止める予防措置《そち》を、国連としてどう取っていくかも大きな課題といえましょう。

紛争の背後《はいご》には貧困《ひんこん》、飢餓《きが》、抑圧《よくあつ》、差別など社会の政治的、経済的、文化的構造《こうぞう》の問題が絡んでいるといわれております。特に経済的問題が解決すれば、かなりの紛争が解決すると見られています。こうした紛争の根本的《こんぽんてき》原因を無視《むし》して、軍事に偏《かたよ》った解決策をとっても真の解決にはなりません。それぞれの地域が抱える社会的問題をどう解決し、地球全体として人々の生活を向上《こうじょう》させ安定させていくかは、むしろ経済社会理事会の課題であります。

したがって、そこで必要になるのが安保《あんぽ》理事会と経済社会理事会との緊密《きんみつ》な連携プレーではないでしょうか。（中略）

その重要な使命からいっても、経済社会理事会の強化は重要な国連改革のポイントだと思われます。今後は、国連本部内の、そして国連システムの効率的《こうりつてき》な連動をいかに成《な》し遂《と》げるかが課題だと思えてなりません。

「人間の安全保障」の視座《しざ》（1995年）

国連は今年（1995年）、創設《そうせつ》50周年の大きな節目《ふしめ》を迎《むか》えます。本来であれば、心から慶祝《けいしゅく》したい記念の年でありましょうが、国連を取《と》り巻《ま》く環境は一段《いちだん》と厳しさを増しているようです。冷戦終結《れいせんしゅうけつ》後に頻発《ひんぱつ》した地域紛争に手を焼《や》いた国際社会は、その解決を国連のＰＫＯ（平和維持活動）に託《たく》しましたが、初の平和執行部隊《しっこうぶたい》だったソマリアでのＰＫＯの挫折《ざせつ》、ボスニアにおける手詰《てづ》まり状態など、思うに任《まか》せないことは周知《しゅうち》の通りであります。

国連のガリ事務総長が本年初頭《しょとう》（1995年1月）、安全保障理事会に報告書（『平和への課題：補遺《ほい》』）を提出し、当面《とうめん》、平和執行部隊の派遣《はけん》を断念《だんねん》することを表明したのは象徴的《しょうちょうてき》な事例《じれい》であります。これは事務総長自《みずか》ら武力《ぶりょく》によりＰＫＯを強化しよう、との国連の路線《ろせん》を修正《しゅうせい》したものであります。ここには武力行使の権限《けんげん》をもつ平和執行部隊の派遣は、国連の能力を超えるとの厳しい認識が見られます。平和執行的行き方がうまくいかず、しかも膨《ふく》らむ一方のＰＫＯの展望《てんぼう》が開けない現状では、これはむしろ賢明《けんめい》な選択だといってよいでしょう。

もともと紛争当事国《ふんそうとうじこく》の同意なしで国連が介入《かいにゅう》し、しかも武力を表にするとなると、国連自体が紛争の当事者になりかねません。これは中立《ちゅうりつ》であるべき国連が厳《げん》に慎《つつし》まねばならない点でありましょう。もとよりこうした路線の修正があったからといって、平和の維持《いじ》、創造に果たす国連の役割の重要性が変わるわけではありません。

大事なことは、単《たん》にＰＫＯという狭《せま》い枠組《わくぐ》みにとらわれることなく、もっと幅広《はばひろ》い視野《しや》から、平和と安全保障に果たす国連の使命を総合的に見直すことであります。各国を協調《きょうちょう》させ、行動を調和させるというソフト・パワーを基調《きちょう》に、平和的なシステム、ルールをつくり上げることが国連の原点である以上、それを最大限に生かす道を考えねばならないでしょう。それを国連加盟国《かめいこく》が、そして国連を支《ささ》えるNGO（非政府組織）が真剣《しんけん》に考えるには、50周年は格好《かっこう》の時機といえましょう。

国連はその創設《そうせつ》以来、五つの大国《たいこく》が拒否権《きょひけん》をもつ安全保障理事会を平和維持《いじ》の大きな柱《はしら》にして進んできました。厳しい冷戦下《れいせんか》にあって、安保理《あんぽり》が有効に機能《きのう》しなかった時代が続きましたが、冷戦が終《しゅう》結《けつ》し東西の厳しい対立がなくなり、国連の役割への期待が大いに高まりました。

しかし今、国連はその期待にどう応《こた》えたらいいのか立ち往生《おうじょう》しているといったら言い過《す》ぎでしょうか。明らかに世界の幅広い安全保障というものを、少数《しょうすう》の大国を中心にした安保理で取り仕切る現在の国連システムには限界がきています。それは日本やドイツが安保理事会の常任《じょうにん》理事国になるというような改革で済《す》むものではありません。

問題は、安全保障に対する抜本的《ばっぽんてき》な発想の転換《てんかん》が要請《ようせい》されている時代の流れに、安全保障理事会が対応できていないことにあります。

最近、これまでのように「安全保障」を国家による国家のための安全の保障という狭《せま》い解釈《かいしゃく》にとどめるのでなく、「ヒューマン・セキュリティー（人間の安全保障）」という発想に立つ構想《こうそう》が模索《もさく》されております。それは人道、人権がさまざまな形で危機《きき》にさらされがちな現代にあって制度的要因よりも人間的要因を優先《ゆうせん》するという発想であります。それは主権国家の顔が支配的であった国連に、「人間の顔」そして「人類の顔」を際立《きわだ》たせる新しい方向性につながるものであります。

「安全保障」といってもそこに住む人間の生存、福利《ふくり》、そして正義、自由を無視《むし》しては成り立ち得ま

「平和と人間のための安全保障」をテーマに、ハワイの東西センターで講演（1995年1月、ホノルル）

せん。現代はそうした人間の平和的に生きるための基本的な権利が、さまざまな脅威《きょうい》にさらされている時代です。これまで国家の利益《りえき》を優先するあまり、それらが軽視《けいし》されてきたことは否《ひ》定《てい》できません。

軍事力というハード・パワーを表にして、世界の安全保障を考える旧来《きゅうらい》の安全保障体制はもはや時代遅《おく》れのものになりつつあります。人間への脅威に包括的《ほうかつてき》に対処《たいしょ》する、国連を軸《じく》にした「ヒューマン・セキュリティー」の枠組《わくぐ》みを、一日も早く確立できるよう、英知《えいち》を結集《けっしゅう》すべき時であります。

ヒューマン・セキュリティーという広義《こうぎ》の概《がい》念《ねん》は、平板《へいばん》な平和観では達成《たっせい》し得ません。それは「開発」とも密接《みっせつ》に連動《れんどう》しております。昨年（1994年）、ガリ国連事務総長は「開発への課題」と題する報告書を総会に提出しました。そこには「平和」「経済成長」「環境保全」「社会的正義」「民主主義」という相互《そうご》に関連《かんれん》し合う五つの分野を、持続的《じぞくてき》な「開発」のための推進力《すいしん》とする包括的《ほうかつてき》理念が打ち出されております。

この点はまさに、本年（1995年）3月に予定されている「社会開発サミット」でも焦点《しょうてん》となってくるでありましょう。

こうした基本的理念に立脚《りっきゃく》し、国連が新たな構想力《こうそう》をもって世界の平和にリーダーシップを発揮《はっき》すべきではないでしょうか。民族紛争《ふんそう》にしても、紛争が泥沼化《どろぬまか》してから介入《かいにゅう》するという従来《じゅうらい》のやり方は限界にきています。そうした紛争を起こさないためには、前述《ぜんじゅつ》した開発のための5項目《こうもく》を各国がそれぞれ国内的に強力に推進《すいしん》しなければなりません。

そのためにも開発の問題を扱《あつか》う経済社会理事会の任務《にんむ》、権限《けんげん》の抜本的《ばっぽんてき》強化が不可欠《ふかけつ》であります。その強化された経済社会理事会と新たな発想《はっそう》に立った安全保障理事会との連動があって、初めて国連は国際環境の変化に即応《そくおう》した安全保障の機能《きのう》を発揮できるといえましょう。

「予防」と「安定化」のアプローチ（2001年）

いよいよ始まった21世紀――この新しい世紀がどのような時代になるのか、昨年（2000年）来、多くの展望《てんぼう》がなされています。生命工学《こうがく》や情報工学といった科学技術の進展《しんてん》への期待が寄《よ》せられる一方で、政治や経済面での行く先の不透明感《ふとうめいかん》も語られています。

「期待」と「不安」という二つのコントラストは、世紀の変わり目に特有《とくゆう》のものかもしれませんが、20世紀の開幕《かいまく》と比較《ひかく》すると、当時のような楽観的《らっかんてき》な気分は影《かげ》をひそめてしまった感があるようです。

その背景《はいけい》には、〝20世紀は人類の役に立ったのか〟といった問《と》いが正面きって投げかけられてしまうほどの幻滅感《げんめつかん》が手伝《てつだ》っているのかもしれません。科学技術の目覚《めざ》ましい進歩で多くの恩恵《おんけい》がもたらされた半面《はんめん》、戦争が絶《た》え間《ま》なく起こり、未曽有《みぞう》の悲劇《ひげき》が繰《く》り広げられた時代の深い闇《やみ》が、人々の心に拭《ぬぐ》い去《さ》れぬ影を落としております。

では、そうした闇を晴らすための光明《こうみょう》となるものは一体何か。果たして21世紀は何を基調《きちょう》に据《す》えていくべきなのか――。

このテーマを考える時、私の胸に浮かんでくるのは、〝現代化学の父〟ライナス・ポーリング博士との語らいの思い出です。博士と編《あ》んだ対談集の中で、私が〝21世紀を「生命の世紀」に〟との年来《ねんらい》の持論《じろん》を述《の》べたところ、博士は全面的に賛意《さんい》を寄せてくださり、「その意味されるものは、人間生命そのものに今まで以上に焦点が合わされ、人間の幸福と健康が大事にされる時代だと思います」（『「生命の世紀」への探求《たんきゅう》』、『池田大作全集第14巻』所収）と述《の》べられていたことが忘れられません。

1901年に生まれ、文字通り20世紀という激動《げきどう》の時代を生き抜《ぬ》くなかで、科学者として、また平和運動家として、人間と社会のあり方を真摯《しんし》に問い続けてこられた博士の言葉だけに、千鈞《せんきん》の重みを感じました。その対談集のタイトルを『「生命の世紀」への探求』と名付けたのも、〝生命そのもの〟に焦点を当てなければ、人類が真に乗り越えるべき課題も、また進むべき道も浮かび上がってはこないとの思いからでした。

では、鳥瞰図的《ちょうかんずてき》に歴史の流れを振り返った時、20世紀は、私たちの前にどのような姿《すがた》をもって立ち現れてくるでしょうか。歴史家エリック・ホブズボーム氏の大著《たいちょ》『20世紀の歴史』（河合秀和訳、三省堂。以下、同書から引用）は、その意味で示唆《しさ》に富《と》む書物であります。冒頭《ぼうとう》には〝12人が見た20世紀〟と題し、世界を代表する識者の見解《けんかい》が列挙《れっきょ》されていますが、悲痛《ひつう》な叫《さけ》びにも似《に》た言葉が並《なら》んでいることが私の目を引きました。

「今世紀は、人類史上《しじょう》もっとも暴力的《ぼうりょくてき》な世紀であったと、私は考えざるを得ない」（イギリスのノーベル賞作家、ウィリアム・ゴールディング）

「私は、それを虐殺《ぎゃくさつ》と戦争の世紀としてしか見ていない」（フランスの生態《せいたい》学者、ルネ・デュモン）

ホブズボーム氏はこれらの声を紹介した上で、「省察力《しょうさつりょく》のある多くの人々がなぜ、満足感をもって、また未来にたいする自信をもって二〇世紀を回顧《かいこ》していないのだろうか」と自問自答《じもんじとう》し、こう述《の》べております。

「それは二〇世紀が疑《うたが》いもなく、その世紀を満《み》たしている戦争の規模《きぼ》、頻度《ひんど》、期間のすべてについて、歴史の記録に残っているもっとも残酷《ざんこく》な世紀であり、（中略）歴史上もっとも厳しい飢饉《ききん》から組織的な大量殺戮《たいりょうさつりく》にいたるまで、それが生み出した人間による人間の破滅《はめつ》のかつて前例《ぜんれい》のない規模の大きさについてもそうだったからである」と。

もとより、こうした歴史の暗部《あんぶ》にのみスポットを当てるのは、フェアとはいえないでしょう。20世紀の歩《あゆ》みのなかには、進歩発展の軍配《ぐんばい》を上げてよい側面《そくめん》も、多々ありました。

何といっても、帝国《ていこく》主義や植民地《しょくみんち》主義が、地球上をわが物顔《ものがお》に振る舞うことが許される時代は、過去のものになりました。多くの課題はあるにせよ、国際連合という世界政治のシステムは、短命《たんめい》に終わった国際連盟《れんめい》に比《くら》べ、この半世紀、機能《きのう》し続けています。民主主義の諸《しょ》価値に対して、正面きって異《い》を唱《とな》える人は少なくなりましたし、とりわけ女性の地位向上《こうじょう》、社会進出は、まだまだ不十分とはいえ、やはり前世紀の刮目《かつもく》すべき出来事であったといえましょう。功罪半《こうざいなか》ばする科学技術の発展にしても、物質的な豊かさ（富《とみ》の偏在《へんざい》というアポリア〈難問《なんもん》〉を抱《かか》えながらも）、交通・通信、医学・衛生《えいせい》などの面での貢献《こうけん》を否定《ひてい》する人はいないと思います。早い話が、20世紀初めと世紀末の我々《われわれ》を取り巻《ま》く人権状況一つ取り上げてみても、法律面、制度面で格段《かくだん》の相違《そうい》があるはずです。

にもかかわらず、20世紀においては、あまりにも人間が人間を殺し過ぎた、という事実は消えません。16世紀以降の５００年にわたる戦死者の実《じつ》に3分の2を、20世紀の戦死者が占《し》めるという統計《とうけい》もありますが、まさに〝メガ・デス〟と名付けるほかない、史上空前の大殺戮時代を現実にしてしまいました。

すなわち、20世紀にあっては、人間の生命というものが、あまりにも軽く扱《あつか》われてきたというほかありません。その意味では、20世紀とは「生命衰弱《すいじゃく》の世紀」であり、「生命枯渇《こかつ》の世紀」であり、「生命冒瀆《ぼうとく》の世紀」であるといっても、決して過言《かごん》ではない。
◇

21世紀を「平和の世紀」にするためには、戦争や悲劇《ひげき》を生み出す原因となっている国益優先《こくえきゆうせん》の考え方を改《あらた》め、「人類益」や「地球益」に立脚《りつきゃく》した国際社会を建設することが、一切《いっさい》の基盤《きばん》となります。

その要《かなめ》となるのは、何といっても国連でしょう。平和・軍縮《ぐんしゅく》問題に限らず、環境問題や貧困《ひんこん》問題にせよ、それぞれの問題の根深《ねぶか》さを考えれば、国家の枠組《わくぐ》みを超《こ》えた「協力」や「協調《きょうちょう》」、さらには「人類共闘《きょうとう》」の流れが要請《ようせい》されてくることは論をまちません。

そのためにも、半世紀以上にわたって、〝グローバルな対話の場〟として国際的なコンセンサスづくりに努《つと》め、世界各地で人道的な支援《しえん》の活動を担《にな》い続けてきた国連に、やはり目を向ける以外にない。さまざまな限界や課題を抱《かか》えているにしても、国連を軸《じく》に人類が結束《けっそく》する以外にないと思うのです。

その意味で、21世紀の開幕《かいまく》を前にした昨年（2000年）9月、世界各国の首脳《しゅのう》が集《つど》い行われた「ミレニアム・サミット」で、採択《さいたく》された宣言《せんげん》の意義《いぎ》は大きいといえましょう。

宣言では、各国が責任を分担《ぶんたん》して地球的課題に取り組む必要性に言及《げんきゅう》した上で、「世界でもっとも普遍的《ふへんてき》かつ代表的な機関として、国連は中心的な役割を果たさなければならない」（『国連ミレニアム総会　国連ミレニアム・サミット　関連資料集』国連広報センター）と明確に謳われたのであります。今一度、国連創設《そうせつ》に込《こ》められた精神――「われらの一生のうちに二度まで言語《げんご》に絶《ぜっ》する悲哀《ひあい》を人類に与えた戦争の惨害《さんがい》から将来の世代を救《すく》い」（国連憲章《けんしょう》前文）との崇高《すうこう》な目的を思い起こし、「戦争のない世界」の実現へ、国連を中心とした人類共闘《きょうとう》の枠組みづくりのために力強く前進を開始しなければならない。

国連のあり方を考えることは、そのまま、私たちがどのような世界を目指し、世界が直面《ちょくめん》する問題にどう対処《たいしょ》するかというテーマに直結《ちょっけつ》しています。その意味で、私が第一に銘記《めいき》しておかねばならない大前提《だいぜんてい》と考えるのは、国連の本質《ほんしつ》が「対話」と「協調《きょうちょう》」を機軸《きじく》とするソフト・パワーにあるという点です。

もちろん憲章には、紛争《ふんそう》の平和的解決を定めた第6章とともに、強制措置《きょうせいそち》を定めた第7章があるように、軍事的措置を含《ふく》むハード・パワーの行使《こうし》も想定《そうてい》されてはいます。しかし、平和的解決の先行が特に謳《うた》われているように、ハード・パワーの選択《せんたく》はあくまでもぎりぎりの局面《きょくめん》での〝最終手段《さいしゅうしゅだん》〟であらねばならず、国連の第一義的《だいいちぎてき》使命はどこまでもソフト・パワーを通じた世界の平和と安定化にあるはずです。

二度の大戦を教訓《きょうくん》に生まれた国連の出自《しゅつじ》を鑑《かんが》みても、また21世紀を「共生《きょうせい》」と「内発《ないはつ》」をベースにした「生命の世紀」にするためにも、この原則を断《だん》じて踏《ふ》み外《はず》してはならないでしょう。

私は、安全保障理事会の役割は役割として認めるものですが、21世紀の国連が目指すべき道は、ハード・パワーによる事後的《じごてき》な問題解決のアプローチではなく、予防と安定化を重視したソフト・パワーの充実《じゅうじつ》にあると考えます。そのためにも、経済社会理事会や人道分野の諸機関《しょきかん》がさらに積極的《せっきょくてき》な役割を果たせるよう、50年以上にわたり積み上げてきた経験と教訓を今後の運用面《うんようめん》において十分に生かしながら、「人間の安全保障」を推進させる道を模索《もさく》することが大切ではないでしょうか。

この点、本年（2001年）9月には、国連で子どものための特別総会が行われますが、未来を担《にな》う世代のために何ができるのか、真摯《しんし》な論議と実《みの》りある成果《せいか》を期待するものです。

「ガバナンス調整委員会」の創設《そうせつ》（2005年）

本年（2005年）は、国連創設60周年であり、第2次世界大戦の終結《しゅうけつ》と、広島・長崎への原爆《げんばく》投下から60年にあたります。（中略）

昨年（2004年）、国連改革の方向性について、アナン事務総長が設置《せっち》した二つのグループによる報告書が発表されました。

タイのアナン元首相を委員長とする「ハイレベル諮問《しもん》委員会」の報告書と、ブラジルのカルドーゾ元大統領を議長とする「国連と市民社会の関係に関する有識者《ゆうしきしゃ》パネル」の報告書です。

このうち、ハイレベル諮問委員会の報告書では、「安全保障理事会の拡大《かくだい》」や「平和構築《こうちく》委員会の新設」といった具体案に加え、「包括的《ほうかつてき》テロ条約の早期《そうき》締結《ていけつ》」や「国際刑事《けいじ》裁判所《さいばんしょ》の活用」、「武力行《ぶりょくこう》使《し》に関する判断基準《はんだんきじゅん》の厳格化《げんかくか》」など、国連が新《あら》たな脅威《きょうい》に対応《たいおう》するための環境整備《せいび》が呼びかけられています。

特に、紛争《ふんそう》後の平和構築を支援《しえん》する機関の必要性については、私が昨年（2004年）の提言で強《きょう》調《ちょう》した点でもあり、実現が望《のぞ》まれるものです。

また、最大の焦点《しょうてん》となった安保理《あんぽり》改革の提案も、理事国の枠《わく》を地域間のバランスや国連への貢献度《こうけんど》などを加味《かみ》して拡大するもので、責任の幅広《はばひろ》い共有《きょうゆう》と、よりグローバルな視点《してん》に立った合議《ごうぎ》体《たい》への発展を図《はか》るプランとして評価できます。

かつてアナン事務総長は、国連の目指すべきゴールとして、「脅威が生《しょう》じにくい世界の創造」という予防的な役割と、「それでもなお起こる脅威に立ち向かいうる、より大きな能力の構築」という問題解決能力の強化の2点を挙げました（「新世紀における新たな国連」富田麻理訳、「国際問題」２００４年9月号所収、日本国際問題研究所）。

報告書が提示《ていじ》する安保理の拡大や平和構築委員会の新設案等は、アナン事務総長の言葉に照《て》らせば、後者の事後的《じごてき》な対処《たいしょ》に関する改革にあたるといえましょう。

そこで私は、もう一つの目標である「脅威が生じにくい世界の創造」に重点を置いた、地球的問題群《ぐん》に予防的に対処する〝21世紀型の国連〟への機構改革のための提案を行っておきたい。

なぜなら、国連の本質は、対話や国際協力といったソフト・パワーにこそあり、ソフト・パワーが最も発揮《はっき》されるのは、地球的問題群に取り組むための規範《きはん》づくりと、予防のための協力体制づくりにあるからです。

そこでまず私が提案したいのが、経済社会理事会の機能《きのう》強化です。

経済社会理事会は、国際的な経済・社会問題に関する討議《とうぎ》と政策勧告《せいさくかんこく》を通して、開発分野における協力を進めるとともに、近年《きんねん》は貧困《ひんこん》との闘《たたか》いや、グローバル化の影響などの問題にも力を入れるなど、国連が取り組むべき優先的《ゆうせんてき》な行動課題を設定する上で鍵《かぎ》を握《にぎ》る存在となっています。

私は、これまで経済社会理事会が積《つ》み重《かさ》ねてきた経験や教訓《きょうくん》を踏《ふ》まえながら、21世紀の国連に求められるソフト・パワーの次の四つの役割、①国際社会が優先して取り組むべき課題を警告《けいこく》する②国際協力のための規範と目標を設定する③国連の諸活動を調整し、より効果的なものへと高める④各機関がもつ情報や経験を集約《しゅうやく》させ、共有《きょうゆう》させる――を拡充《かくじゅう》させる機構改革を目指すべきではないかと訴《うった》えたい。

ともすればこれまで、環境や貧困といった地球的問題群は、深刻化《しんこくか》してから対応に乗り出すケースが少なくなかったといえましょう。その事後的なアプローチから脱《だつ》し、国連が「脅威が生じにくい世界の創造」へ向けて予防的な機関に生まれ変わるためには、こうしたソフト・パワー面での機能《きのう》強化を図ることが必要になってきます。

国連では１９９７年に機構《きこう》改革の一環《いっかん》として、国連の諸機関を「平和と安全保障」「経済社会問題」「人道問題」「開発問題」の分野ごとにグループ分けし、四つの執行《しっこう》委員会を設けました。

その上で、事務総長を中心に各執行委員会の議長などが参加しての「上級管理グループ」による会議が定期的に行われています。

私は、地球的問題群の相互《そうご》関連性や複合的《ふくごうてき》な性格に鑑《かんが》み、こうした情報共有や活動調整機能をさらに拡充する形で、「グローバル・ガバナンス調整委員会」を創設し、経済社会理事会における審議《しんぎ》や意思決定と連動《れんどう》させながら、先に挙《あ》げた四つの役割を国連が効果的に発揮《はっき》していく道を開くべきであると提案したい。

また、この委員会の活動をサポートするために、諮問的《しもんてき》機能をもったＮＧＯ（非政府組織）による「作業部会《ぶかい》」を発足《ほっそく》させ、そこでの成果《せいか》を活用しながら、問題意識や危機感《ききかん》を広く共有《きょうゆう》するための仕組みを模索《もさく》すべきだと思います。

私は、こうした機構改革を通《とお》し、まずは、２０１５年までの実現が危《あや》ぶまれている「ミレニアム開発目標」を達成《たっせい》するための課題の克服《こくふく》に優先的《ゆうせんてき》に取り組むべきだと考えるものです。

達成にはさまざまな困難が伴《ともな》うとしても、決して不可能な目標ではありません。世界銀行の調査によれば、１ドル未満《みまん》で暮《く》らす人の割合が１９８１年から２００１年までに世界総人口の40％から21％

にほぼ半減《はんげん》し、人口増加にもかかわらず、極貧《ごくひん》状態に置《お》かれる人々は4億人も減《へ》ったとの報告もあります。

こうした例が示すように、必要なのは国際社会の力強い意志《いし》です。

9月（2005年）に、「ミレニアム宣言《せんげん》」と「ミレニアム開発目標」に関する国連総会ハイレベル協議《きょうぎ》が予定されていますが、地球上から悲惨《ひさん》の二字をなくすための取り組みが大きく前進することを、切《せつ》に念願《ねんがん》するものです。

「グローバル・ビジョン局」の設置《せっち》（２００９年）

地球的問題群《ぐん》に立ち向かう人類共闘《きょうとう》の結集軸《けつしゅうじく》となるべき、国連の強化について提案しておきたい。

一つの提案として述《の》べておきたいのは、国連の進むべき方向性を打ち出し、求心力《きゅうしんりょく》を高めていく組織として、「グローバル・ビジョン局」を国連に設置するプランです。

（中略）

かつて経済学者のケネス・ボールディング博士は、私が１９９１年にハーバード大学でソフト・パワーについて論じた講演に触《ふ》れて、これからの時代は「正統性《せいとうせい》を持った統合力《とうごうりょく》のあるパワー」が重要となると語っておられたことがあります（「聖教新聞」１９９２年３月４日付）。

その博士が、〝国民国家は過去の栄光にその正統性を見出《みいだ》すが、国連は人類の未来の展望《てんぼう》にその正統性を求める〟（横田洋三・宮野洋一編著『グローバルガバナンスと国連の将来』中央大学出版部）との指摘をしておりますが、まさに至言《しげん》といえましょう。

これまで国連は、政府間組織という性格もあり、起こった問題に事後的《じごてき》に対処《たいしょ》する傾向《けいこう》が強かったように思われます。アンワルル・チョウドリ氏（元国連事務次長）も、国連には日常業務を取り扱《あつか》う部署《ぶしょ》や諸《しょ》活動を管理する機能はあるが、将来何が人類の課題となるのかを見定《みさだ》めて方向性を示す専門の組織が存在しないことへの懸念《けねん》を表明されていました（『新しき地球社会の創造へ』潮出版社）。

私もまったく同感であり、常《つね》に未来志向《しこう》に立ってビジョンを構築《こうちく》し、50年先、１００年先を見据《みす》えて行動戦略《せんりゃく》を打ち立てるシンクタンク的機能をもった組織が、国連には不可欠《ふかけつ》であると考えます。

また、その運営にあたっては、女性の視点や青年たちの声を反映《はんえい》させることに留意《りゅうい》し、青年や子どもたちのエンパワーメント（内発的《ないはつてき》な力の開花《かいか》）を常に視野《しや》に入れた討議《とうぎ》を行うべきであると、強調しておきたい。

国連創設50周年の翌年（1996年）に創立した戸田記念国際平和研究所では、国連の強化についても研究を重《かさ》ねてきました。今後も、国連の重要なレゾンデートル（存在理由）である「人類の未来の展望《てんぼう》」の面で、国連をさらに力強くサポートする研究機関としての活動を展開《てんかい》していきたい。

また、私が創立《そうりつ》した「ボストン21世紀センター」（現・池田国際対話センター）や東洋哲学研究所でも、国連が取り組む地球的問題群《ぐん》の解決のために、これまで積極的《せっきょくてき》に進めてきた「文明間対話」や「宗教間対話」を継続《けいぞく》させながら、人類の英知《えいち》を結集《けっしゅう》する挑戦《ちょうせん》を続けていきたいと思います。

どのような困難な課題であろうとも、互《たが》いの立場や差異《さい》を超《こ》えて、同じ人間として率直《そっちょく》に話し合う「人間主義」に根《ね》ざした対話の道を開くことが、一切《いっさい》の出発点となります。

国連自体《じたい》もそうでした。歴史学者のポール・ケネディ氏によると、国連は創設《そうせつ》の頃《ころ》から〝一種《いっしゅ》の三《さん》脚椅子《きゃくいす》〟に例《たと》えられていたといいます。第一の脚《あし》は国際安全保障を確保するための措置《そち》、第二の脚は世界経済の改善《かいぜん》、第三の脚は諸《しょ》国民間の理解の向上《こうじょう》にある、と。その上で氏は、「他の二つの脚がどれだけ強くとも、諸国民間の政治的、文化的理解を向上させる方法を打ち出さなければ、この体制は失敗し、崩壊《ほうかい》するだろう」（『人類の議会』古賀林幸訳、日本経済新聞出版社）と強調しています。

相互《そうご》理解の促進《そくしん》は、現在においても焦眉《しょうび》の課題で、国連は本年（2009年）を「国際和解《わかい》年」とし、明年《みょうねん》（2010年）を「文化の和解のための国際年」に定めました。これは、真実の解明と正義の実現という目的のために、寛容《かんよう》と対話が不可欠《ふかけつ》の手段《しゅだん》であることを、国連が注視《ちゅうし》している証左《しょうさ》にほかなりません。

世界では、昨年（２００８年）末から武力衝突《ぶりょくしょうとつ》の激化《げきか》で多くの犠《ぎ》牲者《せいしゃ》が出たガザ地区をはじめ、スーダンやコンゴ民主共和国（旧ザイール）の情勢など、容易《ようい》ならざる問題が山積《さんせき》しています。加《くわ》えて、難民と国内避《ひ》難民《なんみん》の増大《ぞうだい》や、各地で広がるテロの脅威《きょうい》にどう対処《たいしょ》するべきかという課題にも直面しています。

これらの難問《なんもん》にあたるには、国連のリーダーシップのみならず、それを支《ささ》える各国の協力と粘《ねば》り強い外交努力が欠《か》かせません。

そして何よりも、暴力と憎悪《ぞうお》の連鎖《れんさ》をともに断《た》ち切り、「平和の文化」という共存への土塁《どるい》を積《つ》み上げながら、人間の尊厳《そんげん》に基《もと》づく「平和への権利」を21世紀の世界を守る石垣《いしがき》として堅固《けんご》なものにしていく取り組みが求められます。

この時代変革のために、誰《だれ》もが始めることができ、かつ、無限《むげん》の可能性を秘《ひ》めた挑戦が「対話」です。

私はその力を信じ、冷戦《れいせん》対立が深まりをみせた１９７４年から１９７５年にかけて、中国とソ連とアメリカを相次《あいつ》いで訪問し、首脳《しゅのう》との直接対話に臨《のぞ》み、緊張緩和《きんちょうかんわ》の道を民間次元《じげん》で開いていったのをはじめ、分断《ぶんだん》が進む世界に友好と信頼の橋を懸《か》ける努力を重《かさ》ねてきました。

そうした私の対話の挑戦に期待を寄《よ》せてくださっていたのが、歴史家のアーノルド・Ｊ・トインビー博士でした。

１００年、１０００年の単位で人類史の興亡《こうぼう》を俯瞰《ふかん》し、「挑戦と応戦《おうせん》」という歴史観を導《みちび》き出した博士が、新たな歴史を開く原動力として注目していたのも、「人間性」という共通の大地に根《ね》ざした対話の持つ可能性だったのです。

博士は半世紀前に日本で行った講演で、人間は歴史の中でどこまで自由でありうるかとのテーマに論及《ろんきゅう》したことがありました。

そこで博士は、人間の歴史には何らかの法則性や反復性《はんぷくせい》といったパターンを見いだすことができ、自《みずか》らもその概念《がいねん》を８００年もの周期《しゅうき》をもつ文明興亡の循環《じゅんかん》にまで広げてきたが、その半面、「まったくパターンのない人間的事象《じしょう》がたしかにあるものと本当に信じている」と述《の》べ、こう結論されたのです。

「人間的事象のうちでパターンが事実存在しないと思われるのは、人格と人格のあいだの邂逅接触《かいこうせっしょく》の分野である。この邂逅接触のなかから、真《しん》に新《あた》らしい創造といったなにものかが発生するのだと思う」（『歴史の教訓』松本重治編訳、岩波書店）と。

特定のイデオロギーや民族や宗教といった枠《わく》にとらわれて「抽象化《ちゅうしょうか》の精神」の罠《わな》にからめとられてしまった時、人間は〝時流〟という歴史の浅瀬《あさせ》で立ち往生《おうじょう》し、そこから一歩も前に進めなくなってしまうのが常《つね》であります。

そうではなく、互《たが》いの表面に無造作《むぞうさ》に付けられたラベルを取り払《はら》って、一個の人格として向き合い、対話という精神の丁々発止《ちょうちょうはっし》を重《かさ》ねていってこそ、トインビー博士の言う窮極《きゅうきょく》において歴史を突《つ》き動かす「水底《みなそこ》のゆるやかな動き」（『試練に立つ文明』深瀬基寛訳、社会思想社）を、ともに生み出すことができる――。

私はその信念で、人間を隔《へだ》てる一切《いっさい》の垣根《かきね》を乗《の》り越《こ》え、ある時は敵対《てきたい》し合う国を往復《おうふく》し、ある時は対話の回路《かいろ》のない国々や地域を結ぶ一本の線となりながら、世界のリーダーや識者の方々との対話を進めてきました。その結晶《けっしょう》ともいうべき対談集は50点を超《こ》え、現在準備中のものを含めると約70点に及《およ》びます。

振り返れば、創価学会は1930年という危機《きき》の時代の最中《さなか》に誕生《たんじょう》し、SGIもまた1975年という危機の時代に発足《ほっそく》しました。

以来、私どもは、牧口《まきぐち》初代会長の「人道的競争」のビジョンと、「地球上から〝悲惨《ひさん》〟の二字《にじ》をなくしたい」との戸田《とだ》第2代会長の熱願《ねつがん》を旗印《はたじるし》に、国連支援《しえん》に一貫《いっかん》して取り組むとともに、一人一人が良き市民として、草の根レベルで「平和の文化」の裾野《すその》を広げる対話の実践《じっせん》を地道《じみち》に続けてきました。

そして今、戸田第2代会長が私との語らいの中で、「やがて創価学会は壮大《そうだい》なる『人間』触発《しょくはつ》の大地となる」と展望《てんぼう》されていた通り、人間主義で結《むす》ばれた民衆の善《ぜん》なる連帯《れんたい》は、世界192カ国・地域に大きく広がるまでになりました。

その誇《ほこ》りと使命を胸《むね》に、明年《みょうねん》（2010年）の学会創立80周年とSGI発足35周年を目指し、「対話」の力でグローバルな民衆の連帯を築《きず》きながら、「平和と共生《きょうせい》の世紀」への道をどこまでも開いていきたいと思います。

［法による解決］

「平和の国際法」の拡充《かくじゅう》（1995年）

世紀末《せいきまつ》の今日《こんにち》、冷戦《れいせん》が終結《しゅうけつ》し、長らく世界を東西に分断《ぶんだん》していた〝壁《かべ》〟はひとまず取り除《のぞ》かれたものの、いまだ人類は確《かく》たる「平和の構図《こうず》」を見いだすというにはほど遠い状況にあります。加《くわ》えて、絶《た》え間《ま》ない民族対立や地域紛争《ふんそう》の激化《げきか》、悪化《あっか》の一途《いっと》をたどる地球環境問題、そして大量の難民流出《なんみんりゅうしゅつ》など、山積《さんせき》する地球的問題群《ぐん》の存在は、私たちの前途《ぜんと》に暗い影を投げかけております。

21世紀まであとわずか5年余。私たち人類は、こうした世界の様相《ようそう》を〝世紀末〟の風景と諦《あきら》め、立ち尽《つ》くすだけなのか、それとも新しき世紀の扉《とびら》を開くため、敢然《かんぜん》と課題に立ち向かうのか――大きな岐路《きろ》に差《さ》しかかっております。「戦争と暴力の世紀」といわれた20世紀に別れを告《つ》げ、「希望と不戦の世紀」を開幕《かいまく》させるという、いわば人類全体がその運命を１８０度転換《てんかん》できるか否《いな》かという正念場《しょうねんば》を、まさに迎《むか》えているのです。

時あたかも本年（１９９５年）は、第2次世界大戦終結から50年という大きな節目《ふしめ》にあたっております。昨今《さっこん》はさまざまな形でこの半世紀の回顧《かいこ》がなされておりますが、改《あらた》めて私たちはあの当時、まがまがしい戦禍《せんか》のなかにあって半《なか》ば途《と》方《ほう》に暮《く》れながら、渇えて水を欲《ほっ》するように抱《いだ》いた、「平和」に対するみずみずしい思いに立ち返るべきではないでしょうか。

平和の素晴《すば》らしさ、命の尊《とうと》さへの新鮮《しんせん》な感情、そして恒久《こうきゅう》の平和を心から希求《ききゅう》する、また今こそそれが可能だという情熱であります。一言でいえば、いい意味での燃えるような理想主義であります。大切なことは、過去の反省《はんせい》に立って、私たちは今、何を成《な》すべきかを明確にすることであり、英知《えいち》を結集《けっしゅう》して将来《しょうらい》への確《かく》たるビジョンを打ち出すことであります。戦後50年という節目は、その絶好《ぜっこう》の機《き》会《かい》を与えてくれるものといえましょう。

今一つ忘れてはならないのは、あの忌《い》まわしい核兵器《かくへいき》が初めて使用されたのも、50年前の1945年のことであるということであります。

この半世紀、科学技術の急速《きゅうそく》な進歩と人類絶滅《ぜつめつ》の危機《きき》が表裏一体《ひょうりいったい》になって進んできました。膨大《ぼうだい》な量に達《たっ》した核兵器の脅威《きょうい》は、東西の厳しい対立のなかで、常《つね》に「ダモクレスの剣」のように人類の頭《ず》上《じょう》を覆《おお》い尽《つ》くしておりました。冷戦の終結は、その重苦しい暗雲《あんうん》を幾分《いくぶん》か取り払《はら》い、明るい陽光《ようこう》を期待させましたが、これを打ち砕《くだ》いたのが民族対立など頻発《ひんぱつ》する地域紛争であります。

戦争の克服《こくふく》ということは、人類にとって古くからの課題であり、多くの先哲《せんてつ》たちがこの難問《なんもん》の解決を図《はか》るべく、努力を傾《かたむ》けてきました。特に、兵器の殺傷力《さつしょうりょく》が増すにつれて戦争の被害も加速度的《かそくどてき》に増《ぞう》大《だい》し、「平和」はもはや優《すぐ》れた〝良心《りょうしん》〟の避《さ》けて通れぬ課題となってきました。

ちなみに、哲学者カントがその晩年《ばんねん》に、かの有名な『永遠平和のために』を著《あらわ》したのは、くしくも今からちょうど200年前の1795年のことでありました。戦争に次《つ》ぐ戦争の時代であった当時、カントはこのなかで、何世紀にもわたって繰《く》り返《かえ》されてきた戦争を完全に終わらせるための処方箋《しょほうせん》を示し、世《よ》に問《と》う。そして、諸国が戦争中心の政策を転換しない限り、やがて人類は絶滅してしまうと警告《けいこく》したのです。

しかし、カントの警告《けいこく》もむなしく、この2世紀の間、戦火はやむことなく、人類は彼の描《えが》いた「恒《こう》久平和《きゅう》」の理想をいまだ実現できずにおります。

今はこの古い時代から新しい時代への「大いなる過渡期《かとき》」といえましょう。過渡期には過渡期特有《とくゆう》の混乱《こんらん》がつきものです。決して悲観的《ひかんてき》にばかり考える必要はありません。むしろ〝好機到来《こうきとうらい》〟と、希望をもって取り組むことができるかどうかに、私たち人類の未来はかかっているといってよい。

今世紀《こんせいき》の苦々《にがにが》しい教訓《きょうくん》を踏《ふ》まえ、そこから「第三の千年」へと飛翔《ひしょう》する覚悟《かくご》で、私たちは事にあたらねばなりません。そのために、確かな哲学に裏打《うら》ちされたビジョンとともに、その実現を後押《あとお》しするたくましき「楽観主義《らっかん》」に根ざした行動が、今ほど求められている時はないのです。哲学者アランの「悲観主義は気分に属《ぞく》し、楽観主義は意志《いし》に属する」(『幸福論』白井健三郎訳、集英社)との言葉は、私たちを勇気づけます。いかなる困難があろうと、必ずやそれらの問題を乗《の》り越《こ》えて前進することができるのだという、人間の能力に対する絶大《ぜつだい》な信頼感を、私たちは決して手放《てばな》してはならないのです。

その上で必要なことは、何が人類にとって最優先《さいゆうせん》課題なのかをしっかりと見極《みきわ》め、残された期間で21世紀を迎《むか》える準備にあたることです。その意味で、今後の5年間は極めて重要な期間となるといわねばなりません。

翻《ひるがえ》って、19世紀末に人類はどれだけの備《そな》えをもって、20世紀を迎えたのでありましょうか。かろうじて目立った動きとしては、1899年に世界平和を議題に「第1回ハーグ平和会議」が開催《かいさい》されたものの、軍縮《ぐんしゅく》は真剣《しんけん》に論議《ろんぎ》されないまま、やがて第1次世界大戦の破局《はきょく》へと向かってしまったことは周知《しゅうち》のことであります。

そして結果的に、二度にわたる世界大戦という言語《げんご》に絶《ぜつ》する悲劇《ひげき》を人類は味わうこととなったのです。

この点では、20世紀の世紀末は様相《ようそう》を異《こと》にしているといえましょう。何よりも国際社会はグローバルな討論の場として国連という国際機関を有《ゆう》しております。

20世紀最後の10年間となる１９９０年代も、幾《いく》つか顕著《けんちょ》な動きがありました。国連が中心となって、全地球的視野《しや》から「環境と開発」「人権」「人口」をテーマとする諸会議をこれまでに開催しており、本年（１９９５年）も「社会開発サミット」や「女性会議」が行われる予定になっています。

次の世紀に持《も》ち越《こ》されるであろう大問題に、ともかく解決への糸口《いとぐち》を見いだしていこうとしているのです。そこに私は、19世紀末とは異なる、人々の積極的《せっきょくてき》な意思を強く感じ取るのであります。問題はそこで得た結論をどこまで生かせるかでありましょう。

では、究極的《きゅうきょくてき》に、来《きた》るべき21世紀を私たちはいかなる世紀にすべきか。それは端的《たんてき》にいえば、人間と人間とが武器を取り合って戦争をしない時代をつくる、すなわち「不戦《ふせん》の世紀」を実現することであります。そのためには、グローバルな「不戦共同体制」構築《こうちく》の作業にいよいよ着手《ちゃくしゅ》しなければなりません。

20世紀の最大の悲惨《ひさん》はおびただしい戦死者を出したことにあります。第1次大戦では民間人を含め２２００万人、第2次大戦では６０００万人が命を失ったとも推定《すいてい》されております。ある学者は「戦死の世紀」と名付けているほどです。

「第三の千年」はこのような愚《ぐ》を繰《く》り返《かえ》してはならない。

今世紀の二つの大戦を目《ま》の当《あ》たりにした歴史家のホイジンガは、戦争を引き起こす軍国主義を「恒常的《じょうてき》な文化の喪失《そうしつ》の最も有害《ゆうがい》な形式」と厳しく断《だん》じております。なぜなら、軍国主義に支配《しはい》された国家は、「かつてその国の人々がもっていた非常に高い天分《てんぶん》と文化にもかかわらず、その国に征服《せいふく》された弱小国民《じゃくしょう》ばかりか、自《みず》らの国民をもただの奴隷《どれい》に貶《おと》しめ」ようとしたからだ、と。

そして、「世界がなおこの巨大な怪物《かいぶつ》の恐《おそ》ろしい触手《しょくしゅ》をのがれうるかどうかは、次の時代によって証明されるに違いない」（以上、『汚された世界』磯見昭太郎訳、河出書房新社）との言葉を残し、その希望を後世《こうせい》の人々に託《たく》したのでした。

そのホイジンガ自身は第２次大戦の終結《しゅうけつ》前（１９４５年２月）に世《よ》を去《さ》り、ついに「次の時代」を見ることはなかった。

それから半世紀、全世界を巻《ま》き込《こ》むような戦争は幸《さいわ》いなことに起こらなかったとはいえ、戦争という「巨大な怪物の恐ろしい触手」によって、どれだけの尊《とうと》い人命が失われてきたことか。

近年、世界を見渡《みわた》しても軍事《ぐんじ》政権から民主制に移行《いこう》する国が増加し、民主主義への流れは人々に明るい曙光《しょこう》を感じさせております。とはいっても、戦争の脅威《きょうい》が弱まっているわけではない。それは、世界でいまだ軍縮《ぐんしゅく》が大勢《たいせい》になっていないことからも明らかでありましょう。ましてや、制度としての戦争を廃止《はいし》させるめどは立っておりません。そこで今、いかに「戦争のない世界」を現実化させるシステム、すなわち「不戦共同体制」を構築《こうちく》するか、その確かなビジョンが問われているのです。

なぜ私がこれほど戦争の問題にこだわるのか。なぜ毎年、このような形で世界へ向けて平和へのメッセージを発信し続けているのか。なぜ従来《じゅうらい》の陸軍省《りくぐんしょう》や海軍《かいぐん》省、国防《こくぼう》省といったものではなく、平和の問題に専念《せんねん》できる「平和省」を各国に設置《せっち》するよう提案してきたのか。そして、なぜ「世界不戦宣言」を国連決議として成立させ、やがて拘束力《こうそくりょく》のある「世界不戦規約《きやく》」へ発展させることをこれまで主張してきたのか――。

それはひとえに、この地球上にはさまざまな問題はあるものの、戦争こそ人類史に纏綿《てんめん》する〝業《ごう》〟ともいうべき諸悪《しょあく》の根源《こんげん》であると考えるからにほかなりません。人間があたかも虫けらのように殺される、そんな狂気《きょうき》を日常化させてしまう戦争は、あらゆる人間性をも、ずたずたにする。それだけでなく環境を無残《むざん》に破壊《はかい》し、膨大《ぼうだい》な数の難民《なんみん》を生み出す原因となっているのです。

昨年（1994年）、ユニセフ（国連児童基金《ききん》）が発表した「世界子供白書《はくしょ》」によれば、この10年間の戦争で、兵士よりはるかに多い約200万人の子どもが殺され、400万人から500万人の子どもが障《しょう》がいを負《お》ったといいます。地球の未来を担《にな》うはずの子どもたちが戦争で傷《きず》つけられ、生命を奪《うば》われるということほど不幸なことはありません。

「戦争」という人類の業の転換《てんかん》なくして、一人一人の人間に真の幸福も安寧《あんねい》も訪《おとず》れることはないというのが、仏法者としての私の切実《せつじつ》な思いなのであります。「戦争ほど悲惨《ひさん》で残酷《ざんこく》なものはない」というのが、人類が大きな代償《だいしょう》を払《はら》った末《すえ》に得た教訓《きょうくん》であり、子どもたちのためにも「不戦の世紀」への確かな道筋《みちすじ》をつけることが、何にもまして私たちが果たすべき責務《せきむ》ではないでしょうか。

この不幸で悲惨な「戦争」をなくすための内的要因《ないてきよういん》を考える上で忘れてならないのは、ユネスコ（国連教育科学文化機関）憲章《けんしょう》に掲《かか》げられた理念でありましょう。その有名な前文の一節《いっせつ》には、「戦争は人の心の中に生れるものであるから、人の心の中に平和のとりでを築《きず》かねばならない」と謳《うた》われています。

私どもの信奉《しんぽう》する大乗《だいじょう》仏教では、「十界《じっかい》」といって、どんな人間の生命にも十通りの生命境涯《きょうがい》が具《そなわ》っていることが説《と》かれております。これによれば、戦争を引き起こす人間の生命状態は、このうち最も低い「地獄《じごく》界」「餓鬼《がき》界」「畜生《ちくしょう》界」「修羅《しゅら》界」の三悪道《さんあくどう》・四悪趣《しあくしゅ》に覆《おお》われたもので、本能《ほんのう》と欲望《よくぼう》に支配《しはい》されるままの状態といえるでしょう。
そうした状態の人間の思慮《しりょ》も行動も、愚《おろ》かで野蛮《やばん》にならざるを得ない。ゆえに仏法の視点《してん》から見ても、いかなる制度的要因《よういん》にもまして個々《ここ》の人間の「心の中に平和のとりで」をいかに築《きず》き上げるかが、世界平和建設への源泉《げんせん》であり、急所《きゅうしょ》になると考えられるのです。

◇

今後、世界から紛争《ふんそう》をなくしていくためには、国家の中で恵《めぐ》まれない立場にある少数《しょうすう》民族の人権、福利《ふくり》をどう実現し、守っていくかが大切であります。経済発展だけでは、そうした人々の欲求《よっきゅう》を満足させることはできない。民衆の声なき声をどう吸《す》い上げるかが大事であります。国連には信託統治《しんたくとうち》理事会があります。それは、国連の監督下《かんとくか》に信託統治地域（多くの場合、植民地）の住民の福祉《ふくし》の向上《こうじょう》を図《はか》り、自治《じち》や独立を促進《そくしん》するためのものであります。

もはや植民地《しょくみんち》の多くが独立し、信託統治理事会の使命は終わったといわれます。そこで、信託統治理事会を新たに衣替《ころもが》えし、特に旧《きゅう》ユーゴスラビアのような紛争下にある地域の文化的、民族的多様性《たようせい》を保障し、それに伴《ともな》う問題に総合的に対処《たいしょ》しうる新たな役割をもたせてはどうでしょうか。この理事会を難民高等弁務《なんみんこうとうべんむ》官《かん》、人権高等弁務官と密接《みっせつ》な連携《れんけい》をもたせ機能《きのう》させていってはどうか。

国連憲章《けんしょう》第1条第1項には、国連の目的は「国際の平和及《およ》び安全を維持《いじ》すること」にあり、そのために紛争等の解決を「平和的手段《しゅだん》によって且《か》つ正義及び国際法の原則に従《したが》って実現すること」とあります。しかし、戦後の流れを見れば明らかなように、国連憲章のもとで、国際の平和と安全の維持に関する主要な責任を負《お》った安全保障理事会が、正義と国際法の原則に従って平和を維持することが十分できたとはいえない側面もあります。

私は、21世紀の国際社会を考える上で、「平和の国際法」を明確にし、強化すること、具体的に申せば、現行《げんこう》の国際人道条約（ハーグ条約、ジュネーブ条約）をより発展・強化させる形で、「平和の国際法」を拡充《かくじゅう》する方向を目指していくべきであり、また国際法がより遵守《じゅんしゅ》されるように拘束力《こうそくりょく》をもつ制度を確立させていくことが重要と考えます。

さまざまな問題はあるにしろ、世界に国連という場が存在し、世界のほとんどの主権国家が同じ機《き》構《こう》に属《ぞく》しているという事実には重いものがあります。冷戦《れいせん》時代ですら、激しく対立していた米ソがこの機構から離脱《りだつ》することはなかった。この機構と国際法をさらに強く結びつけて、国家間の関係のルール化を推進《すいしん》していくことが大事であります。

昨年（1994年）の12月、日本が提案した「核兵器廃絶《かくへいきはいぜつ》」を謳《うた》った核軍縮決議が国連総会で正式に採択《さいたく》されました。決議は冷戦終結《しゅうけつ》後、核戦争の恐怖《きょうふ》のない世界が創造《そうぞう》される可能性が増《ま》したとし、NPT（核拡散《かくさん》防止条約）の未加盟国《みかめいこく》に対し、可能な限りの早期《そうき》加盟を要請《ようせい》すること、核保有国《ほゆうこく》に対し、核兵器廃絶を究極《きゅうきょく》の目標とする核軍縮《ぐんしゅく》の努力を呼びかけること、すべての国に対し、大量破壊兵器の軍縮と不拡散の約束履行《りこう》を呼びかけることを求めています。

またもう一つ、核兵器に関するものとして、核兵器の使用、威嚇《いかく》が国際法に違反《いはん》するかどうかについて、国際司法裁判所《しほうさいばんしょ》に勧告的《かんこくてき》意見を求める決議が国連総会で採択されました。

これらの決議に関しては拘束力がないということから軽視《けいし》する向きもありますが、私はそうは思いません。核兵器の問題は人類絶滅《ぜつめつ》の可能性をはらんだものだけに国際社会に普遍的《ふへんてき》な問いかけをなすものであり、人道的、倫理《りんり》的な判断をも含んでいます。ともすればこれまで、拘束力があるかないかにあまりに比重《ひじゅう》を置き過ぎてきたのではないでしょうか。

「平和の国際法」を充実《じゅうじつ》させていくには、人々の良心《りょうしん》に呼びかけ、漸進的《ぜんしんてき》にそうした方向へ進んでいくことが望ましい。たとえ拘束《こうそく》されなくとも、総会の決議を人類の意思として尊重《そんちょう》していく、そういう世界にする必要があるのではないでしょうか。

国際法の充実といっても、一つ一つ細《こま》かく罰則《ばっそく》を設《もう》けるのは所詮《しょせん》、不可能だからであります。その点からいうと、国連で現状のように安全保障理事会だけが突出《とっしゅつ》し、総会が従属的《じゅうぞくてき》な形になっているのは望ましいとはいえません。「人類の議会」という特色《とくしょく》を際立《きわだ》たせるためにも、さまざまに工夫《くふう》し、総会の強化、充実を図《はか》るべきだと思います。

冷戦終結《れいせんしゅうけつ》、中東《ちゅうとう》和平の進展《しんてん》など世界の緊張緩和《きんちょうかんわ》が進み、国連総会の論議が対立から協調《きょうちょう》への流れに向かい、実《みの》りあるものとなりつつあります。その意味で機《き》は熟《じゅく》しているといえましょう。

加《くわ》えて、「正義及《およ》び国際法の原則に従《したが》って」平和を維持《いじ》するためには、国際司《し》法裁判所《ほうさいばんしょ》の強化は不《ふ》可欠《かけつ》であります。さらに平和のための新しい国際戦争犯罪法廷《ほうてい》を機能《きのう》させることが必要であり、昨年（1994年）の国連総会で、戦争犯罪などを裁《さば》く目的の「国際刑事《けいじ》裁判所」設置《せっち》に向けた決議が採択《さいたく》されたのは一歩前進といえましょう。

民族紛争《ふんそう》が多発《たはつ》していることもあり、こうした裁判所の必要性が高くなっているからであります。

国連を核《かく》にした国際的な立法《りっぽう》、行政、司法機能の拡充《かくじゅう》は、21世紀の大きな課題であります。

国際刑事裁判所の意義（1999年）

どうすれば〝復讐《ふくしゅう》の連鎖《れんさ》〟を止め、「戦争の文化」を克服《こくふく》できるのか――。

罪《つみ》が罪を呼《よ》び、暴力が暴力を誘発《ゆうはつ》する、この延々《えんえん》と続く人間の業《ごう》と運命を主題としたギリシャ悲劇《ひげき》に、アイスキュロスの「オレステイア」という作品があります。

ヘーゲルは『法の哲学』の中で、この物語に触《ふ》れながら、こう論じています。復讐は「一つの主観《しゅかん》的意志《てきいし》の行為《こうい》」であり、他者《たしゃ》にとっては「一つの新たな侵害《しんがい》」となる。ゆえに「矛盾《むじゅん》として無限《むげん》な過《か》程《てい》のなかにおちいり、はてしなく代々《だいだい》つたわってゆく」と。そして、この矛盾を解消《かいしょう》するために、復讐的正義ではなく、刑罰《けいばつ》を科《か》する正義を要請《ようせい》し、不法《ふほう》な状態を止揚《しよう》するための方向性を示したのでした（藤野渉・赤澤正敏訳、『世界の名著35』所収、中央公論社、引用・参照）。

ヘーゲルの視点《してん》は、国際社会の問題を考える上でも示唆《しさ》深《ぶか》いものがありますが、昨年（1998年）ようやく設立の合意《ごうい》をみた国際刑事裁判所は、まさにこの〝復讐の連鎖〟を抑止《よくし》していくための法制度としての意義を有《ゆう》するものであると言ってよいでしょう。

国際刑事裁判所は、国際社会に重大な侵害をもたらす大量虐殺《ぎゃくさつ》や戦争犯罪などを裁くための常設《じょうせつ》法廷として、実《じつ》に半世紀以上も前から構想《こうそう》されていたもので、国際司法裁判所が国家間の紛争を扱《あつか》うのに対し、個人の刑事責任を追及《ついきゅう》することを目的としています。

これまで、第2次世界大戦後に行われたニュルンベルク裁判や極東《きょくとう》国際軍事裁判、また国連安全保障理事会が設置した旧ユーゴやルワンダの国際裁判所といった法廷はありましたが、いずれも個別《こべつ》の戦争に対応するための期間や管轄権《かんかつけん》を限定したものでした。こうした臨時《りんじ》法廷に対しては〝勝者による裁き〟との批判《ひはん》が少なからずあっただけに、地域紛争が激化《げきか》するなかで、対象《たいしょう》犯罪と刑事手続きをあらかじめ定めた常設裁判所で対応することが望ましいとの声が高まり、今回の国際刑事裁判所の設立合意をみたのです。採択された規程《きてい》では国際刑事裁判所の対象犯罪として、①ジェノサイド（集団殺害）②人道に対する罪《つみ》③戦争犯罪《はんざい》④侵略《しんりゃく》の罪、が挙《あ》げられていますが、特に戦争犯罪について内戦への適用も認めている点が注目されます。

また、最高刑《さいこうけい》として死刑を採用《さいよう》しなかったことは特筆《とくひつ》されるべきでしょう。なぜなら、復讐《ふくしゅう》の連鎖《れんさ》を抑止《よくし》するために死刑を用《もち》いることは問題が残るばかりか、現在、死刑廃止《はいし》の動きが世界的な潮流《ちょうりゅう》となりつつあるように、人道的にも人権の見地《けんち》からいっても妥当《だとう》ではないと思うからです。

管轄権《かんかつけん》や国連安全保障理事会との関係など、実効性《じっこうせい》の面においてまだまだ多くの課題が残される国際刑事裁判所《けいじさいばんしょ》ではありますが、ともかく、21世紀を前に「戦争の文化」を克服《こくふく》するための一つの制度的土台《どだい》ができたことの意義《いぎ》は大きい。今後、さらに協議《きょうぎ》を進めるなかで、より実効性を確保するための合意《ごうい》を目指すとともに、今回の規程《きてい》には残念ながら対象犯罪として盛《も》り込《こ》まれなかった「核兵器《かくへいき》など大量破壊兵器《たいりょうはかいへいき》の使用」についても改《あらた》めて検討をしていくことを強く望むものであります。

テロ防止へ法制度を整備《せいび》（2002年）

21世紀最初の年となった昨年（2001年）は、「戦争と暴力の20世紀」に別れを告《つ》げ、新たな一歩を踏《ふ》み出そうとする人類に、極《きわ》めて重い問《と》いを突《つ》きつける事件が起こりました。言うまでもなく、アメリカを襲《おそ》った「9・11」の名で語られる同時多発《たはつ》テロ事件であります。

数千人もの尊《とうと》い人命を、崩《くず》れゆく超高層《ちょうこうそう》ビルの瓦礫《がれき》の中に無残《むざん》に葬《ほうむ》り去《さ》った前例のないテロ行為《こうい》は、いかなる大義《たいぎ》や名分《めいぶん》を掲《かか》げようとも、絶対に許されてはならないことであります。

国連が「文明間の対話年」を謳《うた》っていたにもかかわらず、寛容《かんよう》と共生《きょうせい》の精神に基《もと》づく対話とまったく対極《たいきょく》に位置するテロが世界を震撼《しんかん》させたことは、あまりにも苦々《にがにが》しい悲劇《ひげき》でした。

◇

「文明間の対話年」を暗転《あんてん》させてしまった凶悪《きょうあく》犯罪――それを「文明の衝突《しょうとつ》」「文明間戦争」という最悪の事態《じたい》に立ち入《い》らせないために、それをあくまで犯罪として位置づけていくことが肝要《かんよう》でしょう。

この点は後述《こうじゅつ》しますが、私がかねてより「国際刑事裁判所」の設置を急ぐべきだと主張してきたのも、テロが、本来「犯罪」として「処罰《しょばつ》」されるべき性格を有《ゆう》しているからです。

もとより「処罰」すれば済《す》む問題ではなく、それを未然《みぜん》に防止し、あるいは〝芽《め》〟のうちに摘《つ》み取ってしまうための国際法、国際警察などの側面も、セットで検討されなければならない。

◇

まずテロ防止のための前提《ぜんてい》として強調したいのは、「法による処罰」を国際社会のコンセンサスにする努力と、いかなるテロも共通のルールで対応するという「普遍性《ふへんせい》の確立」であります。

今回の米英両国を中心とした、アフガニスタンへの軍事行動は、国連においても、〝国連憲章《けんしょう》に沿《そ》った個別的・集団的自衛権《じえいけん》を再確認した安全保障理事会の決定の文脈《ぶんみゃく》で捉《とら》えるべき〟との見解《けんかい》が示されていますが、仮《かり》にそうした面があるとしても、やはり軍事行動には、将来に禍根《かこん》を残す場合が少なくない。

そうではなく、テロの犯罪グループがどのような思想的背景や政治的な背景を持とうとも、等《ひと》しく法の下《もと》で処罰していく普遍的な体制づくりを目指すことが肝要だと、私は考えます。

また、犯人グループの逮捕・拘束《こうそく》のために、最低限度の武力《ぶりょく》を伴《ともな》う警察行動が要請される場合でも、こうした普遍的なシステムの一環《いっかん》として位置づけることが、事態のエスカレーションを防《ふせ》ぐことにつながるのではないでしょうか。ゆえに私は、国際法、国際警察、国際司法《しほう》制度それぞれの整備《せいび》を図《はか》り、これらを連携《れんけい》させた形での総合的なシステムづくりを進めていくべきだと訴えたい。

そして、その中核《ちゅうかく》を担《にな》うのは、アナン事務総長が、テロ根絶《こんぜつ》のために広範《こうはん》で持続《じぞく》可能な戦略《せんりゃく》を立案《りつあん》する機関としての使命を強調しているように、国連であらねばならないと思います。

まず国際法については、「包括的《ほうかつてき》テロ防止条約」の制定を急ぐべきでしょう。

これまで、ハイジャック防止関連の条約をはじめ、テロに関する12の条約が採択《さいたく》されております。しかし、いずれも犯行場所や使用された武器《ぶき》など犯罪《はんざい》の形態《けいたい》ごとに事後的《じごてき》に制定された経緯《けいい》があり、年々、テロ組織の国際ネットワーク化が進み、その手段も巧妙化《こうみょうか》してきた現在においては、テロを総合的に取り締まる条約の必要性が叫《さけ》ばれています。

もちろん、それぞれの条約は、重大犯罪を抑止《よくし》・防止する上での国際協力の礎《いしずえ》となる意義《いぎ》があり、これまでサミットの場などで呼びかけられてきたように、より多くの国の批准《ひじゅん》が求められるべきものであります。これらの条約と合わせて、今回の事件のような悲劇《ひげき》を二度と起こさないための、反テロの国際連帯の証《あかし》として、「包括的テロ防止条約」の締結《ていけつ》を目指すべきです。

第二の犯罪取り締《し》まりについては、専門の常設《じょうせつ》組織を国連に設置し、ＩＣＰＯ（国際刑事《けいじ》警察機構）や各国の警察当局と緊密《きんみつ》に連携を取りながら、効果的《こうかてき》な対策を推進《すいしん》する国際ネットワークの核《かく》として機能《きのう》させてはどうかと提案したい。

また、犯罪グループを取り締まる上で現地の警察だけでは対応できない場合を想定して、国連独自《どくじ》の警察力という構想《こうそう》を、将来的に検討してみてはどうか。国連憲章第７章に基《もと》づく安全保障理事会の強制措置《そち》や、自衛権《じえいけん》の発動の前に、国際協力による警察的な対応という選択肢《せんたくし》を用意することは、より普遍的《ふへんてき》なテロ防止対策という面でも、十分考慮《こうりょ》に値《あたい》するものではないでしょうか。

第三の国際司法制度の整備という面からは、「国際刑事裁判所」を一日も早く設置することが欠かせません。ジェノサイド（集団殺害）や人道に対する罪、戦争犯罪などを犯《おか》した個人を裁《さば》くための国際的な常設裁判所を設置する条約は１９９８年に採択されましたが、いまだ発効要件《はっこうようけん》である60カ国の批准をみておらず、設置されないままの状態が続いています。

私は、この機関を通じて「力による解決」ではなく「法による解決」を制度化し、〝憎悪《ぞうお》と報復《ほうふく》の連鎖《れんさ》〟を断《た》ち切る回路《かいろ》を開くことが重要であり、そこに20世紀と21世紀を質的《しってき》に転換《てんかん》させる鍵《かぎ》があると考え、かねてから早期《そうき》の設置を訴え続けてきました。

現在、「国際刑事裁判所を求めるＮＧＯ（非政府組織）連合」などによって、批准の促進《そくしん》運動が進められていますが、ＳＧＩとしても積極的《せっきょくてき》に取り組んでいきたいと考えています。

また、国際刑事裁判所の設立までに時間を要《よう》する場合は、旧《きゅう》ユーゴスラビアやルワンダでの虐殺《ぎゃくさつ》などの犯罪を裁くために安保理《あんぽり》の決定によって設置されたのと同じような形で、国際臨時法廷《りんじほうてい》を設置することも視野《しや》に入れるべきでしょう。いずれにしても、今回の事件を契機《けいき》に、テロを国際司法制度によって裁くという原則の確立を目指すことが必要だと思います。

こうしたテロ防止の枠組《わくぐ》みづくりに関連して、アフガニスタンの復興《ふっこう》に果《は》たすべき日本の役割について言及《げんきゅう》しておきたい。

先月（2001年12月）、暫定《ざんてい》政権が発足《ほっそく》したアフガニスタンは、23年にわたり内戦が続いた結果、今なお400万人もの人々が難民《なんみん》状態におかれ、人々の生活や社会を支えるインフラ（社会基盤）の大半《たいはん》が破壊《はかい》された状態となっています。早急《さっきゅう》な人道支援《しえん》と、復興《ふっこう》計画への持続的《じぞくてき》な支援が国際社会に求められており、日本は積極的《せっきょくてき》な役割を果たすべきだと考えます。

近年、「ユーラシア外交」や「シルクロード外交」を模索《もさく》してきた日本は、テロ事件以前から、北部同盟《どうめい》とタリバンの両派《りょうは》を東京に招《まね》いたりするなど、和平の糸口《いとぐち》を探《さぐ》る外交努力を試《こころ》みてきた実績《じっせき》があります。

日本は、この地域における植民地支配《しょくみんちしはい》や侵略行為《しんりゃくこうい》など軍事・外交面で歴史的な〝負《ふ》の遺産《いさん》〟がなく、アフガンに隣接《りんせつ》する中央アジアの国々とも信頼関係を有《ゆう》しています。

また日本は、さまざまな形でアフガンへの人道支援を進めてきたほか、先日（1月21日～22日）も、「アフガニスタン復興支援国際会議」の閣僚級会合《かくりょうきゅうかいごう》を東京で開催《かいさい》し、復興計画の概要《がいよう》の取りまとめに尽力《じんりょく》するなど、意欲的《いよくてき》な取り組みを行ってきました。

私どもは、こうした努力を高く評価するものであり、今後も日本が長期的《ちょうきてき》な展望《てんぼう》に立って、粘《ねば》り強くアフガン復興の支援を続けていくことが大切であると考えます。

そして、その中で、「難民《なんみん》の世紀」とも呼ばれる20世紀の悲劇《ひげき》の主因《しゅいん》となってきた、地域紛争《ふんそう》や民族対立を克服《こくふく》するための総合的な方策《ほうさく》と、復興支援のあり方を模索していくべきでしょう。

近年の紛争は、戦闘と難民、飢餓《きが》と自然破壊などが同時に発生する「複合緊急事態《ふくごうきんきゅうじたい》」の様相《ようそう》を帯《お》びており、多角的《たかくてき》な取り組みを並行《へいこう》して進める必要が高まっています。

具体的には、国連の「ピース・ビルディング（平和構築《こうちく》）」構想《こうそう》に、日本が参画《さんかく》する形で進めていってはどうか。これは、紛争による破壊から回復しようとする社会が、安定した平和の基盤《きばん》を自力《じりき》で構築することを支援する活動です。その内容は、民族和解《わかい》、人権尊重から、武装《ぶそう》勢力の武装解除《かいじょ》と社会復帰《ふっき》、法秩序《ちつじょ》の確立、民主的制度の増進《ぞうしん》、基本的なインフラの整備《せいび》など幅広《はばひろ》い分野にわたるものです。

国連では、中央アフリカなどに実験的な形で「平和の建設《けんせつ》支援事務所」を設置しています。日本でも、アフガニスタンにおいて難民の帰還《きかん》・再定住化《さいていじゅうか》のための「アズラ計画」などに取り組んできましたが、今後も国連諸機関と協力しながら、こうした現地でのプロジェクトを支援する体制を整《ととの》えていく。そして、各種《かくしゅ》の専門技能《ぎのう》を有した人材を育成《いくせい》し、その派遣《はけん》を常時《じょうじ》可能にするシステムの確立を目指すべきでしょう。焦点《しょうてん》となっている地雷除去《じらいじょきょ》についても、日本は技術協力などで貢献《こうけん》できる面が大きいのではないでしょうか。

加《くわ》えて、アフガンの厳しい状況が長《なが》らく国際社会から放置《ほうち》されてきた教訓《きょうくん》を踏《ふ》まえ、和平・復興の進捗《しんちょく》状況を逐次《ちくじ》広報するとともに、アフガンへの理解を広げるために文化や伝統《でんとう》などを紹介《しょうかい》していく「アフガニスタン平和センター」を、日本に設置することを提案したいと思います。

テロ対策の枠組《わくぐ》み強化（2004年）

21世紀に入って国際社会は、新しい脅威《きょうい》の台頭《たいとう》とその対応をめぐって、激震《げきしん》が続いています。3年前（2001年）のアメリカでの「同時多発《たはつ》テロ事件」以来、多くの一般市民を巻《ま》き込《こ》んだ無差別《さべつ》テロが各地で続発《ぞくはつ》する一方で、核兵器《かくへいき》や化学兵器などの大量破壊兵器の拡散《かくさん》に対する懸念《けねん》が高まり、特に昨年（2003年）はイラクの大量破壊兵器の査察《ささつ》問題が大きな焦点となりました。

12年間にわたって、国連の安全保障理事会による数々の決議を誠実《せいじつ》に遵守《じゅんしゅ》してこなかったイラクへの軍事力行使《こうし》の是非《ぜひ》について、国際社会の意見が分かれる中で、昨年（2003年）3月、米英両国が最終的に攻撃《こうげき》に踏《ふ》み切りました。

圧倒的《あっとうてき》な軍事力《ぐんじりょく》を背景《はいけい》に、21日間の戦闘《せんとう》でフセイン政権の崩壊《ほうかい》をみたわけですが、その後、イラクを占領統治《せんりょうとうち》するアメリカや関係国、さらには国連を標的《ひょうてき》にしたテロや襲撃《しゅうげき》事件が相次《あいつ》いでおり、イラク復興《ふっこう》や中東《ちゅうとう》地域の安定に暗い影《かげ》を落としています。

同様の混迷《こんめい》は、3年前（2001年）、テロ組織「アルカイダ」の掃討《そうとう》のために、軍事力が行使されたアフガニスタンにおいても見られます。

今月（2004年1月）、ようやく憲法《けんぽう》が採択《さいたく》されたものの、依然《いぜん》、旧《きゅう》タリバン勢力によるとみられるテロが続くなど治安《ちあん》の悪化《あっか》が懸念《けねん》されています。

こうした状況は、新しい脅威《きょうい》を看過《かんか》したり、放置《ほうち》しないためには国際社会の強い意志《いし》と行動が必要とされるものの、軍事力に重きを置いたアプローチだけでは問題の根本的《こんぽんてき》解決を図《はか》ることが容易《ようい》ではないことを、物語っているように思われます。

◇

２００1年9月に採択《さいたく》された安全保障理事会決議に基《もと》づき、国連に「テロ対策委員会」が設置《せっち》されたのに続いて、昨年（２００3年）6月に行われたエビアンでのG8サミット（主要国首脳《しゅのう》会議）で、同委員会の活動を支援《しえん》することなどを目的とした「テロ対策《たいさく》行動グループ」が設置されました。

テロを未然《みぜん》に防《ふせ》いだり、その再発《さいはつ》を防止するためには、各国における法制度の整備《せいび》や拡充《かくじゅう》とともに、粘《ねば》り強い国際協力が欠《か》かせません。私は、こうした国際的な枠組《わくぐ》みを通《とお》して、予防的な措置《そち》に力を注《そそ》ぎながら、テロを起こさせない環境づくりを進めていくことが肝要《かんよう》であると訴《うった》えたい。

そして、この取り組みとともに重要なのが、国際刑事《けいじ》裁判所《さいばんしょ》の締約国《ていやくこく》を増やし、活動を軌道《きどう》に乗せることです。

戦争犯罪《はんざい》や大量虐殺《ぎゃくさつ》、人道に対する罪《つみ》などを犯《おか》した個人を裁《さば》くための常設法廷《じょうせつほうてい》である国際刑事裁判所は、昨年（２００3年）3月に発足式典《ほっそくしきてん》を行い、活動を本格的にスタートしました。

これは、世界各地で続発《ぞくはつ》する紛争《ふんそう》やテロなどの〝憎《にく》しみや暴力の連鎖《れんさ》〟を断《た》ち切っていくとともに、「力による解決」ではなく「法による解決」のアプローチを国際社会に定着化《ていちゃくか》させていく上で核《かく》となる制度です。

ようやく設立をみた裁判所が真《しん》に有効性《ゆうこうせい》を発揮《はっき》するには、より多くの国が参加し、普遍性《ふへんせい》と信頼性を確保していくことが欠《か》かせません。

特にテロに関しては、昨年（２００3年）8月に国連安保理《あんぽり》で、紛争地域で活動する国連要員《よういん》や人道援助《えんじょ》要員らを対象にしたテロは「戦争犯罪」にあたると非難《ひなん》する決議が採択されました。

これは、国際社会に大きな衝撃《しょうげき》を与えたイラク・バグダッドの国連現地本部への爆弾《ばくだん》テロを踏《ふ》まえてのものですが、こうした非道《ひどう》なテロを制度的に防止するためにも、それを国際刑事裁判所のような司法制度の下《もと》で裁く原則を確立していくべきでありましょう。

私どもＳＧＩとしても、国連ＮＧＯ（非政府組織）として意識啓発《けいはつ》などの活動に取り組みながら、国際刑事裁判所を支援していく世界的な潮流《ちょうりゅう》を高めていきたいと思います。

［平和構築《こうちく》］

「紛争《ふんそう》防止センター」の設置《せっち》（1989年）

大海《たいかい》のうねりのような激動《げきどう》する国際情勢にじっと目を凝《こ》らすと、その水底《みなそこ》に今、一つの確《たし》かな流れのようなものが見え始めている気がいたします。それは新しい〝対話の時代〟の夜明《よあ》けともいうべきものであります。

昨年（1988年）、モスクワで行われた米ソ首脳《しゅのう》会談の共同声明《せいめい》には、こう謳《うた》われております。

「両首脳は、二人が打ち立てた政治的対話の拡大《かくだい》は、相互《そうご》の利害《りがい》や関心にかかわる諸《しょ》問題を解決する効果的《こうかてき》な方法であると確信した。双方《そうほう》は米ソ関係を性格付ける両国の歴史、伝統《でんとう》とイデオロギーにおける現実的な相違《そうい》を軽視《けいし》はしない。しかし、双方は対話は続けられると信じている。なぜならば対話はリアリズムに根ざし、具体的な結果を達成《たっせい》することに焦点《しょうてん》を当てているからである。これは今日《こんにち》の問題のみならず今後、また来世紀の問題に関しても建設的《けんせつてき》な基礎《きそ》となりうるのである」（「朝日新聞」1988年6月2日付朝刊）

イデオロギーや体制の違いを超えて、また固定観念《こていかんねん》にとりつかれることなく、まず最高首脳同士が会い、胸襟《きょうきん》を開いて話し合う――そこに21世紀への問題を解決し建設的な平和の基礎を築《きず》く鍵《かぎ》がある――。これは私どもの年来の主張でもあります。

本年（1989年）もゴルバチョフ・ソ連共産党書記長《きょうさんとうしょきちょう》とブッシュ米大統領との米ソ首脳会談が期待されております。加《くわ》えて本年（1989年）前半には全世界注目のうちに30年ぶりの中ソ首脳会談も予定されております。かねてから世界の最高首脳の会談の重要性を強調してきた者として、こうした一連の首脳会談によりグローバル（世界的）な緊張緩和《きんちょうかんわ》の流れがさらに加速《かそく》することを心から願うものであります。

私が、なぜ対話を重視《じゅうし》するかといえば、対話や言論《げんろん》というものは、人間が人間であることの誇《ほこ》るべき証《あか》しであると信ずるからです。より端的《たんてき》にいえば、言葉の〝海〟の中で、人間は人間になるのであります。プラトンが『パイドン』の中で、いみじくも述《の》べているように「言論嫌《ぎら》い（ミソロゴス）」は「人間嫌い（ミサントローポス）」（松永雄二訳、『プラトン全集1』所収、岩波書店）に通じており、対話や言論を放棄《ほうき》することは、人間であることの放棄に通《つう》じていってしまいます。人間であることを放棄すれば、そのとたんに人間は歴史の主役《しゅやく》の座《ざ》から滑《すべ》り落ち、もっと下位《かい》の例《たと》えば獣性《じゅうせい》に、その座を譲《ゆず》ってしまうでしょう。その獣性が、イデオロギーや大義名分《たいぎめいぶん》、ドグマの仮面《かめん》をかぶって、文字通り〝問答無用《もんどうむよう》〟の武力《ぶりょく》や暴力で人間を蹂躙《じゅうりん》している惨状《さんじょう》を、私どもは、歴史の上でいやというほど目にしてきました。

逆に「反乱の目的は解放であるのにたいして、革命の目的は自由の創設《そうせつ》である」（ハンナ・アレント『革命について』志水速雄訳、合同出版）という観点からのアメリカ革命の評価にしても、「意図《いと》をもって計画され遂行《すいこう》された歴史上最初の大革命」（E・H・カー『ロシア革命の考察』南塚信吾訳、みすず書房）という観点からのロシア革命の評価にしても、通底《つうてい》しているのは、そこに、言論や対話を機軸《きじく》にした人間性による獣性の支配《しはい》を見る〝眼〟であるといってよい。両革命が、当初の意図をどれだけ実現したかは、もとより別問題にしても——であります。

それゆえに、〝対話の時代〟は〝人間の時代〟といってもよく、首脳《しゅのう》レベルにおいても、民衆レベルにおいても、対話の活性化《かっせいか》のもつ意義《いぎ》は、どんなに強調してもし過ぎることはないのであります。

◇

本年（1989年）、米ソ両首脳が交換《こうかん》した新年のメッセージの中でも、ゴルバチョフ書記長《しょきちょう》は「本質的《しってき》に、私たちは一つの家族だ。全人類のために力を合わせ、真《しん》に平和な時代をつくり上げるために、我々が十分な理性と善意《ぜんい》をもっていると私は信じている」と強調しています。同じくレーガン大統領《だいとうりょう》もメッセージで、米ソ間に「共通の基盤《きばん》を見いだすことができた」と両国の関係改善《かいぜん》を称《たた》え、エールを送っております（「朝日新聞」1989年1月3日付朝刊）。

こうしたグローバルな発想《はっそう》は、私ども民衆にとって、常識といえばいえましょう。しかし、そうした常識が通用《つうよう》しなかったのが、今までの国際政治の舞台《ぶたい》だったわけであります。したがって、このような発言が、政治家しかも膨大《ぼうだい》な核《かく》戦力を握《にぎ》って対峙《たいじ》している超大国《ちょうたいこく》の首脳によってなされたところに実《じつ》に重い意味があります。自《みずか》らを「世界共同体の一員《いちいん》」と規定《きてい》するという発想は、東西対立という冷戦《れいせん》思想を超《こ》えた新しい志向性《しこうせい》を示すものといえましょう。

戦後世界を律《りつ》してきた米ソという二つの超大国のイデオロギー的対立に、今、巨大な変化の波が押《お》し寄《よ》せていることを否定《ひてい》する人は、もはや誰《だれ》もいないにちがいない。しかもこうした変化は、「パックス・ルッソ・アメリカーナ」（米ソのパワーバランスの上に保《たも》たれる平和）の網《あみ》が世界のすみずみにまで張《は》り巡《めぐ》らされていたがゆえに、単《たん》に米ソ両国間の関係にとどまらず、国際社会に与える影響は極《きわ》めて甚大《じんだい》なものがあります。

ダニエル・ベルによって〝イデオロギーの終焉《しゅうえん》〟が叫《さけ》ばれて30年近くになりますが、ようやく私は、戦後初めてイデオロギーや体制の差異《さい》を超《こ》えて、全体として世界共同体的な方向を目指す萌芽《ほうが》が生まれているとみたい。米ソ首脳会談を通して両首脳とも、イデオロギーよりも重要な共通の利益があることを認識したといってよい。それは共に生き残り、平和的に繁栄《はんえい》の道を探《さが》す以外ないという結論であります。

ヤルタ会談に臨《のぞ》んだF・D・ルーズベルト大統領は「友人をつくろうとするならば、ただ一つの方法はすすんで自分自身が友人になることだ」とのエマソンの言葉を信条《しんじょう》としていたそうです。それは、その後の歴史を見れば、シニカル（皮肉《ひにく》）な冷笑《れいしょう》の標的《ひょうてき》でしかなかったかもしれません。しかし、ヤルタ体制四十数年――長いといえば長く、短いといえば短かった歳月《さいげつ》を経《へ》て、ルーズベルト大統領の理想主義は、ようやく絵空事《えそらごと》ではなくなりつつあるといっては、感傷的《かんしょうてき》に、あるいは楽観的《らっかんてき》にすぎるでしょうか。少なくとも私は、エマソンのごとき豊かな詩心《しごころ》がなければ、政治の世界は〝巨獣《きょじゅう》〟（プラトン『国家』）の宰領《さいりょう》する世界に堕《だ》す以外にないと信じております。

とはいえ、米ソ首脳の共同声明に「対話はリアリズムに根ざし……」とあるごとく、リアルな認識も失《うしな》ってはならない。つまり、こうした米ソの協調《きょうちょう》体制だけを見て、世界の今後の行方《ゆくえ》を楽観視《らっかんし》ばかりしていては、現実を行く舵《かじ》を取り誤《あやま》ってしまうでしょう。新しい歴史の潮流《ちょうりゅう》はその緒《ちょ》についたばかりであり、世界には今なお厳しい課題が山積《さんせき》しております。

だからこそ、大切なことは、誰もがそれぞれの立場で力を尽《つ》くし、この潮流を広く大きくしていく主体的《しゅたいてき》な努力でありましょう。要《よう》は、〝外野席《がいやせき》〟からの冷たい評論ではなく、実践《じっせん》によるかかわりであり苦闘《くとう》であります。

そうした観点《かんてん》に立てば、昨年（1988年）、米ソの緊張緩和《きんちょうかんわ》の流れを反映《はんえい》し、世界各地で地域紛争《ふんそう》に和平の動きが活発化《かっぱつか》したことが注目されます。

アフガニスタンからのソ連軍の撤退《てったい》、イラン・イラク戦争の停戦《ていせん》、さらにはアフリカの西サハラ紛争やアンゴラ内戦も和平へ動いた。PLO（パレスチナ解放機構）がイスラエルの生存権《せいぞんけん》を認め、PLOとアメリカとの間で会談がもたれたことは、中東問題に一筋《ひとすじ》の明るい展望《てんぼう》をもたらしました。

こうした世界の和平の流れをつくる上で、昨年（1988年）、国連の果たした役割は極《きわ》めて大きなものがあります。なかでもアフガニスタン和平、イラン・イラク戦争の停戦を実現するまでには、デクエヤル国連事務総長をはじめ国連を軸《じく》にした調停工作《ちょうていこうさく》が実質的な効果《こうか》を収《おさ》めたことは周知《しゅうち》の通りであります。

そして昨年度（1988年度）のノーベル平和賞が国連平和維持軍《いじぐん》に与えられ、国連の平和維持活動への評価が高まったことは大変意義深《いぎぶか》い。（中略）

言うまでもなく国連は、人類が再《ふたた》び戦争の惨禍《さんか》を受けないために、戦争の再発《さいはつ》を防《ふせ》ぐ目的で設立《せつりつ》されたものであります。それは主権《しゅけん》国家の自発的《じはってき》な協力を基盤《きばん》に、恒久的《こうきゅうてき》な平和秩序《ちつじょ》をつくり上げようという考え方に立っておりました。

しかし、戦後、国連憲章《けんしょう》に謳《うた》われた集団安全保障の構想《こうそう》は、厳しい東西対立によって脆《もろ》くも挫折《ざせつ》し、その後の国連の歴史は平和維持機能の発揮《はっき》を著《いちじる》しく欠《か》いた苦闘《くとう》と挫折《ざせつ》と模索《もさく》の軌跡《きせき》であったといえましょう。そのため安全保障理事会や総会に提訴《ていそ》された国際紛争の多くが解決の実をあげることができませんでした。

一方で国連は、経済開発機能、人権擁護《ようご》機能、人道援助《えんじょ》機能等の面においてはそれなりの実績をあげ、評価されております。今日、そうした四十数年にわたる国連史を振り返ると、平和の問題にしろ開発の問題にしろ、国連を構成している主権国家の問題解決能力に大きな限界があったという事実に突き当たらざるを得ません。

本来、国連は人類の平和と福祉《ふくし》を現実のものにするための〝媒介《ばいかい》〟として存在するものであります。だが、その国連の可能性を国連加盟《かめい》の各国が現在まで十分《じゅうぶん》利用しえなかったというのが現実であります。

ようやく昨年（1988年）、地域紛争の解決に果たす国連の役割が改《あらた》めてクローズアップされました。この過程《かてい》で確認されたのが、国連のもつ外交調停の能力であり、国連平和維持軍の活用であります。今、世界は改めて国連が世界平和維持に必要不可欠《ふかけつ》な国際機構だという認識に到達《とうたつ》したといってよい。

国連の専門家の見方では、本年（1989年）から世界的に国連を通《つう》じての平和と安全の追求《ついきゅう》と探求《たんきゅう》が制度化されながら強まっていくだろうといわれております。

事実、昨年（1988年）12月の国連総会演説でゴルバチョフ書記長は「いまや、国連を抜《ぬ》きに世界政治を考えることはできない。最近の平和維持活動は、我々《われわれ》の課題を処理《しょり》する能力が国連にあることを示した。国連は二国間、地域的、包括的《ほうかつてき》な努力をまとめることのできる唯一《ゆいいつ》の機構である」（「朝日新聞」1988年12月8日付夕刊）と述べ、国連の役割を高く評価しております。

また中国の銭其琛《せんきしん》外相も、昨年（1988年）末、中国の外交目標として国際政治と経済面での新しい秩序を定着《ていちゃく》させる国連中心の「新国際秩序の確立」を強調しております。

私どもはかねてより新たな世界秩序への統合化《とうごうか》のシステムづくりのために、国連を中心とし、その権限《けんげん》を強化すべきことを主張してきました。いまだ楽観《らっかん》は許《ゆる》されませんが、国連を世界平和確保《かくほ》のための中心的機構《きこう》として位置づけ、世界の軍事的《ぐんじてき》な対立構造《こうぞう》を解消《かいしょう》し、戦争を未然《みぜん》に防止する平和的体制が形成されていくならば、21世紀への明るい展望《てんぼう》が開けてくるでありましょう。国際的な多極化《たきょくか》の流れの中で、新しい政治的、経済的秩序《ちつじょ》をつくり上げるために、国連を中心にしていくことは、最も現実に即《そく》した行き方であると思います。

もともと国連の出発点は、大国主導型《たいこくしゅどうがた》の世界秩序の形成にあったわけではない。大国、小国《しょうこく》の別なく、各国が協調《きょうちょう》し合って世界平和のために前進し合うことに、国連の初心《しょしん》ともいうべきものがありました。

国連創設に至《いた》る経緯《けいい》を振《ふ》り返ってみると、戦後の平和機構をどう性格づけるかという点で米国、英国、ソ連の間でさまざまな思惑《おもわく》が絡《から》み合ったことはよく知られております。英国のチャーチル首相は、世界平和について大国主導型で勢力均衡政策《きんこうせいさく》を追求《ついきゅう》することに執心《しゅうしん》した。ソ連のスターリン首相もまた米国、英国、ソ連を中心とした大国のリーダーシップを強く主張したといわれます。

これに対し、米国のコーデル・ハル国務長官が決定的な役割を担《にな》う。彼は、戦後の平和機構に国の大小にかかわらず、すべての国を加入《かにゅう》させるという普遍《ふへん》主義に立脚《りっきゃく》した考え方をもっていました。

１９４３年10月、ハルが出席した米英ソ外相会議で出されたモスクワ宣言《せんげん》では、すべての平和愛好《あいこう》国の主権平等の原則に基《もと》づく世界的国際機構の設立《せつりつ》の必要性が謳《うた》われ、小国が戦後の国際機構に参加できることを初めて大国が公式的に認めるものとなりました。

このハルの普遍主義はグローバリズムに裏打《うらう》ちされていました。すなわち世界が地域主義のもとにブロック化する方向に行く危険性を排除《はいじょ》しようとの意図《いと》が込められていた。ハルの熱意が、大国中心的、地域主義的な考え方をもっていたルーズベルト米大統領を大きく動かし、最終的に普遍主義に基づく国連創設《そうせつ》へとつながっていったといわれております。

大国のさまざまな思惑が複雑《ふくざつ》に絡み合いながら、ともかくも国連が誕生《たんじょう》しえた背景《はいけい》には、二度と戦争を繰《く》り返すまいとする恒久《こうきゅう》平和への強い希求《ききゅう》と、そのための国際機構を創設しようとの熱い願いがあったからにほかなりません。

東西の冷戦構造が崩壊《ほうかい》し始めた現在、新しい歴史の潮流《ちょうりゅう》の中で、国連の初心に立ち返り、グローバルな平和秩序をどう形成していくかを追求していくことは不可避《ふかひ》であり、かつ計《はか》り知れぬ意味があるといえましょう。もともと国連を中心としたグローバルな規模《きぼ》の多角《たかく》外交は、二国間外交を補完《ほかん》し、国際的な平和秩序を形成する上で不可欠《ふかけつ》のものであります。その本来の役割をさらに強化する方向性が、世界の英知《えいち》を結集《けっしゅう》して考えられねばなりません。

ところで、私は６年前（１９８３年）の「ＳＧＩの日」記念提言で、米ソ間に「核《かく》戦争防止センター」の設置《せっち》が必要なことを主張いたしました。その後、米ソ間の話し合いを経て、偶発的《ぐうはつてき》な核戦争を防止する「危機軽減《ききけいげん》センター」を設けるという合意《ごうい》が成《な》ったことは、私の念願《ねんがん》とも符合《ふごう》しており、喜ばしいことであります。

これは、米ソ間のことですが、国連への評価が高まっている今、国連においてもその本来の機能《きのう》ともいうべき紛争《ふんそう》を未然に防止する働きを何らかの形で強化する道を探《さぐ》ってほしい。

すでに国連は一昨年（１９８７年）３月、事務総長直属《ちょくぞく》機関として「調査・情報収集室」を発足《ほっそく》させております。世界の紛争の兆《きざ》しをキャッチするため、常時《じょうじ》、情報を収集分析《しゅうしゅうぶんせき》し、それに基づいて事務総長が先手《せんて》を打つための仕組《しく》みだといわれております。この「調査・情報収集室」の機能をさらに拡大《かくだい》強化する目的で、新たに「紛争防止センター」を国連内に設《もう》けてはどうでしょうか。

時代の大きな要請《ようせい》として今、世界の各地域において軍縮《ぐんしゅく》を実現する方向が模索《もさく》されております。国連でもアジアのネパール、アフリカのトーゴ、ラテンアメリカのペルーのそれぞれに国連地域軍縮センターが設置《せっち》され、地域の平和と軍縮を推進《すいしん》しようとしております。

一つのアイデアとしては、こうした各地域のセンターとも密接《みっせつ》な連携《れんけい》を取りつつ、国連本部の「紛争防止センター」が機能《きのう》していく方向が考えられましょう。

「少数民族・先住民高等弁務官《せんじゅうみんこうとうべんむかん》」の創設《そうせつ》（1993年）

数年前の、ペレストロイカや東欧《とうおう》の開放に沸《わ》く開放的な華《はな》やいだ空気もどこへやら、世紀末を覆《おお》う暗雲《あんうん》は、ますます重く、低く垂《た》れこめているようであります。私は、当時、「開放」のエネルギーを「建設」のエネルギーへと転化《てんか》させていくことが最大の課題となるであろうことを訴《うった》えましたが、その転化作業は至難《しなん》の業《わざ》のようであります。

戦後長く不信と敵意《てきい》をむき出しにしてきたイデオロギーの対立が解消《かいしょう》し、世界は今、ポスト冷戦《れいせん》時代に入っているとはいえ、新しい秩序《ちつじょ》建設の展望《てんぼう》はまったくといってよいほど開けておりません。それどころか、対応を誤《あやま》れば破局的《はきょくてき》事態さえ招《まね》きかねない〝火種《ひだね》〟が、時には民族がらみ、時には宗教がらみで、ここかしこにくすぶっております。

とりわけ、旧《きゅう》ユーゴスラビアや旧ソ連を中心とする民族紛争は、解決の兆《きざ》しさえ見えないまま、かえって激化《げきか》の一途《いっと》をたどっております。昨今《さっこん》の国際情勢を読み解くためには従来《じゅうらい》の世界地図だけでは足りず、民族によって色分《いろわ》けされた〝もう一枚の世界地図〟が必要とされるといわれる所以《ゆえん》であります。

◇

西側諸国においても、アメリカのロス暴動、ヨーロッパでのネオ・ナチの台頭《たいとう》など人種・民族問題の顕在化《けんざいか》は著《いちじる》しく、日本も、決してそうした流れの外にいられるわけではありません。

自分のみを正しいとする独善的《どくぜんてき》な「閉じた心」でかたくなな対応をしていると、問題はこじれるばかりです。そこでは、所詮《しょせん》、対話は不可能《ふかのう》であり、文字通り、〝問答無用《もんどうむよう》〟の暴力の掟《おきて》に訴えるしかなくなることは、数々の歴史の教訓《きょうくん》であります。

現今の民族問題が「民族浄化《じょうか》」に象徴《しょうちょう》されるような凶暴性《きょうぼうせい》を帯《お》びてきている最大の理由は、いつにこの「閉じた心」にあるといってよい。（中略）

経済的困窮《こんきゅう》ということも、確かに引《ひ》き金《がね》にはなっているかもしれませんが、それなら殺し合いまでする必要はないでしょう。そこには、もっと深い「開いた心」「閉じた心」の次元《じげん》にかかわる文明史的な病理《びょうり》が横たわっているように思えてなりません。

ところで、唐突《とうとつ》なようですが、私は善《ぜん》の本質《ほんしつ》は「結合《けつごう》」にあり、悪の本質は「分断《ぶんだん》」にあると信じております。悪の働きは、あらゆるものを「分断」しようと、虎視眈々《こしたんたん》と狙《ねら》っています。人間の心に亀裂《きれつ》を生《しょう》じさせ、家族や同志、友人、知人などの絆《きずな》を断ち切り、国と国、民族と民族とを離間《りかん》させ、さらには人間と自然、宇宙との一体感を破壊するなど、なべて「分断」作用《さよう》のおもむくところ、人間は孤立《こりつ》し、不幸と悲哀《ひあい》を招き寄せてしまいます。

◇

思えば、恩師《おんし》・戸田城聖創価学会第2代会長は、戦後（1952年）、「地球民族主義」という理念を提唱しました。冷戦《れいせん》が激化《げきか》するなか、当時の世間からはほとんど注目されず、せいぜい〝現実離れ〟とか〝夢物語〟と評《ひょう》されるだけでした。しかし、どうでしょう、最近の論調では「地球民族主義」の今様《いまよう》の表現である「トランスナショナル」（民族や国家の枠組《わくぐ》みを超える）という言葉が国際政治を読み解き、展望《てんぼう》するキーワードとして、にわかに脚光《きゃっこう》を浴《あ》びつつあるではありませんか。

◇

昨年（1992年）、中米グアテマラ生まれの先住《せんじゅう》マヤ民族の人権擁護《ようご》活動家リゴベルタ・メンチュウさんがノーベル平和賞を受賞し注目されました。祖国《そこく》グアテマラでは国民の4割を占《し》める先住民族の人々が社会の底辺《ていへん》におかれ、メンチュウさんは、その人権擁護運動の先頭に立って言葉や生活自決《じけつ》権の尊重などを唱えてきたのが評価されたわけであります。

本年（1993年）は「世界の先住民の国際年」であり、6月にはウィーンで「世界人権会議」が開催《かいさい》される予定であります。まさに本年（1993年）は人権の年といっても過言《かごん》ではありません。

そこで例えば、少数民族や先住民の問題を専門に扱《あつか》う「国連少数民族・先住民高等弁務官《こうとうべんむかん》」のシステムをつくってはどうか。すでに昨年（1992年）、CSCE（全欧安保《ぜんおうあんぽ》協力会議）により「少数民族高等弁務官」の制度が創設《そうせつ》されておりますが、これをさらに国連のシステムとして世界化する必要がありましょう。

もし国連に少数民族・先住民高等弁務官が誕生《たんじょう》すれば、難民《なんみん》高等弁務官と協力しながら、少数民族の権利の国際的保護のための大きな力となるでありましょう。これは国連に「民衆の顔」をより強める上で画期的《かっきてき》前進となると思います。

「紛争《ふんそう》予防委員会」の設置（2000年）

平和と安全保障についてですが、これは、国連のアナン事務総長が昨年（1999年）の年次報告《ねんじ》で提唱しているように、「対応」から「予防」へのアプローチの転換《てんかん》という視座《しざ》から発想していかねばならないと考えます。予防的アプローチとは、問題が起こってから事後的《じごてき》に対応するのではなく、これを未然《みぜん》に防止し、被害を最小限に止めることに主眼《しゅがん》を置いたものです。

国連では現在、人道問題調整事務所が、内戦や国際紛争、飢餓《きが》や地震、洪水《こうずい》などの自然災害による緊急事態に対し、人道援助《えんじょ》を提案、調整、促進《そくしん》する任務《にんむ》にあたっています。

同事務所は、他の国際機関やＮＧＯ（非政府組織）との密接《みっせつ》な協力のもとに、紛争が激化したコンゴやルワンダ、災害に苦しむバングラデシュや北朝鮮（朝鮮民主主義人民共和国）など数多くの地域で活動を行ってきました。

しかし、問題が深刻化《しんこくか》してからの対応では、カバーできる範囲《はんい》や手段が限られるだけでなく、回復には多くの時間と労力が費《つい》やされることになります。国連の人道援助が果たしてきた役割は大きいものの、人道援助が必要とされる事態が後《あと》を絶《た》たない状況自体を改善することが先決《せんけつ》になると思うのです。

ここで私は、特に紛争予防のために国連が果たすべき役割について考えてみたいと思います。

紛争の解決は、国連憲章《けんしょう》で詳細《しょうさい》な規定《きてい》がなされているように国連の主要任務の一つですが、冷戦後の傾向《けいこう》として内戦が増加し、その対応はますます困難なものとなってきています。昨年（1999年）、焦点《しょうてん》となったコソボ紛争《ふんそう》でも、国連が事態の悪化《あっか》を防ぐための対応を十分に取れない中、NATO（北大西洋条約機構）が安全保障理事会の決議を経《へ》ずして、「人道的介入《かいにゅう》」を理由に空爆《くうばく》に踏《ふ》み切る形となりました。

その後、国連の承認《しょうにん》のもと、コソボに国際文民《ぶんみん》・治安部隊《ちあんぶたい》を展開することなどを柱《はしら》とする停戦案《ていせんあん》がケルン・サミットの場で討議《とうぎ》され、最終局面で安保理《あんぽり》決議の採択《さいたく》をみて、紛争処理が国連に託《たく》されることになったものの、〝国連の受託《じゅたく》なき軍事力行使《こうし》〟や〝人道的介入の基準〟など課題を残す結果となったといえます。

こうした経緯《けいい》もあり、ケルン・サミットのG8宣言では「危機《きき》予防において国連が果たす重要な役割を認識し、この分野におけるその能力の強化に努《つと》めること」との文言《もんごん》が盛《も》り込まれました。私も、国連憲章《けんしょう》が軍事力の行使をあくまで最終手段としていることを銘記《めいき》した上で、国連がソフト・パワーを基軸《きじく》とした予防システムを構築していくことが重要だと考えます。

この点について現在、総会に「紛争予防委員会」のような下部《かぶ》機関を設置《せっち》する案が提唱されていますが、私はこの構想《こうそう》を一歩深め、委員会が具体的に次のような役割を果たしていくべきと提案したい。

事態の悪化を防ぐために、まず重要となるのが「早期《そうき》警報《けいほう》」の機能です。紛争が発生する潜在的《せんざいてき》な可能性や、対立激化の兆候《ちょうこう》をいち早く察知《さっち》する体制なくして、効果的な対応を取ることは困難だからです。

また、継続的なモニタリング（監視《かんし》）を通じて蓄積《ちくせき》された情報や分析を広く公開する制度づくりも欠《か》かせません。より多くの国々やNGOが関心をもって解決の輪《わ》に加《くわ》わり、和平を促進《そくしん》するためのアイデアを出し合うためには、情報の共有《きょうゆう》が前提となるからです。

また、委員会が担《にな》うべきもう一つの役割として、紛争の被害を最小限に止めるために、一般市民の保護の徹底《てってい》を図《はか》る措置《そち》を講《こう》じることが考えられます。

現行の国際法上の枠組《わくぐ》みとして、戦争のない平和時においては国際人権法が、戦争状態においては国際人道法が、相互補完《そうごほかん》的な関係をもって、人権を保障していく制度が確立されてきました。

しかし近年の紛争は、ジェノサイド（集団殺害）や難民《なんみん》の大量発生など、一般市民を標的《ひょうてき》にしていることに特徴があり、人道法違反《いはん》は戦争の影響というよりも、戦争の目的として行われている状況があります。

また、内戦のように社会的な混乱《こんらん》が続く中で、いつ戦争状態に入ったかという認定が困難となるために、人権法も人道法もともに無視《むし》される〝空白《くうはく》状態〟が生じる場合も少なくありません。その結果、平和時にも戦争時にも保障されるはずの人権が、公然《こうぜん》と侵害《しんがい》され、多くの市民の犠牲者《ぎせいしゃ》が出ているのです。

紛争地域が、なし崩《くず》し的に人権が脅《おびや》かされる〝無法状態〟に陥《おちい》らないためには、人権法による保護から人道法による保護への移行が遅延《ちえん》なく行われるよう監視し、人権侵害から一般市民を守るための措置を求めていく必要があります。そこで紛争予防委員会が、当該《とうがい》地域が人道法を適用《てきよう》すべき戦争状態に入ったかどうかを認定し、人権保護の徹底を図っていくべきと思うのです。

また委員会には、任務を遂行《すいこう》するための調査団の派遣《はけん》や、紛争被害者による個人通報《つうほう》権制度、さらには紛争各当事者《かくとうじしゃ》の意見をヒアリングするための公聴会《こうちょうかい》を開催《かいさい》する権限をもたせるべきであると考えます。

なかでも私が特に重要と考えるのが、公聴会です。

紛争《ふんそう》の場合、たとえ対話の余地《よち》が残されていても、いったん武力衝突《ぶりょくしょうとつ》が激化《げきか》してしまえば、当事者《とうじしゃ》が同じテーブルにつくことは容易《ようい》ではありません。そうなる前に、互《たが》いに意見を述《の》べ合う「対話の場」を国連が設《もう》けることの意義《いぎ》は大きいと思うのです。こうした形で、当事者の意見や主張が国際社会にオープンにされることにより、その後の行動が互いに抑制《よくせい》される効果もあるでしょう。

SGIとしても今後、戸田記念国際平和研究所や他のNGOと協力し、紛争予防委員会のような機関のあり方を議論する国際会議を、問題が深刻化《しんこくか》しているアフリカなどの地で、現実に紛争に苦しむ人々の声を聞き取りながら、開催《かいさい》していってはどうかと考えるものです。

「平和復興《ふっこう》理事会」の創設《そうせつ》(2004年)

イラクやアフガニスタンの復興問題に加えて、世界で今、大きな焦点《しょうてん》となっているのがイスラエルとパレスチナ間の和平問題であり、北朝鮮の核《かく》開発問題です。

いずれも先行《さきゆ》き不透明《ふとうめい》な状況にありますが、こうした戦乱や対立が続く時代の暗雲《あんうん》の厚《あつ》さとともに、深刻さを帯《お》びているのは、世界の多くの人々が抱《いだ》き始めている思い——すなわち、次々と問題が起こり、軍事力などの強制的な力によって事態の打開《だかい》が試《こころ》みられるものの、平和への確かな光明《こうみょう》が一向《いっこう》に見いだせないことに対する不安感であり、焦燥感《しょうそうかん》、そして何よりも閉塞感《へいそくかん》ではないでしょうか。

確かに、軍事力に象徴《しょうちょう》されるハード・パワーの行使《こうし》によって、一時的に事態の打開を図《はか》ることはできるかもしれない。しかしそれは、対症療法的《たいしょうりょうほうてき》な性格が強く、かえって〝憎《にく》しみの種子《しゅし》〟を紛争地域に残し、事態を膠着化《こうちゃくか》させかねないことは、多くの識者の憂慮《ゆうりょ》するところであり、事実、そうした状況は、いたるところに顕在化《けんざいか》しております。

◇

イラク問題で、軍事力行使の是非《ぜひ》とともに大きな焦点となったのが、安全保障理事会での深刻な対立に伴《ともな》う国連の機能《きのう》不全《ふぜん》でした。

こうした事態への危惧《きぐ》が広がる中、国連のコフィ・アナン事務総長の呼びかけで、有識者《ゆうしきしゃ》による国連改革に関する諮問《しもん》委員会が発足《ほっそく》し、先月(2003年12月)に初会合《はつかいごう》が行われました。

同委員会では、①平和と安全保障を脅《おびや》かす現在の課題について詳《くわ》しく検討すること、②こうした課題に対処《たいしょ》する上で集団的行動がなしうる貢献《こうけん》について考察すること、③国連の主要機関の機能、およびそれらの関係について見直《みなお》すこと、④国連の組織とプロセスの改革を通して、国連を強化する方法を提言すること、などを主眼に討議《とうぎ》を進め、今秋《こんしゅう》（二〇〇四年秋）までに事務総長に報告することが目指されています。

私はかつて（２０００年10月）、同委員会の委員長に就任《しゅうにん》したタイのアナン元首相と、21世紀の国連をめぐって語り合ったことがあります。

アナン元首相は、「各国が、どれくらい国連を効率《こうりつ》の良いものにしていきたいと願っているのか、それがそのまま国連の現実に反映《はんえい》している」と、国家の集合体であるがゆえの限界を指摘されながらも、次のように国連の意義を強調しておられました。

「しかし、少なくとも国連の存在自体は歓迎《かんげい》すべきものです。『希望』はあります。『もし国連がなかったら』と考えると、『国連があることで世界が、より良くなっている』ということは言えると思います」と。

私も、まったく同感であります。

確かに、国連無力論《むりょくろん》や不要論《ふようろん》は一部で根強《ねづよ》く叫《さけ》ばれており、今の国連には、時代の変化にそぐわない面が少なからずあるかもしれません。しかし私どもは、それに代《か》わる存在が現実にない以上、グローバルな草の根の民衆の力を結集《けっしゅう》し、国連を強化していくことが一番の道であると考え、行動を続けてきました。

大切なのは、イラク問題での教訓《きょうくん》を十分に念頭《ねんとう》に置いた上で、〝今後、同様の難しい判断が迫《せま》られる事態が生じた場合に、どう対処《たいしょ》すべきか〟についてのルールと体制づくりについて、前向きに検討していくことではないでしょうか。

そして、その連帯《れんたい》の基軸《きじく》は、あくまで国連であるべきだと考えます。世界191カ国が加盟《かめい》する最も普遍的《ふへんてき》な機関である国連こそが、国際協力の礎《いしずえ》となり、その活動に正統性《せいとうせい》を与えることができる存在にほかならないからです。

こうした前提に立って、私は、国連の強化と改革について、二つの提案を行いたい。

一つ目は、総会の権限強化です。

国連憲章《けんしょう》が定めるように、平和と安全の維持《いじ》に関する主要な任務《にんむ》が委《ゆだ》ねられ、法的拘束力《こうそくりょく》のある決定を行う権限を持つのは安保理《あんぽり》だけです。しかし、実際の審議《しんぎ》においては、五つの常任理事国《じょうにんりじこく》のみに認められる拒否権《きょひけん》制度の存在によって、合意《ごうい》を導《みちび》き出すことができずに、機能不全《きのうふぜん》に陥《おちい》る場合が見受けられます。

こうした事態を打開するため、私は、すべての加盟国による〝グローバルな対話の場〟であり、最も代表性の高い総会の権限を、制度面や運用面で強化することが重要ではないかと考えます。

平和と安全の維持に関する総会の権限は、安保理に対して副次的《ふくじてき》なものであることが憲章で規定《きてい》されていますが、安保理が拒否権などによって機能できない場合に、緊急《きんきゅう》特別総会を招集し、一定《いってい》の勧告《かんこく》ができる仕組みが運用面で積み重ねられてきました。

いわゆる「平和のための結集」と呼ばれるもので、1950年に国連総会が採択《さいたく》した決議に基《もと》づき、安保理の9カ国の賛成《さんせい》を得るか、国連加盟国の過半数《かはんすう》が賛成すれば、開くことができるというものです。

21世紀に入り、平和に対する新しいタイプの脅威《きょうい》が台頭《たいとう》し、今後も難しい決断が迫られる場合が少なくないことを踏《ふ》まえ、特に軍事力行使《こうし》を含《ふく》む強制措置《そち》の是非《ぜひ》をめぐって安保理が紛糾《ふんきゅう》した場合には、緊急特別総会を開催《かいさい》することを定着化《ていちゃくか》させ、そこでの討議を安保理にフィードバック（還元《かんげん》）させていく仕組みを確立するべきではないかと思います。

国連の力と信頼の源泉《げんせん》は、国際社会におけるコンセンサス（合意）づくりにあります。平和と安全への脅威に対する措置には「実効性《じっこうせい》」も重要ですが、それにもましてソフト・パワーの源泉である「正統性」の確保が欠《か》かせません。

問題解決のためにどう対応するのが望ましいのか、その方策《ほうさく》を見いだすために国際社会の意見を集約・反映《はんえい》させる制度こそ、21世紀の国連に求められる存立基盤《きばん》ではないでしょうか。

先月（２００３年12月）には国連総会でも、総会の活性化《かっせいか》と権威《けんい》の向上に向けた諸措置を講《こう》じる決議が全会一致《ぜんかいいっち》で採択されましたが、普遍的な対話のフォーラムである総会は国連強化の要《かなめ》といえましょう。

二つ目は、紛争時から平和構築までのプロセスにかかわる国連諸機関の活動を調整し、一貫性《いっかんせい》をもたせる環境整備です。

近年、紛争《ふんそう》地域において支援《しえん》が断続的《だんぞくてき》に行われるために生《しょう》じる〝空白状態《くうはく》〟が、深刻《しんこく》な課題として指摘されています。その解消《かいしょう》の必要性については、昨年（２００３年）５月に「人間の安全保障委員会」が発表した報告書（『安全保障の今日的課題』、朝日新聞社）でも強調されています。

報告書では、紛争中と紛争直後に人々を効果的《こうかてき》に保護する仕組みが未整備《みせいび》であることを踏《ふ》まえ、「それぞれに規定《きてい》されている任務分担《にんむぶんたん》に拘泥《こうでい》せず、人々を保護するには何をなすべきかを第一に考えることにより、無数の支援関係者がそれぞれの縦割《たてわ》り構造《こうぞう》にしたがって無秩序《むちつじょ》に活動している現状を打開《だかい》する必要がある」と訴《うった》えています。

また、「とくに国際的な軍事介入《ぐんじかいにゅう》の後では、紛争下における『保護する責任』は、『再建する責任』があってはじめて果たされる。つまり、重要なのは紛争が停止したかどうかではなく、そのあとの平和の質《しつ》なのである」とし、すべての活動の出発点を、紛争による被害や傷跡《きずあと》に苦しむ人々や社会のニーズに置き、単一《たんいつ》のリーダーシップの下《もと》でそれらを進めるべきと主張しています。

私は、近年、紛争が複雑化《ふくざつか》する中で、さまざまな支援を総合的に進めることの緊急性《きんきゅうせい》が高まっていることに鑑《かんが》み、その取り組みを国際的に強くリードするための機関を国連に設《もう》けることが必要ではないかと考えます。

例えば、国連でその任務が事実上終了している信託統治《しんたくとうち》理事会を、「平和復興《ふっこう》理事会」のような名《めい》称《しょう》で発展的に改組《かいそ》し、その役割を担《にな》うようにしていってはどうか。

かつて私は、信託統治理事会を衣替《ころもが》えし、難民高等弁務《なんみんこうとうべんむ》官《かん》や人権高等弁務官と密接《みっせつ》な連携《れんけい》を持ちつつ、紛争に苦しむ地域での文化的、民族的多《た》様性《ようせい》を保障していく役割をもたせてはどうかと提案したことがあります。

そうした要素も加味《かみ》しながら、「平和復興理事会」が、人道支援から平和構築にいたる諸活動の推《すい》進《しん》と調整の第一義《だいいちぎ》的《てき》な責任を担っていくべきではないでしょうか。

また活動の推進にあたっては、当事国《とうじこく》や周辺国との協議の場を継続的《けいぞくてき》に持つとともに、活動の進捗《しんちょく》状況を定期的に関係国に報告する制度を設け、透明性《とうめいせい》や信頼性を高める努力も必要でしょう。

「平和構築委員会」の使命（２００６年）

戦後60年という歴史の節目《ふしめ》を迎《むか》えた昨年（２００５年）は、人々の日常生活を一瞬《いっしゅん》にして危機《きき》に陥《おとしい》れる脅威《きょうい》が、さまざまな形で顕在化《けんざいか》した年でもありました。

何といっても、国際社会に大きな衝撃《しょうげき》を与えたのは、相次《あいつ》ぐ自然災害です。

２００４年12月に起こったインドネシアのスマトラ沖《おき》地震・津波の傷跡《きずあと》が癒《い》えぬ中、２００５年7月にはインドで洪水《こうずい》の被害が拡大《かくだい》し、８月にハリケーン「カトリーナ」がアメリカ南部を襲《おそ》い、甚大《じんだい》な被害が出ました。

また、西アフリカ地域でイナゴの大発生と干《かん》ばつによる食糧危機が続いているほか、10月にはパキスタン北部での地震で7万３０００人が犠牲となり、約３００万人が家を失いました。

特にアメリカで、冠水《かんすい》被害のために都市機能が麻痺《まひ》し、多くの市民が劣悪《れつあく》な状況に置かれたことは、自然災害に対する脆弱性《ぜいじゃくせい》は先進国といえども大きな課題であることを、改めて浮《う》き彫《ぼ》りにしたといえましょう。

自然災害に加えて、世界に暗い影を落としているのは、各地で多くの市民を巻《ま》き込《こ》んだテロが続発していることです。

昨年（２００５年）7月、ロンドンで地下鉄やバスの乗客らが犠牲《ぎせい》となる同時爆破《ばくは》事件が起きました。G8サミット（主要国首脳会議《しゅようこくしゅのうかいぎ》）の開催《かいさい》で厳戒態勢《げんかいたいせい》にあった最中《さなか》のことだっただけに、国際社会に強い衝撃を与えました。

その後も、エジプト、インドネシアのバリ島、イラクなどで一般市民が犠牲となる事件が続いており、そうした無差別《むさべつ》的な暴力の傾向《けいこう》はますます強まっています。

このほか、人種や民族などの違いに対する不寛容《ふかんよう》が引き起こす紛争《ふんそう》や犯罪、また移民《いみん》の増加に伴《ともな》う社会での軋轢《あつれき》が深刻化《しんこくか》しています。

2003年以来、アフリカのスーダン西部ダルフール地方で発生した、アラブ系民兵組織によるアフリカ系住民への襲撃《しゅうげき》で数万人規模《きぼ》の人々が殺害され、約190万人の国内避難《ひなん》民が発生しました。国連の調査団が〝最悪の人道危機《きき》〟と呼ぶ状況は、残念ながら、今なお解決されないままとなっています。

また1990年代頃からアメリカで大きな問題となっていた「ヘイトクライム（憎悪《ぞうお》による犯罪）」は、2001年9月の「同時多発《たはつ》テロ事件」以降、広がりをみせ、特にイスラム教徒への暴力や差別が増加していると言われます。

一方、移民の問題に関連したケースとして、昨年（2005年）10月から11月にかけてフランス全土に暴動が広がり、夜間外出《やかんがいしゅつ》禁止令が出されるほどの社会的な問題となりました。

このほか、急速に進むグローバル化に伴い、危険度が増している問題として、感染症《かんせんしょう》などの疫病《えきびょう》問題が挙《あ》げられます。

このうち、アフリカなどで深刻化している、「HIV（ヒト免疫不全《めんえきふぜん》ウイルス）／エイズ（後天性《こうてんせい》免疫不全症候群《しょうこうぐん》）」については、これまでの死者は2500万人以上、エイズで親を亡《な》くした孤児《こじ》の数も1500万人にのぼっており、世界で現在、4000万人もの人々がHIVに感染しています。

また、「新型インフルエンザ」の流行も懸念《けねん》されており、ウイルスが猛威《もうい》を振《ふ》るい始めれば、かつてのスペイン風邪《かぜ》に匹敵《ひってき》する被害をもたらすと警告されています。

以上、主《おも》だったものの幾《いく》つかを列挙《れっきょ》してきましたが、いずれもすぐれて今日的《こんにちてき》なグローバル・イシュー（地球規模の問題）として、どれ一つ我々が〝対岸《たいがん》の火事〟視《し》できるものはありません。

しかもそれらは、地球温暖化やテロの温床《おんしょう》ともなる貧困《ひんこん》が示しているように、グローバリゼーションの「正《せい》」の側面《そくめん》とされている経済・金融面での世界化、ＩＴ（情報技術）革命によるネット社会の地球規模の広がりと、構造的に一体化している面もあり、両々相《あい》まって、我々に抜《ぬ》き差《さ》しならぬ対応を迫《せま》っております。

◇

９月（２００５年）に行われた国連総会の特別首脳会合で、国連改革のための「成果《せいか》文書」が採択《さいたく》されました。

しかし、意見調整が難航《なんこう》したために、核軍縮《かくぐんしゅく》と不拡散《ふかくさん》の分野のように言及《げんきゅう》部分がすべて削除《さくじょ》されたり、大枠《おおわく》での合意《ごうい》のみに終わった項目が少なくなかったことは、誠《まこと》に残念でした。（中略）

課題を残しながらも、成果文書で、人権委員会に代わる「人権理事会」の設置《せっち》や、「平和構築《こうちく》委員会」の創設《そうせつ》、人道危機に対応するための「中央緊急回転基金《かいてんききん》」の改善《かいぜん》などの改革案が合意《ごうい》をみたことは、一定の前進と評価できます。

〝政府間組織〟という制約上《せいやくじょう》、意欲的《いよくてき》な改革や新しい挑戦《ちょうせん》を始めようとしても、各国の国益《こくえき》という厚い壁《かべ》が立ちはだかってしまうのは、悲しむべき現実です。

しかし悲観《ひかん》しているだけでは、前に進むことはできません。大切なのは、合意《ごうい》した内容を実行段階《だんかい》へと移し、脅威《きょうい》にさらされている人々の苦しみを取り除《のぞ》く体制を一日も早く確立することではないでしょうか。

そこで今回、合意をみた改革案の中で、特に「平和構築《こうちく》委員会」について、一言、言及《げんきゅう》しておきたい。

◇

これは、紛争《ふんそう》後の平和構築から復興《ふっこう》にいたるまで、一貫《いっかん》した国際支援《しえん》を進めるために総合的な立場から助言《じょげん》や提案を行う機関で、昨年（２００５年）末の国連総会と安全保障理事会での決議を経《へ》て正式に発足《ほっそく》が決まったものです。

２年前（２００４年）の提言で私が提案していた「平和復興理事会」と同様の機能を担《にな》う機関であり、大いに歓迎《かんげい》するものです。

国連によれば、ようやく和平を実現した国や地域の約半数が、５年以内に再《ふたた》び紛争状態に逆戻《ぎゃくもど》りしているといいます。まずは、この悪循環《あくじゅんかん》を断《た》ち切っていくことに、「平和構築委員会」の使命はあるでしょう。

発足にあたり、国連では「平和構築委員会」が担う役割について、種々規定《しゅじゅきてい》していますが、私は、特に以下の３項目の具体化に全力を挙《あ》げてほしいと思います。

①活動内容を決めるにあたっては、対立する政府やグループの中心者だけでなく、地域に暮《く》らす人々の声に耳を傾《かたむ》け、その不安や脅威を取り除く対応を優先《ゆうせん》させること。

②平和構築のプロセスは長い年月を必要とするものであり、国際的な支援《しえん》を継続的《けいぞくてき》に確保する上でも、ＮＧＯ（非政府組織）との協議の場を設け、連携《れんけい》を深めていくこと。

③紛争を乗り越え、平和構築に取り組んだ国の人々が、その経験を生かし、紛争の後遺症《こういしょう》で苦しむ

他の国の人々のために貢献《こうけん》できる道を開いていくこと。

平和構築や復興再建というと、ともすれば、国民選挙の実施《じっし》や新しい政府づくり、憲法《けんぽう》の制定といった〝国家の再建〟という外面的な要素ばかりに目が向けられがちです。

しかし、そこに暮らす「民衆」の視点に立たない限り、悲劇の流転《るてん》は止《や》まないことは、20世紀の歴史が証明してきたところです。

その教訓《きょうくん》を踏《ふ》まえた上で、国連を中心に、民衆一人一人の〝生活の再建〟〝幸福の復興〟を目指し、国際協力の輪を広げていくことに、「平和構築委員会」が果たすべき責務《せきむ》はあるのではないでしょうか。

［地域のガバナンス］

「アジア・太平洋平和文化機構《きこう》」の創設《そうせつ》（1986年）

国家間の相互《そうご》依存関係が高まっている今日《こんにち》、私は一方で次第《しだい》に大規模《だいきぼ》な戦争ができにくくなっている状況が生《しょう》じつつあると思っております。まして戦争による経済へのさまざまな悪影響、打撃を考えると、戦争は最大の浪費《ろうひ》であり環境破壊《はかい》であることに一日も早く気づかねばなりません。確かに紛争《ふんそう》を世界から一挙《いっきょ》になくすことは不可能でありましょう。問題は可能なところから地域的な平和保障の枠《わく》組みをつくり上げ、それを全世界にいかにして広げていくかにあります。

私は現在の世界を展望《てんぼう》しつつ、その可能性を潜在的《せんざいてき》に秘《ひ》めた地域としてアジア・太平洋地域を挙《あ》げたいのであります。確かに、戦火《せんか》そのものという次元《じげん》からみれば、アジア・太平洋地域は現在、戦争の火種《ひだね》は数多くあるものの、直接、大規模な戦火が燃えさかっている地域であるわけではありません。砲煙弾雨《ほうえんだんう》に覆《おお》われ、対応を誤《あやま》ればいつ何時《なんどき》世界を巻《ま》き込《こ》む破局的《はきょくてき》事態へと発展しかねない、一触即発《いっしょくそくはつ》の危機《きき》をはらんでいるのは、何といっても中東《ちゅうとう》であり中米でありましょう。アフリカ諸国の飢餓《きが》問題も、いわゆる〝構造的暴力〟という観点から、避《さ》けて通れぬ課題であります。

私は、それらの現実から、いささかも目を離すつもりはありません。（中略）

と同時に、戦争や飢餓などの直接的な抗争《こうそう》や亀裂《きれつ》という次元をもう一度掘《ほ》り下げて、政治、経済、文化、教育等の諸要素を総合的に捉《とら》えつつ、世界平和の問題を考えてみる時、さらに、平和を戦争と戦争との間の幕間劇《まくあいげき》に終わらせず、文明史的視野《しや》に立った恒久《こうきゅう》平和創出《そうしゅつ》の展望を試《こころ》みようとする時、どうしてもアジア・太平洋地域に目を向けざるを得ないのであります。そこには、日本がこの地域の一員であり、しかも重要な役割を担《にな》っているという時間的、空間的な関係性の深さ、地《ち》政学《せいがく》的な判断も含《ふく》まれていることは言うまでもありません。

アジア・太平洋地域の重要性については、昨年（1985年）の提言でも触《ふ》れましたが、何といってもこの地域は、NATO（北大西洋条約機構）とワルシャワ条約機構が直接対峙《たいじ》するヨーロッパとは異《こと》なった多元的《たげんてき》要素をはらんでおります。試みにその特徴を挙げてみると、世界の超大国の米ソ、経済大国であるとともに平和憲法を保持する日本、資源《しげん》大国であるカナダ、21世紀を視野に収《おさ》め近代化に前進する中国、着々《ちゃくちゃく》と実力をつけつつあるASEAN（東南アジア諸国連合）、NICS（新興《しんこう》工業国）と呼ばれ経済成長目覚《めざ》ましい韓国、台湾、香港、そしてオーストラリアやニュージーランドなどを中心にした南太平洋非核地帯化の動きなど、注目すべき多元的な動きが顕著《けんちょ》にみられるのであります。

私が昨年（1985年）11月、来日したインドのラジブ・ガンジー首相と会談したのも、世界の平和、アジア・太平洋地域の平和の展望をどう開くかということが、私の念頭《ねんとう》を去らなかったからであります。インドは、スウェーデン、ギリシャ、メキシコ、タンザニア、アルゼンチンと組んで、広島・長崎が核軍縮《かくぐんしゅく》で果たす意義を強調し、宇宙軍事化の停止や包括的《ほうかつてき》核実験禁止条約の締結《ていけつ》を呼びかけるなど、核軍縮を中心にした平和外交を活発に展開しております。

私は中国と並んでインド外交の今後に大きく注目している一人であります。

これまで、ニューヨークの国連本部をはじめ、海外10カ国・12都市で開催《かいさい》してきた「核兵器《かくへいき》――現代世界の脅威《きょうい》」展のインド開催《かいさい》（１９８６年1月）並《なら》びにカナダ開催（１９８６年4月）とともに、今年（１９８６年）秋に中国で同展を開くことを目指してきたのは、アジア・太平洋時代を展望《てんぼう》しつつ、不戦と非核《ひかく》の潮流《ちょうりゅう》を世界的に巻《ま》き起《お》こしてほしいとの念願《ねんがん》からであります。私自身も、できうる限り、そのための尽力《じんりょく》を惜《お》しまないつもりであります。

もとより、アジア・太平洋地域が多元的《たげんてき》であるということは、そこがいまだカオス（混沌《こんとん》）の状態にあり、したがって、危険性と可能性を併《あわ》せ持っているということであります。不安定なその地域にあって、米ソの軍事対決がこれ以上激化《げきか》すれば、第3次世界大戦の引《ひ》き金《がね》にさえなりかねない危険性は、目に見えております。１９７４年5月、私はフランス政府特派大使《とくはたいし》として来日したアンドレ・マルロー氏と会談しました。その折《おり》の氏の発言で、今なお鮮明《せんめい》に心に残っている言葉の一つは「もし次期世界大戦が起こるとすれば、かならずやそれは太平洋圏内《けんない》で起こるであろう」と断言《だんげん》しておられたことであります。わが国は、そうした破局的《はきょくてき》事態を招《まね》かないために、最大の尽力をなすべきであります。

と同時に、21世紀へ向けて、カオスのごときアジア・太平洋地域に潜在《せんざい》する可能性、エネルギーを鋭《するど》く凝視《ぎょうし》することこそ、歴史の進歩を正しく見つめることであると、私は思うのであります。

かつて、フランスの文明批評家《ひひょうか》ポール・ヴァレリーは、ヨーロッパ文明とは、端的《たんてき》に言って地中海文明を意味するとして、その構成要素としてローマの法制、キリスト教、ギリシャの精神の三つを取り出しました。そして、ヨーロッパ文明は「欲望《よくぼう》と意志《いし》の大きさ」によって特徴づけられ、善《よ》かれあしかれ、その側面《そくめん》によって世界的な普遍性《ふへんせい》を持ち得たとしております（「ヨーロッパ人」渡辺一夫・佐々木明訳、『ヴァレリー全集11』所収、筑摩書房、参照)。

あえて言うまでもないことですが、ヨーロッパ文明は、善悪両面を併せ持っていました。それは、一方では「欲望と意志の大きさ」によって開拓《かいたく》された多くの物質的恩恵《おんけい》を人々にもたらした。しかし、その「欲望と意志の大きさ」は、同時に凶暴《きょうぼう》な植民地《しょくみんち》主義、帝国《ていこく》主義の牙《きば》をも研《と》いでいたわけでありま す。そのヨーロッパ文明、地中海文明の良質《りょうしつ》の部分を昇華《しょうか》しつつ、なおかつ新たな文明史の地平を切り開くアジア・太平洋文明の夜明けを翹望《ぎょうぼう》することは、果たして荒唐無稽《こうとうむけい》な夢と言えるでしょうか。

他の箇所《かしょ》で触《ふ》れたことがありますが、未来世紀へ、東アジアの役割をとりわけ重視しておられたアーノルド・J・トインビー博士は、私との共著《きょうちょ》『二十一世紀への対話』の中で、その理由として、次の諸点を挙《あ》げておられました。

第一に、文字通り全世界的な世界国家への地域モデルとなる帝国を、過去21世紀間にわたって維持《いじ》してきた中国民族の経験。第二に、この長い中国史の流れの中で中国民族が身につけてきた世界精神。第三に、儒教的《じゅきょうてき》世界観にみられるヒューマニズム。第四に、儒教と仏教が持つ合理主義。第五に、東アジアの人々が、宇宙の神秘性《しんぴせい》に対する感受性を持ち、人間が宇宙を支配しようとすれば自己挫折《じこざせつ》を招くという認識を持っていること。第六に、人間の目的は、人間以外の自然を支配しようとするような大《だい》それたことではなくて、人間以外の自然と調和を保《たも》って生きることでなければならないという信条があること。第七に、東アジアの諸国民は、これまで西洋人が得意としてきた、軍事、非軍事の両面で、科学を技術に応用するという近代の競技においても西欧諸国民を打ち負かしうるということが、日本人によって立証《りっしょう》されたこと。第八に、日本人とベトナム人によって示された、西洋にあえて挑戦するという勇気。――以上、八点であります。

私は、この碩学《せきがく》の分析に、何事かをさしはさむつもりはありません。また、この博士の分析とは異《こと》なった見解があることも承知《しょうち》しているつもりであります。ただ、私としては、そのはるかな課題であり挑戦《ちょうせん》である労《ろう》作業にあたっては、「人間」と「人類」を見据《みす》えた、新たなるヒューマニズムという基軸《きじく》だけは、片時《かたとき》も忘れてはならないと思っております。

昨今のアジア・太平洋地域は、日本に代表されるように、主《しゅ》として経済的側面《そくめん》から脚光《きゃっこう》を浴《あ》びているようであります。現実の課題への取り組みも、もとより重要ですが、それは、やみくもに経済競争一辺倒《いっぺんとう》に走るのではなく、世界平和を遠望《えんぼう》した巨視《きょし》的《てき》なパースペクティブ（展望）のもとでなされなければならないでありましょう。そうであってこそアジア・太平洋文明は、「ラッセル＝アインシュタイン宣言」の「私たちは、人類として、人類にむかって訴《うった》える――あなたがたの人間性を心にとどめ、そしてその他のことを忘れよ」（久野収編『核の傘に覆われた世界』所収、平凡社）との訴えにみられるような、新たな人類史的意義《いぎ》を帯《お》びてくるでありましょう。

そうしたパースペクティブのための一つの布石《ふせき》として、私はアジア・太平洋諸国間の平等互恵《ごけい》の協力関係の進展のために、その連携《れんけい》の拠点《きょてん》となる「アジア・太平洋平和文化機構《きこう》」の構想《こうそう》を提示したい。それは、国連の直接の管轄《かんかつ》というより、もっと緩《ゆる》やかな間接的な関係であってよい、と思っております。

それはまた、国連経済社会理事会の下部《かぶ》機関である「アジア・太平洋経済社会委員会」と何らかの形で連動し、その働きを平和、文化、軍縮《ぐんしゅく》等の側面から補強《ほきょう》、補完《ほかん》することも当然、考慮《こうりょ》されてよいでありましょう。

私は、かつてクーデンホーフ・カレルギー博士と対談した際、東京に国連の「アジア・極東《きょくとう》地域本部」を新設するよう訴えたことがあります。「アジア・太平洋平和文化機構」構想は、その後の世界の動向を見つめつつ、それを発展させたもので、アジア・太平洋地域の諸国が地域的な問題を討議《とうぎ》し、平和を守り、軍縮を達成し、経済を発展させていくために、各国が平等な立場で話し合える国際的な対話の場を恒常的《こうじょうてき》に提供することに主眼《しゅがん》があります。

言うまでもなく世界159の国々が加盟《かめい》した国連の本部はニューヨークにあります。私は世界平和のための〝人類の議会〟であり、国際社会のさまざまな問題解決の場としての国連の役割に期待し、ささやかではありますがこれまで国連を一貫《いっかん》して支援《しえん》する活動をしてまいりました。今後も国連憲《けん》章《しょう》の理念がより豊かな開花を見るように応援していきたいという気持ちに変わりはありません。

しかし、国連は、例えばその安全保障機能など、多くの問題点を抱《かか》えていることは周知《しゅうち》の事実であります。また、全世界を包含《ほうがん》する機構であるために、地域的な問題に対する実効性《じっこうせい》をともなう処理を難しくしているという側面もみられるのであります。

こうした点を改革するために、まったく新しい発想のもとに、時代に適応《てきおう》した組織を考えることも必要な時を迎《むか》えているといえましょう。その一つの方向性として、私は地域分権的な発想をぜひ取り入れてほしいと思うのであります。

また、私が主張する「アジア・太平洋平和文化機構」は、新しい時代に即《そく》したNGO（非政府組織）のあり方を模索《もさく》するからでもあります。今日《こんにち》、民間活動は飛躍的《ひやくてき》に活発化《かっぱつか》し、その役割が重要度を増しておりますが、一方、国連に対する民衆や非政府組織の参加は必ずしも十分なものとは言えません。「アジア・太平洋平和文化機構」はむしろ民衆レベルの積極的な参加を要請《ようせい》し、またNGO自身、何をなしうるかを真剣に模索する中で、NGOとリンク（連携）した形での活動の新しい地平を開くものになってほしい。私どもも、NGOの一員として、そうした構想《こうそう》の実現に、可能な限り支援《しえん》の労《ろう》をとっていきたいと思います。

21世紀を展望《てんぼう》する時、私は世界的統合《とうごう》へのシステムづくりのために諸《しょ》国民の英知《えいち》を結集《けつしゅう》する必要があると考えますが、それはもとより一挙《いっきょ》に可能なものではありません。それは地域分権《ぶんけん》的な活動の積《つ》み上げの上に、グローバルな展望が開けてくるものと思っております。

これまでもアジア・太平洋の地域協力の問題はさまざまな形で論議され、具体的な構想も示されております。地域経済協力の必要性と相互《そうご》依存関係を制度化するために、経済分野での機構《きこう》案も幾《いく》つか提唱されてまいりました。

しかし、それらが実現への具体的な歩《あゆ》みを進めるまでになかなか至《いた》らないのは、アジア・太平洋地域が先に触《ふ》れたように、広大で多元的《たげんてき》、多様性《たようせい》に富《と》んでいるからでもあります。社会体制も違い、人種的、宗教的、文化的多様性と経済発展の段階の違いなどが、協力関係を生《う》みにくくしている面があります。

EC（欧州共同体）をつくり出した欧州《おうしゅう》諸国のような文化的、歴史的な共通性と比較《ひかく》して、アジア・太平洋諸国はあまりにも政治的、経済的、文化的に多様でまとまりにくいとの指摘がなされております。したがって「政治」（安全保障）や「経済」に過度《かど》に偏重《へんちょう》した構想は、摩擦《まさつ》と反発を生みやすく、壊《こわ》れやすいという点に留意《りゅうい》する必要があります。

そこで私は、「アジア・太平洋平和文化機構」構想の基本的座標軸《ざひょうじく》を「平和」「軍縮《ぐんしゅく》」「発展」「文化」におくことを提唱したい。その際、最も重要なことは、この地域の文化的伝統《でんとう》の多様性、多元性を尊《そん》重《ちょう》し、特定の文化を優遇《ゆうぐう》したり押しつけたりするような画一的《かくいってき》な行き方は、断《だん》じて避《さ》けるべきであります。固有《こゆう》の文化を尊重するところにしか、相互理解の道は開けてこないからであります。

もとより新しい機構づくりが一朝一夕《いっちょういっせき》に成《な》るものとは思っておりません。最初からすべての関係諸国の参加を募《つの》り、理想的な形ができなければスタートしえないと考える必要はない。漸進的《ぜんしんてき》に、できるところから手をつけて、ともかくも相互信頼に基《もと》づく恒久的《こうきゅうてき》な話し合いの機構を一歩一歩つくり上げるという柔軟《じゅうなん》な精神で進んでいったらどうか。前段階《ぜんだんかい》としては、緩《ゆる》やかな〝合議体《ごうぎたい》〟のような形でもよいと思うのであります。

例えば、一つの試《こころ》みとして、アジア・太平洋諸国の首脳《しゅのう》が一堂《いちどう》に会《かい》して「アジア・太平洋サミット」の開催《かいさい》を考えてはどうか。これまで、先進国の首脳会談は開かれてきましたが、アジア・太平洋地域で、そうしたサミットが開かれた例はありません。そうした実績《じっせき》を一つ一つ積み重《かさ》ねながら、ゆくゆくは21世紀にふさわしい国際機関のモデルにしたいというのが、私の願いでもあります。

「国連アジア本部」の設置《せっち》（1994年）

今から8年前（1986年）、私は「SGIの日」を記念する提言の中で、アジア・太平洋時代を展望し、「アジア・太平洋平和文化機構」の構想《こうそう》を提示しました。併《あわ》せて首脳が一堂《いちどう》に会《かい》する「アジア・太平洋サミット」の開催《かいさい》も提案しました。

アジア・太平洋諸国が地域的な問題、すなわち平和と人権を守り、軍縮と経済発展を目指しつつ、文化・学術交流を推進《すいしん》し、平等な立場で話し合える恒常的《こうじょうてき》な場を創出《そうしゅつ》することを願った構想であります。アジア・太平洋諸国間の平等互恵《ごけい》の協力関係の進展のために、その連携《れんけい》の拠点《きょてん》となるものが、ぜひとも必要だと考えたからであります。

その際《さい》、漸進的《ぜんしんてき》に、できるところから手をつけて、相互《そうご》信頼に基《もと》づく恒久的《こうきゅうてき》な話し合いの機構《きこう》を一歩一歩つくり上げるという柔軟《じゅうなん》な精神で進んでいくこと、最初は緩《ゆる》やかな〝合議《ごうぎ》体《たい》〟のような形でもよいと申し上げました。

当時、私が脳裏《のうり》に描《えが》いていたのは、欧州《おうしゅう》における秩序《ちつじょ》づくりの試《こころ》みをアジア・太平洋においても構想できないかということでありました。すなわち欧州のCSCE（全欧安保《あんぽ》協力会議）のような話し合いの機構が、アジア・太平洋にも必要になっているということであります。CSCEは地域機構を常設《じょうせつ》するというのではなく、加盟各国《かめいかっこく》が一堂に会して会議を連続して行い、成果《せいか》を積《つ》み上げていくというものでありました。

私はこうしたいわば柔軟性をもった対話の場をアジア・太平洋地域に設《もう》けたいという基本的認識の

もとに、この構想を提唱しました。特に新しい発想として、各国のNGO（非政府組織）とリンクさせ、「平和」「軍縮《ぐんしゅく》」「発展」「文化」を基本的座標軸《ざひょうじく》に、「民衆の声が届《とど》くフォーラム」「民衆の声を生かす機構」であってほしいと願っての提言でありました。

私がここで特にアジアのみならず「アジア・太平洋」という枠組《わくぐ》みを設定したのは、一つは極《きわ》めて多様性《たようせい》に富《と》んだ、新しい文明の地平を切り開く可能性をもつ地域としての、アジア・太平洋文明に期待してのものであります。

かつてEC（欧州共同体）生みの親といわれるクーデンホーフ・カレルギー博士、さらに歴史家のアーノルド・J・トインビー博士は、私との対談の中で、独自《どくじ》の歴史観《かん》に立って太平洋文明の到来《とうらい》に強い期待を寄《よ》せておられたことが忘れられません。

もう一つは、やはりアジアと深いかかわりをもつ米国を抜《ぬ》きにした構想は現実にそぐわないと考えたからであります。問題は米国、中国、日本、そして、できればロシアなども含めて、いかに相互《そうご》に協調・協力していけるかであり、それが常に私の念頭《ねんとう》から離れない課題であります。大きく見れば、それは「歴史」「文化」「民族」「社会」が異なる米国文明、中国文明、日本文明等々、諸文明の「協調」と「融和《ゆうわ》」への壮大《そうだい》な実験といえましょう。

昨年（1993年）、シアトルで行われたAPEC（アジア太平洋経済協力会議）は、そうした私の構想を前進させる予兆《よちょう》を感じさせるものがありました。私は特にAPECのビジョン声明《せいめい》で「コミュニティー（地域共同体）」を打ち出したことに注目しました。今世紀初めてアジア・太平洋が一つのまとまりとしての地域共同体の旗《はた》を掲《かか》げた積極性《せっきょくせい》を評価したい。

8年前（1986年）、私はアジア・太平洋サミット開催の必要性を強調しましたが、はからずも昨年（１９９３年）、ＡＰＥＣ加盟国の首脳《しゅのう》が一堂に会しサミットが開かれた意義《いぎ》は大きい。それぞれの国のもつ相違点《そういてん》は相違点としつつ、「開かれた地域主義」をモットーに相互理解を進め、友好関係強化の方向に前進し始めました。ＡＰＥＣは緩やかな結合体《けつごうたい》を目指しつつ、今年（１９９４年）も首脳会議が開かれる予定であり、制度化への流れが感じられます。

さらに、本年（１９９４年）、注目すべき動きがもう一つあります。それは、日本がリーダーシップをとってＡＰＥＣの文化版ともいうべき「アジア・太平洋文化交流・協力会議」（仮称《かしょう》）の創設《そうせつ》を目指すと伝えられていることであります。

ＮＧＯの力も生かし、民間レベルでの「アジア太平洋地域社会知的交流推進《すいしん》ネットワーク」づくりも提案するということであります。かねてから経済や安全保障面だけでなく、「教育」「文化」という視座《しざ》を重視することを強調してきた者として、私はこうした動きを率直《そっちょく》に歓迎《かんげい》したい。

昨年（１９９３年）の9月、ハーバード大学を訪《おとず》れ、二度目の講演をいたしました。その際《さい》、ハーバードで人々の話題にのぼっていた論文にサミュエル・ハンチントン教授の「文明の衝突《しょうとつ》」があります。それは、冷戦終結後《れいせんしゅうけつご》の世界では、西欧《せいおう》、儒教《じゅきょう》、日本、イスラム、ヒンズー、スラブ、ラテンアメリカといった七つの文明（あるいは、アフリカ文明を加えた八つの文明）の衝突が問題であり、紛争《ふんそう》の要因になるというものであります。なかでも世界は西欧対《たい》非西欧の「文明の衝突」により、最大の暴力的紛争の危険性があると見ております。

問題はこうした衝突なり、対立なりを回避《かいひ》し、どのようにして共生の秩序《ちつじょ》をつくっていくかでありましょう。

確かに、この世界には異《こと》なる民族がそれぞれの文化、宗教をもって文明を形成しております。しかしそうした文化や宗教の違いが必ず対立、衝突につながるわけではありません。歴史的に見ても文化、宗教などが異なった民族同士が仲良《なかよ》く暮《く》らしてきた例は多い。

問題はどういう条件のもとに、そうした対立が生じるかを知り、その解決法を探《さぐ》ることであります。したがって、そうした対立、衝突が紛争にならないような協調の思想を基盤《きばん》にした抑制《よくせい》の仕組みをどう重層的《じゅうそうてき》につくり上げるかが鍵《かぎ》といえましょう。ここでのキーワードは秩序を生み、維持《いじ》しゆくものとしての「協調」であり、とりわけ「抑制の思想《しよう》」であります。

これはまた「ソフト・パワーとは競争力ではなく、協調力である」とのジョセフ・ナイ氏の言葉を借《か》りれば、競争による「分断《ぶんだん》」を回避し、「協調」「結合《けつごう》」をもたらすソフト・パワーを基調《きちょう》にすることであります。そこで必要なことは、いかに自制力《じせいりょく》、抑制力を国際社会の行動原理にし、共同体システムの中に組み込んでいくかであります。

私は、かねてからアジア地域に国連の地域本部、すなわち「国連アジア本部」が必要であると考えてまいりました。すでに国連の機関としては、バンコクにアジア太平洋経済社会委員会、東京には国連大学がありますが、アジアは人口12億の中国、8億のインドをはじめ、巨大な人口を抱《かか》えていること、第2次大戦後も朝鮮戦争、ベトナム戦争をはじめ、長年戦火《せんか》のなかにあり、今も地域紛争や北東アジアの分断対立など、平和を脅《おびや》かす問題を抱えていること、さらには人権問題や環境問題が深刻化《しんこくか》していることなどから、アジアに国連の地域本部があってしかるべきではないでしょうか。

欧州には全欧安保《ぜんおうあんぽ》協力会議があって新秩序づくりに貢献《こうけん》しており、ジュネーブには国連欧州本部があって国連機関の本部も多く所在《しょざい》しております。同様にアジアとしては、「アジア・太平洋平和文化機構」と「国連アジア本部」の二つの柱《はしら》が必要でありましょう。

「国連アジア本部」を設置《せっち》する場所として、私がまず想起《そうき》するのは、一つは、釈尊《しゃくそん》の平和思想の母なる国であり、アショカ大王《だいおう》を生み、今世紀は偉大なるガンジー、非同盟諸国《ひどうめいしょこく》をリードしたネルー首相を生んだ「精神の大国《たいこく》」インドであります。

もう一つは「戦争と暴力の世紀」であった20世紀の悲劇《ひげき》の象徴《しょうちょう》の地である韓国と北朝鮮を分断する広大《こうだい》な「非武装《ひぶそう》地帯」であります。

「国連アジア本部」と「非武装地帯」という連想《れんそう》は、この地の歴史を振り返ると、また、荒涼《こうりょう》たる不毛《ふもう》と対立の地である現実を見る時、理想と現実の大きな隔《へだ》たりを感じるかもしれません。

しかし、南北分断の半世紀の歴史を踏《ふ》まえた長期的《ちょうきてき》な展望《てんぼう》の上から、21世紀のアジアのためという私の心情《しんじょう》の発露《はつろ》を汲《く》み取っていただければと思います。

アジア太平洋地域の平和的安定（2005年）

アジア太平洋地域における信頼醸成《じょうせい》と平和構築《こうちく》のための提案を行っておきたい。

一点目は、国連の新たな地域拠点《きょてん》として「国連アジア太平洋本部」を設置《せっち》するプランです。

現在、国連には、ニューヨークの国連本部のほかに、ジュネーブとウィーンに事務局が、ナイロビに事務所が置かれています。これらの3都市には、事務局や事務所に加《くわ》えて、国連諸機関《しょきかん》の本部があり、ジュネーブでは主《おも》に人権や軍縮《ぐんしゅく》、ウィーンは犯罪《はんざい》防止や国際貿易《ぼうえき》、ナイロビでは環境や居住《きょじゅう》問題といったように、各分野での国連活動の中心拠点としての役割も担《にな》ってきました。

私は、アジア太平洋本部の新設を通じて、同地域における「人間の安全保障」に関する活動を充実《じゅうじつ》させながら、国連の目指す「脅威《きょうい》が生《しょう》じにくい世界の構築」のモデル地域建設への挑戦《ちょうせん》を開始すべきであると訴《うった》えたい。

また、その設置場所としては、現在、「アジア太平洋経済社会委員会」の本部があるタイのバンコクか、日本の沖縄や韓国の済州島《チェジュド》など、「戦争と暴力の20世紀」において筆舌《ひつぜつ》に尽《つ》くせぬ悲劇《ひげき》を味わったがゆえに時代の転換《てんかん》を強く希求《ききゅう》してきた〝平和の島〟を、候補地《こうほち》として検討してはどうでしょうか。

私は以前の提言（1994年）で、アジアにこうした地域拠点を設ける必要性を訴えたことがありました。今回新《あら》たに、太平洋地域もカバーした案を提唱したのは、太平洋地域にはカナダやオーストラリアをはじめ国連の活動に積極的《せっきょくてき》な国々があり、そこに国連の活動を必要としている国々の多いアジア地域を結びつけることによる相乗効果《そうじょうこうか》を考えてのものです。

加えて、この二つの地域を結ぶ場所にある日本には、国連のシンクタンク機能を担う国連大学の本部があり、近年は「平和とガバナンス」と「環境と持続《じぞく》可能な開発」の二つのテーマに集約《しゅうやく》した研究と研修活動が行われています。

新設する国連アジア太平洋本部が、この国連大学をはじめとする域内《いきない》の諸機関を有機的《ゆうきてき》に連動させる中核《ちゅうかく》となり、特に「人間の安全保障」に関する活動に力を注《そそ》ぐ中で、皆《みな》が平和と幸福を享受《きょうじゅ》する「グローバル・ガバナンス（地球社会の運営）」を、国連中心に確立する先鞭《せんべん》となっていってはどうか。

また、経済社会理事会が、ニューヨークとジュネーブで交互《こうご》に開催《かいさい》してきた主要会期《しゅようかいき》を、「国連アジア太平洋本部」で行うことも検討していくべきでしょう。

「人間の安全保障」と「グローバル・ガバナンス」は、私が創立《そうりつ》した戸田記念国際平和研究所が長年、主要プロジェクトとして研究を進めてきたものでもあります。

戸田記念国際平和研究所では明年《みょうねん》（２００６年）２月にも、創立10周年を記念して「国連強化とグローバル・ガバナンス」をテーマにした国際会議を行う予定となっています。「国連アジア太平洋本部」の構想を実現するための共同研究を、他の研究機関と協力しながら、一段《いちだん》と進めていきたいと思います。

二点目は、ＥＵ（欧州《おうしゅう》連合）やＮＡＦＴＡ（北米自由貿易協定）のような地域統合《とうごう》を、東アジアにおいても推進《すいしん》するための基盤《きばん》づくりに関するものです。

１９９７年に東アジア諸国を襲《おそ》った「通貨危機《つうかきき》」以来、ＡＳＥＡＮ（東南アジア諸国連合）を中心に地域協力の強化を求める声が高まり、ＡＳＥＡＮ加盟国《かめいこく》に日本・中国・韓国の３カ国を加えた「ＡＳＥＡＮ＋３《プラス》」と呼ばれる地域間対話の枠組《わくぐ》みが形成されてきました。

こうした中、昨年（2004年）11月に行われたASEAN首脳《しゅのう》会議において、初の「東アジアサミット」を本年（2005年）秋にマレーシアで開催《かいさい》することが決定し、将来《しょうらい》の「東アジア共同体」の創設《そうせつ》をも見据《みす》えた討議《とうぎ》が期待されています。

私もこれまで、さまざまな機会を通じて、同地域における統合《とうごう》の促進《そくしん》を呼びかけてきただけに、今回の合意《ごうい》を歓迎《かんげい》するとともに、サミット等の場で議論を深め合う中で、世界の平和と安定と繁栄《はんえい》に寄《き》与《よ》する〝開かれた地域共同体〟の建設が目指されることを切《せつ》に願うものです。

そこで私は、この流れを確実《かくじつ》なものとするために、「環境問題」「人間開発」「災害対策《さいがいたいさく》」の3分野での地域協力に特に力を入れながら、共同体形成へ向けての信頼醸成《じょうせい》を図《はか》っていってはどうかと提案したい。

環境分野では、「東アジア酸性雨《さんせいう》モニタリングネットワーク」や「アジア森林パートナーシップ」の枠組《わくぐ》みがすでに稼働《かどう》していますが、こうした協力体制を環境問題の各分野で強化する努力が求められましょう。

人間開発については、特に保健衛生《ほけんえいせい》分野を軸《じく》に、今年（2005年）から2015年までが「『命のための水』国際の10年」にあたることを踏《ふ》まえ、「アジア水環境パートナーシップ」等を通じて安全な水資源《しげん》確保の体制づくりを進めるべきではないかと思います。また、東アジアで感染者《かんせんしゃ》が急増《きゅうぞう》しているHIV（ヒト免疫不全《めんえきふぜん》ウイルス）の対策に力を注《そそ》ぐことも重要な課題となるでしょう。

もう一つの柱《はしら》として災害対策を挙《あ》げたのは、一昨年（2003年）12月のイラン南東部大地震、昨年（2004年）10月の新潟県中越《ちゅうえつ》地震に続き、先月（2004年12月）にはインドネシア・スマトラ島沖《おき》で大地震が起こり、津波《つなみ》による被害等で20万人以上の犠牲者《ぎせいしゃ》が出るなど、復興《ふっこう》体制の国際的な整備が急務《きゅうむ》となっているからです。

阪神・淡路《あわじ》大震災から10年となる今月（2005年1月）、神戸で「国連防災世界会議」が行われました。

会議では、今後10年間の国際的な防災戦略《せんりゃく》の指針《ししん》となる「兵庫行動枠組《ひょうごこうどうわくぐみ》」を採択《さいたく》し、防災に関する法制度の整備など5項目にわたる優先《ゆうせん》行動が打ち出されました。

加《くわ》えて、会議の成果《せいか》として、自然災害の被災国《ひさいこく》に対して中長期《ちゅうちょうき》にわたる復興を支える国連の「国際復興支援《しえん》機構」の創設《そうせつ》も合意されました。

自然災害そのものをなくすことは困難だとしても、早期警報《そうきけいほう》の体制を整えたり、防災対策などを強化することによって、被害を最小限に食い止める「減災《げんさい》」の取り組みの重要性については、神戸での会議でも強調されたように喫緊《きっきん》の課題となっています。

私は、新設される「国際復興支援機構」の活動が一日も早く軌道《きどう》に乗るよう望むとともに、スマトラ島沖地震で課題として浮かび上がった「津波早期警戒システム」の整備をはじめ、アジアにおける防災と復興支援の協力体制の確立を、あらゆる角度から進めるべきだと訴えたい。

昨年（2004年）、EUは拡大《かくだい》を果たし、25カ国体制で新たなスタートを切るとともに、「EU憲法《けんぽう》」を採択し、主権《しゅけん》国家の枠《わく》を超えた政治共同体への大きな一歩を踏み出しました。

この動きを、ジョセフ・ナイ氏（ハーバード大学ケネディスクール教授）は、「新加盟《しんかめい》10カ国のうち8カ国は、半世紀に及《およ》んだ冷戦《れいせん》時代、鉄のカーテンに閉じ込《とこ》められていた共産圏《きょうさんけん》国家である。これらの国々がEU加盟に魅《み》せられたのは、まさに『欧州統合《おうしゅうとうごう》』という理念のソフトパワーであった」と評価しております（「朝日新聞」2004年7月7日付朝刊）。

つまり、これまでの人類史の主流をなしてきた、軍事力《ぐんじりょく》などのハード・パワーのような外圧的《がいあつてき》・強制的《きょうせいてき》な力とは180度異《こと》なる、対話や地域協力といったソフト・パワーこそがEU統合《とうごう》の推進力《すいしんりょく》となってきたのであり、漸進《ぜんしん》主義に立った粘《ねば》り強い合意《ごうい》形成の賜物《たまもの》にほかならないといえましょう。

EUにおいて、二度の世界大戦で反目《はんもく》し合ったフランスとドイツが信頼関係を築《きず》き、統合の推進力となったように、東アジアで不戦《ふせん》の共同体への道を開くためには、日本と中国と韓国が友好を深めることが重要な鍵《かぎ》となると思います。

昨年（2004年）11月に行われた日中韓の首脳《しゅのう》会議では「3国間協力に関する行動戦略《せんりゃく》」に合意し、環境保護や災害予防・管理などの面での協力強化に加えて、文化・人的交流の推進が打ち出されました。

そこで私は、具体的な方策《ほうさく》として、EUが進めている「エラスムス計画」等を参考にしながら、アジアでも同様の制度の確立を目指し、まず日中韓の3国がその先行例《せんこうれい》となっていってはどうかと考えるものです。

EUにおいては「エラスムス計画」の下、加盟国《かめいこく》の全学生の1割が他国の高等《こうとう》教育機関で学ぶことを目標に、大学間交流協定等による共同教育プログラムが積み重ねられてきました。

そうした中で、「学生への助成金《じょせいきん》の低さ」「他国での勉学《べんがく》への不安」「単位《たんい》認定・資格取得《しかくしゅとく》への不安」などを克服《こくふく》することが課題となっていますが、日中韓3国の教育交流では、これらの点に考慮《こうりょ》しながら環境整備に取り組むことが望ましいでしょう。

すでに、1991年に発足《ほっそく》した「アジア太平洋大学交流機構《きこう》」の活動を通じて、高等教育機関の学生・教職員の交流が進められており、その実績《じっせき》も踏《ふ》まえながら、アジアの平和共存の礎《いしずえ》ともなる「ア

胡錦濤氏（当時、全青連主席）を団長とする中国青年代表団の一行を歓迎（1985年3月、東京）

ジア青年教育交流計画」のような制度へと、大きく発展させるべきではないでしょうか。

実際、日本と海外の大学との交流協定の国別締結数《ていけつすう》ではアメリカに次《つ》いで、中国が2位、韓国が3位であり、海外からの大学・専門《せんもん》学校への国別留学生《りゅうがくせい》でも、中国が1位で、韓国が2位となっています。こうした実態《じったい》をベースに、先《せん》行的《こうてき》に「日中韓大学間ネットワーク」の構築《こうちく》を目指していってはどうか。

私自身、次代《じだい》を担《にな》う青年たちの交流こそが崩《くず》れざる平和の基盤《きばん》になるとの思いで、教育交流の推進に努《つと》めてきました。

私の創立《そうりつ》した創価大学では、中国から国交正《せい》常化《じょうか》後初の国費《こくひ》留学生を受け入れたほか、アジア諸国をはじめ世界41カ国・地域90大学と交流協定を結んできました。このうち、中国は22校、韓国は5校を数えます。

また、教育交流のさらなる伸展《しんてん》等を期し、創価大学の北京事務所を年内に開設する予定ともなっています。

創価学会としても、青年部と、中国で3億人以上の青年が所属《しょぞく》する「中華《ちゅうか》全国青年連合会（全青連《ぜんせいれん》）」との間で交流を深めてきました。

20年前（1985年）、胡錦濤《こきんとう》国家主席《しゅせき》（当時、全青連主席）を団長とする訪問団《ほうもんだん》が来日した折《おり》、交流議定書《ぎていしょ》を調印《ちょういん》して以来、定期的な代表団の派遣《はけん》などを進めており、昨年（2004年）も新たな10年間の交流を約《やく》し合ったところであります。

加《くわ》えて本年（2005年）は、日本と韓国の国交正常化40周年を記念する「日韓友情年」でもあり、文化交流や往来《おうらい》が活発となってきた両国の友好関係を一段《いちだん》と深めるチャンスといえましょう。

戦後60年である本年（2005年）が、過去の歴史の教訓《きょうくん》を互《たが》いに正視《せいし》しつつ、未来志向《しこう》で青年の教育交流を力強く推《お》し進《すす》めていく、日中韓関係の新たなスタートの年となっていくことを願うものです。

「東アジア共同体」への環境づくり（2007年）

21世紀の世界を展望《てんぼう》し、長らく対立や緊張《きんちょう》が続いてきたアジアに焦点《しょうてん》を当て、今後の地域協力の目指すべき方向性などについて述《の》べたいと思います。

そこで本題《ほんだい》に入る前に、創価学会およびSGIの源流《げんりゅう》にさかのぼって、私どもがこれまでアジア太平洋地域の平和と発展のために行動してきた歴史について、この場を借《か》りて総括的《そうかってき》に振り返っておきたい。

そもそも、私どもの平和行動は日蓮大聖人の仏法を貫《つらぬ》く「人間主義」の理念に基《もと》づくものですが、創価学会の平和運動の思想的淵源《えんげん》は、戸田第2代会長の「原水爆《げんすいばく》禁止宣言《せんげん》」、さらに今から100年も前に牧口初代会長が著《あらわ》した『人生地理《ちり》学《がく》』にまでさかのぼります。

同書の核心《かくしん》は、アジアをはじめ世界の国々が、他国《たこく》の犠牲《ぎせい》の上に自国《じこく》の繁栄《はんえい》を求める〝弱肉強食《じゃくにくきょうしょく》的な生存《せいぞん》競争〟から脱《だつ》し、積極的《せっきょくてき》な国際協調を通《つう》じた他国を益《えき》しつつ自国も益する〝人道的競争〟への転換《てんかん》にありました。

20世紀初頭《しょとう》（1903年）、帝国《ていこく》主義や植民地《しょくみんち》主義が跋扈《ばっこ》する時代にあって、牧口初代会長は「われわれは生命を世界に懸《か》け、世界を我家《わがや》となし、万国《ばんこく》をわれわれの活動区域《くいき》となしつつあることを知る」（『牧口常三郎全集第1巻』）として、互いを傷《きず》つけ合うのではなく、ともに高め合う関係を築《きず》かねばならないと強調したのです。

また日本についても、〝太平洋通り〟に軒《のき》をつらねる一国と位置づけました。そして、韓・朝鮮半島や中国へ向けて政治的軍事《ぐんじ》的《てき》な膨張《ぼうちょう》を強める政策に警鐘《けいしょう》を鳴らしました。

その後、牧口初代会長が〝自《じ》他《た》共《とも》の幸福〟を追求《ついきゅう》する人道的競争の時代を教育の力で実現させる意《い》義《ぎ》も込《こ》め、弟子《でし》の戸田第２代会長とともに心血《しんけつ》を注《そそ》ぎ、完成させた大著《たいちょ》が『創価教育学体系《たいけい》』です。

創価学会は、この師弟《してい》の精神の結晶《けつしょう》ともいうべき書の発刊（１９３０年11月18日）をもって、創立《そうりつ》の日を迎《むか》えたのであります。

当然のことながら、こうした「国家」よりも「人間」「人類」に軸足《じくあし》を置く行き方は、当時の軍国主義と真《ま》っ向《こう》から対峙《たいじ》するもので、次第《しだい》に当局《とうきょく》による弾圧《だんあつ》も激《はげ》しさを増《ま》すようになりました。そしてついに１９４３年７月、二人は治安維持法違反《ちあんいじほういはん》と不敬罪《ふけいざい》の容疑《ようぎ》で逮捕《たいほ》され、投獄《とうごく》されたのです。しかし最後まで屈《くつ》することなく、信念の旗《はた》を掲《かか》げ続けました。

高齢《こうれい》であった牧口会長は翌《よく》１９４４年11月18日に獄中《ごくちゅう》で亡《な》くなり、戸田第２代会長は１９４５年７月３日に出獄《しゅつごく》するまでの２年に及《およ》ぶ獄中生活のために健康を著《いちじる》しく害《がい》しました。

戦後、私が戸田第２代会長を師と定《さだ》め、創価学会に入会したのも、苛烈《かれつ》な獄中生活を強《し》いられながらも軍国主義と最後まで戦い抜《ぬ》いた人物だったからにほかなりません。

私自身、戦争で二度も家を失い、４人の兄たちは戦争にかり出され、長兄《ちょうけい》がビルマ（現ミャンマー）で戦死しました。

その長兄が一時《いちじ》帰国していた時、「戦争は美談《びだん》なんかじゃないぞ。日本軍は傲慢《ごうまん》だ。あれでは中国の人びとがかわいそうだ」と語った言葉は今も耳朶《じだ》から離れません。

こうした戦時中の体験と、戸田第２代会長に師事《しじ》したことが、私の平和行動にとってのかけがえのない原点となりました。

戸田第2代会長は戦後、師である牧口初代会長の遺志《いし》を胸に、創価学会の再建に全力を注《そそ》ぐ一方で、アジアの平和と民衆の幸福を強く願い、その道を開くことが日本の青年たちの使命であると訴《うった》えていました。

「世界の列強国《れっきょうこく》も、弱小国《じゃくしょうこく》も、共に平和を望みながら、絶《た》えず戦争の脅威《きょうい》におびやかされているではないか」との青年への烈々《れつれつ》たる訴えは、先の「原水爆禁止宣言《げんすいばくきんしせんげん》」や、驚《おどろ》くほど時代を先取《さきど》りした「地球民族主義」の理念へと結実《けつじつ》しました。

戸田第2代会長は残念ながら、生涯《しょうがい》を通《つう》じて海外に行く機会《きかい》を得ることはありませんでした。しかし、私にこう遺言《ゆいごん》されました。〝この海の向こうには大陸《たいりく》が広がっている。世界は広い。苦悩《くのう》にあえぐ民衆がいる。戦火《せんか》におびえる子どもたちもいる。だから君が、世界へ行くんだ。私に代《か》わって！〟と。

師の逝去《せいきょ》から2年後の1960年、第3代会長に就任《しゅうにん》した私は、すぐさま世界平和に向けての行動を起こし、10月2日、亡《な》き師の写真を上着《うわぎ》の内《うち》ポケットに納《おさ》め、北南米訪問《ほうもん》に出発しました。

その第一歩としてハワイを選んだのは、真珠湾攻撃《しんじゅわんこうげき》の悲劇《ひげき》の舞台《ぶたい》となった場所で、歴史の教訓《きょうくん》を胸に刻《きざ》み、世界不戦の潮流《ちょうりゅう》を高めゆく決意を留《とど》めるためでした。

そして、国連誕生《たんじょう》の地であるサンフランシスコなど各都市を回り、ニューヨークでは国連本部を視《し》察《さつ》しながら、国連を軸《じく》にした世界平和の構想《こうそう》を温めたのであります。

翌1961年には、香港、セイロン（現スリランカ）、インド、ビルマ、タイ、カンボジアを訪問し、戦争で犠牲《ぎせい》となった方々の冥福《めいふく》を各地で祈念《きねん》しつつ、アジアの平和への思索《しさく》を深めました。

釈尊《しゃくそん》が悟《さと》りを開いたとされるインドのブッダガヤに立ち寄《よ》った際《さい》には、〝戦争のない世界を築《きず》くには、東洋をはじめ世界の思想・哲学を多角的《たかくてき》に研究する機関《きかん》が必要となる〟との思いを強め、1962年に「文明間の対話」と「宗教間の対話」を進めるための機関として東洋哲学研究所を設立《せつりつ》しました。

また1963年に誕生《たんじょう》した民主音楽協会も、タイ訪問の折《おり》に設立構想を明らかにしたものです。平和の礎《いしずえ》は民衆同士の相互《そうご》理解にあり、そのためには芸術や文化の交流が大きな意味を持つとの確信からでした。

このアジア各国の訪問を通じて実感したのは、東西冷戦《れいせん》による対立構造がアジアにも暗い影を落としていることでした。ほどなくして1965年2月、アメリカ軍の大規模《だいきぼ》な北爆《ほくばく》によって、ベトナム戦争が全土《ぜんど》に拡大《かくだい》しました。

それは、私がライフワークとしてきた小説『人間革命』の執筆《しっぴつ》を、復帰前《ふっきまえ》の沖縄の地で開始した2カ月後のことでした。

「戦争ほど、残酷《ざんこく》なものはない。戦争ほど、悲惨《ひさん》なものはない」

小説の冒頭《ぼうとう》で警鐘《けいしょう》を鳴らした戦争の悲劇が、アジアの地で再《ふたた》び繰《く》り返されてしまったことに強い憤《いきどお》りを禁《きん》じ得《え》ませんでした。

戦闘《せんとう》が激《はげ》しさを増《ま》し、アメリカと中国との直接対決の事態さえ懸念《けねん》されるほど緊張が高まる中、一日も早く戦争を終わらせるべきであるとの思いで、1966年11月に即時停戦《そくじていせん》と関係国による平和会議の開催《かいさい》を呼びかける提言を行ったのに続き、1967年8月には北爆《ほくばく》の停止《ていし》を改《あらた》めて強く訴《うった》えたのであります。

そしてまた、中国の国際的な孤立《こりつ》状態を解消《かいしょう》することが、アジアの安定のみならず、世界の平和にとっても絶対に欠《か》かせないとの信念に基《もと》づいて、1968年9月8日に「日中国交正常化《せいじょうか》提言」を行いました。

中国敵視《てきし》の風潮《ふうちょう》は当時の日本で根強《ねづよ》く、激《はげ》しい非難《ひなん》の嵐《あらし》にさらされました。

しかし私には、世界の2割近くの人口を抱《かか》える中国に、国連の議席《ぎせき》も認めず、隣国《りんごく》である日本が外交関係を断絶《だんぜつ》した状態を続けるのは明らかに異常《いじょう》であるとの信念がありました。加えて私の胸には、「中国が、これからの世界史に重要な役割を果《は》たすだろう。日本と中国の友好が、最も大事になる」との恩師《おんし》の言葉が響《ひび》いていたのです。

1970年代に入ってからは、分断化《ぶんだんか》が進む世界に友情の橋を懸《か》けるべく、各国の指導者や識者との対話を本格的《ほんかくてき》に開始しました。

1970年にヨーロッパ統合《とうごう》運動の先駆者《せんくしゃ》であったクーデンホーフ・カレルギー伯《はく》と、のべ十数時間、太平洋文明への展望《てんぼう》などについて語り合ったのに続き、20世紀最高峰《さいこうほう》の歴史家であるアーノルド・J・トインビー博士と、世界統合化《とうごうか》への道など多岐《たき》にわたるテーマをめぐって2年越《ご》しの対談（1972年と1973年）を行いました。

その際、トインビー博士は、私に遺言《ゆいごん》を託《たく》すかのように、こう言われました。

「人類全体を結束《けっそく》させていくために、若いあなたは、このような対話をさらに広げていってください」と。

以来、今日《こんにち》まで、人類の未来のために行動しておられる世界の識者の方々と宗教や民族や文化の違いを超えて対話を広げ、43点の対談集を発刊してきたのであります。

さらに1973年1月には、ニクソン大統領宛《あて》に、ベトナム戦争の終結《しゅうけつ》を呼びかける書簡《しょかん》を、キッシンジャー氏（当時、大統領特別補佐官《ほさかん》）を通じて届《とど》けました。

また同年、重《かさ》ねて大統領宛に、アメリカの果たすべき役割についてまとめた提言を送りました。そこで私は、建国《けんこく》以来育《はぐく》まれてきた輝かしい精神遺産《いさん》に敬意《けいい》を表《ひょう》しつつ、〝アメリカがその良き特質《とくしつ》を生かし、平和と人権と共存のリーダーシップを発揮《はっき》しなければ、世界は本当の意味で変わることはない〟とのメッセージを込めたのです。

私が後年《こうねん》、アメリカに平和研究機関《きかん》の「ボストン21世紀センター」（現・池田国際対話センター）を創立（1993年9月）し、アメリカ創価大学を開学《かいがく》（2001年5月）した理由の一つも、そうした年来の信念に由来《ゆらい》するものでした。

1974年から1975年にかけては、中国、ソ連、アメリカを相次《あいつ》いで訪問《ほうもん》し、各国首脳《しゅのう》との直接対話に臨《のぞ》み、民間人の立場から緊張緩和《きんちょうかんわ》への道を模索《もさく》しました。米ソ対立に加《くわ》え、国境《こっきょう》を接《せつ》する中ソが対立するという、世界を三分化《さんぶんか》しかねない危機《きき》が深まっていたからです。

1974年5月に初訪中《ほうちゅう》した折《おり》、北京の人々がつくった防空壕《ぼうくうごう》を見学し、中国の人々がソ連に脅威《きょうい》を感じている様子を目《ま》の当《あ》たりにした私は、同年9月に初訪ソし、コスイギン首相に、こう切り出しました。「中国はソ連の出方《でかた》を気にしています。ソ連は中国を攻《せ》めるつもりがあるのですか」と。するとコスイギン首相は、「ソ連は中国を攻撃するつもりも、孤立化させるつもりもありません」と断《だん》言《げん》されました。

同年12月、このメッセージを携《たずさ》え、再《ふたた》び訪中した私は、周恩来総理《しゅうおんらいそうり》とお会いし、日中両国がともに手を取り、世界の平和と繁栄《はんえい》のために行動することの重要性について語り合いました。

そこで周総理から「中国は、決して超大国《ちょうたいこく》にはなりません」との言葉を聞き、先のコスイギン首相の言葉とあわせて、中ソの和解《わかい》が遠《とお》からず実現することを確信しました。事実、歴史はそう動いたのであります。

翌月（１９７５年1月）にはアメリカに向かい、小雪《こゆき》が舞《ま》うワシントンで国務長官《こくむちょうかん》のキッシンジャー氏との会見に臨《のぞ》みました。席上《せきじょう》、周総理が日中平和友好条約《じょうやく》の締結《ていけつ》を望んでいることを伝えると、「賛成《さんせい》です。やったほうがいい」と述《の》べられました。

同じ日、ワシントンでお会いした大平正芳《おおひらまさよし》元首相（当時、大蔵《おおくら》大臣）に、キッシンジャー氏の言葉を伝え、条約締結の必要性を訴《うった》えると、大平氏は「友好条約は、必ずやります」と答えられました。

その3年後（１９７８年8月）、日中平和友好条約は締結されたのであります。

また第3次訪中の折（１９７５年4月）には、北京で鄧小平《とうしょうへい》副総理と会見するとともに、亡命中《ぼうめいちゅう》のシアヌーク殿下《でんか》とお会いし、カンボジアの和平をめぐって語り合いました。

ＳＧＩは、私自身のこうした対話を通じた平和建設の挑戦《ちょうせん》の真《ま》っただ中《なか》で、１９７５年1月26日、第2次世界大戦の激戦地《げきせんち》であったグアムで発足《ほっそく》しました。51カ国・地域の代表が集《つど》い、〝民衆による一大《いちだい》平和勢力〟の構築《こうちく》を目指して出発したその日以来、民衆の連帯《れんたい》は今や１９０カ国・地域まで広がっております。

このＳＧＩ発足に相前後《あいぜんご》する形で、私は教育交流、特に次代《じだい》のリーダーを育成《いくせい》する大学間の交流の推進《すいしん》に力を注《そそ》ぎ始めました。各国訪問の際《さい》、時間の許《ゆる》す限り、大学などの教育機関に足を運び、意見交換《こうかん》を行ったり、生徒や学生と懇談《こんだん》のひとときを過ごしながら、教育交流の道を開いてきたのであります。

それは、牧口・戸田両会長の構想《こうそう》を受《う》け継《つ》ぎ、１９６８年に創価学園を、１９７１年には創価大学を開学《かいがく》し、世界の教育者と手を携《たずさ》え、平和のための学府《がくふ》をつくり上げたいとの、創立者としての一念《いちねん》に基《もと》づくものでもありました。

初訪中を直前に控《ひか》えた1974年4月、アメリカのUCLA（カリフォルニア大学ロサンゼルス校）で初の大学講演《こうえん》を行ったのに続き、翌《よく》1975年5月にはモスクワ大学で「東西文化交流の新しい道」をテーマに講演しました。

「民族、体制、イデオロギーの壁《かべ》を超えて、文化の全領域《ぜんりょういき》にわたる民衆という底流《ていりゅう》からの交《まじ》わり、つまり人間と人間との心をつなぐ『精神のシルクロード』が、今ほど要請《ようせい》されている時代はない」

そこで述べた言葉は今も変わることなく、私の平和行動の信念となっています。

その際《さい》、モスクワ大学から授与された名誉《めいよ》博士号以来、今日まで、世界の大学・学術機関から授与《じゅよ》された名誉学術称号《しょうごう》は202を数えるまでに至《いた》りました。

このことは私自身というよりも、SGI総体《そうたい》への栄誉《えいよ》であり、各国の英知《えいち》の殿堂《でんどう》である大学が、平和と人間主義を希求《ききゅう》する心で一つに結ぶことができることの証左《しょうさ》でもあります。僭越《せんえつ》ではありますが、私が開いたこの道が、モスクワ大学で呼びかけた、人間と人間との心をつなぐ「精神のシルクロード」を形成する一助《いちじょ》となればと願うものです。

そして1980年代からは、各国のリーダーや識者との対話にさらに全力で臨んできました。

特にアジアの永続的《えいぞくてき》な平和の構築を目指して、中国の江沢民《こうたくみん》主席や胡錦濤《こきんとう》主席、韓国の李寿成《イスソン》元首相や申鉉碻《シンヒョナク》元首相をはじめ、フィリピン（アキノ大統領、ラモス大統領）、インドネシア（ワヒド前大統領）、マレーシア（アズラン・シャー国王、マハティール首相）、シンガポール（ナザン大統領、リー・クアンユー首相）など、戦前に日本が軍国《ぐんこく》主義の爪跡《つめあと》を残し、現在も複雑《ふくざつ》な対日《たいにち》感情を抱《かか》えている国々の首脳《しゅのう》と、真摯《しんし》に過去の歴史を見つめ、希望の未来を展望《てんぼう》する語らいを続けてきました。

そして、タイ（プーミポン国王、アナン元首相）、モンゴル（バガバンディ大統領）、ネパール（ビレンドラ国王）、インド（ナラヤナン大統領、ベンカタラマン大統領、ラジブ・ガンジー首相、グジュラール首相）など、他のアジア諸国《しょこく》のリーダーの方々との対話を通し、信頼と友誼《ゆうぎ》を深めてきたのであります。

加《くわ》えて、1983年にスタートした毎年の「SGIの日」記念提言を通《とお》し、国連強化や地球的問題群《ぐん》の解決のための提案を行ってきました。その中で、特にアジア太平洋地域の平和に焦点《しょうてん》を当てた提案を重《かさ》ねてきました。

このうち、韓・朝鮮半島の平和と安定を願いつつ行った「南北首脳《しゅのう》会談の早期《そうき》開催《かいさい》」「韓国と北朝鮮の相互《そうご》不可《ふか》侵《しん》・不戦の誓約《せいやく》の合意《ごうい》」「北朝鮮の核《かく》開発問題を解決《かいけつ》するための多《た》国間《こくかん》会議の開催」の諸提案は、多くの課題を抱えながらも時代の進展《しんてん》の中で実現をみてきました。

また近年では、「アジアにおける共通の歴史認識の土台《どだい》をつくる共同研究の推進《すいしん》」や、「国交正常化《せいじょうか》時の精神に立ち返り、日中関係の改善《かいぜん》を図《はか》ること」を提言の中で呼びかけつつ、アジア各国の首脳や識者との対話を通じて、その実現に向けての環境を整《ととの》える努力を重ねてきたのであります。

なかでも昨年（2006年）10月、日中首脳会談に続き、日韓首脳会談が行われ、ここ数年、政治的な緊張《きんちょう》状態が続いていた日中関係と日韓関係が改善へ向けて動き始めたのは、誠《まこと》に喜ばしいことでありました。

加えて、このほど、アジアから二人目となる国連事務総長として、韓国の潘基文《パンギムン》氏（前外交通商相）が新たに就任《しゅうにん》されました。

ご活躍《かつやく》を心からお祈りするとともに、潘事務総長のリーダーシップのもと、国連を中心とした世界平和の建設が力強く前進することを念願するものであります。

また本年（2007年）は、日本と韓国にとって意義深《いぎぶか》い「朝鮮通信使《つうしんし》400周年」に当たります。このほど両国は、それぞれの都市間で青少年を相互派遣《そうごはけん》し交流拡大《かくだい》を図《はか》る「日韓相互通信使」事業（仮称）を展開することで合意《ごうい》しました。現在、日中間で実施されている青少年交流とともに、日中韓の若い世代の友情が深まることを期待するものです。

さて、日中首脳会談で合意された「日中共同プレス発表」は、実《じつ》に8年ぶりの共同文書で、今後の両国関係の原則となる重要な項目《こうもく》が盛《も》り込《こ》まれましたが、特に私が着目《ちゃくもく》したのは次の一文でした。「アジア及《およ》び世界の平和、安定及び発展に対して共に建設的な貢献《こうけん》を行うことが、新たな時代において両国及び両国関係に与えられた厳粛《げんしゅく》な責任《せきにん》であるとの認識で一致《いっち》した」

なぜならこの精神こそ、私が30年以上も前（1974年12月）、周恩来総理《しゅうおんらいそうり》とお会いした折《おり》に、深く一致した日中の未来ビジョンにほかならなかったからです。

今年（2007年）は「日中国交正常化」35周年の佳節《かせつ》でもあり、この流れを後戻《あともど》りさせることなく、各分野での協力と交流を着実《ちゃくじつ》に進め、東アジアにおける平和と共存の要《かなめ》となる盤石《ばんじゃく》な信頼関係を築《きず》くべき段階《だんかい》を迎《むか》えております。

そこで私は、北京オリンピックが開催される明《みょう》2008年から10年間を「21世紀の日中友好構築の10年」として、1年ごとに重点《じゅうてん》テーマを定《さだ》め、両国のさらなる関係強化を図《はか》っていくことを提案したいと思います。

先の共同プレス発表には、2007年の取り組みとして「日中文化・スポーツ交流年を通じ、両国民、特に青少年《せいしょうねん》の交流を飛躍的《ひやくてき》に展開《てんかい》し、両国民の間の友好的な感情を増進《ぞうしん》する」との項目《こうもく》に加《くわ》えて、「エネルギー、環境保護、金融《きんゆう》、情報通信技術、知的財産権《ちてきざいさんけん》保護等の分野を重点として、互恵《ごけい》協力を強化する」と謳《うた》われています。

そこで「日中文化・スポーツ交流年」に続く形で、例《たと》えば「日中エネルギー協力年」、「日中環境保護協力年」というように、毎年、各分野における協力を広げていってはどうでしょうか。

また友好構築《こうちく》の10年での取り組みとして、「日中外交官《がいこうかん》交流プログラム」を実施《じつし》することを検討してみてはどうかと思います。

ヨーロッパでは戦後、フランスとドイツが二度にわたる世界大戦の恩讐《おんしゅう》を超えて、EU（欧州《おうしゅう》連合）の統合《とうごう》プロセスを進める原動力となってきました。

両国には外交官を相手国の外務省《がいむしょう》に相互派遣《そうごはけん》する制度が定着《ていちゃく》しており、不要《ふよう》な疑心暗鬼《ぎしんあんき》を取り除《のぞ》くなど、外交関係の緊密化《きんみつか》に効果を発揮《はっき》してきたといわれています。

日本でもこれまで、アメリカやフランスやドイツなどとの外交官交流プログラムが実施されてきました。今後は、中国や韓国などアジア諸国とも相互交流の輪《わ》を広げながら、「東アジア共同体」構築への環境づくりを整《ととの》えていくべきではないでしょうか。

次に、中国と並《なら》ぶ21世紀の躍進国《やくしんこく》であるインドについて、一言触《ひとことふ》れておきたい。

昨年（2006年）7月、ロシアで行われたサミットの最終日に、新興《しんこう》5カ国（中国、インド、ブラジル、メキシコ、南アフリカ）を加《くわ》える形での拡大《かくだい》会合が行われました。

そこで改《あらた》めて、G8（主要《しゅよう》8カ国）首脳が取りまとめたエネルギー安全保障など三つの特別文書の内容について、新興国の首脳に報告し、その意見を聞く機会が設《もう》けられたように、こうした新興国の声を踏《ふ》まえることなく、サミットの方向性を打ち出すことが難しい時代に入りつつあるといえます。

このうちインドと日本の関係についても先月（2006年12月）、大きな進展がみられました。インドのシン首相が来日し、首脳会談が行われ、「日印戦略的《にちいんせんりゃくてき》グローバル・パートナーシップ」に向けた共同声明が発表されたのです。

私は、この動きを歓迎《かんげい》するとともに、日印文化協定締結《ていけつ》50周年を記念する今年（2007年）の「日印交流年」の大成功を念願するものです。

そして、適切《てきせつ》な時期を選《えら》んで、アメリカ創価大学が中心となり、日本、アメリカ、中国、インドの4カ国の学識者《がくしきしゃ》を招《まね》き、「21世紀におけるグローバル・パートナーシップの深化《しんか》と拡大」をテーマに国際会議等を開いてはどうかと提案しておきたい。

アメリカ創価大学に所属《しょぞく》する「環《かん》太平洋平和文化研究センター」には、設立以来、アジア太平洋地域の平和的発展のための政策研究を活動の柱《はしら》としてきた実績《じっせき》もあり、これまでの研究の蓄積《ちくせき》を生かしつつ、有意義《ゆういぎ》な議論が行われることを期待するものです。

最後に、「東アジア共同体」の構築に向けて、二つの提案をしておきたい。

第一は、「東アジア環境開発機構《きこう》」の創設《そうせつ》であります。

2005年12月のマレーシアでの初開催に続いて、今年（2007年）1月にフィリピンで第2回の「東アジアサミット」が開催されました。

このサミットと、これに先立《さきだ》ち行われた「ASEAN（東南アジア諸国《しょこく》連合）＋《プラス》3（日中韓）」の首《しゅ》脳《のう》会議を通じて、地域間対話による信頼醸成《じょうせい》と関係強化が進みつつあります。

しかし課題も山積《さんせき》し、東アジアにおける共同体の建設のような地域統合《とうごう》の実現には、まだまだ遠い道のりを要《よう》することも事実です。

そこで私は、まず特定《とくてい》の分野でパイロットモデルとなる協力体制を構築《こうちく》することが、将来の地域共同体の姿を浮かび上がらせ、地域の国々のモチベーション（動機）を維持《いじ》する上でも欠《か》かせないのではないかと考えます。

具体的には、緊急《きんきゅう》を要する課題である環境・エネルギー分野に特化《とっか》した地域機関《きかん》の設置《せっち》が望ましいのではないでしょうか。

２００２年以来、毎年の「ＡＳＥＡＮ＋《プラス》３環境大臣会合」の開催《かいさい》等を通じて、本格的《ほんかくてき》な地域協力を要請《ようせい》する声は高まっています。酸性雨《さんせいう》など各分野でこれまで形成されてきた地域的取り組みを「東アジア環境開発機構」の下《もと》に一元化《いちげんか》し、総合的《そうごうてき》かつ効果的《こうかてき》な対策の推進《すいしん》を目指すことが肝要《かんよう》だと思うのです。

第二は、「東アジア平和大学院」の設置です。

ヨーロッパにあって、各分野で統合の牽引力《けんいんりょく》となって活躍《かつやく》している人々を育てる中心拠点《きょてん》となってきたのが、戦後まもなく創設《そうせつ》された「欧州《おうしゅう》大学院大学」でした。

そこでは半世紀以上にわたり、国家の狭《せま》い枠《わく》を超えてＥＵを担う〝欧州人〟を育てる教育が続けられてきました。東アジアにおいても、将来の共同体建設を見据《みす》えて、今の時期から人材づくりのための教育機関を設置しておくべきではないでしょうか。

そして開設の暁《あかつき》には、カリキュラムを地域的な内容に限定《げんてい》するのではなく、日本に本部がある国連大学なども連携《れんけい》しながら、国連を軸《じく》にしたグローバル・ガバナンス（地球社会の運営）を実現させるための方途《ほうと》について探究《たんきゅう》していくべきだと考えます。

「アフリカ合衆国《がっしゅうこく》」への視座《しざ》（２００１年）

アジアとともに、世界平和を考える上で焦点《しょうてん》となるのがアフリカです。アフリカでは冷戦終結後《れいせんしゅうけつご》、各地で地域紛争《ふんそう》や内戦《ないせん》が起こり、人々の生活と安全を脅《おびや》かす深刻《しんこく》な問題となっております。ある調査によれば、冷戦後に１０００人以上の死者を出した武力《ぶりょく》紛争の数は１０８件にのぼり、その多くが、アジアと並んでアフリカ地域で生《しょう》じているといいます。

これらの紛争が長期化《ちょうきか》する中で、難民《なんみん》生活を余儀《よぎ》なくされる人々も増加《ぞうか》しており、ＵＮＨＣＲ（国連難民高等弁務官《こうとうべんむかん》事務所）では、その数は６２０万人に達《たっ》すると発表しています。（２０００年１月現在）

また、これに付随《ふずい》してアフリカでは飢餓《きが》に苦しむ地域が広がっており、ＦＡＯ（国連食糧《しょくりょう》農業機関）の昨年度（２０００年度）の白書《はくしょ》によると、紛争が原因となって食糧不足に陥《おちい》った国は19カ国に及《およ》び、自然災害《さいがい》による食糧不足国と比《くら》べて著《いちじる》しい増加傾向《けいこう》がみられます。

こうした中で、アフリカの人々を長年苦しめている貧困問題の改善《かいぜん》も思うように進まず、先進諸国の〝援助疲《えんじょづか》れ〟と相《あい》まって悲観論《ひかんろん》が強まっていることが懸念《けねん》されます。その結果、危機《きき》的状況とは反《はん》比例《ぴれい》する形で、アフリカに対する国際的な関心は低下《ていか》してきているようです。しかし、アフリカが直《ちょく》面《めん》している危機は、グローバル化が進む世界の平和を展望する上で避《さ》けて通れない課題であり、また、これを〝対岸《たいがん》の火事《かじ》〟視《し》して見過《みす》ごすことは人道的《じんどうてき》にも許されることではないと思います。今日《こんにち》の窮《きゅう》状《じょう》を招《まね》く遠因《えんいん》となった、列強諸国《れっきょうしょこく》による植民地支配《しょくみんちしはい》や一方的な領土確定《りょうどかくてい》など、アフリカが長《なが》らく置かれてきた歴史的状況を鑑《かんが》みれば、こうした〝負《ふ》の遺産《いさん》〟をこのまま未来に繰《く》り延《の》べさせないことは人類共通の責務《せきむ》ともいえましょう。アフリカは何より〝人類発祥《はっしょう》の地〟といわれていますし、古来《こらい》、豊かな文明を築《きず》き、思想や科学といった分野でも人類に数々の恩恵《おんけい》をもたらしてきた「希望の大陸」でした。私もかねてより、「21世紀はアフリカの世紀」との思いを強く抱《いだ》いてきました。その一つの発端《ほったん》は、今から40年ほど前（１９６０年）に国連本部を初訪問《ほうもん》した折《おり》、総会《そうかい》や委員会での討議《とうぎ》に臨《のぞ》むアフリカ各国の代表の溌剌《はつらつ》とした姿を目《ま》の当《あ》たりにしたことにあります。

この年、１９６０年は、アフリカの17カ国が次々と独立《どくりつ》を勝ち取った、いわゆる「アフリカの年」にあたり、私が創価学会の第3代会長に就任《しゅうにん》した年でもありました。

新しい時代の胎動《たいどう》を感じた私は、以来、アフリカ各国の指導者や識者の方々と友好を深めながら、「アフリカの世紀」への道を開くために微力《びりょく》を傾《かたむ》けてきました。また、創価大学や民音《みんおん》の創立者《そうりつしゃ》として、教育・文化交流を民衆レベルで広範《こうはん》に進めるための努力も重《かさ》ねてきました。

ＳＧＩとしても、ＵＮＨＣＲが進める難民救援《なんみんきゅうえん》活動を支援《しえん》する運動に特に力を注《そそ》いできました。「難民条約《じょうやく》」制定50周年を迎《むか》える本年（２００１年）も、ＳＧＩはＵＮＨＣＲなどと連携《れんけい》して支援の活動を続けていきたいと思いますが、〝縁起《えんぎ》〟の世界の同じ住人であるアフリカの永続的《えいぞくてき》平和は誰《だれ》にとっても近しい課題なはずです。

これまでもアフリカの内外で、さまざまな建設的なプランが提示されてきました。なかでも、ガーナのエンクルマ初代大統領らパン・アフリカニズム運動の指導者たちがかつて提唱した「アフリカ合《がっ》衆国《しゅうこく》」のような、各国が力強く連帯《れんたい》して平和と繁栄《はんえい》をともに希求《ききゅう》するための構想《こうそう》を、ポスト・コロニアル（経済・文化・政治に残存《ざんぞん》する植民地主義の影響を明らかにし、現状を変革《へんかく》するための思想）の夜明けの産物《さんぶつ》として、過去のものにしてはならないと思います。

「アフリカ合衆国」の構想については、ナイジェリアのオバサンジョ大統領と2年前（1999年）にお会いした時にも話題になりました。実際、アフリカ諸国の間でも、連帯の強化を求める機運《きうん》は高まりつつあります。

OAU（アフリカ統一機構）では、昨年（2000年）7月にトーゴで行われた首脳会議において、「アフリカ連合」の創設に向けた合意文書《ごういぶんしょ》を採択《さいたく》しました。この「アフリカ連合」は、EU（欧州連合《おうしゅうれんごう》）型の緩《ゆる》やかな統合《とうごう》を志向《しこう》するもので、アフリカ議会や裁判所《さいばんしょ》、中央銀行の設置《せっち》なども視野《しや》に入れた構想です。

創設の時期は合意に至《いた》らなかったものの、アフリカ諸国が「連合」の創設《そうせつ》という目標で一致《いっち》をみたことの意義《いぎ》は実《じつ》に大きいといえましょう。

長い歴史の中でOAUは、地域独自《どくじ》の人権憲章《けんしょう》や非核化《ひかくか》条約の制定をはじめ、最近ではエチオピアとエリトリアの国境紛争を仲介《ちゅうかい》して停戦《ていせん》に導《みちび》くなど数々の成果《せいか》をあげてきました。

こうした経験や教訓《きょうくん》を生かしながら、「アフリカ諸国がさらなる連帯の強化を目指し、「アフリカ連合」の創設という新たなステップに踏み出すことに対し、国際社会は支援や協力を惜しむべきではないでしょう。

地域統合の先行的《せんこうてき》なモデルともいえるEUは昨年（2000年）発表した報告書の中で、「EUは、一度戦火で引き裂《さ》かれた大陸にも平和と繁栄《はんえい》を導《みちび》くことができる、という〝生きた証拠《しょうこ》〟となった」と、半世紀にわたる統合への挑戦《ちょうせん》を総括《そうかつ》しましたが、50年、100年のスパンでみれば、EUでできたことがアフリカでできない道理《どうり》はないのであります。

かつてガーナのエンクルマ初代大統領は、アフリカ合衆国を展望《てんぼう》し、「恐怖《きょうふ》、ねたみ、疑惑《ぎわく》の上にではなく、また他を犠牲《ぎせい》としてえたものでもなく、希望、信頼、友情の上に立ち、全人類の福祉《ふくし》をめざすゆえに不敗《ふはい》である偉大な大国《たいこく》としてあらわれるであろう」（『自由のための自由』野間寛二郎訳、理論社）と呼びかけました。

エンクルマ大統領がアフリカの使命と位置づけていた、この平和的な連帯《れんたい》のビジョンにこそ、21世紀における地域統合の進むべき王道《おうどう》はあると思います。なぜなら「恐怖」「ねたみ」「疑惑」は、「対立・排除《はいじょ》の論理」による競争と「外圧《がいあつ》・強制《きょうせい》の論理」による外発《がいはつ》から生まれるものであり、一方で「希望」「信頼」「友情」は、共生と内発《ないはつ》を志向《しこう》する人間精神の躍動《やくどう》の中で育《はぐく》まれるものだからです。

また、本年（２００１年）は、国連の定める「人種主義、人種差別、排外《はいがい》主義、不寛容《ふかんよう》に反対する動員の国際年」にあたり、9月には南アフリカ共和国で世界会議も行われます。

ここでは政府間の会議と並行《へいこう》してＮＧＯ（非政府組織）フォーラムが行われる予定ですが、ＳＧＩとしてもこれに参加し、人権教育の重要性を特に呼びかけていきたいと考えております。

アフリカに限らず、21世紀の鍵《かぎ》を握《にぎ》るのは、民衆が強くなり、賢明《けんめい》になり、連帯していくことです。また、そのために必要となるのが、繰《く》り返《かえ》し申し上げているように、人間と人間との「開かれた対話」であります。「対話」とは、人々を結びつけ、相互《そうご》の信頼をつくり出していくためのかけがえのない〝磁場《じば》〟であり、善《ぜん》なる力の内発的な薫発《くんぱつ》によって互《たが》いの人間性を回復《かいふく》し、蘇生《そせい》させていく力の異名《いみょう》ともいえましょう。20世紀の苦々《にがにが》しい悲劇《ひげき》の多くは、この「対話」の精神が社会の確かな土壌《どじょう》たりえなかったことに起因《きいん》しているところが大きい。

本年（２００１年）は「国連文明間の対話年」にもあたっていますが、「対話」を21世紀の大潮流《だいちょうりゅう》へと高め、すべての人が尊厳《そんげん》を輝かせながら、可能性を十全《じゅうぜん》に開花させ、ともに平和と幸福を勝ち取る時代を築かねばなりません。私どもＳＧＩは、この新たな地球文明の創造《そうぞう》へとつながる「対話」を、一人一人がよき市民として日々の生活の中で実践《じっせん》しながら、「平和」と「人道《じんどう》」の民衆の連帯を世界に広げゆく挑戦に勇《いさ》んで取り組んでいきたいと思います。

アフリカ青年パートナーシップ計画（2008年）

「人間の尊厳」の輝く地球社会を築くために、特にアフリカに光を当てて提案を述《の》べておきたい。

21世紀に入り、アフリカの恒久的《こうきゅうてき》な平和と持続《じぞく》可能な成長を目指して、アフリカの国々による新たな挑戦が始まっております。

その核《かく》となる存在が、AU（アフリカ連合）です。旧来《きゅうらい》のOAU（アフリカ統一機構）を改組《かいそ》する形で2002年7月に発足《ほっそく》したAUは、53カ国・地域が加盟《かめい》する世界最大の地域機関です。最高機関である総会（首脳会議）や各加盟国の代表からなる全アフリカ議会に加えて、平和・安全保障理事会、経済・社会・文化理事会、アフリカ人権裁判所《さいばんしょ》などが、これまで相次《あいつ》いで設置されてきました。

「21世紀はアフリカの世紀」との信念で、各国の首脳や識者と対話を重ね、民衆レベルでの文化交流や教育交流の拡大《かくだい》に取り組んできた私にとって、AUの挑戦が着実《ちゃくじつ》に成功し、アフリカの人々に大きな実《みの》りがもたらされることを願ってやみません。

「アフリカの再生《さいせい》」こそ「世界の再生」であり、「人類の再生」につながる道であるというのが私の変わらぬ確信であります。

事実、20世紀末から21世紀にかけ、人類の悲劇《ひげき》の流転史《るてんし》を転換《てんかん》する新しき潮流《ちょうりゅう》は、アフリカの大地から生まれてきました。南アフリカのマンデラ元大統領らによるアパルトヘイト（人種隔離政策《かくりせいさく》）撤廃《てっぱい》と真実和解委員会《しんじつわかいいんかい》の取り組みしかり、マータイ博士らによる環境運動と女性のエンパワーメント（内発的《ないはってき》な力の開花）の活動しかりであります。これらの潮流は、今や世界各地に広がって、時代変革《へんかく》の波を広げているのです。

またアフリカでは近年、多くの国々で内戦《ないせん》や紛争《ふんそう》が終結《しゅうけつ》し、民政移管《みんせいいかん》へのプロセスが進むとともに、経済成長率が好調《こうちょう》となっているように、明るい兆《きざ》しがみられます。

もちろん、ダルフール地域やソマリアにおける紛争をはじめ、貧困《ひんこん》や難民《なんみん》の問題など、アフリカを取《と》り巻《ま》く状況は、依然《いぜん》として厳《きび》しいものがあることは事実です。ミレニアム開発目標の達成度《たっせいど》も、サハラ砂漠《さばく》以南《いなん》の地域の進捗《しんちょく》状況が、最も深刻《しんこく》であるといわれています。

しかし今、積年《せきねん》の負《ふ》の遺産《いさん》に屈《くつ》することなく、アフリカの国々が互《たが》いの協力で持てる力を倍増《ばいぞう》させる方向を目指し、直面《ちょくめん》する課題に連帯《れんたい》して臨《のぞ》む基盤《きばん》づくりが進みつつあることの意義《いぎ》は計《はか》り知れないといえましょう。

その具体的な取り組みとして採択《さいたく》されたのが「アフリカ開発のための新パートナーシップ」です。

〝アフリカ開発の鍵《かぎ》はアフリカ自身が握《にぎ》っている〟との信念に立脚《りっきゃく》した各国の指導者による誓約《せいやく》をまとめたもので、平和と安定、民主主義、安定した経済運営、人間中心の開発の促進《そくしん》などが目指されています。大切なのは、こうしたアフリカの人々による意欲的《いよくてき》な挑戦《ちょうせん》を、国際社会が全力で支《ささ》えていくことではないでしょうか。

今年（２００８年）５月には、第４回アフリカ開発会議が横浜で開催《かいさい》されます。この会議は日本が主導《しゅどう》し、国連などとの共催《きょうさい》で１９９３年以来、５年ごとに行われてきたもので、アフリカをはじめ各国の首脳《しゅのう》や国際機関《きかん》の代表らが参加し、アフリカが抱《かか》える問題に対する認識を共有《きょうゆう》し、解決《かいけつ》の方途《ほうと》をともに話し合う場となってきました。

今回の会議にあたって、私が特に留意《りゅうい》を促《うなが》したいのは、「アフリカの青年に対するエンパワーメント」

の視点《してん》をすべての対策の基礎《きそ》に据《す》えることです。貧困や悪環境の下《もと》での生活が世代《せだい》を超えて受《う》け継《つ》がれる悪循環《あくじゅんかん》を断《た》ち切り、「青年層《せいねんそう》の置かれた状況の改善《かいぜん》」を通じて、「すべての世代にわたる状況の改善」を段階的《だんかいてき》に図《はか》っていく――そのプラスのサイクルへの転換を目指すべきだと訴えたい。

これまでアフリカ開発会議は、基礎教育の普及《ふきゅう》、人づくり拠点《きょてん》への支援《しえん》、職業訓練《くんれん》などの面から人材育成が進められてきました。その実績《じっせき》をベースに、新たな柱《はしら》として「アフリカ青年パートナーシップ計画」を設《もう》け、青年に対するエンパワーメントを前面に押し出し、アフリカが直面《ちょくめん》する諸《しょ》課題の克《こく》服《ふく》に挑戦する担《にな》い手を育成《いくせい》する環境整備を進めるべきであると提案したい。

そして、日本をはじめ世界の青年との交流を深めながら、アフリカの問題にとどまらず、地球的問題群《ぐん》の解決にともに立ち向かう〝青年の青年による青年のためのネットワーク〟の形成を目指していってはどうでしょうか。

今年（２００８年）は「日本アフリカ交流年」でもあり、さまざまな交流行事《ぎょうじ》が予定されています。その取り組みを一つの起点《きてん》として、今後、日本とアフリカ諸国《しょこく》の青年や学生たちが、毎年、定期的《ていきてき》に交流する制度を確立することも、あわせて提案したいと思います。

第2章　地球上から悲惨《ひさん》の二字をなくす

ノーベル平和賞受賞者でケニアの環境運動家のワンガリ・マータイ博士と、地球環境を守るための方途を展望（2005年2月、東京）

環境提言

「持続《じぞく》可能な地球社会への大道」（2012年6月）

ブラジルのリオデジャネイロで行われる国連持続可能な開発《かいはつ》会議（リオ＋《プラス》20）に寄せて、世界192カ国・地域のSGIを代表し、所感と提案を述べたいと思います。

世界では今、5万3000平方キロメートル（日本の面積の約7分の1に相当）の森林が毎年減っているほか、多くの国で帯水層《たいすいそう》の枯渇《こかつ》による水不足《みずぶそく》が生じ、砂漠化《さばくか》の影響《えいきょう》も地球の陸地《りくち》の25％に及んでいます。

リオでの会議では、こうした目下《もっか》の課題への対応を念頭《ねんとう》に置くだけでなく、テーマに「私たちが望む未来」と掲《かか》げられているように、人類と地球のあるべき姿を展望した討議を行うことが大きな焦点《しょうてん》となっています。

同じ地球で暮らす〝隣人意識《りんじんいしき》〟に根ざした確かなビジョンを打ち立てることが急務《きゅうむ》ですが、同時に重要になると思われるのが、ビジョンの実現に向けて行動する人々の裾野《すその》を着実に広げ、連帯《れんたい》を強めるための挑戦です。

どれだけ優れたビジョンであっても、市民社会の強力な後押《あとお》しが不可欠《ふかけつ》であり、より多くの人々が自分にかかわる課題として〝共有《きょうゆう》〟し、日々の生き方に〝反映《はんえい》〟させ、行動の輪が社会に〝定着《ていちゃく》〟していってこそ、実効性《じっこうせい》は高まると思われるからです。

会議での主要議題は、「持続可能な開発及び貧困根絶《ひんこんこんぜつ》の文脈《ぶんみゃく》におけるグリーン経済」と「持続可能な開発のための制度的枠組《わくぐ》み」となっていますが、どのような新しい経済を模索《もさく》し、国際的な制度を検討するにせよ、その点を十分に踏まえておかなければ、画竜点睛《がりょうてんせい》を欠く恐れがあるのではないでしょうか。

ゆえに、会議においては、〝変革《へんかく》の担《にな》い手〟となる一人一人をどのようにして育《はぐく》み、その行動を持続的なものにしていくかという点を視野に入れて、議論を深め合うことを呼びかけたい。「私たちが望む未来」は、「私たちがつくり上げる未来」との自覚が伴《ともな》ってこそ、手に届くものにすることができるからです。

そこで私は、一人一人に備わる無限の可能性を引き出すエンパワーメントの重要性に光を当てながら、「生命の尊厳《そんげん》」を第一とする持続可能な地球社会の建設を目指し、皆が主役となって地域へ社会へと変革の波動《はどう》を広げていく「万人のリーダーシップ」を確立するための方途《ほうと》について論じたいと思います。

何のための成長か

この課題を展望《てんぼう》した時、私の胸に強く響いてきたのが、国連開発計画のヘレン・クラーク総裁《そうさい》が昨年（2011年）、リオ＋20の意義を踏まえつつ行っていた次の呼びかけです。

「持続《じぞく》可能性とは、環境だけの問題ではなく、環境が主《しゅ》たる問題でもない。持続可能性とは要するに、私たちが取る行動のすべてが今日の地球上で生きる70億の人々、さらには今後何世紀にもわたって生きる多くの世代に影響を及ぼすという前提のもとに、どのような生き方を私たちが選択するのかという問題である」（横田洋三・秋月弘子・二宮正人監修『人間開発報告書　２０１１』阪急コミュニケーションズ）

その意味で、今日叫《さけ》ばれる「物質的拡大《ぶっしつ》」から「持続可能性」へのパラダイム（思想の枠組《わくぐ》み）転換は、経済や環境政策の見直しはもとより、社会や人間のあり方までも根底《こんてい》から問い直す文明論的課題としての性格を帯《お》びています。

いまだ多くの国で経済成長が優先目標であり続けていることは、考慮《こうりょ》しなければならない点ではあります。ただしどの国においても、「何のための成長か」「他に配慮《はいりょ》すべきことは何か」を、今回の会議を機に吟味《ぎんみ》する必要があると思えてなりません。

その問いかけを、日本のみならず、世界の多くの人々に投げかけたのが、昨年（２０１１年）３月の東日本大震災だったのではないでしょうか。

そこで浮《う》き彫《ぼ》りになったのは、どれだけ目覚《めざ》ましい経済成長を遂《と》げ、最先端の科学技術が浸透《しんとう》した国でも、被害の拡大を食い止めるのは容易《ようい》ではないという現実でした。

また、巨大化した科学技術は目的の如何《いかん》にかかわらず、時として未曽有《みぞう》の被害——福島での原発事故の場合には、大勢の人々が避難を強《し》いられたことをはじめ、放射能汚染《ほうしゃのうおせん》の度合《どあ》いが強かった地域の環境をどう回復していくかという課題とともに、人々の健康への晩発性《ばんぱつ》の影響が懸念《けねん》されるなど、取り返しのつかない事態を招《まね》くことが改めて痛感されました。

大切な人々の命が奪《うば》われ、尊厳《そんげん》が傷つけられ、住み慣れた地域の自然や生態系が損《そこ》なわれる事態は、災害のみならず、環境破壊や紛争《ふんそう》などによっても容赦《ようしゃ》なく引き起こされるものです。特に環境破壊は、温暖化がもたらす気候変動が象徴するように、長い目でみればリスクから無縁《むえん》であり続けることができる場所は地球上のどこにもなく、将来の世代にまで危険の及ぶ恐れがあります。

〝かけがえのない尊厳〟の重みに思いをはせ、社会にとって最も大切なものは何か、皆で力を合わせて守るべきものは何かを見つめ直す——。そうした営為《えいい》を通じてこそ、「持続可能性」への転換という文明論的課題も、一人一人が生活実感に根ざした等身大のテーマに置き換えて考えることができるようになるのではないでしょうか。

ゆえに「持続可能性」の追求《ついきゅう》も、可能な範囲で経済と環境のバランスをとることを模索《もさく》するといった、政策的な調整にとどまるものであってはならないと強調したい。

あくまでその核心《かくしん》は、現在から未来の世代にいたるまでのあらゆる人々の尊厳と、地球の生態系のかけがえのなさ——つまり、「生命の尊厳」を何よりも大切にしていく社会を築くために、皆で共に行動する挑戦にあらねばならないと訴《うった》えたいのです。

ペッチェイ博士が鳴らしていた警鐘《けいしょう》

そこで思い起こすのが、ローマクラブの創設を通じて、リオ＋《プラス》20の淵源《えんげん》である国連人間環境会議にも影響を与えたアウレリオ・ペッチェイ博士が、私との対談集で述べていた言葉です。

「われわれは自らの力に魅惑《みわく》され、〝なすべきこと〟ではなく〝できること〟をやっており、実際に〝なすべきこと〟や〝なすべきでないこと〟に対しても、あるいは人類の新しい状況に潜《ひそ》んでいると考えなければならない道徳的・倫理《りんり》的規制に対してすらも、なんら配慮《はいりょ》することなく、どんどん前進しています」(『二十一世紀への警鐘』、『池田大作全集第4巻』所収)

このペッチェイ博士の警鐘は、私ども創価学会の牧口常三郎初代会長が『人生地理学』で提起していた問題意識とも通底《つうてい》したものだっただけに、深く共感したことを覚えています。

牧口初代会長は、弱肉強食《じゃくにくきょうしょく》の論理のままに他の犠牲《ぎせい》を顧《かえり》みず、〝できること〟の追求が強行されていた20世紀初頭の世界の姿を、こう描写《びょうしゃ》していました。

「各々いやしくも利益のある所、すなわち経済的侵略《しんりゃく》の余地《よち》ある所、政治的権力の乗ずべき罅隙《かげき》(=すきま)ある所に向かって虎視眈々《こしたんたん》たり。さればあたかも気界《きかい》における現象の低気圧の部分に向かって高気圧部より、空気の流動するが如《ごと》き現象を国際勢力の上に生《しょう》ぜり」(以下、『牧口常三郎全集第2巻』)

それから110年近くの歳月を経た現在、どれだけ状況は変わったのか――。

他国に脅威を与えることで威信《いしん》を誇示《こじ》し合う軍拡《ぐんかく》競争や、貧困《ひんこん》や格差の拡大に目を背《そむ》けた形でのグローバルな経済競争はやむことなく、現代文明の軸足《じくあし》は今なお、倫理的なブレーキが十分に働かないまま、〝できること〟をどこまでも追い求める思考の磁場《じば》から、容易《ようい》に抜け出せない状態にあるといえましょう。

最初は十分コントロールできると思い込んでいた欲望が、次々と現実となる中で肥大化《ひだいか》し、気がついたら手に負えない状態に陥《おちい》ってしまう――そんな欲望のスパイラル(連鎖《れんさ》)がもたらしたものこそ、非人道的兵器の最たる存在である核兵器であり、経済成長を最優先させるあまりに各地で急速に広がった環境破壊であり、投機《とうき》の過熱によるマネーゲームが引き起こした昨今の経済金融危機ではなかったでしょうか。

昨年（２０１１年）３月の福島での原発事故も、災害が引き金になったものとはいえ、核分裂反応《かくぶんれつ》の制御《せいぎょ》による発電にエネルギーの一部を依存することが抱える重大な危険性が、安全神話が叫ばれる中で半《なか》ば見過《みす》ごされてきたことに問題があったのではないかと思われます。

「自他共《とも》の幸福」を目指すビジョン

もちろんその一方で、〝できること〟の追求が、人々の健康と福祉面における向上や、衣食住に関する状況の改善をもたらしたり、交通・通信技術の発達によって人やモノの交流が飛躍《ひやく》的な広がりをみせるなど、さまざまな恵みを社会にもたらし、発展の大きな原動力になってきたことも事実です。

牧口初代会長も、そうした追求自体を否定してはおらず、むしろ競争を通じて人々が切磋琢磨《せっさたくま》し、活力を引き出し合う点に着目《ちゃくもく》し、「競争の強大なる所これ進歩発達のある所、いやしくも天然、人為の事情によりて自由競争の阻礙《そがい》せらるる所。これ沈滞《ちんたい》、不動、退化の生ずる所なる」との認識を示していました。

ただしその主眼は、利己主義に基づいて他の犠牲《ぎせい》を顧《かえり》みない軍事《ぐんじ》的、政治的、経済的競争から脱却し、「自己と共に他の生活をも保護し、増進《ぞうしん》せしめん」と願い、「他のためにし、他を益《えき》しつつ自己も益する」人道的競争へのシフトを促す点にありました。

これは、欲望の源にある〝自分の置かれた状況を何とかしたい〟という思いが持つエネルギーを生かしつつ、それをより価値的な目的へと向け直すことで「自他共の幸福」につなげようとするビジョンであり、競争の質的転換を志向したものにほかなりません。

仏法では、その人間精神の内なる変革《へんかく》のダイナミズムについて、「煩悩《ぼんのう》の薪《たきぎ》を焼いて菩提《ぼだい》の慧火《えか》現前するなり」（いかなる「煩悩」であっても、それを燃やしてこそ「菩提」という智慧《ちえ》の火を得ることができる、との意。御書710ジペー）と説いています。

いわば、自分を取り巻く状況に対する怒りや悲しみを、他者を傷つけ、貶《おとし》めるような破壊的な行動に向けるのではなく、自分を含めて多くの人々を苦しめている社会の悪弊《あくへい》や脅威《きょうい》に立ち向かう建設的な行動へと昇華《しょうか》させる中で、社会を「希望」と「勇気」の光明《こうみょう》で照らしていく生き方を促《うなが》しているのです。

仏法の思想とも響き合う牧口初代会長のビジョンを現代に当てはめてみると、軍事《ぐんじ》的競争の転換についてのは、「国家の安全保障」だけではなく「人間の安全保障」の理念に基づいて、防災や感染《かんせん》症対策のような分野でどう貢献していくか、切磋《せっさ》琢磨《たくま》することが一つの例に挙げられましょう。

〝共通の脅威《きょうい》〟の克服のために努力し合うことが、どの国にとっても望ましい〝共通の利益〟となっていくからです。

政治的競争についても、これを「ハード・パワーによる覇権《はけん》争い」ではなく、いかに創造的な政策を打ち出し、どれだけ共感を広げるかを競っていく「ソフト・パワーの発揮《はっき》競争」という次元に置き換えていけば、同じような構図が浮かび上がってきます。

有志国とNGO（非政府組織）が触発《しょくはつ》し合い、力強い連帯を形づくる中で成立した「対人地雷《じらい》禁止条約」や「クラスター爆弾禁止条約」などは、その象徴的な例といえましょう。

これは、軍事目的を理由にした〝できること〟の追求よりも、人道的に〝なすべきこと〟を優先させるよう、各国に迫った運動にほかならず、その共感が国際社会に広がったからこそ実現をみたものなのです。

では、経済的競争において、「他のためにし、他を益《えき》しつつ自己も益する」方式へと踏み出す契機となる挑戦は一体何か——。

私は、リオ＋《プラス》20の主要議題となっている「持続《じぞく》可能な開発及び貧困根絶《こんぜつ》の文脈におけるグリーン経済」の確立が、まさにその鍵《かぎ》を握《にぎ》っていると訴えたい。

温室効果ガスの発生を抑える低炭素《ていたんそ》で資源効率の高い「グリーン経済」への移行を、地球的規模で進めるための方法として、各国の成功体験や技術を蓄積《ちくせき》し、他の国々がそれを応用するための支援を行う国際的な制度づくりを求める声が高まっています。

私は、この制度を会議での合意《ごうい》を経て成立に導《みちび》き、先駆《せんく》的な実績を重ねてきた国々が「他のためにし、他を益《えき》しつつ自己も益する」行動、そしてさらには、人道的競争の理念を時間軸《じく》に開いた「未来のためにし、未来を益しつつ現在も益する」行動に、意欲的に踏み出すことを切に願ってやみません。

「持続可能性」の追求というと、何かを制限されたり、抑制《よくせい》的な姿勢が求められるといったイメージで受け止められてしまうかもしれませんが、その段階にとどまっていては変革の波動《はどう》は広がりません。

資源は有限であっても、人間の可能性は無限であり、人間が創造することのできる価値にも限りがない。その価値の発揮《はっき》を良い意味で競い合い、世界へ未来へと共に還元していくダイナミックな概念として位置づけてこそ、「持続可能性」の真価は輝くのではないでしょうか。

「他の国々（人々）のために行動する中で、自国の姿（自分の人生）をより良いものに変えていく」、また、「より良い未来を目指す中で、現在の状況をさらに良いものに変えていく」——その往還《おうかん》作業の中で、「持続可能性《じぞく》」の追求は、互いの〝かけがえのない尊厳《そんげん》〟を大切にしながら、皆が平和で幸福に生きられる世界の構築へと着実につながっていくと、私は確信するのです。

無力感を乗り越え現実と向き合う

ここで問われてくるのは、「同じ地球に生きる責任感」であり、「未来への責任感」にほかなりません。

しかし実際には、世界各地で起きている悲惨《ひさん》な出来事や、地球生態系への深刻な脅威《きょうい》をニュースなどで見聞きし、心を痛め、何とかしたいと思っても、次々と起こるそうした出来事を前に、むしろ無力感を募《つの》らせてしまう場合が少なくないという現実があります。

ハーバード大学で文化人類学を共同研究してきたアーサー・クラインマン、ジョーン・クラインマン夫妻は、こう述べています。

「われわれの時代に蔓延《まんえん》している意識——われわれは複雑な問題を理解することも解決することもできないという意識——は、苦しみの映像の大規模なグローバル化とともに、精神的疲労、共感の枯渇《こかつ》、政治的絶望を生みだしているのである」(『他者の苦しみへの責任』坂川雅子訳、みすず書房)

現代の高度情報社会の陥穽《かんせい》ともいうべき点を突いた鋭い指摘だと思います。

そのような無力感に自分を埋没《まいぼつ》させないためには、自らの行動の一つ一つが「確かな手応え」をもって現実変革に向けての前進として感じられる「足場《あしば》」を持つ以外にありません。

私は、その足場となるものこそ、「地域」ではないかと考えるものです。

「同じ地球に生きる責任感」や「未来への責任感」が大切といっても、日常の生活実感を離れて一足《いっそく》飛びに身につけられるものではありません。顔の見える関係や身近な場所で築くことのできないものが、世界や未来といった次元で築けるはずがないのです。

責任感を意味する英語の「レスポンシビリティ」は、字義《じぎ》的な成り立ちを踏まえると「応答する力」という意味になります。

今、自分が人生の錨《いかり》を下ろしている地域での出来事に対し、「応答する力」を粘り強く鍛え上げていく先に、「同じ地球に生きる責任感」や「未来への責任感」を培《つちか》う道も開けてくるのではないでしょうか。

かつて私どもSGIが制作を支援し、10年前（2002年）の南アフリカ共和国での国連環境開発サミットを機に発表された映画「静かなる革命」は、そのモデルともなる各地での民衆による活動に光を当てたものでした。

地球評議会が制作し、国連環境計画と国連開発計画が協力したこの映画は、インドのニーミ村の水資源改革、スロバキアのゼンプリンスカ湖の汚染《おせん》防止、ケニアの砂漠化を防ぐ植樹《しょくじゅ》運動を取り上げ、愛する地域や子どもたちの未来を守るために立ち上がった人々の挑戦のドラマを紹介する内容となっています。

SGIではこれまで55カ国・地域以上で上映を推進する中で、〝一人の人間には、世界を変えていく無限の力がある〟とのメッセージを発信してきました。

マータイ博士とイチジクの木

そこで私は、映画でも取り上げられていた、ケニアの環境運動家ワンガリ・マータイ博士によるグリーンベルト運動を手がかりに、地域に根ざした民衆の運動が、どのように「未来への責任感」を一人一人の心の中に育んでいったかを浮《う》き彫《ぼ》りにしてみたい。

昨年(2011年)惜しくも逝去《せいきょ》されたマータイ博士とお会いしたのは、2005年2月のことでした。

長年の功績を称《たた》える意義を込め、アメリカ創価大学に博士の名を冠する「イチジクの木」の記念植樹《しょくじゅ》を提案すると、太陽のような周りを包み込む笑顔で喜んでくださったことが、懐かしく思い起こされます。

マータイ博士にとって「イチジクの木」は、故郷における〝かけがえのない尊厳《そんげん》〟を象徴するもので、植樹運動に身を投じる大きなきっかけとなったものでした。

アメリカ留学から帰国した後、家族に会うために故郷に立ち寄った博士は、わずか数年で実家の周りの自然が大きく変貌《へんぼう》してしまったことに胸を痛めました。経済優先の風潮が強まり、商業用の耕作《こうさく》地《ち》を広げるために森の木々が伐採《ばっさい》される中で、幼い頃、母親から神聖《しんせい》な存在として大切にするよう教えられた「イチジクの木」までもが切り倒されていたのです。

以来、周辺で地滑《じすべ》りが頻繁《ひんぱん》に起こるようになっただけでなく、きれいな飲み水の水源《すいげん》まで乏《とぼ》しくなった事実にも気づきました。

その後、環境悪化が引き起こす問題にケニアの多くの女性が日々苦しんでいることを知った博士が、「私たちの課題の解決策は、私たち自身のなかにある」（アンゲリーカ・U・ロイッター／アンネ・リュッファー『ピース・ウーマン』松野泰子・上浦倫人訳、英治出版）との信念で、自分の暮らす地域から始めたのがグリーンベルト運動だったのです。

納得と手応えが参加の輪を広げる

マータイ博士が「一人ひとりに環境史の流れを変える力があることを証明するもの」（『モッタイナイで地球は緑になる』福岡伸一訳、木楽舎）と、誇りをもって語っていたこの運動を通し、特に重要だと思われる点を三つ挙げたいと思います。

第一は、参加する人々の「納得」と「手応え」をどこまでも大切にしながら、活動の輪を着実に広げてきた点です。

博士は運動を進めるにあたって行ったセミナーで、直面《ちょくめん》している問題を皆に次々と挙げてもらい、「こういった問題の原因はどこにあると思いますか?」と聞くと、ほとんどの人が「政府の責任」と答えたといいます（以下、『UNBOWED へこたれない』小池百合子訳、小学館。引用・参照）。

それは正しいとしても、政府だけが悪いと考えているうちは、いつまでも状況は改善しない。ゆえに博士は呼びかけました。

「これはあなたがたの土地なんですよ」

「あなたがたのものなのに、あなたがたは大事にしていません。土壌《どじょう》の浸食《しんしょく》が起こるままにしていますが、あなたがたにも何かできるはずです。木を植えられるじゃないですか」

また、植樹《しょくじゅ》をしていると、成長の遅さを理由に木を植えたくないと話しかけてくる人が少なからずいる。そんな時、博士は、こう諭《さと》してきたといいます。

「今あなたが切っている木は、あなた自身が植えたのではなく、先人たちが植えたものでしょう」

「だから、将来この地域に役立つように、私たちは木を植えなければならない。木の苗《なえ》のように、太陽と良い土壌《どじょう》と豊富な雨があれば、私たちの未来の根っこは地中深くに根づき、希望の大樹は空高く伸びるでしょう」

どれだけ目的が立派であろうと、納得が伴《ともな》わなければ、人は動くものではありません。疑問を丁寧に受け止めながら、その一つ一つが氷解《ひょうかい》するまで心を配り、誠実に言葉をかけ続けてこそ、納得は芽《め》生《ば》える。

こうした粘り強い対話の末に得られた「納得」とともに、運動の成果が目に見える形ではっきりと表れ、参加した一人一人が確かな「手応え」を感じられたからこそ、多くの人々を次々と巻き込むことができたのではないでしょうか。

博士は語っています。

「植樹はシンプルで、十分実現でき、そう長くない期間内に確実な成果が得られる活動でもあります。これにより、人々の関心と貢献《こうけん》を維持しつづけることができるのです」

「ですから私たちは、みんなで三〇〇〇万本以上の木を植えることで、燃料、食料、集会所、そして子どもの教育費や家計を補《おぎな》う収入を提供してきました。同時にこの活動は、雇用《こよう》を生み出し、土壌《どじょう》と河川流域《かせんりゅういき》を改善してきました」（前掲『ピース・ウーマン』。引用・参照）

私はここに、人々が無力感や悲愴《ひそう》感にとらわれることなく、むしろ自分の行動が現実の変革《へんかく》につながっている「喜び」と「誇り」をもって活動に連《つら》なることができた最大の要因があったと思えてなりません。

救われる側から救う側への転換

続く第二の点は、一人一人の「エンパワーメント（内発的な力の開花）」に重点を置き、内在《ないざい》する無限の可能性を引き出す中で、より大きな使命に目覚めて生きることを人々に促《うなが》してきたことです。

グリーンベルト運動の成果は、これまで達成された植樹の本数もさることながら、本当の意義は、次の博士の言葉が物語っているように、人々のエンパワーメントにありました。

「私はいつも、自分たちの活動はただ木を植えるだけのことじゃない、と思ってきました。これは、人々が自分たちの環境や政府、生活、そして未来について責任を持つように啓蒙《けいもう》する活動なんです。私は自分のためだけでなく、もっと大きなもののために働いているんだとわかりました。それを知ってから、私は強くなれたのです」

つまり、運動に参加した人々、特に農村部の女性たちが、自らの手で植樹や育樹《いくじゅ》を進める中で、「環境を維持・再生させるか、それとも破壊するのか」という選択権を本当の意味で得ることができた。

その上で、運動に参加するたびに行われてきた意識啓発《けいはつ》の機会を通じて、植樹への取り組みや、森を伐採《ばっさい》から守るために行動することが、「『民主主義や社会的良識《りょうしき》を尊重し、法律と人権、女性の権利を遵守《じゅんしゅ》する社会を作る』という、もっと大きな使命の一部だということを自覚していった」というのです。

こうして、最初は「薪《まき》と衛生的な飲み水がほしい」と博士のもとを訪れていた女性たちが経験を重ねて自信を深める中で、次々と地域のリーダーになり、苗床《なえどこ》を管理し、雨水の貯蔵《ちよぞう》や食糧の確保といった共同体ぐるみのプロジェクトを担《にな》うまでになっていった。

彼女たちの変化にみられる「エンパワーメント」から「リーダーシップの発揮《はつき》」というプロセスを見るにつけ、仏法の真髄《しんずい》である「法華経」で説かれた、〝救いを求める側〟から〝人々を苦しみから救うために行動する側〟への目覚めのドラマが二重写しになって浮かんできます。

苦しみを根本的に解決する力は、自分の外にあるのではない。内なる無限の可能性に目覚め、それを開花させる中で自身が変わり、周囲の人々をも「幸福」と「安心」の方向へ導《みちび》いていく――その一人の偉大な蘇生《そせい》のドラマの中に、自己の苦しみさえも〝社会をより良くするための糧《かて》〟にする道が開けてくると仏法では説くのです。

仏典には、そうした誓いを固めた一人の女性の言葉が、こう記されています。

「今後わたくしは、身よりのない者、牢《ろう》につながれた者、捕縛《ほばく》された者、病気で苦しむ者、思い悩む者、貧しき者、困窮者、大厄《だいやく》にあった人々を見たならば、かれらを救恤《きゆうじゆつ》(＝救援)せずには一歩たりとも退《しりぞ》きません」(『勝鬘経』、中村元『現代語訳　大乗仏典3』東京書籍)

そして、彼女は自ら立てた誓願《せいがん》のままに、生涯、苦悩に沈む人々のための行動を貫《つらぬ》き通したのです。

マータイ博士も、この誓願的生き方と響き合う信念を語っていました。「私たちは、傷ついた地球が回復するのを助けるためにこの世に生を受けたのです」(以下、前掲『ピース・ウーマン』。引用・参照)と。

つまり、法律のような形で外在的《がいざいてき》に決められているから行動するのでも、何かの便宜《べんぎ》や報酬《ほうしゅう》だけを求めて行動するのでもない。

また、何かが起これば吹き飛んでしまうような決意でも、誰かの力を頼んで状況の変化を期待して待つような願望でもない。

誓願的生き方とは、博士が「今後やらなければいけない仕事の膨大《ぼうだい》さを認識することで、力というより、エネルギーが湧《わ》いてくる」と述べているように、どんなに困難な課題でも、それが自分の使命である限り、勇《いさ》んで前に進もうとする生き方にほかなりません。

地域を舞台にしたエンパワーメントで人々の勇気と智慧《ちえ》を涌現《ゆげん》させていく中で、状況の改善のために自ら立ち上がること（リーダーシップの発揮）を促《うなが》す。そして、皆で力を合わせて〝小さな前進〟を一つ一つ積み重ねながら、その生き方を自分たちの「誓い」や「使命」として踏み固めていくことが、持続《じぞく》可能性を追求する裾野《すその》を地球大に広げていく基盤《きばん》になると、私は考えるのです。

ロートブラット博士が託《たく》した思い

最後に第三の点は、若い世代への励ましと教育を大切にしながら、運動を永続的なものにするために心を砕《くだ》いてきたことです。

あるインタビューで、マータイ博士が何かをやろうという時、「私は」ではなく「私たちは」との言い方を常にしてきたことを指摘された時、その理由について博士が語った言葉は、深く胸に残っています。

「私は、一人では何事も成《な》し遂《と》げられないことを肝《きも》に銘《めい》じています。とにかくチームワークなんです。一人でやってたら、自分が抜けた後は誰も引き継いでくれない、ということになりかねないのですから」（前掲『モッタイナイで地球は緑になる』）

確かに、運動を始めることは、一人でも可能かもしれない。しかし目標が大きければ大きいほど、それを成《な》し遂《と》げるためには、長い年月と多くの人々の協力が欠かせません。

私がこれまで地球的問題群の解決に取り組む世界のリーダーと語り合う中で、避《さ》けて通れない課題として浮かび上がってきたのも、いかに運動の精神を世代から世代へと継承《けいしょう》させていくかという点でした。

核兵器と戦争の廃絶《はいぜつ》のために半生《はんせい》を捧《ささ》げた、パグウォッシュ会議のジョセフ・ロートブラット博士も、その一人です。

東西冷戦《れいせん》対立の厳しい時代から、国境を超えた科学者グループの精神的連帯を築き上げるために奔《ほん》走《そう》されてきた博士は、70歳になった頃（1979年）、未来を見据《みす》えて、若い世代の科学者を対象に、スチューデント・ヤング・パグウォッシュという組織を結成しました。

かつて、「ラッセル＝アインシュタイン宣言」が発表された時、最も若い署名者が博士でした。晩年、若い科学者たちが「私は、自分が受けた教育を、人類や環境を害《がい》すべく意図《いと》された、いかなる目的にも用《もち》いない」との宣誓の下に、運動の陣列《じんれつ》に次々と加わっていく姿を目にした時、博士の胸に去来《きょらい》したものは何だったのか――。

同じく、師である戸田城聖第2代会長が発表した「原水爆禁止宣言」（1957年）を胸に、若き日から核兵器廃絶を求める民衆の連帯を広げる努力を重ねてきた私にとって、近年（2010年）、青年たちが「核兵器禁止条約」の制定を求める227万人もの署名を集めて国連に提出するなど、意欲的な活動に取り組んでいる姿ほど、心強く感じるものはありません。

7本から始まった植樹《しょくじゅ》は今《いま》125億本に

マータイ博士も、各地の学校に育苗園《いくびょうえん》をつくり、子どもたちが植樹に参加できるように働きかけたほか、グリーンベルト運動を通して若い世代が環境保護に取り組むことを支援していました。博士はそうした若い世代への期待を、未来への確信と重ね合わせるように、こう綴《つづ》っています。

「どんなに暗雲《あんうん》が垂《た》れこめていようとも、必ずうっすらと差し込む希望の光があるもので、これこそ私たちが探し求めなければならないものだ。そう、私はずっと信じてきた。私たちの代でかなわなくとも、次世代、あるいはさらに次の世代に、希望の光が差してくることを。そしておそらくその世代になれば、もはや光はうっすらとしたものではなくなっているだろう」（前掲『UNBOWED へこたれない』）

歴史を振り返れば、マータイ博士がグリーンベルト運動の淵源《えんげん》となる7本の木を、仲間たちと共にナイロビ郊外《こうがい》のカムクンジ公園に植えたのは、35年前（1977年）のきょう6月5日でした。

以来、植樹運動の輪がケニアの各地で広がり、アフリカ各国にも大きな波動《はどう》を及ぼす中で、4000万本もの植樹へとつながった。そして2006年からは、国連環境計画などに協力する形で博士らが植樹キャンペーンを呼びかけた結果、現在まで世界全体で125億本を超える植樹が成《な》し遂《と》げられるまでに至《いた》ったのです。

そして博士が逝去《せいきょ》した後も、その数は増加の一途《いっと》をたどっている……。

これは、決して奇跡などではありません。〝身の回りで起きている危機を何とかしたい〟と立ち上がった博士たちの強い思いが、幅広い共感を得る中で、世界の大勢の人々の心を動かし、積み上げられてきた成果にほかならないのです。

私たちは、こうしたマータイ博士の実践から学びつつ、あらゆる分野において持続《じぞく》可能な地球社会への大道を開く挑戦を、力を合わせて本格的に進めていこうではありませんか。

リオ＋《プラス》20に対する三つの提案

ここで私は、今回のリオ＋《プラス》20の会議に寄せて、三つの角度から具体的な提案を行いたい。

一、人類が今後目指すべきビジョンとなり、同じ地球に生きる人間としての行動規範《きはん》の礎《いしずえ》となる、持続《じぞく》可能な未来のための共通目標の制定に着手する。

一、国連の環境部門と開発部門を統合した新たな国際機関を設立し、「市民社会との協働《きょうどう》」を柱に、持続可能な地球社会に向けた取り組みを力強く進める体制の確立を目指す。

一、一人一人が地域を足場《あしば》に持続可能性を追求する担《にな》い手となれるよう、「エンパワーメント」から「リーダーシップの発揮《はっき》」までの一貫した意識啓発《けいはつ》を進めるための教育枠組みの制定を国連総会に勧告《かんこく》する。

ミレニアム開発目標に続く挑戦

第一の提案として、劣悪《れつあく》な環境下での生活を余儀《よぎ》なくされている人々の窮状《きゅうじょう》の改善を求めた国連のミレニアム開発目標の精神を継承《けいしょう》しつつ、持続可能な地球社会の建設のために互いにプラスの変化を起こし合うことを志向《しこう》した、新しい目標の制定を目指すべきであると考えます。

ミレニアム開発目標は、マクロ的な経済指標《しひょう》の改善に重点を置く旧来の国際的な取り組みと違って、人々の窮状の改善に焦点を当てながら、〝2015年までに1日1ドル未満で生活する人々の割合を半減させる〟といった形で、明確な期限と数値目標を掲げた点で画期的《かっきてき》なものでした。

現在のところ、極度の貧困に苦しむ人々の割合は2015年までに15％未満に低下し、目標達成が十分見込まれているほか、初等教育の普及が最貧国《さいひんこく》の間で前進してきたのをはじめ、より安全な水を18億人もの人々が新たに利用できるようになっています。

ただしそれらの改善も、経済的に最も厳しい生活を送る人々や、性別、年齢、障がい、民族などを理由に社会的に不利な立場に置かれた人々には十分に行き届かない傾向がみられます。今まで以上にきめ細かく、緊急性をもって対処していくことが欠かせません。

こうした中、2015年以降についても何らかの対応を求める声が高まっており、国連の潘基文《パンギムン》事務総長の主導で設置された「地球の持続可能性に関するハイレベル・パネル」の報告書でも、新たに「持続可能な開発目標」を設ける必要性が強調されていました。

そこでは、目標の方向性を検討する上で、「途上国にとどまらず、全ての国にとっての挑戦を網羅《もうら》する」「気候変動、生物多様性の保全《ほぜん》、災害に伴《ともな》うリスク削減《さくげん》や復旧をはじめ、ミレニアム開発目標の対象外だった重要課題を組み込む」「各国政府とともに、地域共同体、市民社会、民間セクターを含む、持続《じぞく》可能な開発にかかわる全ての人々を活動に取り込む」などの留意点《りゅういてん》を列挙《れっきょ》しています。

私は今年（2012年）1月に発表した「SGIの日」記念提言で、リオ＋《プラス》20での合意に、新目標を検討する作業グループを立ち上げて討議を開始することを盛り込むよう提案しました。「持続可能な開発目標」の内容を検討するにあたっては、先ほどの留意点に加える形で、次の二つの理念を反映させていくことを呼びかけたい。

一つは、より多くの国々や人々が、人道的な方式に基《もと》づく競争への質的転換に踏み出せるような、地球益《えき》や人類益に根ざしたビジョンを、目標の柱として位置づけていくことです。

先に触れた「人間の安全保障」や「ソフト・パワー」、また「グリーン経済」などは、その最有力の候補となるものと考えます。

例えば、国連憲章には「世界の人的及び経済的資源を軍備のために転用することを最も少くして国際の平和及び安全の確立及び維持を促進する」（第26条）との目的が掲《かか》げられています。これはすべての国にとっての課題であると同時に、その取り組みが前進すれば、すべての国はおろか、地球上のすべての人々、そして未来の世代にとっても〝最上《さいじょう》の贈り物〟になることは間違いありません。

また、今年（2012年）は国連の定めた「すべての人のための持続可能エネルギーの国際年」ですが、この分野で実績のある国々が良い意味で貢献《こうけん》を競い合っていけば、貧困に苦しむ国々も環境負《ふ》荷《か》を増すことなく、人々の生存・尊厳・生活を支える社会基盤《きばん》の整備を進めることができる。

それはそのまま、未来においての環境負荷の大きな軽減《けいげん》にも、必ずつながっていくはずです。

同じような構造は、リデュース（廃棄物《はいきぶつ》の発生抑制《よくせい》）、リユース（再使用）、リサイクル（再資源化）の「３Ｒ」を通じて、循環型社会《じゅんかんがたしゃかい》への転換を目指す活動にも当てはまります。

新目標の制定を機に、「他のためにし、他を益《えき》しつつ自己も益する」行動や「未来のためにし、未来を益しつつ現在も益する」行動のうねりが巻き起こるような項目を内容に反映すべきだと思うのです。

誰もが身近な場で実践できる項目を

もう一つ、この「人道的競争」の要素と並んで呼びかけたいのは、「地域」を足場《あしば》に、より多くの人々が自らの行動を通じてプラスの変化を生み出し、その貢献が持続可能な未来につながっていることが実感できる、身近な目標を織り込んでいくことです。

ある意味でミレニアム開発目標は、貧困などの苦しみをどう減らし、生命や尊厳を危険にさらす脅威《きょうい》をいかに取り除くかといった「社会や人々に及ぼすマイナスの影響を可能な限りなくすこと」に重きを置くと同時に、初等教育の普及や教育面での男女格差の解消のように「主として国家の役割が問われる分野」が中心であったといえます。

こうした努力をさらに強力に進める一方で、「誰もが身近な場所で取り組むことができ、プラスの連鎖《れんさ》を社会に広げることのできる目標」を組み入れていくべきではないでしょうか。

例えば、緑化《りょっか》や自然保護を地域ぐるみの活動として定着させたり、住民主導《しゅどう》で防災や減災《げんさい》のための街づくりを軌道に乗せる取り組みや、周辺地域と連携《れんけい》して地産地消《ちさんちしょう》の割合を高めたり、ゴミの削減や廃棄物《はいきぶつ》のリサイクルを皆で協力して習慣化していく。また、それぞれの風土《ふうど》に適した再生可能エネルギーの導入に積極的に取り組み、環境負荷《ふか》を低減させていくような、〝地域発〟の主体的な取り組みです。

そこで重要となるのは、地方自治体と地域社会の役割であり、とりわけ都市の果たす役割は大きな鍵《かぎ》を握っています。

世界の都市の面積を合わせても地球の表面の2％にすぎませんが、その都市が地球の資源消費の75％を占め、大気や水の汚染《おせん》物質と廃棄物の75％を排出《はいしゅつ》しているだけに、世界の都市がどう行動するかが地球の命運《めいうん》を決めるとまで言われているのです。

ゆえに私は、新目標において特に「都市」に関する項目を設け、幾つかの指標を掲《かか》げた上で、自分たちの都市が前年比でどれだけ状況を改善させたのかを確認し合う流れを定着させるとともに、成功事例のノウハウを蓄積《ちくせき》し、共有する制度を設けてはどうかと提案したいと思います。

こうした人々の生き方に則《そく》した目標を生み出すには、従来の政府間討議《とうぎ》を中心としたアプローチだけでは困難が予想されます。

ゆえにリオ＋《プラス》20では、市民社会の代表が討議のプロセスに加わることも十分に保障した上で、より多くの人々が「これこそが私たちが果たすべき共通目標である」と納得し、そのために協力したいと思えるような新目標が、会議を契機《けいき》に打ち立てられることを、強く願うものです。

人々の苦しみの解消を最優先に

続く第二の提案は、リオ＋20の中心議題の一つとなっている「持続《じぞく》可能な開発のための制度的枠組み」に関するものです。

この議題が取り上げられた背景には、多くの国が「持続可能な開発」に関する国連の取り組みの遅れを懸念《けねん》し、関係諸機関の活動の重複《ちょうふく》や断片化《だんぺんか》、資金不足や調整不足などの問題を何らかの形で克服しなければならないとの認識の高まりがあります。

現状の課題を解消することは急務《きゅうむ》であるとしても、私は、改革の眼目《がんもく》がその点だけに置かれてはならないと考えます。むしろ今回の改革論議を通し、21世紀の世界の状況に即応《そくおう》した、新しい国連の運営のあり方を確立するために、その先駆的なモデルとなる国際機関の樹立《じゅりつ》を目指すべきではないかと訴えたいのです。

具体的には、①国連環境計画や国連開発計画などの関連部門の統合②希望するすべての国の討議への参加③市民社会との協働《きょうどう》④青年層の積極的参画《さんかく》、を柱とした大胆な質的転換を伴う改革を果たし、「持続可能な地球機構」（仮称）を設立することを提案したい。

一つ目のポイントに関しては、国連が昨年（2011年）、優先課題の筆頭《ひっとう》に「インクルーシブで持続可能な開発」を掲げていたように、この問題を考える上で最も重視すべきことはインクルーシブ――すべての人々が参画し、その恩恵を受けることの追求にあります。

特に恩恵の確保という面から言えば、地球的な課題を〝脅威《きょうい》の様相《ようそう》〟で区分けし、国連の組織がそれぞれ対策を講じるアプローチでは、個々の改善は図《はか》られたとしても、問題が複雑化し相互が関連して危機の連鎖《れんさ》を起こしている現代にあって、人々の苦しみを根本的に解消することは容易《ようい》ではない。そうではなく、〝苦しんでいる人々が何を求めているのか〟を出発点にして、尊厳《そんげん》ある生活と人生を送るための基盤《きばん》づくりを総合的に進める体制を整えることが大切になっていると思われるのです。

次の二つ目のポイントは、希望するすべての国が意思《いし》決定のプロセスに参加できる枠組みづくりです。

国連環境計画や国連開発計画では、理事会のメンバー国でなければ最終的な意思決定の場に加わることができないという状況があります。しかし、持続《じぞく》可能な開発というテーマの重要性と対象範囲の広さを考える時、希望するすべての国の討議《とうぎ》への参加を最優先に考えることが、何よりも欠かせない要件になってくるのではないでしょうか。

今、国際社会に求められている「行動の共有」は、そうした制度的基盤が保障されていてこそ、より堅固《けんご》なものとなり、大きな力を発揮《はっき》するものとなると思うのです。

市民社会との協働《きょうどう》を制度に組み込む

この二つのポイントに加えて、私が最も強調したい改革は、「市民社会との協働」を制度的に組み込み、地球の未来のために行動する「万人のリーダーシップ」の結集軸《じく》となる国連機関をつくり出すことです。

これは、40年前（1972年）にストックホルムで行われた国連人間環境会議を起点とし、一歩一歩重ねられてきた挑戦の延長線上に、明確な像として姿を結《むす》んでくる制度改革にほかなりません。

同会議では政府間会議に並行し、市民社会の代表らによる「NGOフォーラム」が開催されたほか、政府代表団にNGOのメンバーを加える呼びかけが行われました。

まさにそれは、主権《しゅけん》国家の集合体としての性格が根強《ねづよ》い国連の活動に、国連憲章《けんしょう》前文の主語となっている〝われら民衆〟――すなわち、市民社会の声を反映させていく上で重要な一歩といえるものでした。そしてこの会議が、1970年代から1980年代にかけて国連が人口や食糧といった地球的問題群をテーマに行った一連の国際会議の方向性を決定づけ、「市民社会の参画《さんかく》」という路線を敷《し》く原点となったのです。

その伝統の上に画期的な前進を果たしたのが、1992年の地球サミットでした。

国連の会議で初めてサミット（首脳会議）方式を採用したのと同時に、国連との協議資格を得ていないNGOにも一定の条件で参加の道が開かれたほか、科学界や産業界をはじめ、さまざまな人々が参加できる枠組みがつくられました。

その結果、ストックホルム会議ではわずか2カ国だった首脳の参加が94カ国にまで拡大する一方で、参加するNGOの数も4倍以上に増え、途上国で草の根の活動に取り組むNGOがその半数以上にのぼるなど、「市民社会の参画」は量的にも質的にも大きな前進をみたのです。

また、地球サミットを契機《けいき》に、多くの国で政府代表団にNGOのメンバーを加える流れができました。

私が現在、対談を進めているドイツの環境学者、エルンスト・フォン・ヴァイツゼッカー博士は、地球サミットが開催までのプロセスも含めて、世界の大勢の人々がかかわる〝巨大なプロジェクト〟

となったことで得られた成果について、こう評価していました。

「もしこのようなNGOの推進力と一般市民の圧力がなかったら、すべては何カ国かの政府によって、おきまりの外交として安易《あんい》にかたづけられ、その結果重要問題に関する『北』と『南』の深い溝は埋《う》まることなく、会議は失敗に終わってしまっていたであろう」(『地球環境政策』宮本憲一・楠田貢典・佐々木建監訳、有斐閣)

このようにして営々《えいえい》と積み上げられてきた成果を基盤《きばん》に、今回のリオ＋《プラス》20を、「国連と市民社会との協働《きょうどう》」を新機構の制度的な柱に組み込む機会とすべきではないでしょうか。

具体的には、国際労働機関で採用されてきた「三者構成」(各国代表を、政府、労働者、使用者の三者で構成)の原則にならう形で、多様な行動主体からなる市民社会の広範な関与を保障する「四者構成」(各国代表を、政府、NGO、企業、学術研究機関の四者で構成)の原則の導入を検討することを呼びかけたい。

国連には現在、企業などビジネス界に関するグローバル・コンパクトの枠組みと、大学などの高等教育機関に関するアカデミック・インパクトの枠組みがあり、国連のパートナーとして活動を支援するプロジェクトが立ち上げられています。

いずれも、それぞれの立場で〝なすべきこと〟の追求を目指した活動であり、私が先ほど新目標の制定に関して提起したような、地域や社会でプラスの価値を生み出し、世界にプラスの変化を広げることを志向《しこう》した自発的な取り組みであるといえましょう。

リオ＋20に向けての最初の意見取りまとめの文書でも、「意思《いし》決定に広範な人々が参加することは、持続《じぞく》可能な開発の達成のための基本的な前提条件である」と強調されていましたが、まずはこの分野で「国連と市民社会との協働」を具体的な制度として確立させた上で、その実績をもとに他の地球的問題群についても同様の制度の導入を進める流れをつくり出すべきであると提唱したいのです。

将来の世代にまで課題を放置《ほうち》しない

その上で四つ目のポイントとして提起したいのは、次代を担う若者たちが積極的に関与できる仕組みを設けることです。

昨秋(2011年)、国連環境計画が行った国際青年会議に118カ国の1400人の青年が集《つど》い、バンドン宣言が採択《さいたく》されました。そこには、「地球の将来――わたしたちの将来――は危機的状況にある。わたしたちは次の世代まで、すなわちリオ＋《プラス》40まで、何も行動せずに待つことはできない」と、自分たちの手で時代変革のための行動に立ち上がる決意が綴《つづ》られています。

この宣言に象徴されるような青年の情熱と力を注ぐことで、人類の未来を「希望」の方向へと大きく向けていく〝アルキメデスの支点〟(物事を動かす急所)となる場を、早急に設けなければなりません。

そこで私は、世界の青年たちの代表が持続可能な未来のためのオルタナティブ(代替案《だいたいあん》)を検討し、新機構の毎年の活動方針への諮問《しもん》などを行う「未来世代委員会」の発足《ほっそく》を提案したい。そして、この委員会を軸《じく》に、世界各地での若い世代による活動のネットワークの強化を図《はか》るべきではないでしょうか。

青年たちは、変革を求める意識が高いだけでなく、自らの行動で社会に力強い変革の波動《はどう》を起こすことのできる潜在力《せんざいりょく》を持っています。この青年たちの力を、国連の活動の大きな源泉《げんせん》にできるか――。

その成否《せいひ》に人類の未来の一切はかかっていると、私は声を大にして訴《うった》えたいのです。

以上、四つのポイントに基づく改革案を提示しましたが、未来への責任感を果たすためには抜本的《ばっぽんてき》改革も厭《いと》わないとの覚悟《かくご》で各国の代表が討議に臨《のぞ》み、後世《こうせい》に輝く合意《ごうい》を実《みの》らせることを強く念願するものです。

リーダーシップの発揮《はっき》促《うなが》す意識啓発《けいはつ》

リオ＋《プラス》20に向けて第三に提案したいのは、一人一人が地域を足場《あしば》に〝かけがえのない尊厳〟を大切にする担《にな》い手として行動できるよう、「エンパワーメント」から「リーダーシップの発揮」までの一貫した意識啓発を進めるための教育的枠組みの制定です。

具体的には、現在の「持続《じぞく》可能な開発のための教育の10年」を発展的に継承《けいしょう》する形で、2015年からの「持続可能な地球社会のための教育プログラム」の開始を求める勧告《かんこく》を、国連総会に行うことを呼びかけたい。

振り返れば10年前（2002年）、私は南アフリカ共和国のヨハネスブルクで行われた国連環境開発サミットに寄せて、「持続可能な開発のための教育の10年」の制定を提唱する中で、「現状を知り、学ぶ」「生き方を見直す」「行動に踏み出すためのエンパワーメント」の3段階を念頭に置いた、総合的な意識啓発を進めることの重要性を強調しました。

「持続可能な開発のための教育の10年」が2005年にスタートして以来、学校教育の場でも、NGOなどが進めてきた社会教育の場でも、「現状を知り、学ぶ」と「生き方を見直す」という面では、さまざまな工夫がなされ、意識啓発の方法の改善で歓迎すべき前進がみられました。

しかし、そこから「エンパワーメント」へ、さらにその先の「リーダーシップの発揮」へとつなぐ流れをつくり出さずして、現実を変革する力を大きく生み出すことはできません。

ゆえに「持続可能な開発のための教育の10年」の後継枠組みでは、特にこの部分のプロセスを重視し、生涯を通じて〝変革の主体者〟となり、〝周囲に希望の波動を広げる存在〟であり続けられる人々をどれだけ育てていくかに主眼《しゅがん》を置くべきであると訴《うった》えたい。

SGIが地球憲章委員会と共同制作し、2002年の国連環境開発サミットでの展示以来、27カ国・地域で開催してきた「変革の種子《しゅし》――地球憲章《けんしょう》と人間の可能性」展や、その内容を改定して2010年から行ってきた「希望の種子――持続可能性のビジョンと変革へのステップ」展が、何より心がけてきたのも、意識の啓発だけに終わらせず、「エンパワーメント」の触媒《しょくばい》となり、「リーダーシップの発揮」を促《うなが》す一つの契機《けいき》になることでした。

100年前に郷土科《きょうどか》を提唱した牧口会長

確かにそれは容易《ようい》ならざる挑戦でしょう。しかし、挑戦を前に進ませる鍵《かぎ》は、先に触《ふ》れたマータイ博士の実践が示す通り、「地域」を足場《あしば》にした教育にあると、私は確信しています。

博士は、こんな含蓄《がんちく》に富《と》む言葉を残しています。

「教育というものに意味があるとしたら、人を土地から引き離すのではなく、土地に対してより多くの敬意《けいい》をもつように教え込むものであるべきだ。なぜならば、教育を受けた人は、失われつつあるものがわかる立場にあるのだから」（前掲『UNBOWED　へこたれない』）

こうした自分たちが暮らす土地に根ざした教育の大切さを、100年ほど前（1903年）に訴《うった》えていたのが、人間教育の実践と探究《たんきゅう》に生涯《しょうがい》を捧《ささ》げた牧口初代会長でした。

「地を離れて人無く人を離れて事無し」との思想を背景としながら、あらゆる学科の中心軸《じく》――いわゆるコア・カリキュラムに、子どもたちが実際に生活している地域の風土《ふうど》や営《いとな》みを〝生きた教材〟として学ぶ「郷土科《きょうどか》」を据《す》えることを提唱したのであります。

それは、山や川がもたらす地理的な影響や、森や海の生きものとの生態《せいたい》的なつながりを概論《がいろん》的に学び、自然一般についての知識を広げるような「博物科等の材料の如き、自由に一つ一つ持ち運びのできる孤立《こりつ》的のもの」（『牧口常三郎全集第3巻』）を習得《しゅうとく》することを念頭に置いてはいません。

「郷土における自然界、人事界の複雑多方面なる勢力、関係に影響せられて吾《われ》らが生長発育せしものなることを明瞭《めいりょう》に自覚するように、四周《ししゅう》の天然人為の森羅万象《しんらばんしょう》を観察せしめ、その各事物、相互間における美妙《びみょう》なる関係を認識」（同前）することで、土地と人間の切っても切れない絆《きずな》を日々の生活に基づいて実感として学び、自己の存在基盤《きばん》をなす〝かけがえのないもの〟として郷土を大切に思う心を育む中で、有形無形《ゆうけいむけい》の恩に対する思いを自身の行動に還元《かんげん》していく生き方を促《うなが》すことを目指したものです。

牧口初代会長はすでに『人生地理学』の段階で、「慈愛、好意、友誼《ゆうぎ》、親切、真摯《しんし》、質朴《しつぼく》等の高尚《こうしょう》なる心情の涵養《かんよう》は郷里《きょうり》を外《ほか》にして容易《ようい》に得《う》べからざることや」と指摘する一方で、「人間が他日《たじつ》大社会に出でて、開かるべき智徳《ちとく》の大要は実にこの小世界に網羅《もうら》しつくせり。もし能《よ》く精細に周囲の事物を観察せんか、他日世界を了解すべき原理はここに確定せらるべし」（『牧口常三郎全集第1巻』）と強調し、広く社会や世界を動かしているさまざまな原理が身近な姿を通して展開される集約《しゅうやく》的な場として、郷土を位置づけていました。

この認識に基づいて提唱された郷土科は、郷土と自分との交わりを通じて培《つちか》った「共生の生命感覚」を基礎に、良き郷土民として生きるだけでなく、その延長線上において、広く社会のため、国家のため、さらには人類のために貢献する生き方の萌芽《ほうが》を育《はぐく》むことまで射程《しゃてい》に入れた教育にほかならなかったのです。

牧口初代会長は郷土を、生まれ故郷としての概念に狭《せば》めることなく、自分が暮らし、歩き、さまざまな出来事を直接見聞きし、その一つ一つに胸が動かされる場所——いわば、今現在の生活の立脚点《りつきやくてん》となっている「地域」の意味として幅広く捉《とら》えていました。

この郷土民としての自覚が、「生命を世界に懸《か》け、世界をわが家となし、万国を吾人《ごじん》の活動区域となしつつあることを知る」（同前）という世界市民意識の礎《いしずえ》になると考えていたのです。

「地域」を舞台に生涯学習を推進

こうした牧口初代会長の洞察《どうさつ》を踏まえ、私は、「持続《じぞく》可能な開発のための教育の10年」から新たな枠組みへと続く活動の中で、「地域」を足場《あしば》にした教育を進めるために、今後ますます重要になると思われる三つの観点を提起したい。

一、地域の風土や歴史を知識として学ぶだけでなく、そこで育まれてきた郷土を愛し大切に思う心を受け継ぐための教育。

一、地域の人々の生産や経済活動を含め、自分を取り巻く環境がもたらす恩恵を胸に刻《きざ》み、その感謝の思いを日々の行動に還元することを促《うなが》す教育。

一、これから生まれてくる世代のために何を守り、どんな社会を築けばよいのか、地域の課題として共に考え、自身の生き方の柱に据《す》えていくための教育。

この取り組みを学校教育の場で進めるだけでなく、あらゆる世代や立場の人たちを含める形で「地域を舞台に共に学び合う機会」を社会で積極的に設けることが必要でしょう。

それがそのまま、地域全体を巻き込む形で、さまざまな人々の思いを共有し合う場となり、世代から世代へと思いを受け継がせていく「生涯学習」の場になっていくと思うのです。

また、子どもたちが主役となって地域の自然環境を守り、持続《じぞく》可能な地域づくりを進める活動を定期的に行う中で、大人の目線では見過《みす》ごされがちな課題や問題点を洗い出し、率直な指摘や改善のための提案を行う場を設けることも有益《ゆうえき》ではないでしょうか。

マータイ博士が、幼い頃から故郷のシンボルとして大事にしてきたイチジクの木が失われてしまったことを契機に、地域が直面している危機を鋭く感じ取ったように、さまざまな脅威《きょうい》が最悪の状況に至《いた》る前の〝わずかな変化の兆《きざ》し〟に気づくことができ、その進行を押しとどめるために人々が協力して立ち上がることのできる最前線が「地域」にほかなりません。

グローバルな危機も元をたどっていけば、各地で起こった問題が負の連鎖《れんさ》を起こし、深刻さを増す中で、いつのまにか手に負えない猛威《もうい》と化してきた側面があります。その一方で、グローバルな危機を放置しておけば、新たな問題や脅威が地域に降りかかってくる恐れも十分にあるのです。

であるならば、わずかな変化や問題の兆候《ちょうこう》が表れやすい地域で、一人一人がその意味を敏感《びんかん》に感じ取り、心の痛みを決意に変えて、できることから行動を始めていく。そして、共々に地域の〝防風林《ぼうふうりん》〟としての役割を担《にな》い、また、地域同士で横の連帯を広げてグローバルな脅威の拡大に歯止めをかけつつ、持続《じぞく》可能な地球社会の大道を開く地域づくりを、一つまた一つと堅実に推《お》し進《すす》めていこうではありませんか。

未来を開くための比類《ひるい》なき世襲《せしゅう》財産

以上、リオ＋《プラス》20に向けて提案を行いましたが、「共通目標の制定」や「制度改革」に加えて、「教育枠組みの推進」をセットにしたのは、生涯を通じて〝変革の主体者〟となり、〝周囲に希望の波動《はどう》を広げる存在〟となる人々の育成こそが、持続可能な地球社会を築《きず》く挑戦の生命線であると考えるからです。

まさに人類と地球の未来がかかっている重要な会議を目前に控《ひか》え、私の胸に再びよみがえってくるのは、ローマクラブのペッチェイ博士の言葉であります。

「一人一人の人間には、これまで眠ったままに放置《ほうち》されてきた、しかし、この悪化しつつある人類の状態を是正《ぜせい》するために発揮《はっき》し、活用することのできる資質《ししつ》や能力が、本然的《ほんねん》に備《そな》わっている」「この人類の潜在能力は、いざというときの切り札として、局面の逆転を助けてくれるはずです。われわれはまだこの能力を甚《はなは》だしく浪費《ろうひ》し、誤用《ごよう》していますが、最も有能で幸運な人々から最も貧しい底辺の人々にいたるあらゆる人間に本来備《そな》わっている、この生得《せいとく》の、活気に満ちた、豊かな資質と知性こそは、人類の比類《ひるい》なき世襲《せしゅう》財産なのです」（前掲『二十一世紀への警鐘』）

博士が着目《ちゃくもく》していた、すべての人々の持つ無限の可能性という「人類の比類《ひるい》なき世襲財産《せしゅう》」を、持《じ》続可能《ぞく》な地球社会の建設という未曽有《みぞう》の挑戦のために生かす最大の原動力となるのが、教育にほかなりません。

教育は、どんな場所でも、どんな集まりでも実践でき、あらゆる人々が主体的にかかわることのできるものです。そして、すぐには目に見えた結果が表れなくても、じっくり社会に根を張り、世代から世代へと受け継《つ》がれるたびに輝きを増していく――。

私どもSGIが、どのような地球的問題群の解決を目指す上でも、「民衆の民衆による民衆のためのエンパワーメント」を運動の根幹《こんかん》に据《す》えてきた理由は、その点にあります。

持続可能な未来を共に考えるための対話のフォーラムとして開催してきた展示会のタイトルを、「希望の種子《しゅし》」や「変革の種子」と名付けたのも、仏典に「物だね（種）と申すもの一なれども植えぬれば多くとなり」（物の種は、たとえ一つであっても植えれば多数となる、との意。御書971ジペー）とあるように、一人一人の胸に種を植えていくことが時代変革の直道《じきどう》であると固く信じてきたからでした。

また、多くの国々で環境を保全《ほぜん》するための活動に取り組む際も教育的な観点を重視してきました。今年（2012年）で開設20周年を迎えるブラジルSGIの「アマゾン自然環境保護センター」でも、熱帯雨林《ねったいうりん》再生プロジェクトに取り組む一方、持続可能な社会づくりを住民主導《しゅどう》で進めることを、教育の力で後押《あとお》ししてきました。

こうした活動などを通じて、私が友情を深めてきた一人に、ブラジルを代表する詩人のチアゴ・デ・メロ氏がいます。

リオ＋《プラス》20に向けての提言を締《し》めくくるにあたり、〝地球の肺〟と呼ばれるアマゾンの大切な自然を守るために戦い続けてこられたメロ氏の言葉をもって結びとしたい。その言葉とは、1997年4月に再会した折に、メロ氏が私に贈ってくださった即興詩《そっきょうし》です。

「私は、愛を武器として、謳《うた》いながら働く。あすの建設のために。

愛はすべてを与える。私は希望を分かち合い、新たな生命の光を植えていく。

時には、炎が立ちのぼるアンデスの峰《みね》で、わが友愛の心の叫びが封《ふう》じ込《こ》められようとした。だが私は、その炎を乗り越えて、今も謳い続ける。

新しい道などないのだ。あるのは、ただ、新しい歩《あゆ》み方《かた》だけだ。

不遇《ふぐう》な人々の痛みをわが痛みとし、空腹《くうふく》で眠る子どもたちの悪夢に同苦《どうく》しながら、私は学んだ。この地球は、自分だけのものではないということを。

そして、私が学んだ最も大切なこと。それは、わが命が尽《つ》きる前に、変えるべきことを変えるために行動することである。

一人一人が自分らしく、自分の立場で――」

[貧困《ひんこん》と人間開発]

貧困撲滅《ぼくめつ》へ「人間開発」を推進（1996年）

「戦後50年」という時代の大きな節目《ふしめ》に当たった昨年の1995年という年は、さまざまな意味で私たちに「20世紀」の総括《そうかつ》を迫《せま》るまたとない機会となりました。冷戦終結から6年余りの歳月がたち、「過去」を冷静に見つめることのできる環境が整《ととの》ってきたこともあって、近年、歴史家や学者などの間でこうした作業が進められてきております。

すでに幾《いく》つかの著作が世に問われていますが、それらに共通して見られる認識は、冷戦後に噴出《ふんしゅつ》した諸問題を精査《せいさ》していくと、その考察《こうさつ》は「20世紀」という時代そのものにまで行き着かざるをえないという点にあるといえます。

イギリスの歴史家エリック・ホブズボーム氏が1994年に発表した大著『極端の時代』などは、その一つに数えられましょう。これまで19世紀の歴史を三部作（『革命の時代』『資本の時代』『帝国の時代』）にまとめあげたこともある氏によれば、フランス革命の始まった1789年から1914年にまたがる「長い一九世紀」は、物質的、知的、精神的レベルでほぼ絶え間《たま》ない進歩を成《な》し遂《と》げた時代だったが、その後に続いたのは第1次世界大戦の勃発で始まり1991年のソ連崩壊《ほうかい》で幕を閉じる「短い二〇世紀」であったといいます。氏はその上で、この「短い二〇世紀」の特徴を、あらゆる領域でそれまで当然のこととされてきた基準が後退し、生産と破壊《はかい》の全面で「極端」への傾向が高《こう》じた点にある、と分析したのでした（『20世紀の歴史』河合秀和訳、三省堂。引用・参照）。

確かに私たち人類は、19世紀とは比較にならないほどに量的にも質的にも「極端化」した形で――二度にわたる世界大戦は申すまでもなく、ナチスによるホロコーストや旧ソ連でのラーゲリ（収容所）、パレスチナなどでの大量難民やカンボジアにおける大虐殺《だいぎゃくさつ》など――絶《た》えず悲劇《ひげき》が繰り返されてきた20世紀の歴史を目《ま》の当《あ》たりにしてきたといえます。

私もこれまで数回にわたり、「戦争と暴力の世紀」であった20世紀を乗り越えるための方途《ほうと》を「提言」の中で論じてきましたが、真に問題とすべきはその悲惨《ひさん》さが身にしみているにもかかわらず、流転《るてん》の歴史から一向《いっこう》に脱却《だっきゃく》できないでいる、人間の〝愚《おろ》かさ〟なのではないでしょうか。

ミハイル・ゴルバチョフ氏（元ソ連大統領）も、私との間で現在進めている対談集の中で、「すでに手遅れとなって、初めて、人々は耳をかたむける気になるのが常であるという事実こそが、今世紀の悲劇《ひげき》である」（『二十世紀の精神の教訓』、『池田大作全集第１０５巻』所収）と指摘されましたが、「極端化」の加速が止まらない以上、もはや人類がそうした〝愚行《ぐこう》〟を繰り返す余地《よち》は残されていないのであります。冷戦後もなお、ルワンダや旧ユーゴスラビアなどで目を覆《おお》うばかりの惨劇《さんげき》が繰り返される現実を前にする時、単に一人の人間として心を痛めるだけでなく、まさに人間の〝業《ごう》〟ともいうべきテーマを正面から掘《ほ》り下《さ》げていくことなくして、〝非人間性〟に彩《いろど》られた悪夢のような「20世紀」を克服《こくふく》するすべはないと、私は痛感《つうかん》するのです。

来るべき21世紀、「第三の千年」の人類史を、これまでと同様に暴力と流血で染《そ》めてはならないし、非人間的な行為を正当化させる〝狂信《きょうしん》〟を跋扈《ばっこ》させてはならない、と私は強く訴《うった》えたい。こうした「悲劇」が繰り返されるたびに人類が贖《あがな》ってきた代償《だいしょう》は、あまりにも大きかった。その苦々《にがにが》しい〝20世紀の精神の教訓〟を無にすることなく、今再び猛威《もうい》を振《ふ》るっている「分断」のエネルギーを克服《こくふく》し、環境や貧困《ひんこん》といった山積《さんせき》する「地球的問題群」に向けての〝人類共闘〟の足場《あしば》を築き上げていくことこそ、21世紀までの残りわずかの間に、私たち人類が取り組むべき最優先の課題ではないでしょうか。

この〝人類共闘〟という難題を前にする時、私の脳裏《のうり》にはアウレリオ・ペッチェイ博士（ローマクラブの創設者）が私との対談集『二十一世紀への警鐘《けいしょう》』（『池田大作全集第4巻』所収）で、〝責任と慈愛《じあい》をもって、次の世代に「生きる道」を準備してあげなければならない〟と呼びかけた言葉が思い起こされます。

いずれの地球的問題群もその解決には長い年月と多くの労力を必要とするだけに、〝共闘〟を支える人々の深い精神性なくして「挑戦」を継続させることはできません。私はその原動力となるものこそ、まさしく博士が訴えたところの〝未来への責任感〟ではないかと考えます。私たちはこれからの世代や未来の生命全般に対し負っている責務《せきむ》について視野《しや》を広げながら、道を過《あやま》たぬよう行動をとらねばならないのであります。「地球」が病《や》んでいるといっても、本当の問題は「人間」が病んでいることにある——そう結論した私と博士は、そこで要請されるものこそ「人間革命」にほかならないとの合意をみたのでありました。博士は、「人間革命のみが、われわれの内なる潜在《せんざい》力を開発させ、自身が本来はいかなる存在であるのかを十分に自覚させ、それにふさわしい行動をとらせることができる」（同前）と強調されましたが、この言葉はまさしく、私どもSGIが世界へ広げてきた「人間革命」運動の一大目的を言い表したものといってよいでしょう。

かつて私は〝人類共闘〟への思いを込めて、1989年に国連本部でSGIが開催した「戦争と平和展」に対し、「座《ざ》して地球の危機を看過《かんか》するのではなく、志を同じくする人々が連帯の輪を広げ、私たちが生きている時代に、人間の『勇気』と『英知』は何ものにも屈伏《くっぷく》しないことを示したいと思います。それが私どもが、次の世代に贈ることのできる最高の『財産』ではないでしょうか」（『池田大作全集第52巻』所収）とのメッセージを寄せたことがあります。

これまでSGIは国連NGO（非政府組織）として、地球的問題群に対する意識啓発《けいはつ》を目的とする展示活動（「核兵器――現代世界の脅威《きょうい》」展、「戦争と平和展」、「環境と開発展」）や、国連の進める「人権キャンペーン」の趣旨《しゅし》に賛同《さんどう》して行った「現代世界の人権」展、また「子どもの人権展」や「勇気の証言――アンネ・フランクとホロコースト」展などの一連の人権展示を行ってまいりました。加えて、UNHCR（国連難民高等弁務官事務所）による難民救援を支援するさまざまな人道的活動を各地で展開してきたのも、未来への責任感――いわば「人間」としての〝やむにやまれぬ思い〟にかられてのものにほかなりません。

◇

国連が本年（1996年）を「貧困撲滅《ひんこんぼくめつ》のための国際年」と定め、明1997年からは「貧困撲滅のための国連の10年」をスタートさせる方向にあるように、国際社会は今、古くて新しい「貧困」という問題に、全力で取り組む動きをみせております。昨年（1995年）3月には、この問題を主たるテーマに「社会開発サミット」も開催されました。

国連のガリ事務総長は、1994年5月に発表した『開発への課題』の中で、さまざまな紛争《ふんそう》の根《こん》源《げん》が地球上に存在する10億人を超える絶対的貧困にあることを指摘しました。

こうしたベーシック・ヒューマン・ニーズ（最低限の栄養や生活必需品）さえも得られない「絶対的

貧困層《ひんこん》」の数は、世界銀行の昨年（1995年）の報告『開発の社会指標《しひよう》』によれば、11億人にも及ぶといわれています。現在の世界人口が約58億人といわれるだけに、少なくとも地球上の六人に一人の人が極度の貧困状態におかれていることになるのです。

この絶対数の多さもさることながら、問題はその数が絶《た》えず増え続けていることにあります。世銀は、このまま事態を放置するならば、2000年には13億人にまで達するとの見通しを明らかにしています。

加えて、WHO（世界保健機関）も昨年（1995年）の年次《ねんじ》報告書の中で、〝最も恐ろしい病気は貧困である〟と強調し、世界の子どもたちの3分の1が栄養不良に陥《おちい》っている事態に警告を発しております。

先に私が貧困の問題を〝古くて新しい〟と形容したように、それぞれの国においても、また国連やその関連機関でも、まったく取り組みがなされてこなかったわけではありません。ただし、その取り組みが十分に実《みの》ることなく、解決が遅々《ちち》として進まないまま現在に至《いた》ってしまったのであります。そして冷戦後の現在、貧困が対立を助長《じよちよう》させ、その対立から起こる紛争がさらに貧困を深刻化《しんこくか》させる〝悪循環〟が、ソマリアやルワンダなど各地でみられました。国際赤十字社《せきじゆうじしや》・赤新月社《せきしんげつしや》連盟の昨年（1995年）の報告によれば、世界各地で56件の武力紛争が発生し、これまでに1600万人が難民となり、約2600万人が国内で避難民《ひなんみん》の状態に置かれているといいます。世界の1％近い人々が、その住処《すみか》を追われ、生命・自由・財産を脅《おびや》かされている状況にあるのです。

その一方で、先進諸国の間では、世界的な景気停滞《ていたい》の影響もあり、残念ながら途上国に対する「援助疲れ」が顕在化《けんざいか》してきております。

事実、先進諸国によるODA（政府開発援助）をこれまで調整してきたOECD（経済協力開発機構）の開発援助委員会では、昨年（1995年）5月に、対象とする国・地域を、今後徐々に削減《さくげん》させていく方針も打ち出されました。こうした現状は、「システムなきシステム」による行き詰《づ》まりにほかならないと指摘する学者もおりますが、恣意的《しいてき》な影響を排《はい》しにくい二国間援助を軸《じく》とするアプローチから比重を移し、新しいコンセプトに基づく国際的な枠組みを確立しない限りは、事態の悪化を止めることは難しいといえましょう。世界人権宣言に謳《うた》われた「恐怖と欠乏から解放された世界の到来が人間の最高の願望」という精神を実現させていくためにも、国際社会は法的にも組織的にも実効的な対策を真剣に探《さぐ》る必要があります。

やはり私は、この新しいコンセプトの核心をなすものは、「国」よりもまず第一に「人間」そのものを守る――「ヒューマン・セキュリティー（人間の安全保障）」の概念《がいねん》でなければならないと考えます。

アーノルド・J・トインビー博士も私との対談の中で、援助が正しい長期的目標を志向《しこう》したものであるかどうかをみる決め手は、「その物質的援助が精神的援助につながるよう設計されているかどうか」（『二十一世紀への対話』、『池田大作全集第3巻』所収）であると指摘されておりました。この博士の言葉に照らしても、これまでの援助は一国の経済をいかに発展させるかというマクロ的な目標に主《しゅ》眼《がん》が置かれるきらいがあった。その意味から言えば、貧困に苦しむ人間そのものに焦点《しょうてん》を当てていない、また教育や保健衛生といった「人間開発」の優先分野に焦点を合わせていない、現在の援助のあり方を改めることが先決になろうと思われます。

なぜなら、人々が最低限の必要を満たし、生計のための機会を与えられるならば、自身の能力を開発し、その発現を通して社会に参加していく流れができてくるからです。人々に「自立」を促《うなが》す「人間開発」がひとたび軌道に乗るならば、その社会や国家は次第に安定していくはずであります。いわゆる〝参加型の開発〟への発想の転換が必要となっているのです。「開発」という言葉は功利《こうり》的《てき》な色《しき》彩《さい》の強いものでありますが、「人間開発」という概念《がいねん》にはより広義で〝意欲〟的な意味が込められているのであり、人間の無限の力を引き出すことに最大の眼目《がんもく》が置かれたものなのであります。一人一人に備わる「内発の力」という、この〝再生も拡大も可能〟な資源を十分に「開発」する環境づくりを、国連が軸《じく》となって推《お》し進《すす》めていくことが、紛争《ふんそう》を未然《みぜん》に防止し、あまりにも悲惨《ひさん》な〝悪循環〟を断《た》つことにつながるはずです。

私は、この「貧困撲滅《ひんこんぼくめつ》」という困難な課題に人類が正面から取り組むことが、「地球社会」の歪《ゆが》みをなくしていくことへの第一歩になると確信しています。

その礎《いしずえ》となる「新たな倫理観《りんりかん》」もすでに模索《もさく》が始まっております。

新たな世界づくりのための指針《ししん》を打ち出すために組織化された「グローバル・ガバナンス委員会」（26人の世界的識者《しきしゃ》による〝賢人会議〟）は、昨年（１９９５年）１月に、報告書『Our Global Neighbourhood』（邦訳は『地球リーダーシップ』京都フォーラム監訳・編集、日本放送出版協会）を世界に発表しましたが、この中核をなすビジョンは、「地球市民としての倫理観の確立」であり、「シビル・ソサエティー（民衆社会）」の地球的規模での実現となっているのです。

昨年（１９９５年）、平和研究機関である「ボストン21世紀センター」（現・池田国際対話センター）は、３回にわたって「国連ルネサンス会議」を行いました。そこでは、21世紀を希望ある未来とするためには思想、制度の根本的な変革に目覚めて立ち上がる〝世界市民の連帯〟が不可欠《ふかけつ》であることが論じられました。その上で真の社会の変革のためには、まず、明快なビジョンが示される必要があり、国連をはじめ、世界的な機構や制度の変革への行動は、人間一人一人の心の変革から始まる、という視点が浮《う》き彫《ぼ》りにされたのであります。

時代の焦点《しょうてん》はまさに、地球的規模で広がる深刻な「人間の尊厳性の危機」に反応する〝想像力〟と、これに立ち向かう〝勇気〟を併《あわ》せ持《も》った「世界市民」をいかに輩出《はいしゅつ》していくかにあるといってよい。

この喫緊《きっきん》の課題に思いをはせる時、私の頭に浮かんでくるのは哲学者ヤスパースの言葉であります。以前、私は、ヤスパースが名付けた「枢軸《すうじく》時代」という歴史の枠組みに着目《ちゃくもく》して、現代ほど「人類的自覚に立った個」が要請されている時代はないと論じたことがあります(「平和の鼓動　文化の虹」、『池田大作全集第1巻』所収)。

ヤスパースの真骨頂《しんこっちょう》は、やはり、「現実の世界にあって人びととともに生きることなしには、すなわち何事かを行なうことなしには、本当に哲学することはできない」(『哲学への道』草薙正夫・林田新二・増渕幸男・宮崎佐和子訳、以文社)との信条のままに、変わらざる鋭《するど》さと関心の広さをもって時代に積極的に関与《かんよ》し、問題の本質を徹底的に追究していった姿勢にあるでしょう。ナチスの政権掌握《しょうあく》(1933年)の直前には『現代の人間』を、その崩壊の直後には『ドイツ人の罪の問題』を、また現代を論じた『原子爆弾と人間の未来』を著《あらわ》すなど、ヤスパースはその時代時代の問題を論じた著作を世に問い続けました。そんな彼の生き方は、弟子のH・アレントが尊敬の念を込めて、「ヤスパースは、少なくとも一九三三年以降のすべての著作において、つねに全人類の前で自分自身に責任を負っているかのように書いてきました」(『暗い時代の人々』阿部斉訳、河出書房新社)と評するほどであります。

ヤスパースは、かりそめの平和のなかで安閑《あんかん》としている人類に対して、「われわれは、われわれに許された僅《わず》かな瞬間において、現存在《げんそんざい》の幸福を享受《きょうじゅ》することを許されている。けれども、これは土壇《どたん》場《ば》の猶予《ゆうよ》である」と強調した上で、次のような警句《けいく》を残しております。「人間の喪失《そうしつ》、人間的世界の喪失という深淵《しんえん》におちいるか、いいかえれば、結果として人間的現存在一般の停止を選ぶか――それとも、本来的人間への自己変化によって、また予見《よけん》されえない本来的人間への機会によって、飛躍《ひやく》をなしとげるか、いずれかを選ばなければならない」(『哲学の学校』松浪信三郎訳、河出書房新社)――と。

彼のいうように、「土壇場の猶予」はあくまで猶予にすぎない以上、人類はその取り巻く厳しい現実から目を背《そむ》けてばかりはいられないのです。「世界市民」といっても、決して遠い世界の住人のことではありません。ヤスパースのいう「本来的人間」への自己変革を成《な》し遂《と》げることがそのまま、「世界市民」への確かな一歩となると、私は考えます。

現実の諸問題に悩み苦しむ人々や、自らの尊厳が脅《おびや》かされても為《な》す術《すべ》をもたない人間に対して、無関心でいられるような荒廃《こうはい》した精神、また生命感覚であったならば、どうして人類の未来など論《ろん》ずることができるでしょうか。「世界市民」にとって必須とされる「人類益《えき》」への発想の転換といっても、日々の実生活のさまざまな経験を通して人間の精神が陶冶《とうや》されていかない限りは、時代の方向性を決定づける力には、到底なりえないのです。私どもＳＧＩが現在、「人間革命」運動を通して挑戦している課題も、まさにこの一点にあるのです。

いうなれば、無限の「内発《ないはつ》の力」に目覚めた民衆一人一人が、自己の責任において〝人類益〟のために行動することを促《うなが》す運動なのであります。迂遠《うえん》のように見えるかもしれませんが、内なる変革を第一義とする「人間革命」運動こそ「地球革命」を実現させゆく王道にほかならない、と私は確信しております。

「グローバル・マーシャルプラン」の実施（2000年）

国連では、9月（2000年）から始まる第55回総会を「ミレニアム総会」と位置づけ、「新時代における国連を活性化するビジョンを明示、確認」し、「21世紀の挑戦に応《こた》えられるように国連の役割を強化する機会」とすることを目指しています。

また、これに並行し、世界の首脳クラスが一堂に会する「ミレニアム・サミット」が開催され、「21世紀における国連」のテーマのもと、①軍縮を含む平和と安全保障②貧困撲滅《ひんこんぼくめつ》を含む開発問題③人権④国連の強化、が討議される予定となっているのです

◇

ミレニアム・サミットの議題の中に、特に項目として盛り込まれたように「貧困撲滅」は、早急に対処すべき人道的課題です。

現在、グローバル化の進展に伴《ともな》い、その負《ふ》の側面《そくめん》として、地球的規模での貧富の格差がますます拡大しております。一部の国が多くの資源を消費し豊かな生活を謳歌《おうか》する一方で、世界総人口の4分の1の人々は極貧《ごくひん》状態に置かれており、人間の尊厳が日常的に脅かされている状況が続いています。地球社会における、この〝歪《ゆが》み〟を是正《ぜせい》することは、21世紀の人類が避《さ》けて通れない課題なのです。

しかし、この課題は決して克服できないものではない。UNDP（国連開発計画）の試算によれば、貧困撲滅対策にかかるコストは、全世界の国々の国民所得を合わせたものの約1％——最貧国を除いた国々の国民所得の総計では、2～3％程度にすぎません。各国が軍事支出を削減《さくげん》し、余剰《よじょう》資金を貧

困緩和と人間開発のための対策に振り向けるだけで、問題の相当部分が解消できる環境が整《ととの》えられるのです。（広野良吉・北谷勝秀・恒川恵市・椿秀洋監修『ＵＮＤＰ「貧困と人間開発」』国際協力出版会、参照）

紛争《ふんそう》の要因の一つは、社会を不安定化させる貧困《ひんこん》の存在にあります。貧困が紛争を招《まね》き、紛争のためにますます貧困になるという悪循環《あくじゅんかん》を断《た》ち切《き》る道を選択することは、戦争の原因をなくすと同時に、地球社会の〝歪《ゆが》み〟を解消することにもなるのです。

また、「人間の尊厳」を脅《おびや》かす戦争と貧困の原因を取り除くことは、長期的にみれば、人権状態の改善にもつながっていきましょう。昨年（１９９９年）のサミットで、重債務《じゅうさいむ》貧困国に対する救済措《きゅうさいそ》置《ち》を強化する「ケルン債務イニシアチブ」が合意《ごうい》され、救済により利用可能となる資金が、貧困緩和《かんわ》や教育・保健・医療等の社会開発に充当《じゅうとう》されることになったことは、その意味で一つの前進となりました。新しい時代の扉を開くためには、意欲的で大胆な発想が求められます。

私は、「新たな千年」の出発にあたり、サミットでの合意を発展させ、さらに大きく踏み込んだ形で、全人類的な観点に立った地球共生社会のためのプラン――第２次大戦後の欧州復興《ふっこう》に役立ったマーシャルプランを全地球規模に広げた「グローバル・マーシャルプラン」ともいうべきものを、国連が旗振《はたふ》り役《やく》となって推進すべきであると提案したいのです。

続いて、「人間開発」を地球的規模で推進するための提案をしておきたい。

そこで私が着目《ちゃくもく》するのが、各国で活動する国連機関を束《たば》ねる拠点としての「国連ハウス」であり、その機能拡充《かくじゅう》です。「国連ハウス」の構想は、開発などに携わる国連諸機関の協力を進めるために国連で提唱されたもので、国ごとに活動を実施している各機関を「国連ハウス」と呼ばれる共通の建物に集め、国連という一つの旗のもとに共同して活動させるプランです。

私はその役割を一歩広げ、各国における〝国連の大使館〟——現地での国連の活動推進や広報拠点として総合的な役割を担《にな》えるように拡充していってはどうかと考えます。

特に貧困撲滅《ぼくめつ》や、その解消のための人間開発を進めるにあたっては、地域の特性や問題の所在を十分に踏まえた上での計画が求められます。加えて、政府との交渉を図《はか》る窓口が一本化し、常設化されれば、実施もスムーズになっていくのではないでしょうか。

社会的公正のための「地球フォーラム」（2001年）

世界銀行（以下、世銀）の昨年度（2000年度）の開発報告によれば、1日あたり平均1ドル以下の生活費で暮らす人々は、世界の人口の約2割を占める12億人にものぼり、その数は減少するどころか増加傾向にあるといいます。

また世銀では、こうした統計的なデータとあわせて、『貧しい人々の声』と題するリポートを昨年（2000年）発表しました。これは、10年かけて、60カ国6万人の人々に聞き取り調査を続けた労作《ろうさく》であり、貧困に苦しむ人々の肉声を具体的に紹介しながら、どこに問題の所在があり、人々が何を求めているかを浮《う》き彫《ぼ》りにする内容となっています。

世銀ではそれらの声を分析した上で、①人々が貧困から抜け出すための経済的な「機会の提供」②自ら職業などを決定できる能力を身につける「エンパワーメント」③基本的な生活基盤《きばん》の整備と災害や混乱時に人々を支援する「保障」――に留意《りゅうい》して政策や援助を進める必要があると促《うなが》しております。

この点、経済学者のアマルティア・セン博士は、「適切な社会的機会を与えられれば、個々の人間は自分の運命を効果的に構築《こうちく》し、互いに助け合うこともできる。人間をもっぱら巧《たく》みな開発計画が生む利益の受け身の受益者《じゅえきしゃ》としてみなす必要はない」（『自由と経済開発』石塚雅彦訳、日本経済新聞社）と述べております。つまり、人々を援助や開発の〝受け手〟と見るのではなく、変革への積極的な〝参加者〟として位置づけるべきである、と。

私も、まったく同感であります。ゆえに援助や開発を進めるにしても、半《なか》ば一方的に内容を決めるのではなく、今回の世銀のリポートが志向《しこう》したように〝直接声を聞き、その意見を反映させる〟アプローチが重要となるといえましょう。そのためには、各国における民主化の促進《そくしん》とともに、国際社会においても、現実に悩み苦しむ人々の声を汲《く》み取《と》る場を、恒常的《こうじょう》に設ける必要があります。

現在、先進国の側には、各国首脳によるサミットや、主要な政財界人が集い行われる「世界経済フォーラム」の年次総会（ダボス会議）などがあり、国際政治や国際経済の方向性を検討する場となっています。

そこで私は、これらの会議と途上国側との〝橋渡し〟の役割を果たしつつ、公正で人間本位の地球社会を目指し、対話・協議する「地球フォーラム」ともいうべき場を設置してはどうかと、提案したい。これは、途上国の政府と市民の代表、さらに国連事務総長をはじめ国連の諸機関の責任者が集い、各国や諸機関における成功例や教訓を提供し合いながら、途上国側に配慮《はいりよ》したグローバル化と、それぞれのニーズに応じた人間開発の促進等を図《はか》る役割を担《にな》うものです。会議は年2回程度行い、その成果と要望を携《たずさ》えて、サミットやダボス会議に代表が出席し、意見が協議の内容に反映されるよう働きかける形なども考えられます。

昨年（2000年）の「九州・沖縄サミット」では、サミットの歴史で初めて、先進国と途上国代表との首脳レベルの対話が実現しましたが、こうした試《こころ》みを軌道《きどう》に乗せ、その「対話」の枠組みをサミットの大きな柱としていくことが望ましいのではないでしょうか。

「ミレニアム開発目標」の推進（2003年）

2001年6月、「人間の安全保障委員会」が発足しました。同委員会では、「人間の安全保障」への理解を広げ、これを国際社会の共通の政策方針に据《す》えていくための報告書の作成に取り組んでおり、本年（2003年）6月に発表される予定になっています。

この作業に対し、「人間の安全保障」に関する研究に取り組んできた研究者のグループが、共同で問題提起を行っています。「『人間の安全保障』についての公開書簡」と題し、36人の研究者による討《とう》議《ぎ》の成果をまとめたものです。

そこでは、①日常の不安を中心に置くこと②最も弱いものを中心に置くこと③多様性を大切にすること④相互性を大切にすること、の四つの視座《しざ》に留意《りゅうい》し、人間の不安や脅威《きょうい》の源泉《げんせん》としての軍事化やグローバル化に伴《ともな》う問題に目を向けるべきであると訴《うった》えています。

これらの主張は、私の年来の主張とも重なるものであり、強く共鳴《きょうめい》するものです。

◇

UNDP（国連開発計画）の報告書によると、1日2ドル未満で生活している人は世界で28億人にも達し、そのうちの12億人が1ドル未満の生活を余儀《よぎ》なくされています。また、世界で栄養不良に苦しむ人々の数は、8億人を超えると推定されています。

こうした状況を改善するために、国際社会が強い決意をもって取り組むことが急務《きゅうむ》となっています。

3年前（2000年）に採択された国連ミレニアム宣言における、「世界のすべての人々を屈辱的《くつじょくてき》で非人間的な極貧《ごくひん》状況から解放するためにあらゆる努力を惜《お》しまない」との誓約《せいやく》を果たすことが求められているのです。

国連では具体的な目標として、2015年を一つの期限として、①1日1ドル未満で生活する人口の割合を半減させる②飢餓《きが》に苦しむ人口の割合を半減させる、など8分野18項目にわたる目標を掲《かか》げています（※2007年に、8分野21項目に改訂）。これらは、1990年代に開催された主要な国際会議やサミット、また国連ミレニアム宣言で合意《ごうい》をみた目標を統合したもので、「ミレニアム開発目標」と総称《そうしょう》されています。

しかし、このままのペースでいけば、世界人口の4分の1以上を占める33カ国では目標の半分も達成できないとの見通しがなされており、UNDPの報告書でも「劇的《げきてき》な転換がなければ、一世代後に世界の指導者は再び同じ目標を設定せざるを得なくなるに違いない」との、強い警告を発しております。

私は3年前（2000年）の提言の中で、地球社会の歪《ゆが》みともいうべき貧困問題の解決を図《はか》るための「グローバル・マーシャルプラン」の実施を呼びかけました。

その原型ともいうべき、マーシャルプランは、第2次世界大戦後の国際社会における、勝者の「自制心のかたち」のよき成功例でした。

21世紀において、こうした「自制心のかたち」をグローバルな形で実現させる挑戦が、今、強く求められています。

その意味で昨年（2002年）、南アフリカでの環境開発サミットで採択された実施計画で、開発途上国における貧困《ひんこん》を撲滅《ぼくめつ》し、社会開発と人間開発を促進《そくしん》するための「世界連帯基金」の設立が合意をみたことを、私は大いに歓迎するものであります。

この基金は、先月（2002年12月）の国連総会で正式に承認されましたが、貧困撲滅に焦点《しょうてん》をあてた基金の設立は初めてのことであり、1992年の地球サミットを経て設置された「地球環境ファシリティ」に次いで、サミットで合意されたグローバルな規模の基金としての意義をもつものです。「ミレニアム開発目標」の達成のためにも、国際社会の力強い連帯の証しとして、各国の協力が求められましょう。

また国連では、「ミレニアム開発目標」の実施状況に関する事務総長報告を、毎年発表することになっています。

そこで、その内容を世界各国の首脳が厳粛《げんしゅく》に受け止めながら、さらなる国際協力の深化《しんか》と拡大を図っていくための「世界サミット」を、2015年まで定期的に行ってはどうでしょうか。

2年ごとの隔年《かくねん》でもよい。国連総会の会期が始まる前に、世界の首脳が一堂に会して、ともに21世紀の人類の平和と幸福を考える場にしていくという、夢多き展望です。

会場は、ニューヨークの国連本部に限らず、貧困や飢餓《きが》で最も苦しんでいる地域で開催していくことが望ましいと、私は思います。

こうした国際協力の枠組みを強化するには、広範《こうはん》な民衆の支持と協力が欠かせません。

国連では、世界中のすべての人々が「ミレニアム開発指標」に対する理解を深め、その達成に向けてさまざまな組織や団体が連携《れんけい》していくための環境づくりを目的とした、「ミレニアム・キャンペーン」をスタートさせました。

私どもSGIも、同キャンペーンの趣旨《しゅし》に賛同するものであり、展示や各種セミナーなどをはじめ、民衆レベルでの〝草の根の意識啓発《けいはつ》〟に積極的に取り組んでいきたい。

また、公正な地球社会のあり方を展望した『貪《むさぼ》りの克服』を昨年（２００２年）発刊した「ボストン21世紀センター」（現・池田国際対話センター）の活動を通じて、学術面や研究面での世界的なネットワークづくりに貢献していきたいと念じています。

貧困《ひんこん》や飢餓《きが》に加えて、今、大きな焦点《しょうてん》となっているのが、水資源の問題です。

現在、世界人口の4割が水不足に直面し、11億人が安全な飲み水を利用できず、25億人が適切な衛生設備《せつび》を利用できない状況に置かれています。また、水関連の病気で死亡する人々は毎年５００万人を超えると推計《すいけい》され、この数は、年間平均の戦死者数の10倍にのぼるといわれています。

国連のアナン事務総長が、「開発途上地域で病気を減らし、人命を救う最善の策は、すべての人々に安全な水と十分な衛生設備を届けることをおいて他にない」と強調している通り、安全な飲料水の確保と衛生環境の整備が急務《きゅうむ》となっているのです。

本年（２００３年）は国連が定めた「国際淡水年」であり、3月には日本で第3回「世界水フォーラム」が開催されます。

私は、ホスト国である日本が、この分野において、技術支援や人的派遣などを通して積極的な役割を果たすべきだと訴《うった》えたい。

この問題が、主要テーマの一つになった昨年（２００２年）の環境開発サミットで、日本はアメリカと協力して「きれいな水を人々へ」と題するイニシアチブを推進することを表明しました。

日本には、これまで世界４０００万人以上の人々に対し、安全な飲料水の確保と衛生環境の整備に努めてきた実績があります。こうした経験を生かしながら、日本が水資源の分野で世界をリードしていくことを期待するものであります。

「グローバル初等教育基金」の設置（2004年）

「人間の安全保障」は、近年、従来の安全保障観の見直しなどを通して形成されてきたもので、国家の安全から人間の安全へと中心軸《じく》を移した新しい安全保障の枠組みです。

それは、戦争やテロ、犯罪などの直接的暴力だけでなく、貧困や環境汚染《おせん》、人権抑圧《よくあつ》や差別、教育や衛生分野での遅れなど、人間の安全と尊厳《そんげん》を脅《おびや》かす問題を対象とする、極めて包括的《ほうかつてき》な概念といえます。

国連のアナン事務総長は年頭のメッセージで、〝イラク戦争によって、貧困、飢《う》え、不清潔な飲料水、環境悪化、感染症など、１００万単位の人々の命を奪う脅威《きょうい》への対処努力が疎《おろそ》かになった〟として、世界の指導者に対し、今年（２００４年）はその潮流を変えて対策を図《はか》るよう訴えましたが、「人間の安全保障」が主に対象としているのはこうした社会的問題であります。

国連開発計画が、その基礎的な概念を提唱して以来、重要性が次第に認識されるようになり、２０01年には「人間の安全保障委員会」が設立され、昨年（２００３年）5月に、報告書（同委員会『安全保障の今日的課題』朝日新聞社）が発表されました。

そこでは、これまでの国際社会における議論なども踏まえ、人間の安全保障を、「人が生きていく上でなくてはならない基本的自由を擁護《ようご》し、広範《こうはん》かつ深刻な脅威や状況から人間を守ること」と定義しています。

私が特に着目《ちゃくもく》しているのは、それを実現する2本柱として、人間の「保護」とともに、「能力強化」

を掲《かか》げている点です。

つまり、人々が単に〝守られる〟だけでなく、人間に備《そな》わっている強さや力を引き出す環境づくりを進めることによって、自ら幸福を勝ち取りながら、社会に〝貢献する〟生き方を促《うなが》していることです。

この点につき、報告書では、次のように強調しております。

「『人間の安全保障』実現のために不可欠《ふかけつ》なもう一つの要素は、人々が自らのために、また自分以外の人間のために行動する能力である」

「この能力を伸ばすという点が、『人間の安全保障』と国家の安全保障、人道活動、あるいは多くの開発事業との相違《そうい》であり、その重要性は、能力が強化されることにより人々が個人としてのみならず、社会としての潜在能力までも開花させうる点にある」

他の人々のために行動することを通して、社会に新しい価値を創造していく挑戦こそ、崩《くず》れざる平和の基盤《きばん》となるものといえましょう。

その意味で、私が「人間の安全保障」を拡充《かくじゅう》させるために、最も力を入れるべきだと考えるのは、何といっても「教育」です。

世界には現在、読み書きのできない8億6000万人の成人と、学校に通えない1億2100万人の子どもたちがいると言われています。

そこで、ユネスコ（国連教育科学文化機関）を中心に「万人のための教育」キャンペーンが展開され、基礎教育の完全普及《ふきゅう》が目指されています。また昨年（2003年）には、「国連識字《しきじ》の10年」がスタートしました。

人々に学びの光を与え、本来備わっている力を引き出し、可能性を開花させる上で欠かせないものが識字ですが、特に非識字者の3分の2を占める女性の識字率を高め、初等教育を普及させることは、女性自身だけでなく、家庭や社会をよりよい方向へ導《みちび》く大きな原動力となるはずです。

先月(2003年12月)発刊されたユニセフ(国連児童基金)の『世界子供白書』でも、世界の開発目標の達成はいずれも女子教育の進展なくしては不可能であるとし、国際開発努力における改革を早急に求めております。

しかし資金などの面で、初等教育の普及が立ち遅れている国は多く、その障壁《しょうへき》を国際協力によって解消していかねばなりません。

国連や世界銀行の試算によれば、世界で費《つい》やされる年間軍事支出の4日分を毎年、教育分野に振り当てれば、2015年までには全世界での初等教育の普及に必要な資金がまかなえると見積《みつ》もっています。

この初等教育の完全普及は、国連の「ミレニアム開発目標」の八大目標の一つをなすものであり、私はこれを後押《あとお》しするために、例えば「グローバル初等教育基金」のような形で、国際的な資金協力の枠組みを強化させるべきではないかと訴《うった》えたい。

『命のための水』世界基金の創設（2008年）

国連が取り組む「ミレニアム開発目標」に関して述《の》べておきたい。

この目標は、2015年までに貧困《ひんこん》や飢餓《きが》に苦しむ人々を半減させるなど、人間の尊厳《そんげん》を保つ上で不可欠《ふかけつ》となる生活基盤《きばん》や社会基盤の確保を目指したものです。昨年（2007年）はその折り返し地点にあたり、国連がこれまでの進捗《しんちょく》状況を調査し、明らかにしました。

それによると、開発途上国で初等学校への就学率が上昇したほか、貧困に苦しむ人々の割合や子どもの死亡率などの点で改善傾向がみられる一方で、このままのペースではミレニアム開発目標のすべての目標を達成することは困難と言われています。

こうした中、昨年（2007年）7月、イギリスのブラウン首相が中心になって取りまとめ、アメリカやカナダ、日本やインド、ブラジルやガーナなど各国の首脳が署名した「ミレニアム開発目標に関する宣言」が発表されました。

そこでは、先進国と途上国がともに政治的な意思をもって、「正しい政策と正しい改革が十分な財《ざい》源《げん》と一体となる体制」を早期に確立することの重要性が確認されています。

そこで私は、国連が2005年から2015年までを「『命のための水』国際行動の10年」とし、今年（2008年）を「国際衛生年」と定めていることに鑑《かんが》み、安全な水の確保と衛生環境の整備を軸《じく》に、「正しい政策と正しい改革が十分な財源と一体となる体制」の確立を目指していってはどうかと考えるものです。

現在、10億人を超える人々が安全な水を得る権利を否定され、26億人が十分な衛生設備《せつび》を利用できない状況に置かれています。その結果、毎年およそ180万人の子どもが下痢《げり》やその他の疫病《えきびょう》で命を落とし、多くの女性や少女が毎日の水汲《みずく》みを余儀《よぎ》なくされ、雇用や教育のジェンダー不平等（社会的性差による格差）を拡大する状況を招《まね》いています。

また、安全な水と衛生設備の不足により引き起こされる日常的な体調不良などが加わり、経済的な不平等が固定化され、人々を〝貧困の連鎖《れんさ》〟に閉じ込めてしまうことが懸念《けねん》されています。

国連開発計画も、「水と衛生に関する危機の克服は、21世紀前半の重要な人間開発課題の1つ」と位置づけ、その対策が成功すれば、「ミレニアム開発目標（MDGs）に間違いなく弾《はず》みがつくことになろう」と強調しています。

また、水と衛生設備に関する目標を達成するには、世界の軍事支出の約8日分にあたる100億ドルの追加資金が毎年必要となると試算し、「国家安全保障というより狭義《きょうぎ》の概念《がいねん》は除外して、人間の安全保障の向上という点からみると、少額であっても軍事支出を水と衛生設備への投資に回せば、大きな利益がもたらされる」と呼びかけています（以上、横田洋三・秋月弘子・二宮正人監修『人間開発報告書　2006』国際協力出版会）。

すでに、ミレニアム開発目標に関する資金的な枠組みが成果を収めてきた例として、2002年に設立された「世界エイズ・結核・マラリア対策基金」があります。

その最大の特徴は、地域や疾病《しっぺい》ごとに事前に予算を割り当てず、各国のニーズに応じた計画を立て、審査を経て財政的な支援を行うという「途上国のオーナーシップ」が重視されていることです。また運営にあたる理事会には、各国の代表以外に、民間セクター、先進国と途上国のNGO（非政府組織）、感染者団体の代表が加わり、同等の票と発言権を持つことで、より広範《こうはん》な人々の声を意思《いし》決定に反映するシステムがとられています。

これらの特色を引き継ぐ同様の資金的な枠組みとして、「『命のための水』世界基金」を創設し、人間の尊厳《そんげん》が脅《おびや》かされている多くの人々の状況を改善するための対策を集中的に進めるべきではないかと、私は考えるのです。

私の創立した戸田記念国際平和研究所では、2年前（2006年）から「人間開発、地域紛争《ふんそう》、グローバル・ガバナンス」と題する新プロジェクトに取り組んでいます。

この「人間開発」の概念《がいねん》とともに、「人間の安全保障」の概念を先駆的に提唱したことで知られるマブーブル・ハク博士は、戸田記念国際平和研究所の活動に創立時から期待を寄せてくださっていた一人でありました。かつて博士は、戸田記念国際平和研究所が主催した国際会議での基調《きちよう》講演（1997年6月）で、「悲劇《ひげき》的結果がもたらされた下流で対峙《たいじ》するよりも、発生源《はっせいげん》の上流で人間の安全保障の新たな課題に取り組むほうが、容易であり、人間的である」と強調されたことがあります。

また博士は、人間の安全保障を「人間の尊厳に関わる概念」と位置づけ、「死亡しなかった子ども」や「蔓延《まんえん》しなかった病気」のように具体的な姿をもって人々の生活に反映される安全保障でなければならないと訴《うった》えていました（『人間開発戦略　共生への挑戦』植村和子他訳、日本評論社）。その意味からも、ミレニアム開発目標に関する取り組みは、目標の達成はもとより、悲劇に苦しむ一人一人が笑顔を取り戻すことを最優先の課題とすることを忘れてはなりません。

地球上から悲惨《ひさん》の二字をなくしたい――これは、私の師である戸田城聖第2代会長の熱願《ねつがん》でもありました。その師の平和思想を淵源《えんげん》とする戸田記念国際平和研究所では今後、ミレニアム開発目標や持《じ》続《ぞく》可能な開発をはじめ、「人間開発」に関する取り組みを地球的規模《きぼ》で促進するための国際会議の開催や研究に、さらに力を入れていきたいと思います。

「世界食糧銀行《しょくりょう》」の創設と国際連帯税（2009年）

地球公共財《こうきょうざい》に関する国際協力を通して、「責任の共有」を確立するための提案を行っておきたい。

一つは、「世界食糧銀行」の創設です。

私は昨年（2008年）の提言で、人間開発や人間の安全保障の面で不可欠《ふかけつ》となる要素として「安全な水の確保」を挙げました。

「食糧の安定的な確保」はそれ以上に、人間の生命と尊厳を守る上で死活的《しかつてき》に重要なもので、貧困《ひんこん》との闘いの出発点となるものでもあります。

2006年の秋以降、穀物《こくもつ》価格が急騰《きゅうとう》し始め、多くの国々で同時に食糧危機が起こりました。その結果、新たに4000万人が飢餓《きが》状態に置かれ、世界の栄養不足人口は9億6300万人に達したと推定されています。

留意《りゅうい》すべきは、これが天災ではなく〝人災〟として引き起こされた点です。つまり、サブプライムローン問題の影響で投機マネーが穀物市場に流れ込んだことと、エネルギー需要が増加してバイオ燃料の生産が増えたために食用穀物の生産が落ち込んだことが、価格の急騰を招いた背景にあると言われているのです。

その再発を防ぐためにも、穀物の一定量を「地球公共財」として位置づけて常時備蓄《びちく》をし、食糧危機の際には緊急援助用に供出したり、市場に放出して価格の安定化を図《はか》るシステムの構築が求められます。

今から35年前（1974年）、飢餓《きが》で苦しむ人々を尻目《しりめ》に、〝食糧戦略《しょくりょう》〟なる言葉が横行《おうこう》していた時代にあって、私は、人間の生命の基《もとい》である食糧を国家間の政争の具《ぐ》にしてはならないとの思いから、「世界食糧銀行」の構想を世に問いました。

もちろん自国の食糧の確保は大切ですが、他国の犠牲の上に成り立つ国家エゴであってはならず、目指すべきはグローバルな食糧安全保障の確立であります。

昨年（2008年）7月の洞爺湖《とうやこ》サミットでも食糧問題が一つの焦点《しょうてん》となり、世界の食糧安全保障に関するG8首脳声明が発表されました。

そこでは、人道目的のために国際的に調整された仮想備蓄《びちく》システムを構築することの是非《ぜひ》を含め、備蓄管理のあり方について検討していくことが初めて盛り込まれました。

備蓄制度の創設については、洞爺湖サミットの開催前に、世界銀行のロバート・ゼーリック総裁も各国首脳に呼びかけていましたが、今こそ真剣に検討すべき時を迎えているのではないでしょうか。

二つ目の提案は、貧困の克服や保健衛生の改善をはじめとする「ミレニアム開発目標」達成のために、国際連帯税など革新的資金調達メカニズムの導入を促進することです。

2002年にメキシコで行われた国連の会議を機に議論が活発化し、すでに保健分野を中心に幾《いく》つか制度がスタートしています。代表的なものに、ワクチンで予防可能な疾患《しっかん》による子どもの死亡を減らすための「予防接種のための国際金融ファシリティ」や、HIV（ヒト免疫不全ウイルス）／エイズ（後天性免疫不全症候群）、マラリア、結核などの感染症治療の医薬品を提供するための「航空券税」があります。

ここ数年で関心を持つ国も増え、2006年に立ち上げられた「開発資金のための連帯税に関するリーディング・グループ」には50カ国以上が参加するに至りました。

現在も、「通貨取引開発税」や「炭素税」をはじめ、さまざまなメカニズムを模索《もさく》する動きが続いていますが、21世紀のマーシャルプランともいうべき人道基金の一環として、より多くの国々がかかわっていくことが望まれます。

こうした革新的資金調達メカニズムの構築は、各国が良い意味で、アイデアや構想というソフト・パワーを競い合っていく――まさに「人道的競争」と呼ぶにふさわしいテーマにほかならないものです。

まずは、2011年の第4回「国連後発開発途上国会議」に向けて議論を高め、「ミレニアム開発目標」達成への勢いを加速させていく。そして「ミレニアム開発目標」の達成期限である2015年以降も、世界で最も苦しんでいる人々や社会的弱者を守る取り組みを、〝地球社会のセーフティーネット〟として網の目のように張《は》り巡《めぐ》らせていくことが重要です。

国連で昨年(2008年)、経済発展の面で世界から長らく取り残されてきた58カ国の人々を指す「ボトム・ビリオン(最底辺の10億人)」という言葉が一つのキーワードになり、注意が喚起《かんき》されました。

貧富の差が拡大し、生まれた国や場所によって人間の「命の格差」や「尊厳《そんげん》の格差」が半《なか》ば決定づけられてしまう状態は、〝地球社会の歪《ゆが》み〟というほかなく、断じて終止符を打たねばなりません。それは、ルソーが原初の社会感情とした「憐憫《れんびん》」を体した人間の尊厳にかけて取り組むべき課題でもあります。

経済学者のアマルティア・セン博士は、「貧困《ひんこん》はたんに所得の低さというよりも、基本的な潜在《せんざい》能力が奪《うば》われた状態と見られなければならない」(『自由と経済開発』石塚雅彦訳、日本経済新聞社)と指摘しましたが、正鵠《せいこく》を射《い》た言葉だと思います。

「ボトム・ビリオン」と呼ばれる人々にとって、今まさに必要とされるのも、劣悪《れつあく》な状況から自らの足で一歩踏み出すための〝国際社会の連帯の証し〟としての後押《あとお》しなのです。

戦後の混乱から驚異的な復興《ふっこう》を遂《と》げた経験を持つ日本は、21世紀の世界で〝誰もが真に人間らしく平和に生きられる権利〟を「地球公共財」として確保するためのリーダーシップを積極的に発揮《はっき》してほしいと念願するものです。

「ディーセント・ワーク」と女子教育の拡充《かくじゅう》（２０１０年）

今、世界に広がる経済危機は、多くの国々に深刻な影響を及ぼしています。加えて懸念されるのは、経済危機が世界に落とす暗い影が、貧困や環境などの地球的問題群に臨《のぞ》むための国際協力を躊躇《ちゅうちょ》させたり、後退させる状況を生じさせてしまうことです。一つの危機がペシミズム（悲観主義）を広げ、そのペシミズムがさらなる危機を招《まね》く悪循環は、何としても断ち切らなければならない。

地球温暖化の問題にしても、２０１３年以降の温室効果ガス削減《さくげん》の枠組みづくりは難航しておりますが、希望の光明《こうみょう》がまったくないわけではありません。

例えば、ＵＮＥＰ（国連環境計画）が呼びかける植樹キャンペーンを通じて、昨年（２００９年）末までに74億本の植樹が達成されました。実に小学生から一国の大統領まで数百万人が参加して、全世界の人々が１本ずつ木を植えた数に相当する植樹が行われたのです。

ほかにも、ＵＮＥＰなどが２００８年に立ち上げた温室効果ガスの排出量《はいしゅつりょう》をトータルで限りなくゼロにすることを目指す「気候中立《ちゅうりつ》ネットワーク」が広がりをみせ、国や地方自治体、企業やＮＧＯ（非政府組織）に加えて、大学が参加するまでになっています。

国家間の交渉が難航を極める一方で、新しい角度からの国際協力や、さまざまな人々や団体の自発性を原動力とするアプローチによって、現実の壁を突き崩そうとする挑戦が続けられているのです。

今年（２０１０年）は、ＮＰＴ（核拡散防止条約）の再検討会議や、貧困や飢餓《きが》に苦しむ人々の半減などを目指す「ミレニアム開発目標」に関する特別サミットなど重要な会議が多く、地球的問題群に活路《かつろ》を見いだす上で、まさに正念場となる年であります。

どんなに険《けわ》しい山であっても、頂上に至《いた》る道は必ずあるはずです。たとえ行く手を断崖絶壁《だんがいぜっぺき》に阻《はば》まれたとしても、あきらめずに道を探して前へ前へと進んでいけばよい。その意味でも今、私たちに求められるのは、眼前《がんぜん》の危機を時代変革の最大のチャンスと捉《とら》え、向かい風を追い風に変える「発想力」と強い「意志」ではないでしょうか。

今から80年前（1930年）、私ども創価学会は、大恐慌《だいきょうこう》で世界が震撼《しんかん》し、混迷《こんめい》の闇《やみ》が深まる時代に誕生しました。

その創立にあたり、牧口常三郎初代会長が呼びかけていたのが、「依他的生活」や「独立的生活」から「貢献的生活」への転換であります（『牧口常三郎全集第5巻』）。

つまり、周りの環境や時代状況に翻弄《ほんろう》される生き方でもなく、自身を守る力はあっても他者の不幸を一顧《いっこ》だにしない生き方でもない。仏典に説く「人のために火をともせば・我がまへあき（明）らかなるがごとし」（御書1598ページ）のように、人々のために尽くして自らを輝かせる生き方を社会に広げる行動の中にこそ、混迷《こんめい》の闇《やみ》を晴らしゆく源泉《げんせん》がある、と訴《うった》えたのです。

その牧口初代会長の精神を受け継いだ戸田第2代会長もまた、「世界にも、国家にも、個人にも、『悲惨《ひさん》』という文字が使われないようにありたい」（『戸田城聖全集第3巻』）との信念で、生命尊厳《そんげん》の思想を根本に平和を求める民衆の連帯を築くことに全力を注《そそ》ぎました。

思うに、現代の地球的問題群を解決する上でも、こうした人類益や地球益《えき》に立った視座《しざ》への転換が何にも増して重要となっているのではないでしょうか。

「未来はどうなるか」といった傍観者《ぼうかんしゃ》的な立場ではなく、「今、どう行動すべきか」との当事者《とうじしゃ》意識をもって危機の克服を目指し、自らの為《な》すべき役割を定め、時代変革に積極的にかかわっていく――いわば、自発能動《じはつのうどう》の貢献的な生き方を良い意味で競い合い、時代精神へと高めていくことが肝要《かんよう》でありましょう。

◇

そこで、経済危機でより浮《う》き彫《ぼ》りになった人間の尊厳《そんげん》を脅《おびや》かす〝地球社会の歪《ゆが》み〟を解消するための課題について論じておきたい。

経済危機の影響で昨年（２００９年）は、途上国の成長率が大幅に鈍化《どんか》し、世界全体でも第２次世界大戦以降で初めてマイナス成長を記録しました。特に、社会的に弱い立場に置かれている人々が被《こうむ》る打撃は大きく、そうした人々に的を絞《しぼ》った支援ができなければ、経済危機が各地で新たな人道的危機を引き起こす危険があるとの懸念《けねん》が高まっています。

私は以前から、人々の生活と尊厳を危機や脅威《きょうい》から守り、「人間の安全保障」を強固《きょうこ》なものとするためには、国際的なセーフティーネットの整備とともに、長期的な取り組みとして、一人一人のエンパワーメント（内発的な力の開花）が肝要となると訴えてきました。そこで、今回は「雇用」と「女性」に焦点《しょうてん》を当てた提案をしたい。

一つ目の項目として訴えたいのは、ＩＬＯ（国際労働機関）が昨年（２００９年）６月に採択した「仕事に関する世界協定」に基づき、各国で失業対策と若年層の雇用改善に努めるとともに、途上国の雇用環境の安定化を国際社会で支援していく流れをつくることです。

昨年（２００９年）の世界全体の失業者数は、記録史上最悪となる２億１９００万人以上に達するといわれます。膨大《ぼうだい》な数もさることながら、重要なのは、こうした数字の裏にどれだけの人々の惨《さん》状《じょう》がひそんでいるかに目を向け、政治の責任として社会に広がる不安と困窮《こんきゅう》の闇《やみ》が晴れるまで対策を取り続けることです。

とりわけ若い世代に及ぼす影響は大きく、社会人としてスタートラインに立つ時期から、働く場所を得られなかったり、突然に職を失うことは、経済的な困窮はもとより、自分が社会で必要とされないことへのショックや、将来への不安が募《つの》り、ひいては生きる希望まで打《う》ち砕《くだ》かれてしまう結果を招《まね》きかねません。

一方で、仮に働く場所があっても非人間的で過酷《かこく》な生活を強いられたり、いつまで働けるのかわからず、人生設計を立てる見通しさえ立たない状態は、「人間の尊厳」を根底から脅《おびや》かしかねないものです。

この点に関し、ＩＬＯは、労働は商品ではなく、仕事は尊厳の源でなければならないとの理念に立ち、「すべての人にディーセント・ワーク（働きがいのある人間らしい仕事）を」と提唱してきました。

昨年（２００９年）９月に行われたＧ20サミットでもその重要性が認識され、「我々は、世界経済が完全に健全な状態に回復し、世界中の勤勉な家庭が『働きがいのある人間らしい仕事』を見つけることができるようになるまで休むことはできない」との一節が首脳声明に盛り込まれています。

かつて、１９２９年の大恐慌《だいきょうこう》が引き起こした不況の嵐に、人々が無防備のままでさらされ、社会が混迷《こんめい》を深めた悲劇《ひげき》を繰り返すことがあってはなりません。

ＩＬＯが警告するように、経済危機に対応する形で導入した支援措置《しえんそち》から、各国政府が早期に手を引くようなことがあれば、雇用情勢の回復を何年も先送《さきおく》りにし、始まったばかりの景気回復を脆弱《ぜいじゃく》かつ不完全なものとする恐れがあり、十分な留意《りゅうい》が必要です。

ゆえに、今後も各国が連携《れんけい》して、雇用政策に軸足《じくあし》を置いた対策を取り続けることが何よりも肝心《かんじん》であり、その連帯の礎《いしずえ》となるのが「仕事に関する世界協定」にほかなりません。

そこで私は、G20の下に「ディーセント・ワーク」と「仕事に関する世界協定」を推進するためのタスクフォース（専門部会）を設けることを提案したい。

今年（2010年）はG20の雇用労働担当大臣会合が予定されていますが、そこで専門部会を設置し、G20が世界の雇用を回復する牽引力《けんいんりょく》としての役割を担《にな》い、人々が心の底から危機は遠のいたと実感できるよう、責任をもって手立《てだ》てを講じるべきではないでしょうか。

二つ目の提案は、達成が危ぶまれる国連の「ミレニアム開発目標」を、女子教育の拡充《かくじゅう》を軸《じく》に軌道に乗せるためのものです。

今回の経済危機では、直接責任のない多くの途上国が巻き込まれ、貧困《ひんこん》に対する闘いが停滞を余儀《よぎ》なくされたばかりか、その瀬戸際にいた人々までもが新たに貧困に突き落とされる事態が生じています。国連の潘《パン》事務総長は、「目標達成期限をわずか5年後に控《ひか》えた今、私たちは2015年に向けて最後の力を振《ふ》り絞《しぼ》らねばならない」と訴《うった》えましたが、先進国の積極的な支援がこれまで以上に必要となっているのです。

9月（2010年）には「ミレニアム開発目標」に関する特別サミットの開催が予定されています。このサミットで協力体制を立て直し、地球上のすべての人々が尊厳《そんげん》を輝かせ、自らの可能性を最大に発揮《はっき》できる時代に向けて、今再びの挑戦を開始すべきではないでしょうか。

そこで私は、まず「女子教育の拡充」を突破口に、事態の改善を総合的に図《はか》ることを呼びかけたい。

「ミレニアム開発目標」では、貧困や飢餓《きが》への取り組みをはじめ、すべての項目に女性にかかわる課題が包含《ほうがん》されており、目標達成への勢いを取り戻し、加速させるためには、男女の平等と女性のエンパワーメントが鍵《かぎ》を握《にぎ》るからです。

初等教育を修了した母親の場合、子どもの5歳以上の生存率は2倍に高まるほか、子どもの栄養状態や学校への登校率が改善する傾向がみられ、〝世代から世代にわたる貧困〟を終わらせる大きな力となることが期待されます。また、長い間、女子教育に力を入れてきた国々では、経済的にも発展していくことが明らかになっています。

まさに、一人の女子が歩む道筋を変えることで本人はもとより、家族や子どもの未来も明るくし、やがて社会全体に希望の光明《こうみょう》を広げていく力が教育には備《そな》わっているのです。

ユニセフ（国連児童基金）が主導する「国連女子教育イニシアチブ」などによって初等教育の分野では目覚ましい成果がみられますが、2015年に向けてさらに勢いを増し、多くの女性が中等教育以上の課程《かてい》を学ぶことができるような環境づくりを進めるべきではないか。

そこで私は、途上国の債務《さいむ》の一部を免除《めんじょ》した分を、その国の女子教育のための予算に充当《じゅうとう》する「女性のための未来基金」を国際的に設けることを提案したい。

さまざまな脅威《きょうい》に翻弄《ほんろう》されてきた女性たちに教育の機会を広げ、女性たちが、危機を打開する主体者として立ち上がり、自らが望む方向へと時代の流れを変えていく――。そのためのエンパワーメントの種子《しゅし》をまいていくことが喫緊《きっきん》の課題だと思うのです。

思えば、創価学会の牧口初代会長も〝女性たちこそ未来の理想社会の建設者〟との信念で、女性の地位が著しく低かった100年前の日本で、女子教育の普及に情熱を注《そそ》ぎました。

小学校を卒業しながらも何らかの理由で中等教育を受けることができなかった女性たちを対象に、通信教育を行う組織を設立し、教材の工面《くめん》や機関誌の編集にあたりました。

また、十分な学資《がくし》がない女性たちのために、当時の日本の女子教育で重要な要素を占めていた裁縫《さいほう》や刺繍《ししゅう》などを無料で教える施設の開設に尽力《じんりょく》したのです。

私もその精神を継いで、創価大学に通信教育部を設けるとともに、創価女子短期大学を創立しました。

さらにSGIでは、女性が主役となっての平和運動を世界で進め、日本では、平和学者エリース・ボールディング博士の監修で制作した「平和の文化と女性」展や、地域における啓発《けいはつ》の場としての「平和の文化フォーラム」の開催などに力を入れてきました。

これらの活動に込めた〝女性こそピースメーカー（平和の創造者）〟とのメッセージは、牧口会長の信念を現代によみがえらせたものであると同時に、2000年10月に国連の安全保障理事会で採択された1325号決議の精神とも通底《つうてい》するものです。

決議の意義については、実現に尽力したアンワルル・チョウドリ氏（元国連事務次長）と意見交換しましたが、その最大の意義は、21世紀の開幕を前に〝女性の関与なくして永続的な平和の実現はない〟との理念を、国連から世界に発信した点にあります。

氏も決議を踏まえて、「女性が関わることによって、『平和の文化』はより強靭《きょうじん》な根を張ることができる」（『新しき地球社会の創造へ』潮出版社）と強調していました。

折しも昨年（2009年）9月の国連総会で、女性が直面する問題を扱《あつか》う四つの組織（国連女性開発基金、女性の地位向上部、ジェンダー特別顧問室、国際女性調査訓練研修所）を統合して、男女平等のための新たな機構を創設し、組織の機能や権限を総合的に高める改革を目指すことが決議されました。

私は、新機関の発足にあたって、女子教育の拡充《かくじゅう》を含む「女性のエンパワーメント」の推進とともに、安保理の1325号決議をフォローアップする作業を、活動の柱に盛り込むことを呼びかけたい。

和平プロセスへの女性の参加一つをとってみても、国連の平和構築委員会がブルンジやシエラレオネの復興《ふっこう》を進めるにあたって、決議を重視する動きが見られた一方で、世界全体では、平和合意の署名者に女性が占める割合は2％以下、交渉者については7％を占めるにすぎず、まだまだ決議の精神が本格的に浸透《しんとう》するまでにはいたっていない状況があります。

本年（2010年）は、第4回世界女性会議で女性政策の国際基準となる「北京行動綱領」が採択されてから15周年にあたり、安保理の1325号決議の採択から10周年の佳節《かせつ》を迎えます。

今年（2010年）をさらなる飛躍《ひやく》への出発点として、国際社会における「女性のエンパワーメント」の力強い前進を期《き》すとともに、決議の履行《りこう》に向けて積極的に取り組む「1325号に関するフレンズ国（有志国グループ）」の輪を広げて、平和構築における女性の関与を本格的に高めるには何が必要かを討議《とうぎ》し、現状の打開《だかい》を図《はか》ることを望むものです。

［環境とエネルギー］

「環境安全保障理事会」の創設（1990年）

昨年（1989年）、年頭に当たり、私は国際的な多極化の流れの中で、新しい政治的、経済的秩序《ちつじょ》をつくり上げるために、国連を中心にしていくことが、最も現実に即《そく》した行き方であると提言いたしました。私たちは、かねてより新たな世界秩序への統合化のシステムづくりのために、国連を中心とし、その権限を強化すべきことを主張してきましたが、近年、国連の役割に対する評価が予想以上に高くなってきているのは心強い限りであります。

東西のイデオロギー対立に終止符《しゅうしふ》が打たれつつある現在、国連がより効率的、有機的に力を発揮《はっき》していく土壌《どじょう》が生まれております。最近の世界情勢を見るにつけ、一段と国連の役割が重要度を増しており、この面での新しい構想と取り組みが必要とされております。昨年末（1989年12月）の私とラフューーディン・アーメド氏、ヤン・モーテンソン氏、明石康《あかしやすし》氏ら国連事務次長との一連の会談でも、こうした認識で一致いたしました。

◇

そのためにも、今年（1990年）の国連総会の際、各国の最高首脳が国連本部で一堂に会し、国連を軸《じく》に種々の問題を検討する討議《とうぎ》の場を、常設していくようにしてはどうか。できれば国連事務総長が呼びかけ人となり、米国、ソ連、中国、日本、フランス、英国、西ドイツ、イタリア、カナダ、ブラジル等にＥＣ（欧州共同体）代表を加え、〝国連サミット〟を開催してほしいと思います。

現在、先進国首脳会議が毎年開かれておりますが、もはや西側諸国の首脳による話し合いや合意だけでよしとする時代ではない。東西、南北の枠を超えて知恵を出し合わねばならない問題が山積《さんせき》しております。

このサミットでは、地域紛争《ふんそう》解決のための手立《てだ》てを徹底して論議《ろんぎ》するとともに、軍縮《ぐんしゅく》問題、環境問題、南北問題等、世界の首脳の意思の疎通《そつう》が必要な重要問題にしぼって討議《とうぎ》する。そのための準備会議も当然、必要とされましょう。

例えば今、世界的に大きな課題になっている環境問題をとってみても、思い切った取り組みが要請《ようせい》されております。１９９２年６月には、ブラジルで地球環境問題に関するさまざまな対策を決める国連の環境開発会議が開かれます。この会議でどんな対策が打ち出されるかは、地球環境の今後に死活《しかつ》的《てき》な重要性をもっております。

そこで、もし本格的な対策を講じるのであれば、国連に新しく「環境安全保障理事会」を設け、国連の平和維持軍《いじぐん》にならって〝環境維持団〟のような環境を強力に守り保護する存在をつくることが必要であります。環境問題はもはや論議の段階を超えて、そうした、思い切った抜本策《ばっぽんさく》が要請されております。

こうしたサミットの形で毎年、国連総会にあわせて、国連を使って、世界の最高首脳が頻繁《ひんぱん》に対話をするという流れが確定すれば、それだけで地球上に緊張緩和の明るい雰囲気が満ちてくるでありましょう。

「環境・開発国連」への展望（1992年）

戦後長く続いた世界を東西に二分して争う対立の時代に終止符《しゅうしふ》が打たれました。今、必要なことは、世界地図の大きな変化に即《そく》した新しい地球社会の秩序《ちつじょ》の青写真を明確に描き出し、そこに到達するのに英知を結集することであります。

私はかつてローマクラブ創始者のアウレリオ・ペッチェイ博士と環境問題を包括的《ほうかつてき》に討論《とうろん》し、対談集を編《あ》みました（『二十一世紀への警鐘』、『池田大作全集第4巻』所収）。ペッチェイ博士亡き後、ローマクラブは昨秋（1991年11月）、久々に「第一次地球革命」との新しい報告を発表しましたが、そこでは、21世紀への生存のために人類の英知を可能な限り速やかに発動《はつどう》しなければならない、としております。手遅れにならないために、私もそう思います。

東西の厳しい対立が解《と》けた現在、貧困《ひんこん》、人口爆発、環境破壊など年来の地球的規模の諸問題に今こそ真剣に取り組まねばなりません。とりわけ本年（1992年）はグローバルな環境問題の解決のために、極めて重大な分岐点《ぶんきてん》の年になると思われます。6月（1992年）に世界各国の首脳と関係NGO（非政府組織）がブラジルのリオデジャネイロに集まり「環境と開発に関する国連会議」、いわゆる「地球サミット」が開かれることになっており、私もその成果に期待を寄せている一人ですが、見通しは楽観を許さないようであります。

周知のようにこの国連会議は、1972年にストックホルムで開催された人間環境会議から20周年を画《かく》して行われるものであります。20年前（1972年）のストックホルム会議では多くの行動計画を採択《さいたく》し、その後、各種の国際条約が採択され、新しい機構もできたにもかかわらず、事態は好転するどころか、むしろ環境破壊の危機《きき》が深刻化し、南北の対立も激化《げきか》しております。

理由は明らかであります。この20年間、先進諸国は何よりも生活の豊かさを追い求め、経済成長至上主義の道を突き進んできました。自国の繁栄が第一であり、地球環境への配慮は二の次にすぎませんでした。発展途上国への開発援助は続けてきましたが、それが途上国の人々の暮らしを向上させることに直結《ちょっけつ》せず、貧困《ひんこん》とそれにともなう人口爆発は放置されたままでした。これが結果的に途上国内部での環境破壊につながっております。これらの行動が複合化し、地球的な環境破壊を招《まね》くに至《いた》りました。

環境問題と並び早急《さっきゅう》に何らかの手を打たねばならないとされるのが、人口の急増の問題であります。現在の世界人口は54億人に達しており、ストックホルム会議以降でも、16億もの人口増加となっております。

このままいくと世界人口は、２０５０年には地球の収容能力をはるかに超えて１００億人に達するといわれます。しかも、その増加人口のほとんどが途上国の人々であります。（中略）現在の途上国の乳幼児の死亡率の高さは、なるべくたくさん子どもを産んでおこうという母親たちの心理にも結びついております。

その結果、人口の増加率は貧困の度合いが最も激しい地域で最高値を示しております。まさに貧困の解決なくして人口問題の解決もないといえましょう。

と同時に、貧困と人口増加に苦しむ途上国の人々が、無理な焼き畑農業や無計画な薪《まき》取りなどで、自然環境に打撃を与えてきたという側面もあります。

地球環境の悪化と、人口の増加、貧困とはこのように密接に関係し合っており、人類は三つの大問題を同時に総合的に解決しなければならないという極めて困難な事態に直面《ちょくめん》しております。

貧困から脱出するには、先進国からの有効な援助が必要なことはいうまでもありませんが、究極的には途上国自身の内発的な開発努力が必要であります。その鍵《かぎ》を握《にぎ》るのが教育であります。（中略）

このような地球に見られる南と北の発展の不均一《ふきんいつ》をどう是正していくかが、今、人類の直面しているアポリア（難問）といえましょう。こうした認識に立って、国連支援活動の一環として創価学会婦人部の婦人平和委員会が中心になり、これまで「WHAT'RE　子どもの人権展」（ユニセフ協賛）と「世界の子どもとユニセフ展」を日本各地で開催し、多大の反響を呼んできました。

今、世界には約1億5000万人もの幼児が飢餓《きが》状態に置かれているという。また戦争や劣悪《れつあく》な医療事情や自然災害などで1日に4万人もの幼い命が失われております。これらの展示は、こうした世界の危機的状況にどう想像力を働かせ、認識を深めていくかという目的意識のもとに推進されてきました。先進国と途上国の人々とが地球市民としての心の連帯を、日常の場からどう築き上げていくかという、極めて困難な課題に挑戦する試みです。

ともかく1990年代のうちに、貧困と飢餓と人口問題に有効な手を打たないと手遅《ておく》れになりかねないことを重ねて強調しておきたい。

1990年代の地球的課題は、さらに1700万人といわれる難民の問題にも顕著《けんちょ》に見られます。戦火を逃れ、周辺の国々へ流出する通常の難民に加え、貧困から脱出しようとして先進国に殺到する人々や民族紛争《ふんそう》で国内をさまよう人々なども激増し、国際的な大問題になりつつあります。私どもSGIが国連のNGO（非政府組織）として難民救援の支援活動に熱心に取り組んでいるのも、現状を極めて深刻に認識しているからであります。

まさに一つ一つの事態への対策が急を要しており、1990年代は人類の生存をかけた選択が迫られている時代といえましょう。

本来なら、こうしたグローバルな課題に、南も北も差別なく、一致協力して取り組まねばならない。しかし現実には、6月(1992年)の地球サミットを前に、先進国と途上国との対立があらわになっているのは、誠に憂慮《ゆうりょ》にたえません。

ブラジルでの国連会議の最大の目標は、環境と開発を統合する理念である「持続《じぞく》可能な開発」の具体化といわれております。ここでは環境を破壊し資源を浪費する従来型の開発ではなく、環境保護を視野に入れたバランスのとれた開発が模索《もさく》されております。未来を直視《ちょくし》し、将来の世代の利益を守りつつ、現在の世代の基本的欲求を満足させるような開発が目標にされております。しかし、持続可能な開発を具体的にどう進めるかをめぐって、南北の対立は容易《ようい》に解《と》けそうにない。

特に途上国が先進国の責任を問う声は一段と厳しくなっているようです。環境問題をこれほど悪化させたのは、先進国の大量消費文明に第一の責任がある——と。加えて、これまでの北側の開発政策そのものへの批判が強まっています。南の民衆の生活向上に結びつかず、環境破壊を未然《みぜん》に防止できなかったからであります。

確かに先進国主導の開発の仕組みが、途上国の貧困《ひんこん》の解消どころか、膨大《ぼうだい》な累積債務《さいむ》を生み出しており、途上国の人々が環境保全に目を向ける余裕を失わせていることは否定できません。

これまでの援助が有効な使われ方をしてこなかったことも、改めて見直されねばならないでしょう。途上国の年間の軍事費は2000億ドルに及ぶといわれております。援助された資金の多くが武器の購入に充《あ》てられている現実を早急《さっきゅう》に変える必要があります。内政不干渉《ふかんしょう》との兼《か》ね合《あ》いもありますが、援助する国または国際機関が、被援助国の軍事費の支出度、武器購入の実態などを総合的に判断し、援助の是非を決定するようなシステムが確立できれば、途上国の軍事費の増大に歯止めとなりましょう。

南と北が鋭く対立する一方、先進国同士でも対策に足並《あしな》みがそろわず、地球サミットの前途に暗雲《あんうん》が垂《た》れこめております。

例えば地球サミット最大の課題といわれる気候変動枠組《へんどうわくぐみ》条約の採択をめぐって、西欧諸国と米国の対立が目立っております。地球の温暖化をもたらす二酸化炭素の排出量削減に西欧諸国は積極的ですが、温暖化のメカニズムに疑問をもち、経済への打撃を心配する米国は消極的であります。南北の対立と、北側の内部の対立という極めて複雑かつ困難な事情を抱え、国連会議の成功すら危ぶむ声も聞かれます。

言うまでもなく環境問題は、自然生態系の中でいかにして共存のシステムを構築していくかという問題であります。したがって、政治、経済、科学技術の領域を超えて、人間の生き方を根本的に問うものであり、価値観から未来社会の文化のあり方までの全領域を含む複合的問題であります。

それだけに問題は単に国内の政治、経済のレベルの対応にとどまらず、全地球的な人々の意識の変革を進めねばなりません。そのためにも、内発的な精神性の要請は、急を告げております。(中略)

地球市民として、危機意識を共有する内発的な意識変革こそ、まさに人類史的課題といってよい。

それと並行して、地球の難局に対処する国際的体制、システムを新たに創出せねばならないという緊急の課題にも直面《ちょくめん》しております。

東西の冷戦《れいせん》が終結《しゅうけつ》し、米ソの対立がなくなったことにより、国連が活性化され、〝国連ルネサンス〟という言葉さえ聞かれます。確かにかつてのように安保《あんぽ》理事会で拒否権が乱発され、国連が機能麻痺《まひ》に陥《おちい》るような事態はなくなりました。

しかし、その一方で現状の国連が環境危機《きき》に代表されるような地球的問題群にうまく対応できているかというと、決してそうではありません。

国連が誕生して四十数年が経過し、地球を取《と》り巻《ま》く状況は国連創設時と大きく変わっております。国連を創設した人々の発想のなかには、現在のような地球的危機への問題意識は薄く、環境問題は当然、主要課題とはいえませんでした。

したがって、私はもうそろそろ本格的かつ抜本的《ばっぽんてき》な国連の改革、すなわち地球的問題群に対応しうる新時代の国際機関の創出に乗り出すべき時を迎えていると思うのであります。東西対立の重しが消えた今こそ、そのスタートを切るのが可能な時といえましょう。

私が、今から13年ほど前（1978年）に「環境国連」の設置構想を提示した時、発想の根底《こんてい》には近い将来、必ずそれが要請されるとの確信が込められておりました。

その延長線上に、昨年（1991年）、私は国連の安全保障理事会を二分し、新たに「環境安全保障理事会」を新設してはどうか、との提案をいたしました。その提案に対しては、日本国内のみならず、世界的に心ある人々から賛意《さんい》が寄せられたのは心強い限りであります。

機は徐々に熟しつつある、と私は見ております。（中略）

識者の間でも国連の安保理事会を複数のものにして、環境問題や食糧問題を取《と》り扱《あつか》ってはどうかとの案が出されているようです。国連当局も、新しい時代に即応《そくおう》した柔軟な発想で対応していただきたいと願うものです。

何度か日本で親しくお会いし、意見の交換を重ねている北欧の代表的な平和学者のヨハン・ガルトゥング博士が興味深い国連改革案を提示していたのを思い起こします。それは国連を上院、下院の二院制にして、上院は現在のように一国一票制、下院は人口比にしてはどうかというものです。

私が興味深いと思ったのは「二院制」という思い切った発想の転換です。二院制が妥当かどうかはともかく、そのような思い切った改革が今要請されていることは間違いありません。つまり、地球的問題群に効果的な対応をするには、現状の経済社会理事会と、それに連なる国連貿易開発会議、国連環境計画、国連人口基金、国連開発計画などの諸機関の体制では十分とはいえない。むしろ平和維持機能を担《にな》う国連と、環境、経済、開発、人口、食糧、人権問題など地球的問題群を担当する国連を二つの独立した機関として構想し、抜本的強化を図《はか》ってはどうかと思うのです。

前者を「安全保障国連」と呼び、後者を「環境・開発国連」と名付けてはいかがでしょうか。これによりバラバラで横の連携《れんけい》が悪いとか、活動が重複《ちょうふく》して無駄《むだ》だというような国連組織への批判をなくすことができるはずです。国連機関の総予算、人員の7割が発展途上国への開発援助や人道的活動に振り向けられている現状からすれば、「環境・開発国連」の新設は、むしろ時代の要請といってよいと思います。ここには「安全保障国連」の安保理事会に相当するものとして、「環境・開発安全保障理事会」を新たに設置するものとします。

既存の経済社会理事会の再編強化ではなく、発展的に新しい機構の創設を提案する理由は「環境・開発国連」を国際的な意思《いし》決定を下せる強力な国際機構にしなければならないからであります。ここを単なる国際的協議機関にとどめてはならないと思います。

指摘するまでもなく現在の国連の限界は、主権国家の集合体という組織形態からきております。加盟国の国益《こくえき》が表に出てしまい、「地球益」「人類益」の立場からの自主的な決定を下すのが難しいのであります。「環境・開発国連」はこの限界を乗り越えるある程度の強制力を備えたものを構想しております。

「環境・開発安全保障理事会」の常任理事国、非常任理事国はGNP（国民総生産）や、人口の大きさなどを勘案《かんあん》しつつ選び、世界の各地域代表も加えて構成し、南北の考え方がバランスよく反映する形をつくる必要がありましょう。

もとよりこの構想の実現のためには、越えなければならないハードルが幾《いく》つもあることはよく承知しております。例えば今でも国連の財政は逼迫《ひっぱく》しており、それが現在の国連を基盤《きばん》にするものであっても、新たな機構を創設することは無理ではないか、との疑問が出されるかもしれません。

しかし、地球が直面している危機《きき》の深刻さを思うと、その解決を担《にな》う国際機関への財政支援の強化は、一国の利害からでなく、地球的視座《しざ》から考えねばならないと思います。現在の国連の年間予算は約23億ドルといわれます。年間1兆ドルといわれる膨大《ぼうだい》な世界の軍事費に比べると、また国連の今日的重要性から見れば、到底不十分《ふじゅうぶん》であります。

特に国連が環境保全を十分意識した持続《じぞく》可能な開発を推進する体制は財政的にも整《ととの》っていない、といわれる。例えば重要な使命をもっているはずの国連環境計画の年間予算はわずか4000万ドルで、これは米国の有力民間環境保全団体の予算の半分にしかならないそうであります。

確かに先進国のなかでも、日本を除いて欧米各国は不況と高い失業率に悩んでおります。CIS（独立国家共同体）諸国も経済危機に直面《ちょくめん》しており、国際的な経済支援を受ける側に回ってしまいました。

したがって国際機関を財政的に支援する余裕がある国は少ないといわれるかもしれません。だからこそ、私は、東西の冷戦《れいせん》が終結《しゅうけつ》した今、思い切って発想を転換し、膨大《ぼうだい》な軍事費《ぐんじひ》を削減《さくげん》し、それをもって国連を財政的に支援する分担金、拠出金《きょしゅつきん》の増額を考える以外ないと言いたい。もはや軍備《ぐんび》に膨大な資金を投入する理由も余裕もないはずです。

まして地球的規模《きぼ》で温暖化防止、生物種の多様性確保などさまざまな環境保全に本格的に取り組むには、莫大な経費がかかります。最近、6月（1992年）に行われる国連会議の準備にあたっている事務局が必要な資金額を算出したところ、年間1250億ドルになるそうであります。これは1993年から2000年までの8年間を対象に、環境保全に必要な経費を算出したものです。毎年、これだけの額が必要だとすれば、これをどこから捻出《ねんしゅつ》するのか。

それには年間、1兆ドルに近いと推定される世界の軍事費を劇的《げきてき》に削減する以外、道はないのではあるまいか。一つの具体的な案としては、各国が軍事費を削減し、その一部を地球環境保全のための「国連軍縮《ぐんしゅく》基金」として拠出することが考えられましょう。

こうした環境保全のための資金は、政府、自治体などの公的機関だけに任せておくのではなく、意識啓発《けいはつ》の意味も含めて各国の関係NGOも何らかの協力をすべきでありましょう。募金活動も含め国連を財政的に支援する知恵を出し合ってはどうでしょうか。

6月（1992年）の国連会議には世界各国から多数のNGOが集合します。NGOの参加がこれほど期待されている国連会議はかつてないといわれており、この場でこうした現実的課題がよく話し合われねばなりません。経済社会理事会のNGOとして国連支援を続けているSGIも、地球サミットに積極的な貢献を考えていきたい。具体的には、今回の国連会議の事務局とブラジル・リオデジャネイロの環境局の協力を得て、「環境と開発展」を中心にして環境保全の啓発《けいはつ》運動を進めていくことが計画されております。

ところで、私が構想する「環境・開発国連」の成否《せいひ》は、各国が国益《こくえき》より「地球益」、すなわち人類の生存と地球の存続を最優先する姿勢に立てるかどうかにかかっているといっても過言《かごん》ではありません。各国がこれまでの国家主権至上主義の発想に固執《こしゅう》するのではなく、主権の一部は委譲《いじょう》するぐらいの決意が必要とされます。

その点で、ＥＣ（欧州共同体）の成果を参考にすべきでありましょう。ＥＣは近い将来、各国通貨を廃止し、共通の単一通貨に切り替える経済・通貨同盟を決定済みであります。

さらに外交・安全保障などの面でも共通の政策を目指す政治同盟を結ぶといわれております。これらは国家主権の大幅な制限、ないしは委譲を意味するものです。この脱国家主権という流れを、今後、どう国際機関に反映させていくかが大きな課題だといえましょう。

例えば今、「国際課税」の考え方が注目されております。すでに6月（１９９２年）の国連会議の事務局から、地球環境保全に必要な資金を得るために、海洋や大気など国際公共財を開発、利用する際に利用料を徴収《ちょうしゅう》する案が出されております。

もし各国政府がこれを徴収して国連に入れる形が実現すれば、地球環境保全資金になるだけでなく、国家主権を絶対視する発想を払拭《ふっしょく》する上でも意義があります。ＥＣの動きに象徴的に見られるように、主権国家のあり方が根本的に問い直されている現在、実現の方向性が積極的に検討されるべきではないでしょうか。

主権国家の集合体としての国際機関の限界を乗り越えるには、これまで環境保全、人権擁護《ようご》、開発協力などに力を発揮《はっき》してきたＮＧＯの建設的なエネルギーを、どのように取り入れていくかが大きな課題となりましょう。

政府だけではなく、市民レベルの声を結集できるＮＧＯをはじめ、主要な国際行動主体のすべてが参加できる形をどう新しくつくり上げていくか――その意味で「環境・開発国連」の新設に伴《ともな》い、つくられる「環境・開発国連憲章」はグローバルな民主主義を基盤《きばん》にした、21世紀の人類の進むべき道を示すものとなりましょう。

国連は１９９５年に創設50周年を迎えます。この50周年へ向けて、国連の抜本的《ばっぽんてき》改革への世界的な世論を巻き起こしていきたいものです。

「地球憲章《けんしょう》」の制定（1997年）

核兵器をはじめとする大量破壊兵器の脅威《きょうい》、民族紛争《ふんそう》の激化、温暖化やオゾン層破壊などの地球環境の悪化、経済面における南北格差の拡大、精神病理や凶悪犯罪の広がり等々――行く末に暗い影を落とす危機は、個人の心身や社会、また民族や国家、そして生態系や地球というように、幾重《いくえ》もの次元で深刻化するに至《いた》っており、まさに現代文明そのものが、大きな行き詰《づ》まりをみせている感は否《いな》めません。その意味でも、翻《ひるがえ》っては、過去数百年の近代文明史の歩みを総括《そうかつ》しつつ、思い切って発想を転換し、1000年、2000年といった巨視的《きょしてき》なスパンで人類史を俯瞰《ふかん》する作業が必要不可欠《ふかけつ》ではないでしょうか。

私たちが直面《ちょくめん》している課題は一体どういう性質のものか。21世紀が必然的に帯《お》びざるをえない「地球文明」というものの性格、システム、位階秩序《いかいちつじょ》をどう構想していくのか――。未来世紀の足音が大きくなるのに呼応《こおう》するかのように、さまざまなアプローチが試《こころ》みられております。それぞれに示唆《しさ》されるところが多いのですが、総《そう》じていえることは、それらの基調は、次なる世紀の未来像に確たる手応《ごた》えを感じ取ってのものというよりも、暗中模索《あんちゅうもさく》の域を出ていないように思われてなりません。

半《なか》ば当然のことだと思います。それほどに、不確実《ふかくじつ》で不透明《ふとうめい》な世紀末の闇《やみ》は深いともいえます。裏返せば、我々が肩に負っている数々のアポリア（難問）は、規模からいっても質的にみても、かつて経験したことのない、未聞の〝新しさ〟を秘《ひ》めている。〝新しさ〟といえば聞こえはよいが、下手をすると人類の文明史に終止符《しゅうしふ》を打ってしまいかねない不気味《ぶきみ》な予兆を伝えており、その覚悟で臨《のぞ》んでいかなければ、到底対応できないと思います。

◇

私は今、香港の著名な作家・金庸《きんよう》氏と対談を進めています。氏はそのなかで、中国返還後の香港と日本とのビザなし交流を提案され、私も大賛成しました。(『旭日の世紀を求めて』、『池田大作全集第11巻』所収、参照)

しかし、楽しい夢は夢として、世界中の民衆が、ビザなしに、世界のどこにでも自由に行き来できる時代というのは、残念ながらまだまだ先のことでしょう。とはいえ、主権国家が、国際社会における強力な、ほとんど唯一の意思《いし》決定の主体であった時代は、20世紀とともに、次第に過去のものとなりつつある。その傾向性の流れだけは見落《みお》としてはならないと思います。

ネガティブな側面からいうならば、冒頭に挙げた環境問題をはじめとする〝地球的問題群〟は、どれ一つとっても、主権国家の枠内で解決することはできず、国際社会の緊密《きんみつ》な連携プレーが要請されるものばかりです。ポジティブな側面では、情報や通信、交通システムの長足な発展によってもたらされたボーダーレス化の流れは、もはや有無《うむ》をいわせぬ時流であります。

◇

国境を超え、民族を超え、ネガティブ、ポジティブ両面から、否応《いやおう》なく地球を一つに結びつつあるこうしたメガ・トレンド(巨大な潮流)を凝視《ぎょうし》する時、かつては空言とまではいわずとも、現実とかけ離れたユートピアめいた響きしか伝えてこなかった「地球文明」の有《あ》り様《よう》というものが、にわかに、具体的なイメージを要請してくるのであります。そこまでいかなくとも、そうしたイメージ化を図《はか》っていくためには、何が一番必要なのか、何が緊要にして不可欠なのか――その辺の課題を浮き彫りにしておかないと、「地球文明」といっても〝絵に描いた餅〟になりかねない。それでは、後世に重大な禍根《かこん》を残してしまう。「悔恨《かいこん》の世紀」の溜《た》め息《いき》まじりに、新しい世紀を迎えるようなことだけはあってはならないと思います。

◇

さてそこで私は、現代文明の限界が際立った形で立ち現れた環境問題に焦点《しょうてん》を当てて、新しい「地球文明」「人類文明」を創出する前提となる規範変革の方途《ほうと》を探ってみたいと思います。

多くの生態学者が、このままの状態で地球があと100年もつかどうかと危惧《きぐ》しているように、今や環境問題こそ人類の生存を脅《おびや》かす最大の脅威《きょうい》といえるからです。これまでも科学技術が〝諸刃《もろは》の剣《けん》〟であることを指摘し、警告を発する人々は少なくありませんでした。

しかし、そうした声がかき消されるほど、加速度的に発達した科学技術は次々と不可能《ふかのう》を可能とし、そのもたらす成長と繁栄は人々を魅了《みりょう》し続けてきました。長きにわたって科学技術文明の進歩と拡大は、とどまるところを知らなかったといえましょう。そんな得意満面《まんめん》の人類の前に立ちはだかって、進歩史観《しかん》が単なる幻想に過ぎず、むしろ命取りとなる危険《きけん》な考えであるという現実を否応《いやおう》なしに私たちに見せつけたものこそ、科学技術文明の歪みが生み出したともいえる環境問題であったのであります。それは、大気汚染《おせん》や水質汚濁《おだく》、土壌《どじょう》汚染に始まり、森林破壊、砂漠化という生態系の破壊、そしてオゾン層破壊や温暖化といった地球レベルでの危機《きき》という形で次々と顕在化《けんざいか》したもので、いずれも無視を続けることができないものばかりであります。そこで、こうした問題が地球的課題として明確に認識されて、1972年に発表されたものがローマクラブによるリポート『成長の限界』でありますます。また同年（1972年）、「かけがえのない地球」をキャッチフレーズに国連人間環境会議がスウェーデンのストックホルムで開催され、環境問題を人類への脅威《きょうい》と捉《とら》え、国際的に取り組むべきことを謳《うた》った「人間環境宣言」が採択《さいたく》されました。

以降、さまざまな研究や取り組みが活発となり、1992年6月にブラジルのリオデジャネイロで行われた国連環境開発会議（地球サミット）は、大きな関心を地球規模で呼ぶものとなりました。そこでは、「環境と開発に関するリオ宣言」や、持続《じぞく》可能な開発を実現していくための行動計画「アジェンダ21」、森林保護のための「森林原則宣言」の採択《さいたく》とともに、温暖化防止のための「気候変動枠組《へんどうわくぐみ》条約」や「生物多様性《たようせい》条約」の署名が始められるなど、一定の成果《げんそく》を上げたのであります。

その後、「生物多様性条約」（1993年12月）や「砂漠化防止条約」（1996年12月）が発効《はっこう》しております。とりわけオゾン層保護のためのフロン規制は着実に進展をみており、国際社会が一致して合意《ごうい》・結束することの意義を証左《しょうさ》するものといえましょう。そして、リオでの地球サミットから5年を迎える本年（1997年）は、国連環境特別総会の開催が予定され、サミット後の取り組みについて評価・検討されることになっております。また日本で行われる予定である「気候変動枠組条約」の第3回締約国会議も、懸案《けんあん》となっている2000年以降の二酸化炭素の排出量削減《はいしゅつりょうさくげん》について具体的な結論を出す場として注目を集めております。

しかし、近年こうした努力が徐々に国際社会で積み重ねられてきたにもかかわらず、それをはるかに上回る勢いで地球環境問題の深刻化が進行していることは、多くのリポートが指摘している通りであります。

ＵＮＥＰ（国連環境計画）は昨年（1996年）4月、「地球の日（アースデー）」を前に、「地球環境はほとんどあらゆる面で危機《きき》的状況にあり、現在の流れを大きく変えなければ、地球の日を祝う意味はない」と警告した本を刊行しました（「朝日新聞」1996年4月22日付朝刊）。またワールドウォッチ研究所による1996年度版の『地球白書』のなかでも、「今日、世界は変革《へんかく》の必要に迫られている。そのために与えられている時間はきわめて短い」（レスター・R・ブラウン編著、浜中裕徳監訳、ダイヤモンド社）とし、変革に失敗するならば破局は免《まぬか》れないと強調しているのであります。まさに地球環境問題は従来の考え方を延長するだけでは解決できない、「現在の流れを大きく変える」変革――文明のあり方をも根本から問い直すことなくして破局は避けられないとの認識が高まっているといえましょう。

すでにこうした観点から、科学技術文明を支えてきた思想や価値観に対する吟味《ぎんみ》、再検討は始まっており、昨今では「環境倫理学」といった分野も確立されつつあります。なかでも、未来の世代に対し責任を果たすために現世代の自由を抑制する――いわゆる「世代間倫理」のテーマは、今後大きな焦点《しょうてん》となってくるものと思われます。そこで展開されている議論は、これまで「自由」とされてきた概念そのものを根底から問い直すだけではありません。現在の人々の利益とその同意のみに基づいた「共時型《きょうじがた》」の意思《いし》決定の見直しをも迫るものであり、これまで「科学至上主義」とともに近現代の歴史を謳歌《おうか》してきた「進歩史観」の内実を検討していく上で極めて示唆的《しさてき》であります。

もちろんこの世代間の公平とともに、「南北問題」に象徴される現世代内の社会的公平を図《はか》っていかなければならないことは当然であります。今日、環境問題を考える上でキーワードとなっている「持続《じぞく》可能な開発」も、この二つの公平に細心《さいしん》の注意を払うべきものでなければ〝有名無実《ゆうめいむじつ》〟となりかねません。

「北」側諸国にみられる極端な消費パターンこそ環境危機《きき》の核心であると指摘する識者もおりますが、

私もそうした点は否《いな》めないと思います。「北」側諸国が突出して、大量生産と大量消費を繰り返す状態に対し、今後も〝持続可能〟と考えることは幻想にすぎないばかりか、地球社会という見地《けんち》からみて、到底許される状況にはないといえましょう。

同じ地球社会の隣人である「南」側諸国が抱える〝悪循環〟——つまり、貧困《ひんこん》（Poverty）と人口増加（Population growth）と環境（Environment）とが相互に連鎖していく「PPE問題」とも称される厳しい現状が、まさにこうした南北格差という国際経済の構造問題に起因《きいん》するものであることは、多くの識者が指摘する通りであります。

UNDP（国連開発計画）も、昨年（1996年）発表した「人間開発報告書　1996」で、「もし現在の傾向が続けば、先進国と途上国の経済格差は不公平《ふこうへい》どころか非人道的なものになるだろう」（広野良吉・北谷勝秀・佐藤秀雄監修『UNDP「経済成長と人間開発」』国際協力出版会）と警告し、二極化に対し注意を喚起《かんき》しています。

その上で報告書では、誤った経済成長の姿を、①雇用機会の増加を伴《ともな》わない「仕事のない成長」②貧富の格差拡大を顧《かえり》みない「残酷な成長」③民主主義や個人の社会進出が伴わない「声もあげられない成長」④個々の文化的アイデンティティーを阻害《そがい》したままの「ふらついている成長」⑤将来の世代が必要とする資源をも浪費する「未来のない成長」——の五つのパターンに分類し、「今日の不平等《ふびょうどう》を永続させるような開発は、持続性もないが、持続させる価値もない」と強調しているのであります（同前）。

昨年（1996年）11月に行われた「世界食料サミット」では、現在8億以上いるとされる飢餓《きが》と栄養失調《しっちょう》に苦しむ人々の問題が焦点《しょうてん》となり、この「飢餓人口」を2015年までに半減させようとの目標を掲《かか》げた「ローマ宣言」と「行動計画」が採択されました。また本年（1997年）は、国連が定めた「貧困撲滅《ぼくめつ》のための国連の10年」の1年目にあたります。

私はこうした国際的な取り組みを進める上では、一人一人の人間に本来備《そな》わる「内発の力」を十分に引き出すことのできる環境づくりを眼目《がんもく》としなければならないと考えるものであります。

飢餓問題の解決や貧困の撲滅といっても、単に物的・資金的な援助という〝応急処置《おうきゅうしょち》〟で対処できるものではなく、むしろ長期的な視野に立ったエンパワーメント――すなわち、一人一人がその能力を十全《じゅうぜん》に発現《はつげん》させていく環境づくり、自助努力《じじょどりょく》のための条件を整《ととの》えていく作業こそが肝要《かんよう》と思うのです。世界各地で起きている悲惨《ひさん》な紛争《ふんそう》の背景には、経済的な問題が深く横たわっていることが少なくありませんが、先に述べた「PPE問題」を含めて〝悪〟の連鎖を断ち切っていく、運命を共有する地球社会の隣人としての自覚と責任ある行動が、私たち一人一人に求められているのであります。

改めて述べるまでもなく、環境問題は資源の賢明な利用法さえ確立すれば問題が解決するといった、政治的・経済的、また技術的レベルの問題に止《とど》まるものではありません。人間と人間、人間と自然、そして人間と社会という、それぞれの関係を規定している価値観という次元にまで掘《ほ》り下《さ》げることなくして、私は道は開けないと思うのであります。今こそ、真の意味での「生命の尊厳《そんげん》」をあらゆる価値の根幹《こんかん》に据《す》える文明への転換を遂《と》げなければなりません。一人一人の根源的な視座《しざ》の変革《へんかく》がまさに求められているのです。その思想的基盤《きばん》となる、生命観、世界観の手がかりを、私は仏法の知見《ちけん》に求めたい。

仏典（華厳経）には、宇宙の森羅万象《しんらばんしょう》が互いに関連し合い、依存し合いながら、絶妙なる調和を奏《かな》でている様を表した美しい譬《たと》えが記《しる》されております。

——生命を守り育む大自然の力の象徴でもある帝釈天《たいしやくてん》の宮殿には、無数の「宝石」で飾られた美しい網《あみ》が掛《か》けられている。その網には、結び目の一つ一つに「宝石」が取りつけられており、いずれの「宝石」にも他のすべての「宝石」の姿が互いに映し出され、ともに輝き合って荘厳《そうごん》な美しさをたたえている——というのであります。仏法の「縁起《えんぎ》」観を示す美しい譬喩《ひゆ》であります。

周知《しゅうち》のように仏法では、「縁起」といって、万物《ばんぶつ》の相互依存性を通して人間・自然・宇宙が共存し、小宇宙（ミクロ・コスモス）と大宇宙（マクロ・コスモス）が一個の生命体として融合《ゆうごう》していく共生の秩序感覚を説いています。それは近代科学の背景をなしてきた人間と切り離された機械論的宇宙観を大きく超えるものです。とりわけここで私が強調しておきたいのは、仏法が、宇宙の森羅万象が織り成す関係を単なる静的なイメージではなく、創造的な生命がダイナミックに脈動《みやくどう》し合うものとして捉《とら》えているという点であります。

仏典では、その生命のダイナミズムを端的に、「正報《しようほう》なくば依報《えほう》なし・又正報をば依報をもつて此れをつく（作）る」（御書1140ジペー）と説《と》いております。ここでいう「正報」とは主体となる人間の生命を、「依報」とはそれを取り巻く環境世界を意味しています。重要なポイントは、この文の前段と後段が単に並列《へいれつ》的に配置され、依報と正報の不二《ふに》関係が明かされる、いわゆる静的なイメージではないということです。

前段と後段は逆転されてはならず、最初に「正報なくば依報なし」という、宇宙をも包み込む人間生命の主体的な発動が、まずあるのであります。しかしそれだけでは、観念論というか、近代人のファウスト的自我の倨傲《きよごう》に陥ってしまう。ゆえに後段の「正報をば依報をもつて此れをつくる」と、人間も自然の一員であることを忘れてはならない、と補足されているのであります。すなわち依正不二《えしようふに》とは、「正報をば依報をもつて此れをつくる」とあるように環境から生命主体への影響性を踏まえながらも、「正報なくば依報なし」として、あくまで人間生命を変革《へんかく》の主体と捉え、その関連性において環境を捉えていくダイナミックにして意志的な概念《がいねん》なのであります。

昨今、「共生」という言葉が時代のキーワードとして脚光を浴びておりますが、「正報なくば依報なし」と断固たる変革の意志をもちながら、環境に対する温かな眼差《まなざ》しを失わない――こうした「依正」が絶妙なバランスを保《たも》ちつつダイナミックに相互浸透《しんとう》しゆく姿にこそ、真の「共生」のあり方があるのではないかと私は考えるのです。その点、私は、オルテガの「生の哲学」に強い興味と親近感をもっております。彼が「私の哲学的思索のすべてを凝縮《ぎょうしゅく》している」(『オルテガ著作集1』白水社、井上正氏の「解説」を参照)としている、オルテガ哲学の精髄《せいずい》ともいうべきテーゼ(命題《めいだい》)には、「私は、私と私の環境である。そしてもしこの環境を救わないなら、私をも救えない」(『ドン・キホーテに関する思索』A・マタイス/佐々木孝訳、現代思潮社)とうたわれています。「正報なくば依報なし」と同じように、「私」抜きの、素朴《そぼく》実在論的な「環境」というものはありえない。逆に「環境」は観念論・唯心《ゆいしん》論的に「私」の中にあるのではなく「私」がその中にあり、しかも「私」がなくなろうとも存在し続けるであろう、ある種の客観的実在《じつざい》でもある。

ゆえに「正報《しょうほう》をば依報《えほう》をもつて此れをつくる」と同様に「環境を救わないなら、私をも救えない」とフォローされているのであります。真実の「私」は、そうした「私」と「環境」との精妙《せいみょう》に交差するところに躍動《やくどう》している何ものかなのだ――彼は、このように位置づけます。デカルトのコギト・エルゴ・スム(「我思う、ゆえに我あり」)を想起させるような、簡潔《かんけつ》かつ含意《がんい》性の深いこのテーゼは、近代文明の危機を鋭く感じ取りながら、機械論的宇宙観や二元論とは決別して、一種の二元的一元論、

ブラジルの国立アマゾン研究所とＳＧＩとの共催で行われた「環境と開発展」（1992年５月、リオデジャネイロ）

あるいは一元的二元論を志向しているようです。いわく、「この世の決定的な存在が物質でもなく、魂《たましい》でもなく、その他特定のものでもなく、ひとつのパースペクティブなのだ、という確信に、われわれはいつ目ざめるのであろうか」（同前）と。

私は、この「パースペクティブ」という言葉の含意と、「依正不二《えしょうふに》」論を貫《つらぬ》く創造的生命の意志的にしてダイナミックな発動《はつどう》とが、深い次元で通底《つうてい》し合っているように思えてなりません。そしてなぜ私が、あえてこのような類似《るいじ》に言い及ぶかといえば、ジレンマならぬトリレンマ（一に地球環境の破壊、二に経済発展の要請、三に資源・エネルギー危機）に囲繞《いにょう》されている現代文明の窮境《きゅうきょう》は、ともすると人々の意気を喪失《そうしつ》させかねないようなペシミスティック（悲観的）な状況を呈《てい》しており、不屈《ふくつ》の勇気をもってそこに挑み、何らかの突破口を見いだしていくには、確《かく》たる哲理《てつり》の支えが不可欠《ふかけつ》であると信じてやまないからであります。一人一人の生命次元での変革《へんかく》――すなわち「人間革命」を通し「環境革命」を、そして「地球革命」を実現させなければならないと私が常々主張しているのも、こうした考えに基《もと》づいております。

私どもSGIはまさにこの自覚に立って、地球環境問題についても展示活動などを通して、幅広く意識啓発《けいはつ》に努めてまいりました。1992年には、ブラジルでの「地球サミット」の公式行事として「環境と開発展――人類の課題・生命の世紀をひらくために」を開催し、その後もブラジル国内で巡《じゅん》回《かい》を続けてきました。加えてブラジルSGIの「アマゾン自然環境研究センター」では、「熱帯雨林《ねったいうりん》再生プロジェクト」も推進《すいしん》しております。アメリカでも、1993年から「環境と人間展」と題する展示を全米各都市で巡回しており、また昨年（1996年）にはボリビアで「共生と希望　アマゾン――環境と開発展」を開催したのであります。これらの展示活動は、問題の所在《しょざい》を明らかにし、ともに行動する決意を促《うなが》そうとの思いで進めてきたものにほかなりません。

私は常々、地球的問題群の解決を図るためには旧来の「国益《こくえき》」中心の考え方を克服し、「人類益」を基盤《きばん》とするアプローチで事にあたっていくべきであると訴えてきました。地球環境問題はまさしく、こうした視座《しざ》の転換を要するものなのです。恣意的《しいてき》に地球に引かれた国境線に自らの関心と責任を合わせている時代には、もう終止符《しゅうしふ》を打たなければならないのです。

そこでまず私は、地球環境問題の解決において重要な位置を占《し》める国連に関して、幾《いく》つか提案をしておきたいと思います。

地球サミットの成果の一つとして、「CSD（持続《じぞく》可能な開発委員会）」が1993年に国連の経済社会理事会のもとに創設されました。この委員会は、「持続可能な開発」の達成を目指して採択された行動計画「アジェンダ21」の実施状況を監視するとともに、各国連機関が進めているプログラムを整合《せいごう》させ、その統一性をもたせるという管理調整的な役割を担《にな》う組織となっております。国連には1972年に設立されたUNEPなどがすでにありますが、これに加えて政策の整合性の確保を図《はか》るCSDの創設は大きな前進といえましょう。

これまでにもCSDでは、テーマ別に実施計画のフォローアップが進められてきております。しかし資金問題をめぐる議論の紛糾《ふんきゅう》に象徴されるように、課題も少なくありません。また、仮にCSDが政策の方向性を調整できたとしてもこれを推《お》し進《すす》めるためには、やはり十分な実行力が必要とされるのです。現在の国連の一つの限界は、主権国家の集合体という組織形態に由来《ゆらい》しているといえましょう。しかし、環境問題解決のためには、国益《こくえき》中心の考え方を乗り越えることなくして活路《かつろ》は開けません。EU（欧州連合）で進められている〝主権の自主的制限〟をも含む環境政策に見られるような前向きな協力関係を、地球レベルにおいても実現させていくシステムづくりを探らなければならないと思います。

政策調整という課題については、CSDの設立によって幾分《いくぶん》解消されてきたとはいえ、やはり地球環境問題について最終的な決定権や各機関の責任分担を明確にさせる権限を有する、強力なリーダーシップをもった機関が要請されてくるのではないでしょうか。私がかつて提唱した「環境・開発安全保障理事会」のような形で、緊急を要するこの問題の国際的な意思《いし》決定の場をつくる必要があるのではないかと思うのです。これまでさまざまなグループによって国連改革のプランが提示されてきておりますが、環境問題への対応を重視したシステムへの移行を求める声は少なくありません。組織形態・権限などについては衆知《しゅうち》を集めて幅広い検討を進め、国連改革の率先《そっせん》すべき課題として取り組むべきであると考えます。

もう一点は、民衆の声を広く反映させるための仕組みを検討していくことであります。ＮＧＯ（非政府組織）のもつ建設的なエネルギーを取り入れていくことは、政策の方向性をさらに確かなものへと高めることに役立つとともに、政策を実施する上で欠《か》くことのできない支持基盤《きばん》を形成することにも寄与《きよ》するでありましょう。先に触《ふ》れた主権国家の相対的な地盤沈下《じばんちんか》ということを勘案《かんあん》すれば、国連も現在の主権国家連合的な色彩《しきさい》を徐々に薄《うす》めつつ、「国家の顔」より「人間の顔」を表に出していかざるをえないと思います。その際、ＮＧＯのもつネットワークの強化・拡大が大きなポイントとなりましょう。

また、こうした民衆レベルでの広範《こうはん》な支持基盤があれば、最大の焦点《しょうてん》である政策遂行のための財源確保の道も開けてくるのではないかと思うのです。現在、「地球環境ファシリティ」などによって、環境保全の資金が調達されるようになってきたものの、いまだ小さな規模に止まっており、本格的な体制が確立されてはおりません。そうしたなか、環境税や国際的な共有空間の利用料（海洋や空などの使用料）など、財源確保の試案が出されておりますが、民衆レベルでの関与の広がりに伴《ともな》って、現実味を帯《お》びた形で検討できる国際的な土壌《どじょう》が整ってくるのではないかと考えるのです。

そこで私が提案したいのは、５年前（１９９２年）、地球サミットと並行する形で行われた「グローバル・フォーラム」のような場を、今後、毎年１回、会期を決めて開催していく。その上で、国連総会や特別総会における政府間の討議に対し、ＮＧＯが〝民衆のアンテナ〟として有益な情報を提供したり、〝民衆の声〟を集約《しゅうやく》し、結論に一定の方向性を与えていくなどの役割をもたせていっては、どうかということであります。

平和学の創始者であるガルトゥング博士は、私との対談集の中で、現在の国連総会と並ぶ第二の議会として「国連人民総会」の創設を提案しておりました(『平和への選択』、『池田大作全集第104巻』所収)。その実現にはかなりの時間を要するとしても、その前段階として、民衆の側から国際社会の意思《いし》決定に一定の影響力を与える場として、「グローバル・フォーラム」というシステムの定着化を図《はか》っていく意義は大きいと思うのです。「われら連合国の人民は」という一節で始まる国連憲章《けんしょう》に象徴されるような、〝民衆一人一人こそ地球社会の主役〟との精神を、国連にみなぎらせるためにも、また名実《めいじつ》ともに国連を「人類の議会」にまで高めていく上でも検討に値《あたい》するのではないでしょうか。いずれの提案も実現には多くの困難が伴いますが、地球環境問題への取り組みを万全なものにすべく模索《もさく》し努力を続けていくなかで、時代が要請する新しい国連のあり方も自《おの》ずから浮かび上がってくるのではないかと、私は考えるのです。

◇

そこで私が取り組むべき課題として提起したいのが、「第三の千年」への確《かく》たるビジョンを示す「地球憲章」ともいうべき人類の新しい規範《きはん》を、民衆が中心となって打ち立てるという作業であります。あの「世界人権宣言」は、第2次世界大戦の悲劇《ひげき》を繰り返してはならないという決意、すべての「人間の尊厳《そんげん》」を保障しなければならないとの思いの結晶として制定されました。私は「地球憲章」を、現代文明が生み出した危機《きき》を次代《じだい》にまでもち越さないという決意、そして「生命の尊厳」を基調とする共生の精神の結晶として、制定すべきものと考えるのであります。無論、その実現には大きな困難が伴うことは承知しておりますが、危機に立ち向かうという〝人類共闘〟の同じ責任感に立ち、粘《ねば》り強い「対話」を積《つ》み重《かさ》ねていくなかで、道を開くしかないと思います。

「世界人権宣言」制定の検討作業に携《たずさ》わった一人であるアタイデ氏（ブラジル文学アカデミー元総裁）は、私との対談集の中で当時の苦労を振り返りながら、「対立する教義、信条、利害や主義主張の激突の末に創《つく》り出された『世界人権宣言』は、人類の歩む苦難の道のりの一里塚《いちりづか》として永遠に残るでしょう」（『二十一世紀の人権を語る』、『池田大作全集第１０４巻』所収）と述べられておりました。

また氏は、「経済的なつながりや政治的なつながりはまことにもろい。人々を結びつけるには不十分《ふじゅう》分《ぶん》です。そうした結びつきよりも、はるかに高く、はるかに広く、はるかに強く、人類を結びつけ、人間の運命さえ決定づける絆《きずな》を結ばなければなりません」（同前）と強調しておりました。「地球憲章」制定にあたって求められる精神性も、思うにここにあるのではないでしょうか。

私は、運命を自ら切り開く人間精神の「勇気」と「英知」の証《あか》しとして、またその崩《くず》れざる連帯の絆の証しとして、人類の総意《そうい》をもって「地球憲章」を打ち立てなければならない、と訴《うった》えたいのであります。具体的には、アメリカにある研究機関「ボストン21世紀センター」（現・池田国際対話センター）などを中心に今後作業を進めていってはどうかと提案しておきたい。

地球緑化《りょっか》基金と再生可能エネルギー促進《そくしん》条約（2002年）

本年（2002年）は、ブラジル・リオデジャネイロで行われた「地球サミット」から10周年にあたり、8月に南アフリカで「環境開発サミット」が開催されることになっています。

1992年、冷戦《れいせん》終結と地球環境問題への関心の高まりのなかで行われた地球サミットは、183カ国・地域の代表が参加した空前の規模のもので、気候変動枠組《へんどうわくぐみ》条約や生物多様性《たようせい》条約の署名と、行動計画「アジェンダ21」の採択という多くの成果を上げた会議でした。ガリ前国連事務総長が「認識論的転換」と評したほど、人々の認識を改める上で大きな意義があったといえます。

しかしその後、対策は遅々として進まず、地球環境の悪化に歯止《はど》めがかからない現状がある。地球温暖化の防止を例にとってみても、条約採択から9年後の昨年（2001年）11月に、ようやく温室効果ガスの削減《さくげん》義務を定めた「京都議定書《ぎていしょ》」の運用ルールの合意《ごうい》に達したという状況であります。

その意味で、本年（2002年）行われる環境開発サミットは、「認識論的転換」から一歩進んで「行動的転換」を果《は》たす機会にしなければなりません。

会議では過去10年間における対策の進捗《しんちょく》状況が検証されますが、今一度、新しい決意と強い覚悟をもって、抜本《ばっぽん》的な対策を打ち立て、未来の人類のために行動を開始する出発点にすべきだと思います。

そこで私は、国際協力の枠組《わくぐ》みを強化する観点から、環境開発サミットの場において、①「国連環境高等弁務官《べんむかん》」と同事務所の新設②環境諸条約の事務局の段階的な統合化と、それに伴《ともな》う「地球緑化《りょっか》基金」の設置③「再生可能エネルギー促進条約」の締結、の三点を検討してみてはどうかと提案したい。

第一は機構改革にかかわるものです。

現在、国連では、UNEP（国連環境計画）以外にも、UNDP（国連開発計画）やWHO（世界保健機関）など数多くの機関が、環境関連の活動を実施しています。しかし、それぞれが別個に活動を進めている現状があり、トータル・プランを構築しながら、情報の交換や連携《れんけい》の強化を図《はか》ることが強く求められます。

そこで、人権分野に人権高等弁務官が、難民分野に難民高等弁務官があるように、環境分野においても同様の職責《しょくせき》と事務所を新設し、関係諸機関の活動を調整しながら、地球環境問題への強いイニシアチブを発揮《はっき》する体制を整《ととの》えることが重要だと思うのです。

この「環境高等弁務官」には、事務次長クラスの権限を与え、必要に応じて国際的な勧告《かんこく》を行ったり、賢人《けんじん》会議や科学者会議などを招集《しょうしゅう》して未来ビジョンを発表するなど、地球環境問題の解決のための取り組みをリードしていく役割をもたせてはどうでしょうか。

第二の案は、環境諸条約の事務局が別個に設置されている状況を解消することで、相互の活動の連携を強化するだけでなく、事務作業の合理化を通じて運営コストを削減《さくげん》できるメリットがあります。

また、条約加盟国が報告義務を行うための費用も削減できるはずであり、それらの余剰《よじょう》資金を原資《げんし》に、生態系の保護や、新たに森林を増やすための植樹《しょくじゅ》などに活用する「地球緑化基金」として活用していくシステムをつくるべきだと思うのです。

SGIでも、ブラジルSGIの「アマゾン自然環境研究センター」で熱帯雨林《ねったいうりん》再生研究プロジェクトを行ってきた実績などがあり、そうした環境問題の解決に、できる限り協力していきたいと思います。

第三の案は、再生可能エネルギーの積極導入を図《はか》り、化石燃料に依存する社会システムを転換する道を開くための提案であります。

この問題に積極的に取り組んできたUNEPでは「太陽光、風力、波力《はりょく》など、環境にやさしいエネルギーの導入こそ、新千年紀に人類が取り組まなければならない喫緊《きっきん》の課題」と位置づけ、昨年（2001年）3月に「当然の選択――再使用可能なエネルギー技術と政策」と題した報告書を発表しています。

先進国の間でも、そうした問題意識が高まっており、2000年の九州・沖縄サミットを受けて「G8再生可能エネルギー・タスクフォース」が発足し、昨年（2001年）のジェノバ・サミットに報告書が提出されました。

そして、ジェノバでのG8共同宣言では「将来への遺産《いさん》」の章に、「我々は、再生可能エネルギー源が我々の自国の計画において十分に考慮されることを確保するとともに、他の国々も同様の行動をとることを奨励《しょうれい》する」と謳《うた》われ、サミットの宣言として初めて、その推進が打ち出されたのであります。

ヨーロッパでは、すでに具体的な計画が動き始めており、昨年（2001年）9月にはEU（欧州連合）が再生可能エネルギーに関する指令《しれい》を採択《さいたく》し、2010年までに総エネルギー消費量に占める比率を倍増させることが目指されています。

一方、途上国の間でも、UNDPが「持続《じぞく》可能な農村エネルギープロジェクト」の一環として、バングラデシュの小さな村落《そんらく》に太陽エネルギーを導入するなど、さまざまな活動が試《こころ》みられています。

そこで、先進国、途上国に限らず、こうした取り組みを全地球的な規模で進めるための合意《ごうい》、いわば「再生可能エネルギー促進条約《そくしん》」のようなものを、環境開発サミットの場で検討してみてはどうかと、私は提案したい。

環境開発サミットに関連して、もう一つ言及しておきたいのが「地球憲章《けんしょう》」です。

持続可能な未来に向けての価値と原則を謳った「地球憲章」は、ミハイル・ゴルバチョフ元ソ連大統領と地球サミットで事務局長を務めたモーリス・ストロング氏らを中心とする地球憲章委員会で起草を進めてきたもので、２０００年6月に最終草案が発表され、本年（２００２年）の採択が目指されています。

私どもSGIでは、その趣旨《しゅし》に賛同《さんどう》し、これまで世界各地で支援行事を開催してきたほか、平和研究機関の「ボストン21世紀センター」（現・池田国際対話センター）においても草案づくりに多角的《たかくてき》な視座《しざ》を提供するためにシンポジウム等を行い、研究書を発刊してきました。

「地球憲章」には、環境問題に限らず、公正な社会と経済、民主主義、非暴力と平和に関する項目など、今後のグローバル・ガバナンス（地球社会の運営）を考える上で欠かせない包括的《ほうかつ》な行動規範が盛り込まれており、21世紀の人類の指針《ししん》となるべきものです。共通のビジョンを持ち、そこに向かって皆が行動していく努力なくして、地球の希望の未来は開けません。その意味でも、国際社会の一致した合意をもって「地球憲章」が採択できるようにしなければならないと思います。そして、採択された後も「地球憲章」が人類共闘の基軸《きじく》となるように、草の根レベルでの粘り強い意識啓発《けいはつ》が欠かせないでしょう。

SGIとしても、地球憲章委員会や他の団体と協力しながら「地球憲章」の各国語版の翻訳や、その内容と趣旨を解説した各国語版のハンドブックやビデオ作製などのサポートに取り組んでいきたいと思います。

また環境教育という観点から、子どもたち向けに、「地球憲章」のメッセージを親しみやすく、分かりやすくしたパンフレットの制作も必要となるでしょう。

現在、環境開発サミットに向けて、子どもたちによるポスターや作文のコンテストが行われる予定となっていますが、今後も継続的に、地球の未来を担う子どもたちに焦点《しょうてん》を当てた環境教育に力を入れることを国際社会の合意としていくべきです。

ＳＧＩでも今後、さまざまな形で、環境教育の普及《ふきゅう》に努めていきたいと思います。

持続《じぞく》可能な開発のための教育の10年（2005年）

1992年にブラジルで開催《かいさい》された地球サミットの直前《ちょくぜん》に「気候《きこう》変動枠組《わくぐみ》条約」が採択《さいたく》されて以来、紆余曲折《うよきょくせつ》が続く中、昨年（2004年）のロシアの批准《ひじゅん》を経《へ》て、ようやく2月（2005年）に同条約の「京都議定書《ぎていしょ》」が発効《はっこう》する運びとなりました。

「京都議定書」は、先進国の締約国《ていやくこく》全体で二酸化炭素などの温室《おんしつ》効果ガスの排出量《はいしゅつりょう》を1990年比《ひ》で5％以上減らすことを義務《ぎむ》づけたものですが、アメリカの離脱《りだつ》や、途上国《とじょうこく》の参加問題、議定書の対象外である2013年以降の枠組みをどうするかなど、問題が山積《さんせき》しています。

この条約の実施交渉《じっしこうしょう》に並行《へいこう》する形で、各国でも持続可能な社会に移行《いこう》するための法制度が検討《けんとう》されるようになり、1990年代から欧州《おうしゅう》各国中心に温室効果ガスの抑制《よくせい》を目的とした環境税《ぜい》の導入《どうにゅう》や、石油資源《しげん》に代わる再生可能エネルギーの割合を増やそうとする努力も広がってきました。

しかし温暖化《おんだんか》を止めるには、世界全体の排出量《はいしゅつりょう》を半分以下にまで抑《おさ》えることが必要であり、その困難な道のりの遠大《えんだい》を思うと、〝グローバルに考え、ローカルに行動する〟という鉄則《てっそく》が、まさにその通りであると首肯《しゅこう》されます。

本年（2005年）、イギリスで開催されるG8サミットでは温暖化問題が主要テーマに取り上げられますが、イギリスが招待《しょうたい》を表明している中国とインドの参加を実現させる一方で、アメリカの翻意《ほんい》を強く迫《せま》りながら、京都議定書に続く枠組みづくりへの一歩を踏《ふ》み出すべきだと、念《ねん》じてやみません。

このように地球環境問題は、短期・中期的な課題として、国際政治や国際経済の議論の俎上《そじょう》にあがっております。より本質的《ほんしつてき》な意味では、人類が生存する基盤《きばん》自体を脅《おびや》かし、人間の生き方や現代文明のあり方そのものを問《と》い直すという、長いスパンで捉《とら》えるべき人類史的テーマといえるものです。

昨年(2004年)11月、NHKで「地球大異変《だいいへん》」というドキュメンタリー番組が放映《ほうえい》されました。「温暖化がもたらすもの」「水が危ない」「崩《くず》れる生態系《せいたいけい》」の3回シリーズで、カリブ諸国での喘息《ぜんそく》の流行《りゅうこう》とアフリカでの砂塵《さじん》の嵐《あらし》、ハワイの地滑《じすべ》りと南アメリカの植物といったように、一見《いっけん》関係のないような現象が実《じつ》は非常に密接《みっせつ》につながっていることを明らかにしながら、危機《きき》に瀕《ひん》している地球の生態系の状況を描《えが》いた内容となっています。

このような〝バタフライ効果〟(ブラジルにいる蝶《ちょう》の羽《は》ばたきが、テキサスで竜巻《たつまき》を起こすという、カオス理論で用《もち》いられる譬《たと》え)は、私がモスクワ大学のサドーヴニチィ総長との対談で、資源《しげん》環境問題について語り合う中でも話題になりました。

個々の危険を示すシグナルには目はいっても、その無限《むげん》の連鎖《れんさ》の中で、予想もしない結果を招《まね》いてしまうところに、地球環境問題の恐ろしさがあります。

昨年(2004年)1年間を振り返っても、ヨーロッパを襲《おそ》った熱波《ねっぱ》、インドとバングラデシュでの大洪水《こうずい》、北米や中米を襲った大型ハリケーンなど、各地で異常気象が相次《あいつ》ぎました。これらの現象と、地球温暖化との関連性を指摘する専門家もいます。

地球環境の危機を知らせるさまざまな兆候《ちょうこう》があったとしても、迫《せま》り来る危機を真剣に受け止め、認識し、行動に移すまでにはなかなかいたらないのが現実であり、地球環境問題への対応策が遅れがちな理由の一つも、そこにあるといえましょう。

作家のチンギス・アイトマートフ氏は『カッサンドラの烙印《らくいん》』(飯田規和訳、潮出版社)の中で、巧みな比喩《ひゆ》をもって、そうした人間の心理状態を綴《つづ》っています。

「例《たと》えて言えば、サンフランシスコ湾《わん》にかかるあの大きな橋の構造《こうぞう》に何か重大な欠陥《けっかん》が見つかったけれど、まだ通行《つうこう》可能だ、といったような状況です。通行可能なら、何を思いわずらうことがあろう、運ぶべき貨物《かもつ》はどんどん運《はこ》べばいい、橋をどうするかなんてことは、もっと後になってほかの人間に考えてもらえばいい、というわけです」

この作品は、ギリシャ神話《しんわ》に出てくるカッサンドラの名に託《たく》す形で、アイトマートフ氏が、現代文明の深い闇《やみ》を描《えが》いたものです。

「気候《きこう》変動枠組条約」が、「京都議定書《ぎていしょ》」の発効《はっこう》によって実質的な稼働《かどう》にいたるまで、13年もの歳月《さいげつ》を要《よう》したことに象徴《しょうちょう》されるように、国際的な取り組みが遅々《ちち》とした歩《あゆ》みであるのに比《くら》べ、環境破壊《はかい》のスピードは急速に進んでおり、このままでは、そのギャップは広がるばかりであります。

カッサンドラの予言《よげん》（地球環境の変動を示すさまざまなシグナル）を真剣に受け止め、大惨事《さんじ》に至《いた》る前に、それを防ぎうる文明の舵《かじ》を切るためには、国際社会のレベル、国家のレベル、地域のレベル、それぞれにおいて抜本的《ばっぽんてき》な方針転換《ほうしんてんかん》が不可欠《ふかけつ》であり、急務《きゅうむ》であります。

◇

だからこそ、必要なことは、断固《だんこ》たる「決意と行動」、そして「持続性《じぞくせい》」であります。特に「持続性」は、「サスティナブル」（持続可能な）という言葉が、単《たん》なる環境保護とは異《こと》なる地球環境問題解決へのキーワードとして位置づけられている時流《じりゅう》に照《て》らしても、その重要性は明らかであります。

このことを念頭《ねんとう》に、私は、3年前（2002年）の「環境開発サミット」に寄せて発表した環境提言の中で、①現状を知り、学ぶこと②生き方を見直すこと③行動に踏《ふ》み出すこと、の三つの段階《だんかい》を踏まえて「持続可能な開発のための教育の10年」の取り組みを総合的に進める重要性を強調しました。

ＳＧＩとしても、その一環《いっかん》として、地球憲章《けんしょう》委員会と共同制作した展示「変革の種子《しゅし》――地球憲章と人間の可能性」を世界10カ国以上で開催《かいさい》し、今年（２００５年）からは日本で「地球憲章――新たな地球倫理《りんり》を求めて」展（仮称《かしょう》）を行う予定であります。

温暖化《おんだんか》防止対策の強化（2006年）

昨年（2005年）2月、私は、「京都議定書」の発効にあわせて来日された、ノーベル平和賞受賞者のワンガリ・マータイ博士とお会いしました。

今や、世界平和を展望する上で、地球環境問題は避《さ》けて通れない課題となっています。

博士自身も、こう述《の》べておられました。

「私とともに、環境の分野で活動してきた何百万という人々がいます。今回の受賞を通して、『平和のために環境が重要である』『平和を守るためには環境を守らなければならない』という、強いメッセージを送ることができたと思います」と。

マータイ博士は、母国ケニアを襲《おそ》う砂漠化《さばくか》と戦うために、「グリーンベルト運動」を立ち上げ、多くの女性らとともに、アフリカで30年間にわたり、3000万本の植林《しょくりん》運動を進めてきたことで知られます。

現在、砂漠化は、アフリカやアジアの乾燥《かんそう》地帯などを中心に深刻化《しんこくか》し、地球温暖化の影響で今後もさらに拡大《かくだい》する可能性が高いと言われています。

これは、国連などが進める「ミレニアム生態系《せいたいけい》アセスメント」の結果、明らかになったもので、このまま地球温暖化《おんだんか》が進んで砂漠化が深刻化した場合、発展途上国《はってんとじょうこく》を中心に20億人近くの生活が脅《おびや》かされると予測《よそく》されています。

こうした中、国連では今年（2006年）を「砂漠と砂漠化に関する国際年」に定めました。

国際年を通じて、砂漠化を防止する国際協力が進むことが期待されますが、同時に私は、砂漠化を拡大させる要因ともなっている地球温暖化の分野でも、抜本的《ばっぽんてき》な対策を講《こう》じていく必要があると訴《うった》えたい。

地球温暖化は、「酸性雨《さんせいう》対策」や「オゾン層《そう》保護」に続いて、国際的な枠組《わくぐ》みづくりが進んできた分野です。

ようやく昨年（2005年）、「京都議定書《ぎていしょ》」が発効《はっこう》し、先進国が2012年までの温室《おんしつ》効果ガスの平均排出量《はいしゅつりょう》を1990年比《ひ》で少なくとも5％削減《さくげん》することが義務《ぎむ》づけられました。

しかしこれだけでは、対策としては不十分で、温暖化を抑《おさ》えるには、排出量を現在の半分以下まで減らす必要があると言われています。

今後の焦点《しょうてん》は、「京都議定書」から離脱《りだつ》したアメリカと、温室効果ガスの排出量が増加している中国やインドなど途上国の参加をどう図《はか》っていくかにあり、この問題は、昨年（2005年）7月のG8サミット（主要国首脳《しゅのう》会議）でも議題となりました。

また12月（2005年）にカナダで行われた気候《きこう》変動枠組条約第11回締約《ていやく》国会議と、「京都議定書」第1回締約国会議の結果、同条約の下に「作業部会《ぶかい》」を設《もう》け、2013年以降の取り組みについての対話を今後2年間で行うことなどが決まりました。

討議《とうぎ》内容に拘束力《こうそくりょく》はないとの留保《りゅうほ》付きながらも、アメリカや途上国も参加する、すべての国に開かれた対話の場が設けられたことで、一時は崩壊《ほうかい》さえ懸念《けねん》された条約の危機《きき》は回避《かいひ》されました。

そこで私は、ホスト国として「京都議定書」の成立に力を注《そそ》いだ日本が、環境問題に熱心な国々と連携《れんけい》しながら、温暖化防止の第二段階の枠組みづくりに向けて、リーダーシップを発揮《はっき》すべきであると訴えたい。

京都議定書では、すべての締約国に、エネルギー効率《こうりつ》を上げることと、森林などを育て、二酸化炭素の吸収を進めることを義務づける一方、温室効果ガスの削減目標の達成を円滑《えんかつ》に図るために、京都メカニズムと呼ばれる仕組みと、森林の吸収量の増大を排出量の削減に算入《さんにゅう》する方法を認めています。日本は自国の取り組みに全力を注ぐことはもとより、各国における森林保全《ほぜん》や植林活動、再生可能エネルギーの導入《どうにゅう》について、率先《そっせん》して支援《しえん》していくべきではないでしょうか。

この点、締約国会議で途上国の側《がわ》から提示されたプラン――先進国が途上国に投資《とうし》して温室効果ガス削減事業を行う「クリーン開発メカニズム」の対象に、森林保全を進める事業を加える案は、注目に値《あたい》します。

私は4年前（2002年）の提言で、「再生可能エネルギー促進条約《そくしん》」の締結《ていけつ》とともに、「地球緑化《りょっか》基金」の設置《せっち》を呼びかけました。

世界の温室効果ガス排出の増加分のうち、1割から2割は森林の減少が原因とされているだけに、森林保全のグローバルな協力体制を築くことは急務《きゅうむ》となっています。

私は、こうした途上国の要望《ようぼう》を踏まえた制度を前向きに整備していく中で、途上国の側にも、温室効果ガスの排出量《はいしゅつりょう》を削減《さくげん》させる枠組《わくぐ》みへの参加を求めていくことが重要であると思うのです。

この温暖化《おんだんか》防止とあわせて、私が、日本の強いリーダーシップを期待するのは、環境教育の分野です。

昨年（2005年）から、国連の定める「持続《じぞく》可能な開発のための教育の10年」がスタートしました。これは、私どもSGIが他のNGO（非政府組織）とともに呼びかけ、2002年に南アフリカで行われた「環境開発サミット」で、NGOの提言を受けた日本政府が提案したもので、その後、国連総会での採択《さいたく》を経《へ》て実現した取り組みです。

昨年（2005年）10月には、ユネスコ（国連教育科学文化機関）が「国際実施計画《じっし》」を取りまとめ、「持続可能な開発の原則、価値観、実践を、教育と学習のあらゆる側面《そくめん》に組み込むこと」で、人々に行動の変化を促《うなが》し、より持続可能な未来を創造《そうぞう》することが、教育の10年の目標に掲《かか》げられました。

また、持続可能な開発についての意識を高めるために、国ごとの実施計画の策定《さくてい》や、計画推進《すいしん》のための組織づくりも呼びかけられています。

日本は、教育の10年の提案国として、「環境教育のモデル国」を目指し、砂漠化《さばくか》など環境悪化が進むアフリカやアジアの国々に、この分野での協力や支援《しえん》を行っていくべきではないか。

私は、かねてより、21世紀の日本の進むべき道は「環境立国《りっこく》」「人道立国《じんどう》」にあると主張してきました。環境分野で貢献《こうけん》を果たすことは、地球環境の悪化《あっか》で苦しむ人々を人道的な立場から救《すく》っていくことにもなるはずです。

SGIでも、教育の10年の提唱団体として、世界各地で環境展「変革の種子《しゅし》――地球憲章《けんしょう》と人間の可能性」の開催《かいさい》に力を入れるほか、SGIが制作協力した環境映画「静かなる革命」の上映《じょうえい》等を支援していきたいと思います。

「世界環境機構《きこう》」の創設《そうせつ》（２００８年）

第２次世界大戦の悲劇《ひげき》を、再《ふたた》び繰《く》り返さないとの反省に基《もと》づき、「世界人権宣言」が採択されて、今年（２００８年）で60周年を迎えます。

「人類社会のすべての構成員の固有《こゆう》の尊厳《そんげん》と平等で譲《ゆず》ることのできない権利とを承認《しょうにん》することは、世界における自由、正義及《およ》び平和の基礎《きそ》を構成する」との崇高《すうこう》な一節《いっせつ》を前文《ぜんぶん》に掲げ、全30カ条からなる自由権や社会権を定めた宣言は、その後の各国の政策に影響を及ぼし、人権に関する諸《しょ》条約や制度を形成する上での基礎となり、人権運動に取り組む人々に勇気と希望を与える源泉《げんせん》となってきました。

戦後世界の再出発にあたって、「人権の普遍性《ふへんせい》」のビジョンと、「恐怖と欠乏《けつぼう》から解放された世界の到来」を目標に掲げた人権宣言は、国連憲章と並《なら》んで〝人類共和《きょうわ》への指針《ししん》〟としての役割を果たしてきたといえましょう。

21世紀に入り、人権宣言が標榜《ひょうぼう》する「国境を超えた普遍性」の横軸《よこじく》に加えて求められるのは、未来にわたる人間の幸福を視野《しや》に入れた持続可能で平和な地球社会を築く「世代を超えた責任」の縦軸《たてじく》ではないでしょうか。

◇

昨年（２００７年）、最新の研究成果を踏《ふ》まえた注目すべきリポートが相次《あいつ》いで発表されました。

一つは、ＵＮＥＰ（国連環境計画）の「地球環境概況」です。これによると、大気汚染《おせん》に関しては改善された地域もあるが、地球全体でみると、毎年２００万人以上の死期《しき》を早める原因となっているほか、有害な紫《し》外線《がいせん》から人々を保護するオゾン層《そう》も、南極《なんきょく》上空の穴《あな》は過去最大になったといいます。また、一人あたりが使用できる淡水《たんすい》の量は地球規模《きぼ》で減少し、生物多様性《たようせい》の面でも、1万6000種《しゅ》以上が絶滅《ぜつめつ》の危機《きき》にあると指摘しています。

つまり、比較的《ひかくてき》単純な問題は各地で取り組みが進んでいるものの、複雑で深刻《しんこく》な問題は依然《いぜん》残されたままで、対策が急務《きゅうむ》となっているというのであります。

もう一つは、IPCC（気候《きこう》変動に関する政府間パネル）がまとめた「第4次評価報告書」です。二酸化炭素の排出量《はいしゅつりょう》が近年急増《きゅうぞう》し、ここ50年の温暖化傾向《けいこう》は過去100年のほぼ2倍となり、21世紀末には最大で6・4度上昇《じょうしょう》する可能性があると予測しています。

このままでは、北極域《ほっきょくいき》における海氷の縮小《しゅくしょう》が進むとともに、猛暑《もうしょ》や熱波《ねっぱ》、大雨などの極端《きょくたん》な気象《きしょう》が頻度《ひんど》を増していく可能性がかなり高く、今後、人間の存在基盤《きばん》が著《いちじる》しく脅《おびや》かされる恐れがあると警告《けいこく》しております。

また国際政治の場でも、サミットで気候変動が継続《けいぞく》して議題にのぼり、昨年（2007年）9月には「気候変動に関するハイレベル会合」が国連で開催《かいさい》されるなど、環境問題の緊急性《きんきゅうせい》に関する認識は年々深まっています。ただし、国際社会が一致《いっち》しての行動という面では、いまだ課題は大きいと言わざるを得ません。

改《あらた》めて述《の》べるまでもなく、地球生態系《せいたいけい》の保全《ほぜん》は、国境を超えた人類共通の課題であり、〝同じ地球で生きている〟という一人一人の強い自覚と責任感なくしては、解決への糸口《いとぐち》を見いだすことは困難といえます。

かつて創価学会の牧口常三郎初代会長は、身近な地域に根ざした「郷土民《きょうどみん》」、国家を形成する「国民」、世界を人生の舞台《ぶたい》とする「世界民」という、三つの自覚をあわせ持つことの重要性を訴《うった》えました。その上で、国益に縛《しば》られない、同じ地球に生きる人間としての〝開かれた人類意識〟の涵養《かんよう》を促《うなが》したのであります。

これこそ、SGIが「持続《じぞく》可能な開発のための教育の10年」を提唱する上で基底《きてい》に据《す》えていた理念であり、関係機関や他のNGO（非政府組織）と一緒に、実現のために力を注《そそ》いできた理由にほかなりません。

まさに今、「地球益」「人類益」に立った協調《きょうちょう》行動が求められているのであり、その中心軸《じく》となるべき存在こそ国連であります。

国連では、これまでUNEPを通し、環境問題への取り組みの促進《そくしん》と調整が図《はか》られてきました。またUNEPは、環境関連の多くの条約事務局の役割を兼《か》ねているほか、六つの地域事務所を有《ゆう》し、持続可能な開発と環境保全のプログラムを推進する努力が続けられてきました。

その実績を踏《ふ》まえつつ、深刻化《しんこくか》する地球環境問題に、より万全《ばんぜん》の態勢で対処《たいしょ》していくために、UNEPのさらなる強化を求める声が高まっております。昨年（2007年）2月、ナイロビで行われた閣僚級《かくりょう》の環境フォーラムでも、同様の認識で一致《いっち》がみられました。科学的知見《ちけん》の集積《しゅうせき》と分析や環境条約を調整する機能の強化の重要性が指摘される一方、UNEPを国連の専門機関に格上《かくあ》げすべきであるとの意見も出されました。

私も以前から、21世紀の国連が担《にな》うべき活動の大きな柱は地球環境問題であると考えてきました。構想の一端《いったん》として、6年前（2002年）に「国連環境高等弁務《こうとうべんむ》官《かん》」の設置《せっち》を呼びかけたこともありますが、その主眼《しゅがん》は、国連が中心となって問題解決へのイニシアチブを発揮《はっき》する体制を整備する点にありました。

従来《じゅうらい》、UNEPが担《にな》ってきた機能《きのう》の強化に加《くわ》えて、こうした点なども勘案《かんあん》しながら、「世界環境機構《こう》」ともいうべき専門機関への発展的改組《かいそ》を目指していってはどうか。

専門機関への改組が重要だと考える一番の理由は、UNEPでの議論や意思決定に直接かかわることができるのが理事国に限られるのに対し、専門機関の場合はその加盟国《かめいこく》となることで、どの国も議論のテーブルにつくことができる点であります。これは、私が30年前（1978年）に提唱した「環境国連」のイメージにも近いものであり、近年、叫《さけ》ばれている「グローバル環境ガバナンス」の確立という面では、すべての国が参加できるという体制を整えることが、何にもまして重要となってくるのではないでしょうか。

次に、焦点《しょうてん》となっている温暖化防止対策について言及《げんきゅう》しておきたい。

昨年（2007年）6月、ドイツで行われたサミットで、2050年までの世界の温室《おんしつ》効果ガス半《はん》減《げん》を真剣に検討することで合意《ごうい》をみました。しかし、温室効果ガスを削減《さくげん》する手立ては京都議定書《ぎていしょ》に基《もと》づく2012年までの枠組《わくぐ》みしかないのが実情《じつじょう》です。また、50%削減を達成するには、京都議定書の枠組みに加わっていない国々が参画《さんかく》した形での全地球的な体制づくりが欠《か》かせないことは論《ろん》をまちません。

先月（2007年12月）、気候変動《きこうへんどう》枠組条約の締約国《ていやくこく》会議がインドネシアで開催《かいさい》され、2013年以降の枠組みをつくる交渉《こうしょう》の行程表《こうていひょう》「バリ・ロードマップ」が採択《さいたく》されました。削減の数値目標が盛《も》り込まれなかったのは残念ですが、アメリカや中国、インドなど京都議定書に加わっていない主要排《はい》出《しゅつ》国を含めた形で、温暖化防止の新たな枠組みづくりを目指す体制が整ったのは、一定《いってい》の前進といえましょう。

この「バリ・ロードマップ」に基づく交渉を進めるにあたって、私が呼びかけておきたいのは発想の転換《てんかん》です。ともすれば全体的な目標の達成よりも、いかに自国の義務《ぎむ》や負担《ふたん》を少しでも軽くするかに力点《りきてん》が置かれてしまうマイナス思考の発想から脱却《だっきゃく》する必要があると思うからです。

主要国が率先《そっせん》して目標を設定し、意欲的《いよくてき》な政策を進めるとともに、他国の取り組みも積極的《せっきょくてき》に支援《しえん》しながら、地球レベルでの貢献《こうけん》を良い意味で競《きそ》い合っていく——いうなれば、「協力」と「連帯《れんたい》」をキーワードにした温暖化防止の体制を築《きず》いていく時代への転換であります。

今から１００年以上も前（１９０３年）、牧口初代会長は、各国が国益のために相争《あいあらそ》う状態に終止符《しゅうしふ》を打ち、互《たが》いにプラスの影響を与え合い、共存共栄《きょうぞんきょうえい》する世界を建設する方途《ほうと》として、「人道《じんどう》的競争」のビジョンを提唱しました。この「人道的競争」の時代を、地球環境問題への取り組みを契機に大きく開いていくべきではないでしょうか。７月（２００８年）の洞爺湖《とうやこ》サミットの議長国でもある日本が、そうしたプラス思考への転換を呼びかけ、時代変革の先頭に立つことを強く望むものであります。

では具体的に、温室効果ガスの排出量をどう削減していけばよいのか。

さまざまな対策が考えられますが、特に、自発的《じはつてき》な目標と貢献というプラス思考の発想になじむものとして、再生可能エネルギーの導入促進《どうにゅうそくしん》と省エネルギー対策によって「低炭素《ていたんそ》・循環型《じゅんかんがた》社会」への移行《いこう》を図《はか》るアプローチを取り上げたいと思います。

再生可能エネルギーについては、すでにＥＵ（欧州《おうしゅう》連合）で注目すべき動きが見られます。昨年（２００７年）３月の首脳《しゅのう》会議では、温暖化対策として太陽光など再生可能エネルギーの利用拡大を加盟国に義務づけ、現在６・５％のＥＵ全体での利用割合を２０２０年までに20％に引き上げることで合意しました。

これとあわせて、「低炭素《ていたんそ》・循環型《じゅんかんがた》社会」への移行《いこう》に向けた鍵《かぎ》を握《にぎ》るのが、省《しょう》エネルギー対策です。私は、この分野で多くの経験と実績を持つ日本が、近隣《きんりん》諸国との連携《れんけい》を深めながら、東アジアを「省エネルギー推進《すいしん》のモデル地域」にしていく努力を傾《かたむ》けるべきであると訴《うった》えたい。

昨年（２００７年）の提言で、私は東アジア共同体の構築《こうちく》に向けて基盤《きばん》となる地域協力のパイロットモデルとして、「東アジア環境開発機構《きこう》」の創設《そうせつ》を呼びかけました。まずは省エネ分野で日本がリーダーシップを発揮《はっき》し、先鞭《せんべん》をつけることが望ましいと考えるものです。

こうした制度面での整備とともに欠《か》かせないのが、民衆レベルでの取り組みです。

かつて私は、「持続《じぞく》可能な開発のための教育の10年」の制定を呼びかけるにあたり、環境問題解決のためには、制度面での整備といった〝上からの改革〟だけでなく、草の根レベルで行動の輪を広げ、目覚めた民衆の力を結集《けっしゅう》していく〝下からの改革〟が欠かせないと強調しました。

その活動の柱《はしら》として教育に着目《ちゃくもく》したのは、教育には一人一人が秘《ひ》めている限りない可能性を引き出し、それぞれの地域にとどまらず、やがては地球的規模《きぼ》で時代変革の波を生み出す力があると信じるからであります。

ＳＧＩでは、２００５年のスタート当初《とうしょ》から「教育の10年」を支援《しえん》し、教育教材として映画「静かなる革命」を地球評議会、国連環境計画、国連開発計画と協力し制作したほか、地球憲章《けんしょう》委員会と共同制作した「変革の種子《しゅし》」展を各地で開催《かいさい》しております。

またこれに先立つ形で、私が創立した「ボストン21世紀センター」（現・池田国際対話センター）では、持続可能な未来を築《きず》くための理念と指針《ししん》をまとめた「地球憲章」の起草《きそう》作業を支援してきました。

さらに自然保護の活動として、ブラジルＳＧＩが「熱帯雨林《ねったいうりん》再生研究プロジェクト」を１９９３年から展開し、アマゾン川流域の生態系《せいたいけい》を保全《ほぜん》するための植林《しょくりん》や貴重な種子を採取《さいしゅ》・保存する活動を継続しており、カナダやフィリピンなど各国のＳＧＩでも植樹《しょくじゅ》活動が行われてきました。

こうした植樹活動の意義をめぐって、グリーンベルト運動の指導者でノーベル平和賞を受賞した、ケニアのワンガリ・マータイ博士と語り合ったことがあります（２００５年2月）。

その際《さい》、古代インドで釈尊《しゃくそん》が緑の木々を植《う》えることの重要性を説いていたことや、戦争を放棄《ほうき》し平和と慈悲《じひ》の政治を行ったアショカ大王が、街路樹《がいろじゅ》の植樹など環境保護政策に努めていたことが話題となりました。また、グリーンベルト運動を通して女性のエンパワーメント（内発的《ないはってき》な力の開花）が進んだことなどを踏《ふ》まえ、「木を植える」ことは「生命を植える」ことであり、「未来」と「平和」を育《はぐく》むことにほかならないと、共感《きょうかん》し合ったことを思い出します。

「教育の10年」の取り組みを真に実《みの》りあるものにするには、単《たん》に環境問題に関する知識を身につけるだけでは十分《じゅうぶん》とはいえません。例えば、植樹活動のような実体験を通じて、自身を取《と》り巻《ま》く生態系の尊《とうと》さを体感し、それを守る心を一人一人の中に植え付ける作業が必要となってくるのではないでしょうか。

ＵＮＥＰでは現在、マータイ博士らの後援《こうえん》を受けて、「10億本植樹キャンペーン」を推進しています。その結果、これまで世界全体で19億本もの植樹が行われ、今年（２００８年）も同様に10億本を超える植樹が目指されています。私は、この取り組みを「教育の10年」と連動させる形で、今後も定着《ていちゃく》させていくことが望ましいと考えるものです。

「教育の10年」を軌道《きどう》に乗せ、地球環境の悪化《あっか》を食い止められるかは、一人でも多くの人々が自身の問題として受け止め、具体的行動を起こせるかどうかにかかっています。すなわち、持続《じぞく》可能な未来を築《きず》くために、個人や家族、地域社会や職場といった、身近なところから何ができるかを話し合い、共《とも》に行動を始めることが何よりも求められているのです。

例えば、こうした取り組みを「持続可能な未来のための行動ネットワーク」等と名付け、環境問題だけでなく、貧困《ひんこん》、人権、平和問題など個々《ここ》の取り組みをつなぐ横の連帯《れんたい》を広げながら、人類共闘《きようとう》の足場を固めていってはどうか。SGIとしても、〝下からの改革〟を地球規模《きぼ》で進める一翼《いちよく》をさらに力強く担《にな》っていきたいと考えております。

「国際持続可能エネルギー機関」の設立（2009年）

世界は今、経済危機《きき》に加え、地球温暖化《おんだんか》やエネルギー問題、また食糧《しょくりょう》問題や貧困問題が連鎖《れんさ》しながら悪化していく危機に見舞《みま》われています。歴史のプリズムを通して見ると、今日《こんにち》の状況は、1929年の世界恐慌《きょうこう》の再来《さいらい》をも想起《そうき》させる衝撃《しょうげき》と、1970年代前半にドルショックや石油危機が起こり、さまざまな地球的問題群《ぐん》が次々と顕在化《けんざいか》した状況が、一挙《いっきょ》に襲《おそ》いかかっているような様相《ようそう》さえ呈《てい》しております。

振り返れば、1930年代には世界恐慌による経済危機を乗り越えようと、関税《かんぜい》引き下げや為替《かわせ》レートの安定についての政策協調が模索《もさく》されました。しかし、いずれも不調に終わり、他国《たこく》に配慮《はいりょ》せず自国の権益《けんえき》のみを守ろうとする経済政策がさらに危機を深刻化《しんこくか》させる、いわゆる〝囚人《しゅうじん》のジレンマ〟の状態を招《まね》き、世界恐慌の反省が実《み》を結ぶには、第2次世界大戦の惨劇《さんげき》を経《へ》ねばなりませんでした。

一方、1970年代前半には、環境問題や食糧問題に関する国連主催《しゅさい》の世界会議が初めて行われ、先進国によるサミット（首脳会議《しゅのう》）もスタートしました。これらの動きは、現在にいたる国際協調の端緒《たんしょ》となったものの、当時の諸問題が抜本的《ばっぽんてき》な解決を見ないまま山積《さんせき》しているように、国益の対立の前に十分に機能《きのう》してこなかった面は否《いな》めません。

その意味で、今、我々《われわれ》に求められているのは、かつての危機の時代における取り組みをはるかに凌駕《りょうが》する「大胆《だいたん》な構想《こうそう》」と「大胆な挑戦《ちょうせん》」でありましょう。

金融《きんゆう》危機の震源地《しんげんち》となったアメリカでは、〝チェンジ（変革）〟を合言葉に掲《かか》げたバラク・オバマ氏が大統領に就任《しゅうにん》しました。オバマ大統領は就任演説《えんぜつ》で、「世界は変わった。故《ゆえ》に、我々も共に変わらなければならない」「いま我々に求められているのは、新しい責任の時代に入ることだ」(「読売新聞」2009年1月22日付朝刊)と呼びかけましたが、その変革への挑戦はアメリカ一国のみならず、世界全体で等《ひと》しく必要とされるものです。

◇

地球温暖化は、各地の生態系《せいたいけい》に深刻な影響を及《およ》ぼすだけでなく、気象災害《きしょうさいがい》や紛争《ふんそう》を招く要因ともなり、貧困や飢餓《きが》を拡大させるなど、21世紀のグローバルな危機を象徴する文明論的な課題といえるものです。

就任以来、このテーマを国連の重点課題に掲げてきた潘基文《パンギムン》事務総長が、「長い目で見れば、豊かな人々にも貧しい人々にも例外はなく、気候変動のもたらす危険を免《まぬか》れることのできる人はこの地球上のどこにもいない」(二宮正人・秋月弘子監修『人間開発報告書 2007/2008』阪急コミュニケーションズ)と警告《けいこく》するように、誰《だれ》もが傍観者《ぼうかんしゃ》では済《す》まされない性質を帯《お》びた危機《きき》です。

それはまた、〝現在進行中の複合的《ふくごうてき》な危機〟であると同時に、甚大《じんだい》な影響が子どもや孫たちの世代にまで及《およ》んでしまうという面で〝未来をも蝕《むしば》む危機〟にほかなりません。

残念ながら昨年(2008年)は、温室《おんしつ》効果ガスの削減《さくげん》をめぐる交渉《こうしょう》に目立った進展《しんてん》はありませんでした。12月(2009年)の合意《ごうい》期限までに前向きな議論が進められることが期待されますが、先進国の取り組みの強化はもとより、今後、新興国《しんこうこく》や途上国《とじょうこく》の間でも何らかの行動が必要となってくることは論《ろん》をまちません。

では、どのような形で「行動の共有《きょうゆう》」を図《はか》ればよいのか。その突破口《とっぱこう》はエネルギー政策での国際協力にあると、私は考えます。

なぜなら、エネルギー問題は新興国や途上国にとっても切実《せつじつ》な問題であり、先進国側《がわ》においても「低炭素《ていたんそ》・循環型《じゅんかんがた》社会」への転換《てんかん》を図る上で避《さ》けて通れない課題だからです。

実際、二酸化炭素など温室効果ガスの発生源《はっせいげん》の6割近くは化石燃料《かせきねんりょう》の消費《しょうひ》等によるものだけに、効果は大きいといえましょう。

また現在、オバマ大統領が提唱《ていしょう》するグリーン・ニューディール政策ともいうべき雇用創出《こようそうしゅつ》プランのように、エネルギーや環境分野で重点的に投資《とうし》を行い、新しい産業や雇用を生み出す状況をつくり、経済危機の打開《だかい》を目指す政策の実施《じっし》や検討《けんとう》が、日本や韓国をはじめ各国で広がっており、機運《きうん》は高まっています。

昨年（2008年）の提言で私は、再生可能エネルギーの導入《どうにゅう》と省《しょう》エネルギー対策の促進《そくしん》で「低炭素・循環型社会」への移行《いこう》を図るアプローチに言及《げんきゅう》し、環境問題への対応を契機《けいき》に「人道《じんどう》的競争」の時代を開くべきであると訴《うった》えました。その萌芽《ほうが》は、すでに現れ始めています。

一つは、すでに50カ国以上が賛同《さんどう》を表明している「国際再生可能エネルギー機関」の設立で、1月26日にドイツで協定《きょうてい》文書の調印式《ちょういんしき》が行われ、新興国や途上国を含めた形での国際協力が始まることになりました。私も7年前（2002年）に「再生可能エネルギー促進《そくしん》条約」を提案し、こうした体制の構築《こうちく》を呼びかけてきただけに歓迎するものです。

また省エネルギーの分野でも、先月（2008年12月）、G8（主要8カ国）に中国、インド、ブラジルなどを加えた国々が閣僚《かくりょう》会合を行い、今年（2009年）中に「国際省エネ協力パートナーシップ」の活動を開始し、事務局を国際エネルギー機関に置くとの共同声明を発表しました。

まずは、京都議定書《ぎていしょ》の第一約束《やくそく》期間が終了する2012年までに、この二つの新しい活動を軌道《きどう》に乗せ、国際協力の実績を積み上げながら、「気候変動枠組《へんどうわくぐみ》条約」の取り組みを支える両輪《りょうりん》としていくことが望まれます。

その上で私は、将来的な展望《てんぼう》として、この二つの分野での活動を引き継ぐ形で、国連に「国際持続《じぞく》可能エネルギー機関」を創設《そうせつ》し、エネルギー政策での国際協力を全地球的なレベルに広げていくべきではないかと提案しておきたい。

技術やノウハウの提供は経済競争の面で不利益《ふりえき》を被《こうむ》り、資金協力は新たな負担増《ふたんぞう》になるとの懸念《けねん》が生《しょう》じるかもしれません。

しかし、大乗的見地《だいじょうてきけんち》から温暖化防止という共通目標に立って協力し合うことが、創価学会の牧口初代会長の言う「他《た》の為《た》めにし、他を益《えき》しつつ自己《じこ》も益する」（『牧口常三郎全集第2巻』）道につながり、最終的には、国益をも担保《たんぽ》するであろう「人類益」に直結《ちょっけつ》することを銘記《めいき》すべきです。

また、この新しい機関のもう一つの役割として、エネルギー政策に限らず、地方自治体《じちたい》や企業《きぎょう》、NGO（非政府組織）も加えた形で、持続《じぞく》可能な地球社会を築《きず》くためのグローバルな連帯《れんたい》を強めることが望《のぞ》まれます。例えば、「公開登録制度」を設《もう》け、どの団体でも活動内容や実績《じっせき》を登録でき、それをデータベース化してインターネット等で公開し、情報交換や連携《れんけい》を深める場として活用することも考えられましょう。

私が創立《そうりつ》した戸田記念国際平和研究所では昨年（2008年）11月、「気候変動と新しい環境倫理《りんり》」をテーマに国際会議を行いました。

そこで焦点《しょうてん》となったのも、国家と企業と市民社会が「未来への責任」に立って連帯し、相乗効果《そうじょうこうか》を発揮《はっき》していく重要性であり、なかでもポイントとなるのが、より多くの人々の積極的《せっきょくてき》なかかわりでした。

私どもSGIでは、地球憲章《けんしょう》委員会と共同制作した「変革《へんかく》の種子《しゅし》——地球憲章と人間の可能性」展を各地で開催《かいさい》してきたほか、他の団体とも連携しながら、各国で植林《しょくりん》運動などの自然保護活動に取り組んできました。環境問題への取り組みは、単独《たんどく》で進めるだけでも意義《いぎ》はありますが、ともに手を携《たずさ》え、行動する中で、社会への波動《はどう》は数倍にも数十倍にも広がっていくはずです。

この連帯を広げる挑戦《ちょうせん》に加えて、国連の「持続可能な開発のための教育の10年」が今年（2009年）で中間点を迎えることを念頭《ねんとう》に、民衆自身が教育・広報面での活動や意識啓発《けいはつ》を積極的に担《にな》いながら、持続可能な地球社会の建設を目指すことが大切になると思います。

【人権】

人種《じんしゅ》差別の克服《こくふく》（1996年）

現在、国際社会において大きな焦点となっているのが、「内戦《ないせん》の時代」と称《しょう》されるように、世界各地で今なお続いている紛争《ふんそう》や対立を、いかに解消《かいしょう》し、安定した和平を実現させていくかというテーマでありましょう。

昨年（1995年）の「国連寛容年《かんようねん》」は、対立の根《ね》にある人種や民族間、そして宗教間の「不寛《ふかん》容《よう》」に対する認識を高める契機《けいき》となったにもかかわらず、この問題の根深《ねぶか》さを一層痛切《いっそうつうせつ》に感じさせる、誠《まこと》に残念な事件が起こってしまいました。11月（1995年）に、中東《ちゅうとう》和平実現の立役者《たてやくしゃ》の一人であった、イスラエルのラビン首相が暗殺《あんさつ》された事件であります。その上、その暗殺犯がパレスチナとの和平に反対していたユダヤ教過激派《かげきは》に属《ぞく》するイスラエル人学生であったという事実は、私たちの気持ちを暗澹《あんたん》たるものにさせました。

私は、「和解の時代」到来《とうらい》の象徴《しょうちょう》として、中東和平のプロセスが着実《ちゃくじつ》に進んでいることを、長年その実現に関心をもち続け、和平への両者の歩《あゆ》み寄《よ》りを呼びかけてきた一人として歓迎《かんげい》していただけに、その衝撃《しょうげき》は大きなものがありました。また、3年半余《あま》りにわたって多くの犠牲者《ぎせいしゃ》と惨劇《さんげき》を生み出してきた紛争を経《へ》て、昨年末（1995年12月）にようやく一つの出口にたどりついた「ボスニア和平」

の行方《ゆくえ》も、いまだ予断《よだん》を許さぬ状況であることには変わりはありません。

思うに、国際世論《よろん》の相次《あいつ》ぐ非難《ひなん》にもかかわらず紛争《ふんそう》を膠着化《こうちゃくか》させていたのは、民族的差異《さい》や宗教的差異を安易《あんい》に絶対化《ぜったいか》してしまい、すべての問題を軽率《けいそつ》に「民族」や「宗教」といった対立に集約《しゅうやく》させてしまう誤《あやま》りに起因《きいん》するものといえましょう。そのほか、旧《きゅう》ソ連地域において不気味《ぶきみ》に〝地鳴《じな》り〟を続けている民族問題の存在などを考えると、〝ポスト冷戦《れいせん》〟〝ポスト・ヤルタ〟の世界史が、狂信《きょうしん》や非《ひ》寛容《かんよう》が猖獗《しょうけつ》を極《きわ》める、明らかな退行《たいこう》現象を呈《てい》していることは、誠《まこと》に残念でなりません。

半世紀も前（１９４５年）にＥ・Ｈ・カーがその著《ちょ》『ナショナリズムの発展』の中で、もはや時代遅れとなると予見《よけん》したはずの「古い分裂繁殖的《ぶんれつはんしょくてき》ナショナリズム」（大窪愿二訳、みすず書房）が、冷戦終結《しゅうけつ》とともに息《いき》を吹き返し、民族や集団を突き動かす力となっている現実があるのです。これを前にする時、私は、国連憲章《けんしょう》や国際人権規約《きやく》において保障されている「民族自決権《じけつけん》」について、それを第《だい》一義的《いちぎてき》なものと考えてよいか、再検討する必要があるのではないかと思えてなりません。いくら「民族自決権」が国際法上、さまざまな形で認められているからといっても、その無制限《むせいげん》な適用《てきよう》が許されるのかという問題は、依然《いぜん》残されているのではないでしょうか。

もちろん私は「民族自決権」の重要性を否定するものではありませんが、その実現なくして「平和」も「自由」もないというのなら、いまだ民族国家を形成していない大半《たいはん》の国々は、永遠にその〝果《か》実《じつ》〟を得られないことになってしまいます。もっとも、「民族国家」とされる国々でもこうした諸《しょ》価値が実現されているのかどうかは、一概《いちがい》に結論づけられないのも事実であります。

私はむしろ「民族自決」というものを絶対視《し》するのではなく、「民族自決」が人々にもたらすはずの〝果実〟を現実に阻《はば》んでいる要因とは何か、まず冷静に見つめる必要があるのではないかと訴《うった》えたい。換言《かんげん》すれば、民族の〝実体〟よりもその〝言葉〟が先行している状況について徹底的《てっていてき》に検証すべきであり、真の「人間の利益《りえき》」とは一体何なのか、一切《いっさい》の虚飾《きょしょく》を取り去った上で見極《みきわ》める姿勢を、私たちは決して見失ってはならないと思うのです。

私は、そうした〝果実〟をもたらすものこそ「寛容《かんよう》の精神」にほかならないと考えるのであります。

そして、これを〝証明〟するかの如《ごと》く挑戦《ちょうせん》を重ねている存在こそ、マンデラ大統領率《ひき》いる新生《しんせい》・南アフリカ共和国といえるでしょう。その挑戦は大統領自《みずか》ら述《の》べている通り、「大多数の人々が希望を見失って生きてきた国」を、「誰もが人間として尊厳《そんげん》に満《み》ちて働き、自尊心《じそんしん》をもち、未来に自信をもって生きていける国」へと変革《へんかく》させるという、壮大《そうだい》なる試《こころ》みなのであります。(Nelson Mandela's address to the people of Cape Town on his inauguration as State President)

さまざまな人種や民族や文化が〝七色の虹《にじ》〟のように、各々《おのおの》の個性を生かしながら調和《ちょうわ》し合う――「虹の国」の実現を目指して、新生・南アの挑戦が始まり一年半余が経《た》ちます。長年の悪弊《あくへい》の影響から脱《だつ》するには、いまだ多くの課題は残すものの、「人種融和《ゆうわ》」の社会建設は着実《ちゃくじつ》に前進しているといえるでしょう。

事実、１９６７年以降一貫《いっかん》して「アパルトヘイト(人種隔離《かくり》)問題」を議題に取り上げてきた国連人権委員会は、昨年(１９９５年)２月には〝南アフリカのアパルトヘイト時代は終了した〟と宣言し、すべての議題から削除《さくじょ》することを決議しております。また、「民主化」への取り組みが評価され、ＯＡＵ(アフリカ統一機構《とういつきこう》)への再加盟《さいかめい》が実現するなど、国際社会への復帰《ふっき》を次々と果たしているのであります。

私はマンデラ大統領とは二度、またデクラーク副大統領とは一度、お会いする機会をもちましたが、両氏との対話を通じて、アパルトヘイト撤廃《てっぱい》の上で核《かく》となった理念は「憎《にく》しみや不信感の克服《こくふく》」とともに「対話の精神」であったと強く感じました。まさに、相手の立場にどこまでも理解を示しながら「開かれた対話」を重ねていくことこそ、暴力的なカオス（混沌《こんとん》）への傾斜《けいしゃ》を防《ふせ》ぎ止め、「寛容《かんよう》」という人間性を輝かせていく最大のポイントになると考えます。

1992年6月、デクラーク氏（当時、大統領）は、そのアパルトヘイト撤廃《てっぱい》にかける思いを、私にこう述《の》べておられました。「私たちの願いは、〝利害《りがい》〟による対立や、〝脅威《きょうい》〟を伴《ともな》う人間関係ではなく、皆《みな》が『勝者』と『勝者』である社会を築《きず》くことです。『勝者』と『敗者』をつくるのではなく」（「聖教新聞」1992年6月5日付）――と。

この〝敗者を生み出さない〟という視点こそ、「内戦《ないせん》の時代」を克服《こくふく》していくために欠《か》かせないものではないでしょうか。なぜなら「敗者」が一部でも存在する限り、社会の真の安定は望むことはできず、また次なる紛争《ふんそう》の芽《め》を完全に摘《つ》むことはできないからであります。私は、過去の傷《きず》をいやし、未来を志向《しこう》した〝皆が勝者〟である国づくりを目指すためには、やはり「教育」による以外にないと思います。

マンデラ大統領との対話のなかでも、常に焦点《しょうてん》となったのはこの「教育」の問題でありました。民族や人種などの〝集団〟に基《もと》づいた価値だけに縛《しば》られることなく、「人間」という〝心の窓《まど》〟を常に開けておくための「寛容の精神」を人々に育《はぐく》むには、一見《いっけん》遠回りにみえようと、「教育」こそがその直道《じきどう》であると私は確信しています。半《なか》ば人間の無意識層《むいしきそう》に根《ね》ざしている民族意識を、粘《ねば》り強い「教育」を通じて陶冶《とうや》し、より開放的にして普遍的《ふへんてき》な人類意識へと鍛《きた》え上げていくことが肝要《かんよう》なのです。

マンデラ大統領も就任《しゅうにん》以来、国家的事業として、特に「教育政策」に力を注《そそ》いでおられますが、S

GIもその取り組みを支援《しえん》したいとの思いで、昨年（1995年）、アメリカ青年部が中心となり「ブックス・フォー・アフリカ（アフリカへの図書贈呈《ぞうてい》運動）」を実施《じっし》し、南アフリカの大学や教育機関に1万冊の書籍《しょせき》を贈呈いたしました。また、これは南アの支援には限らないものですが、日本においても青年部が中心となって、ユネスコ（国連教育科学文化機関）がアジア・アフリカ地域で行っている識《しき》字率《じりつ》向上のプロジェクトを支援しております。

　ささやかな運動ではありますが、南アが目指す「虹《にじ》の国」建設を成功させていくことが、他のアフリカ諸国に、ひいては〝民族分断《ぶんだん》〟に苦しむ世界の国々に希望をもたらすに違いないとの思いが結実《けつじつ》したものであります。私自身、「寛容の精神」を掲《かか》げ挑戦《ちょうせん》を続ける南アの中に、時代が要請《ようせい》する「共生の哲学」の可能性が秘《ひ》められていると信じており、この〝人類未到《みとう》の挑戦〟に対して、国際社会は支援を惜《お》しむべきではないと考えます。この南アの挑戦をみるにつけ、私はやはり、人々に幸福をもたらす源泉《げんせん》は民族や人種間の〝融和《ゆうわ》〟に求められるものであり、決して〝分断〟からは生まれないと痛感《つうかん》します。人々が「アイデンティティー」の空白という〝心の不安〟を感じて、集団に対する帰属《きぞく》意識を強めていく傾向《けいこう》が多くみられるのは、自然の流れかもしれません。

　ただ私は、もう一面ではこの「民族意識」というものは、近代の歴史を通じて半ば意図的につくられてきた〝虚構《きょこう》〟にすぎないのではないか、という思いをますます深くするのであります。

　鋭敏《えいびん》な感受性をもって〈永遠なるもの〉を直感的に把握《はあく》する力と、〈人間存在〉に対する透徹《とうてつ》した眼差《まなざ》しを併《あわ》せ持っていた、インドの詩聖《しせい》タゴールは、〝人類史のアポリア（難問《なんもん》）〟ともいえるこの問題の本質《ほんしつ》を、大著《たいちょ》『人間の宗教』の中で見事に言い当てております。

「どの時代の偉大な予言者たちも、普遍的な人間の精神の類似《るいじ》性《せい》を意識することで、彼らのうちに魂《たましい》のほんとうの自由を実感していた。それにもかかわらず、各民族は、外的《がいてき》な地理的条件のために、それぞれに孤立《こりつ》するなかで、いまわしい自己本位《じこほんい》な考え方をつのらせてきた」（森本達雄訳、『タゴール著作集7』所収、第三文明社）――と。

　状況次第《しだい》でいつ顔を出すとも限らない人間の残忍性《ざんにんせい》、非人間性を強い口調《くちょう》で告発《こくはつ》するタゴールは、また次のような警告《けいこく》を発しているのです。

「今日《こんにち》われわれが直面《ちょくめん》している大きな人種問題は、やがてわれわれにたんなる上部の処方《しょほう》を求めることをやめさせ、精神的な適応性《てきおうせい》を身につけざるをえないところへとわれわれを駈《か》りたてることだろう。そうしないと、そこから生《しょう》じるさまざまな紛糾《ふんきゅう》の種によって、われわれのいっさいの動きがとれなくなり、われわれを死に追いやることになるだろう」（同前）――と。

　このタゴールの魂の叫《さけ》びから半世紀以上が経《た》ちますが、世界史の退行《たいこう》現象があらわになるなかで、詩聖《しせい》の言葉はいやまして輝いております。政治的や経済的な〝上部の処方〟については、何とか対立する集団間においても合意《ごうい》をみることができるかもしれません。確かにこれも重要であることには変わりありませんが、タゴールがいう「精神的な適応性」の課題に取り組まない限りは、些細《ささい》なきっかけで紛争《ふんそう》が再燃《さいねん》することは避《さ》けられないのではないでしょうか。

「わたしの宗教は、わたし自身の個としての存在のなかに、至高《しこう》のパーソナルな人間、すなわち普遍《ふへん》的な人間精神を融和《ゆうわ》させることにあります」（同前）――かのアインシュタインに対し、タゴールは『人間の宗教』を貫《つらぬ》く主題をこう説明しておりますが、宗教が本来果たすべき役割は、人々の分断《ぶんだん》された心を、〈普遍的な人間精神〉で結《むす》び直すことにあるといってよい。私がハーバード大学講演《こうえん》（「21世紀文明と大乗仏教」、『池田大作全集第2巻』所収）の中で強調した、〝善《よ》きもの〟〝価値あるもの〟を求めて生きる人間の生き方を支《ささ》え、鼓舞《こぶ》し、後押《あとお》しするような力、また自己《じこ》を超《こ》えて自己を支え助ける「内発的《ないはってき》な力」の源泉《げんせん》となりうる〝宗教的なもの〟こそ、タゴールが追求《ついきゅう》していたものでありました。

人類の希望の未来を開く「宗教」の要件《ようけん》は、まさにこの一点にあるといえましょう。「寛容《かんよう》の精神」といっても、それは単《たん》なる〝心構《こころがま》え〟ではなく、生命の奥底《おうてい》から湧《わ》く「共生《きょうせい》」の秩序《ちつじょ》感覚、コスモス感覚でなくてはなりません。仏法が説《と》く「縁起《えんぎ》」観《かん》は、「縁《よ》りて起こる」とあるように、人間界であれ、自然界であれ、単独《たんどく》で生起する現象は、この世に一つもないとみます。万物《ばんぶつ》は互《たが》いに関係し合い、依存し合いながら、一つのコスモスを形成し、流転《るてん》していく――こうした世界観に根ざした「寛容の精神」であってこそ、「文明の対決」をも乗り越え、真の「人間共和」の世界を築《きず》いていくことができる、「共生の哲学」の内実《ないじつ》たりうるのではないかと考えます。

さて、私は民族問題について前述《ぜんじゅつ》した際《さい》に、政治的主張によってもたらされる結果が、本当に「人間の利益《りえき》」につながるか否《いな》かを、第一の判断基準《きじゅん》とすべきと強調しましたが、具体的な判断をする上での尺度《しゃくど》となるのはやはり、「個人の尊厳《そんげん》」と「人権」の確保《かくほ》でありましょう。1993年に行われた世界人権会議において採択《さいたく》された「ウィーン宣言」でみられるように、今や「人権の普遍性《ふへんせい》」は国際社会の認めるところとなっており、世界中のあらゆる場所における人権の尊重《そんちょう》が、国際社会における共通の関心事項《じこう》となりつつあります。

その先駆者《せんくしゃ》として「世界人権宣言」の起草《きそう》準備にも携《たずさ》わったアタイデ氏（ブラジル文学アカデミー元総裁）は、人権とは「人間から生じる最も崇高《すうこう》な、決して譲渡《じょうと》することができない価値」であるからこそ、「国や時代に制約《せいやく》されることなく、永遠普遍性にもとづいて、定義《ていぎ》することが必要」（『二十一世紀の人権を語る』、『池田大作全集第104巻』所収）と訴《うった》えておられました。今、国際社会は、この「人権の普遍性《ふへんせい》」確立へ向けて、ようやく本腰《ほんごし》を入れ始めたといえましょう。

国連もこの流れを後押《あとお》ししようとさまざまな努力を続けておりますが、なかでも私が注目しているのは、「人間の安全保障」を実現する上で前提《ぜんてい》となる「人間開発」の達成度を細目《さいもく》にわたって数値化し、問題の所在《しょざい》を明らかにすることで、各国に状況の改善《かいぜん》を促《うなが》そうという試《こころ》みであります。これは「人間開発指数」と呼ばれるもので、UNDP（国連開発計画）で改良《かいりょう》を加えながら発表が続けられている、新しい指標《しひょう》なのであります。

軍国《ぐんこく》主義がもたらす絶《た》え間《ま》ない狂気《きょうき》と悲劇《ひげき》を見つめ続けた作家のS・ツヴァイクは、1941年に、「我々は国家に順番をつける場合に、産業、経済、軍事的価値でなく、平和的精神と人間性に対する姿勢を判定の尺度《しゃくど》としたい」（『未来の国ブラジル』宮岡成次訳、河出書房新社）と述《の》べたことがありました。国連が試みるこの「人間開発指数」は、ある意味で彼の発想に通じたものといえましょう。

私は、広義《こうぎ》の「人権」、いうなれば人間が「真に人間らしく生きる権利」の確保こそ、「人間の安全保障」の核心《かくしん》をなすものであらねばならないと考えます。人権は、すべてに優先《ゆうせん》する根本的《こんぽんてき》な課題であり、人権なくして「平和」も「幸福」もない。そしてこの人権は「人間から生じる最も崇高《すうこう》な、決して譲渡《じょうと》することができない価値であり、人間に人間としての特性《とくせい》を与《あた》え、精神的な価値をもたらすもの」（前掲『二十一世紀の人権を語る』）である。だからこそ私は、国家といえどもこれを侵《おか》すことは断《だん》じて許されないと強調しておきたいのです。

創価学会の牧口初代会長は、今から100年近くも前にその著《ちょ》『人生地理学《ちりがく》』（1903年刊）の中で、こうした時代の方向性をすでに明確《めいかく》に打ち出していたのであります。当時は、帝国《ていこく》主義が世界的に広がりをみせていた時代、日本においても日清《にっしん》戦争から日露《にちろ》戦争へと向かってナショナリズムが高まっていた時期にあたります。

国家が、外にあっては他国の侵略《しんりゃく》へと突き進み、内にあっては国民に対する統制《とうせい》を強めていった時勢《せい》のなかで、牧口会長は「地球」「人類」という次元《じげん》から「国家」を見下《みお》ろしつつ、やがてくる新時代に向けてのビジョンを、『人生地理学』で描《えが》き出したのであります。

そしてその中で、「国家」の果たすべき根幹《こんかん》の使命は、「国民個人の自由を確保すること」「個人の権利を保護すること」、また「国民の生活に対してその幸福の増進《ぞうしん》を図《はか》ること」にあると強調したのです。

牧口会長は、まさに国家の最終目的は、「支配《しはい》」にではなく「人道《じんどう》の完成」にある、と喝破《かっぱ》されたのでありました。その上で、〝人類は、もはや「軍事的競争」でも「政治的競争」でも「経済的競争」でもなく、「人道的競争」の時代を志向《しこう》すべきである〟と提唱されたのであります（『牧口常三郎全集第2巻』参照）。今や、その卓越《たくえつ》した先見性《せんけんせい》は時代の証明するところとなってきている、といえましょう。

現在、国連が進める「人間開発指標」の試みが、それぞれの国における人権状況の改善《かいぜん》に直接つながっていくものではないにしても、各国が「人道の完成」を競い合う〝人道的競争〟の時代を招来《しょうらい》する一つの契機《けいき》となることは間違いありません。この〝人道的競争〟が時代の潮流《ちょうりゅう》となって初めて、「人権の世紀」が目前に開けてくるのではないでしょうか。

本年（1996年）は、国連がスタートさせた「国連人権教育の10年」の2年目にあたります。人権を「地球上のどこでも考慮《こうりょ》される当たり前の社会規範《きはん》」にしようとの運動の設置《せっち》は、NGO（非政府組織）側の強い働きかけによって実現されたものであります。これまでも、「宣言」や「条約」と

南アフリカのマンデラ大統領（当時、アフリカ民族会議副議長）と「人間の尊厳」輝く社会への道を展望（1990年10月、東京）

いう形で人権の規範化《きはん》が進められてきましたが、実際にこれを具体化させるためには、それぞれの国や社会において、人権基盤《きばん》を形づくっていく必要があります。すなわち、世界中で「普遍《ふへん》的《てき》な人権文化の創造《そうぞう》」を進めることであります。まさに「人権教育」が要請《ようせい》される所以《ゆえん》なのです。SGIも先に紹《しょ》介《うかい》したように、これまで人権意識を幅《はば》広《ひろ》く啓発《けいはつ》する目的で「現代世界の人権」展をはじめとする各種展示を、世界の各都市で開催《かいさい》してきました。その取り組みなどを通じて、私どもが一貫《いっかん》して訴えてきたのは「差別に対する戦い」であります。

　この「差別に対する戦い」について考える時、私の脳裏《のうり》を離《はな》れない言葉があります。それは、1990年にマンデラ大統領（当時、アフリカ民族会議副議長）との会談の席上《せきじょう》、私から「反アパルトヘイト」の展示や写真展、人権講座や文化交流などを提案した時のことでありました。同席した氏の秘書《ひしょ》であったミーア氏が語った次の言葉が、私の胸をえぐったのであります。

こうした提案は、私たちを人間として遇《ぐう》してくださる心を感じます。南アフリカでは、私たちは「人間」ではなく「黒い人種」として〝登録《とうろく》〟されているのです――と。

人間を「人間」として見ない、「レッテル」で判断する――これは当時の南アの特殊《とくしゅ》事情として済《す》ますことのできる問題ではないでしょう。人権抑圧《よくあつ》の根っこには常にこうした〝錯誤《さくご》〟や〝差別意識〟があって、同じ人間を中傷《ちゅうしょう》、迫害《はくがい》するやましさの〝隠《かく》れミノ〟になっているのであります。

第2次大戦下のドイツにおいてファシズムの嵐《あらし》が吹き荒《あ》れるなかで、人々がホロコーストのような悲劇《ひげき》を止めることができなかった理由を、「悲しむことの不能性《ふのうせい》」に求める学者もおりました。この「内なる人権侵害《しんがい》」を許した国ナチスドイツが、他国に対して「侵略的《しんりゃくてき》態度」を取り続けていたのは、決してゆえなきことではありません。この二つの態度は、まさしく「人間の尊厳《そんげん》」に対する軽視《けいし》という点で表裏一体《ひょうりいったい》なのであります。

こうした事実は、同じ時代の日本においても、当てはまることであったのです。アジア諸国を侵略し、残虐《ざんぎゃく》な行為《こうい》を重ねていた当時の軍国主義政府が、その国内にあっては「信教の自由」をはじめとする精神の自由を次々と踏《ふ》みにじる挙《きょ》に出て、国民を自《みずか》らの政策遂行《すいこう》の〝犠牲《ぎせい》〟にして顧《かえり》みなかった歴史を、私たちは決して忘れてはならないのです。

国内人権機関の連携《れんけい》強化（1998年）

本年（1998年）は、「人類社会のすべての構成員《こうせいいん》の固有《こゆう》の尊厳と平等で譲《ゆず》ることのできない権利とを承認《しょうにん》することは、世界における自由、正義及《およ》び平和の基礎《きそ》を構成する」（前文）と高らかに謳《うた》った、「世界人権宣言」が採択《さいたく》されて50周年にあたります。わずか30条から成る「宣言」は、拘束力《こうそくりょく》をもたない決議にすぎない〝ソフト・ロー（ゆるやかな法）〟ではありますが、この半世紀にわたり国際社会における人権の事実上の基準《きじゅん》としての役割を果たすとともに、「国際人権規約《きやく》」をはじめとする多くの人権条約を生み出した源泉《げんせん》でもありました。国連などが中心となって作成された条約だけでもすでに23にのぼり（1997年9月現在）、またその数をはるかに超えるさまざまな権利宣言が採択されてきております。

「世界人権宣言」は、国連という枠組《わくぐ》みの中で法として現実に機能《きのう》しているとの指摘もなされるほど、国際社会の大きな柱《はしら》として揺《ゆ》るがすことのできない、重《おも》みをもつものなのです。その計《はか》り知れない人類史的意義《いぎ》は、その制定作業にも携《たずさ》わったブラジル文学アカデミーのアタイデ元総裁と、対談集『二十一世紀の人権を語る』（『池田大作全集第104巻』所収）の中で語り合ったところでもありました。

こうした一連《いちれん》の人権条約は、国際法のなかでも特別な性格を有《ゆう》するものとして位置づけられており、いわゆる「相互性《そうごせい》の原則」（相手国による条約の遵守《じゅんしゅ》を自国における条約の遵守の要件《ようけん》とする原則）は、一般に適用《てきよう》されないとされております。つまり、人権条約は、普遍的《ふへんてき》な性質を有する人権の保障を目的としているために、いわば国家間の契約《けいやく》という次元《じげん》を超えた規範《きはん》として「国内問題不干渉《ふかんしょう》の原則」

も一般には通用しないとされるなど、伝統的な国家主権の原則をも相対化《そうたいか》する性格を有しているとみなされているのです。また、具体的制度として、国際的な裁判所《さいばんしょ》ないし人権擁護《ようご》のための委員会の設置《せっち》や、通報制度を規定《きてい》した条約も次々と誕生《たんじょう》しており、限られた範囲内ではありますが、国家の枠組《わくぐ》みを超えて人権が国際的に保障される状況が形成されつつあることも、その特色《とくしょく》として挙《あ》げられましょう。

しかしながら、こうした条約や法制度の成立が直《ただ》ちに人権保障の強化へとつながっているわけではなく、残念ながら悲劇《ひげき》は世界のいたるところで続いております。「世界人権宣言」の精神は、いまだ地球上で等《ひと》しく実現をみていないというのが悲しむべき現実なのです。

人権の分野において基準《きじゅん》設定の時代は過ぎようとしており、いよいよ実施《じっし》の時代に入らねばならない――と叫《さけ》ばれて久《ひさ》しいわけですが、残念ながら十全《じゅうぜん》な実施の難しさもまた否《いな》めない事実であります。

そこで私が提案したいのが、政府から独立《どくりつ》の地位と公平性が保障された「人権機関」を各国で設立《せつりつ》し、人権条約の実施報告の作成や人権啓発《けいはつ》、救済《きゅうさい》などを通し、人権条約を国内で責任をもって実施遂《すい》行《こう》していく。そして、その「人権機関」相互《そうご》の協力推進《すいしん》と、NGO(非政府組織)や国連諸《しょ》機関との連携《れんけい》を通じて、人権条約の実効性を確保する――より強固な枠組みを形成していくというプランであります。

各国に独立した「人権機関」を――との構想《こうそう》自体は国連が以前より提唱していたものであり、すでに一部の国々でオンブズマンや人権委員会などの形で、裁判所以外の人権擁護のための国内機構として設立をみてきました。私のプランは、こうした流れを加速《かそく》させるための方策《ほうさく》として、現在新しい国際協力の姿として提起《ていき》されている「トランスガバメンタリズム」(米・ハーバード大学のアン＝マリ・

スローター教授）の概念《がいねん》を踏《ふ》まえつつ、これに民主性の確保の視点を私なりに加味《かみ》して再構成したものであります。

スローター教授の提唱する「トランスガバメンタリズム」とは、一国の政府を超えた――しかも、多《た》国間《こくかん》機構とも異《こと》なる――、複数《ふくすう》の国家の政府機構間相互の横断的《おうだんてき》なつながりを意味するものです。教授は、「国家の機能を分化すれば、特定の国内政治機構がトランスナショナルな秩序《ちつじょ》に参加することによって権限と地位を獲得《かくとく》し、その結果、主権の分化《ぶんか》も可能になるだろう」（「トランスガバメンタリズム」、「中央公論」１９９７年12月号所収、中央公論社）と述《の》べ、主権の分化をも視野《しや》に入れた議論を展開しております。これは、機関に必要とされる独立の地位と公平性を担保《たんぽ》する現実的な方策を考える上で、示唆的《しさてき》であります。

もちろん私は、教授の意見に全面的に与《くみ》するものではありません。特に、それが「リベラルな国際主義」や「新中世主義《しんちゅうせいしゅぎ》」に代わる選択肢《せんたくし》として提起されている点が気になります。それらは、どれか一つを選ぶというよりも、互いに補完《ほかん》し合っていかねばならないものであると思うのです。

それはそれとして、教授が、「効率性」と「説明責任」を、地球的問題群《ぐん》を解決するための国際的枠組みの要件として挙《あ》げていることなど、重要な視点が散見《さんけん》されます。

ただし、これらはすべて人権機関の存立基盤《そんりつきばん》としての必要条件であっても、十分《じゅうぶん》条件ではありません。

こうした人権機関のガイドラインとして国連総会でも承認《しょうにん》された「パリ原則《げんそく》」において、特に「ＮＧＯとの関係を発展させること」が謳《うた》われているように、これまで人権という領域《りょういき》で大きな役割を果たしてきたＮＧＯの存在を過小《かしょう》評価することなく、各国の人権機関がＮＧＯとの建設的なパートナーシップ構築《こうちく》を目指していくなかで、民主性と正当性《せいとうせい》を帯《お》びた、より望《のぞ》ましい「人権機関」のあり方を模索《もさく》すべきであると、私は訴《うった》えたいのであります。ＮＧＯを敵視《てきし》するかのような態度で、政府が対立に終始《しゅうし》している状況は、もはや時代の趨勢《すうせい》に反しています。むしろ、互《たが》いの役割を認め、生かし合いながら、よい意味での緊張《きんちょう》関係をもって共同して人権の拡充《かくじゅう》に当たる時代を切り開いていくべきでありましょう。また協力を推進《すいしん》するといっても、ＮＧＯが単《たん》なる〝下請《したう》け〟的な存在とならないよう留《りゅう》意《い》が払《はら》われるべきである、と思います。

また私は、国連人権高等弁務《こうとうべんむ》官《かん》事務所がこれまで実施《じっし》してきた、政府公務員を対象とした人権研修を行う技術協力プログラムなどを、さらに拡充させる形で、各国の「人権機関」の担当者とＮＧＯスタッフに対する研修を定期的に行うことを提案しておきたい。この研修制度は、各国担当者やＮＧＯスタッフの恒常的《こうじょうてき》な交流の場となるとともに、国連の目指す理念に対する共通の理解を深め、国連諸《しょ》機関が進める政策とのタイアップを図《はか》っていく上での重要な柱《はしら》となる、と期待されます。

こうした新しい枠組《わくぐ》みづくりと並行《へいこう》する形で焦点《しょうてん》となってくるのは、人権は特別なものではなく、地球上のどこでも考慮《こうりょ》されるべき当然の規範《きはん》であるとの意識を、人々が日常的に育《はぐく》んでいく——「人権文化の創造《そうぞう》」という課題でありましょう。理想と現実とのギャップを埋《う》めるには、地道《じみち》ではあってもやはりそこに目を向ける以外にない、というのが多くの識者の指摘するところなのであります。

そのための取り組みは、徐々《じょじょ》に始まっており、１９９３年６月にウィーンで開催《かいさい》された「世界人権会議」などでの討議《とうぎ》を経《へ》て、「国連人権教育の10年」（１９９５年～２００４年）が設定《せってい》されました。また新たに設置《せっち》をみた国連人権高等弁務官事務所もその目標の一つに掲《かか》げるなど、国際社会共通の課題としての認識《にんしき》は高まってきているのであります。

私どもSGIとしても、こうした動きと連動《れんどう》する形で、人権意識の幅広《はばひろ》い啓発《けいはつ》を目指し、1993年4月に東京の国連大学本部で「現代世界の人権」展を開催して以来、「世界人権宣言」採択《さいたく》45周年を記念する国連行事の一環《いっかん》として行ったジュネーブ展（1993年12月）など、現在まで計7カ国21都市で巡回《じゅんかい》開催してきました。そのほかにも、「子どもの人権」展などの巡回を行うとともに、「勇気の証言――アンネ・フランクとホロコースト」展開催を支援《しえん》するなど、さまざまな取り組みを重ねてきたのであります。

一方で、人権実現のための共闘《きょうとう》の中心軸《ちゅうしんじく》たるべき国連でも現在、人権を最重要課題として今一度《いまいちど》位置づけ直そうとの動きがみられます。

なかでも昨年（1997年）7月、アナン事務総長が発表した報告書「国連の再生――改革に向けたプログラム」のなかで、「人権は、平和と安全保障、経済的繁栄《はんえい》および社会的衡平《こうへい》の促進《そくしん》と不可分《ふかぶん》の一体を成すもの」とし、「人権プログラムを拡充《かくじゅう》し、これを国連の活動に幅広く完全に統合《とうごう》することは、国連にとって重大な任務《にんむ》と言える」と言及《げんきゅう》するなど、国連改革の一つの柱《はしら》として挙《あ》げている点は、注目に値《あたい》すると私は思います。なぜなら、長らく人権は国連機構のなかで、半《なか》ば孤立《こりつ》化させられていた感があり、これまで実効性の確保と包括的《ほうかつてき》な取り組みを望む声が多かったからであります。

まさに国際的な機運《きうん》は高まっております。その意味でも「世界人権宣言」採択《さいたく》50周年であり、ウィーンでの世界人権会議から5年後の中間評価を行う年でもある本年（1998年）を、私たちは未来への新たな挑戦《ちょうせん》の基点《きてん》として捉《とら》え、行動を開始すべきではないでしょうか。

この好機《こうき》を逃《のが》してはならないと、これまで数多くの提案がなされておりますが、なかでも私が注目するのは、シュミット元西ドイツ首相やアリアス元コスタリカ大統領など、世界各国の首脳《しゅのう》経験者の有志《ゆうし》で構成されている「OBサミット（インターアクション・カウンシル）」が提唱するプランであります。

同団体は、世界人権宣言を補《ほ》完《かん》し強化し、より良き世界に導《みちび》く助けとなる「人間の責任《せきにん》に関する世界宣言」を、この記念すべき本年に国連総会で採択すべきと主張しています。

「すべての人々は、性、人種、社会的地位、政治的見解《けんかい》、言語、年齢《ねんれい》、国籍《こくせき》または宗教に関《かか》わらず、すべての人々を人道的《じんどうてき》に遇《ぐう》する責任を負《お》っている」（第1条）に始まる全19条の案文《あんぶん》を貫《つらぬ》いているのは、自由と責任との間の均衡《きんこう》、「無関心の自由」から「関わり合う自由」への移行《いこう》という視点であります。

私もその主張に共感できる部分が少なくないのですが、ともあれ問題となるのは、いかにしてこうした社会的倫理《りんり》を現実社会のなかで確立させていくかという点でしょう。

この点、アメリカのクレアモント・マッケナ大学で行った私の講演《こうえん》の終了後、今は亡きライナス・ポーリング博士が講評《こうひょう》のなかで、「もし、われわれは何をなさねばならないかと問われたら、われわれは、人間生命の『ナンバー・ナイン』（十界の9番目）、つまり菩薩界《ぼさつかい》の精神に立って行動するよう努力すべきである」と述《の》べてくださったことが忘れられません。

◇

菩薩の特性《とくせい》はさまざまな角度から論じることができますが、私が「人権」という観点からとりわけ重要なポイントとして指摘したいのは、菩薩が自《みずか》ら誓《ちか》いを立て行動しゆくこと――他律的《たりつてき》でも外在《がいざい》的でもない、「誓願《せいがん》」という自発能動《じはつのうどう》の内発的《ないはつてき》な精神に支《ささ》えられているという点であります。

「誓願」とは、単《たん》なる決意や願望《がんぼう》といった次元《じげん》ではなく、自己《じこ》の全存在をかけても必ず成《な》し遂《と》げていくとの崇高《すうこう》な誓いの謂《いい》であり、いかなる困難があってもその誓いに向かって挑戦を重《かさ》ねていくのが菩薩道なのです。それはまた、「如蓮華在水《にょれんげざいすい》」（法華経）と説かれるがごとく、現実の世界から決して逃げることなく、なおかつ不幸に苦しむ人々を放《ほう》ってはおかない――率先《そっせん》して〝荒波《あらなみ》〟に飛び込み、苦《く》悩《のう》におぼれる人々を一人残らず幸福という〝大船〟に乗せていく、人間性の極致《きょくち》ともいうべき生き方なのです。

仏典（勝鬘経《しょうまんきょう》）には、釈尊《しゃくそん》と同時代を生きた勝鬘夫人という女性の誓願にまつわるエピソードが説かれております。「私は、孤独《こどく》な人、不当《ふとう》に拘禁《こうきん》され自由を奪《うば》われている人、病気に悩む人、災難《さいなん》に苦しむ人、貧困《ひんこん》の人を見たならば、決して見捨《みす》てません。必ず、その人々を安穏《あんのん》にし、豊かにしていきます」（大正新脩大蔵経刊行会『大正新脩大藏經第12巻』２１７ページ、趣意）と。そして、その誓願のままに、利他《りた》の実践を生涯貫《つらぬ》き、人々の「善性《ぜんせい》」を薫発《くんぱつ》していったというのであります。私が菩薩論を通し訴《うった》えたいのは、人間が人間であることの権利、また義務を守るのは、定められた規範があるからといった〝外在的な理由〟ではなく、他の人々が人間らしい生活を送ることを脅《おびや》かされている状態を、同じ人間として見過ごすことはできないという、やむにやまれぬ〝内発的な精神〟に支えられてこそ、初めて人権は分《わ》かつことのできない普遍的な（自他共《じたとも》の）拠《よ》り所《どころ》になっていくのではないか、ということなのです。

この点、インドの法学者ウペンドラ・バクシ氏が、「人権にとって最も重要な法源《ほうげん》は、その確立のために不撓不屈《ふとうふくつ》の戦いを重ねてきた世界の人々の意識の中にこそある。その戦いは、非植民地化《ひしょくみんちか》と民族自決《じけつ》の推進《すいしん》、人種差別や、ジェンダーに基《もと》づく脅迫《きょうはく》や差別との戦い、人間にとって最少限度《さいしょうげんど》の生活必需品《ひつじゅひん》にも困窮《こんきゅう》する状況の打開《だかい》、地球環境の劣化《れっか》と破壊《はかい》の防止、そして社会的弱者《じゃくしゃ》や（先住民族を含む）奪《うば》われし人々に対する構造的《こうぞうてき》な『慇懃《いんぎん》なる無関心』への挑戦《ちょうせん》、といった不断《ふだん》の闘争《とうそう》であった」（Human

Rights Education: The Promise of the Third Millennium）と述《の》べておりますが、先の勝鬘夫人《しょうまんぶにん》の「誓願《せいがん》」と気脈《きみゃく》を一《いつ》にしたその言葉に、私は意を強くするのです。

仏法では「心こそ大切なれ」（御書１１９２㌻）という簡潔《かんけつ》な言葉で「内発性《ないはっせい》」を促《うなが》すとともに、釈尊《しゃくそん》の生涯の目的は「人の振《ふ》る舞《ま》い」にあったとして、人格の錬磨《れんま》、完成こそ修行の最大の眼目《がんもく》であると位置づけております。それはまた、内発的な人格的価値へと結実《けつじつ》しない「規範性《きはんせい》」はもろく弱いものであり、両者相《あい》まってこそ悪を止める屹立《きつりつ》した人格が――真の人権の担《にな》い手としての生き方が確立できる、との教えでもあります。

半世紀以上も前、軍国主義《ぐんこく》下の日本で、「悪を排斥《はいせき》することと、善を包容《ほうよう》することとは同一《どういつ》の両面である」（『牧口常三郎全集第９巻』、趣意）、「悪人の敵になり得《う》る勇者でなければ善人の友にはなり得ぬ」「消極的《しょうきょくてき》な善良に甘《あま》んぜず、進んで積極的《せっきょくてき》な善行《ぜんぎょう》を敢然《かんぜん》となし得る気概《きがい》の勇者でなければならない」（『牧口常三郎全集第６巻』、趣意）等と強く主張した牧口初代会長が、侵略《しんりゃく》戦争と人権蹂躙《じゅうりん》に狂奔《きょうほん》する時の軍部権力と真っ向から対決し、相次《あいつ》ぐ弾圧《だんあつ》をものともせず、信念を貫き通し、獄中《ごくちゅう》で生涯を終えたことに、私は粛然《しゅくぜん》と襟《えり》を正すとともに、その殉教《じゅんきょう》の闘争にこそ、今日に連《つら》なるＳＧＩの人権運動の源流《げんりゅう》があることを思わずにはいられません。

23年前（１９７５年）、ＳＧＩの発足《ほっそく》にあたって私は、〝自分自身が花を咲《さ》かせようという気持ちでなく、全世界に平和の種をまいて尊《とうと》い一生を送ろう〟と呼びかけましたが、それは「他人だけの不幸」がありえないのと同じく「自分だけの幸福」もありえない――他者のなかに自分を見、自分のなかに他者との一体性を感じていく、「小我《しょうが》」を打ち破った「大我《たいが》」に生きる菩薩道《ぼさつどう》をともに生き抜《ぬ》こうとの、心の底からの叫《さけ》びでもありました。ＳＧＩのメンバーが、各国においてよき市民として平和・文化・

教育の運動を広げるとともに、日常的生活のなかで一番苦しんでいる人、一番悩《なや》んでいる人を決して見過ごすことなく、「この人を励まそう」「あの人の心の痛みを、少しでも和《やわ》らげてあげたい」と、菩薩の心をもって自《みずか》ら率先《そっせん》して利他《りた》の行動を続けていることは、私の最大の喜びであり、今日要請《こんにちようせい》されている「人権文化の創造《そうぞう》」に連《つら》なっていく地道《じみち》なる実践ではないかと、ひそかに自負《じふ》するものであります。

ともあれ、責任や義務といった倫理《りんり》を根本《こんぽん》から支《ささ》える、菩薩の「誓願」にみられるような、能動的《のうどうてき》な主体性《しゅたいせい》が深き生命の次元《じげん》で一人一人の人間に確立されていくならば、真の人権文化は必ずや花開く、というのが私の確信であります。なぜなら、人間の尊厳《そんげん》の危機《きき》に対するやむにやまれぬ心こそが、〝人権にとって最も重要な法源〟にほかならないからであります。

「人権の普遍性」というテーマは、1993年の世界人権会議でも議論が分かれたように、英知《えいち》をもって克服《こくふく》すべき課題が残されていますが、私は、菩薩というモデルに託《たく》して論じた「誓願」的生き方のように、自ら願ってその規範に生きゆくという人間の振る舞いがそこに相《あい》まってこそ、人権は外在的限界を超えて内発化され、現実を変革する真の力へと結実していくと思うのです。そうした視座《しざ》に立って、「普遍性」と「相対性」の対立を止揚《しよう》しつつ、人権を真に普遍たらしめるための、さらなる「対話」を推《お》し進めることが、地球上で等しく人権を実施《じっし》していく上での欠《か》くことのできない要件《ようけん》ではないでしょうか。

「子ども兵士」の禁止（1999年）

私が、21世紀の基調《きちょう》とすべき時代の方向性として提起したいのが、世界の不戦化――すなわち「戦争の文化」から「平和の文化」への転換《てんかん》であります。

冷戦終結《れいせんしゅうけつ》によって全面的な核《かく》戦争の事態がひとまず回避《かいひ》されたにもかかわらず、残念なことに、年々、地域紛争《ふんそう》や民族紛争が増加しており、減少する気配《けはい》をみせていません。昨年（1998年）も、ユーゴスラビアのコソボ紛争やコンゴ（旧ザイール）の内戦《ないせん》などで、数多くの犠牲者《ぎせいしゃ》や避難民《ひなんみん》を出す惨劇《さんげき》が繰《く》り返されました。それまで平和な暮《く》らしをしていた人々が、容赦《ようしゃ》なく憎悪《ぞうお》と狂気《きょうき》の嵐《あらし》に巻き込まれ、互《たが》いに傷《きず》つけ合い、殺し合う――あまりにも悲惨《ひさん》で残酷《ざんこく》な戦争は、今なお世界各地で続いているのです。

人類の歴史とともに鳴り響《ひび》いてきた、戦争による民衆の嘆《なげ》き、破壊と殺戮《さつりく》の哀音《あいおん》を、21世紀に始まる「新たな千年」でも同じように繰り返してよいはずはない。そうではなく、ともに人間が生命の豊かさを謳歌《おうか》し合う「平和の文化」の麗《うるわ》しき調《しら》べを奏《かな》でていかねばならない。

◇

社会の歪みによって最もしわ寄せを受けるのは、常に子どもたちであり、それは戦争においても変わるものではありません。

昨年（1998年）10月、国連のオララ・オトゥヌ事務総長特別代表が発表した報告書によると、現在、50の紛争地域で、18歳未満《みまん》の子どもたち30万人が兵士として戦地に立ち、毎日800人が地雷《じらい》で死傷《ししょう》するなど、１９８７年から10年間で２００万人が犠牲《ぎせい》になり、６００万人が傷害などの後遺症《こういしょう》で、また１０００万人が精神的外傷《がいしょう》で苦しんでいるといいます。報告書では、内戦において「潜在的《せんざいてき》な敵となる次の世代を抹殺《まっさつ》する戦略《せんりゃく》のもとで、とくに子どもたちが標的《ひょうてき》にされている」（「朝日新聞」１９９８年10月22日付朝刊）と指摘していますが、私が特に憂慮《ゆうりょ》するのが、子どもが兵士となって戦う「チャイルド・ソルジャー（子ども兵士）」が増えている問題です。

国際人権団体の「アムネスティ・インターナショナル」がこの1月（１９９９年）に発表した報告書によると、18歳未満の兵士を募集《ぼしゅう》している国は44カ国に及《およ》び、なかには、紛争で家族を失《うしな》ったり、軍隊にさらわれたりして、生きていくために戦闘行為《せんとうこうい》への参加を余儀《よぎ》なくされているケースもあるといいます。こうした子どもたちが日常的に暴力にさらされている状況を深刻《しんこく》に受け止め、国際社会が一刻《いっこく》も早く、18歳未満の徴兵《ちょうへい》や従軍《じゅうぐん》を禁止する「子ども兵士禁止条約」を制定することを、私は強く求めたい。子どもを戦闘行為に参加させることは、「子どもの権利条約」でも特に項目《こうもく》を定めているように、人権に対する重大な侵害《しんがい》であるとともに、次世代《じせだい》に憎《にく》しみを再生産し紛争を恒常化《こうじょうか》させる恐れもはらんでいます。この〝憎しみの連鎖《れんさ》〟〝復讐《ふくしゅう》の連鎖〟が社会で温存《おんぞん》される限り、戦争を生み出す根は永遠に断《た》つことはできないといえましょう。

「子どもの権利条約」議定書《ぎていしょ》の批准《ひじゅん》(2002年)

本年(2002年)5月に行われる「国連子ども特別総会」に関連して、幾《いく》つか提案をしておきたい。

これは、1990年の「子どものための世界サミット」で合意《ごうい》された目標の達成度《たっせいど》を振り返り、21世紀の新たな行動計画を定めるために行われるもので、昨年(2001年)9月に開催《かいさい》が予定されながらも、同時《どうじ》多発《たはつ》テロ事件によって延期《えんき》を余儀《よぎ》なくされたものです。

混迷《こんめい》する世界の中で、常に犠牲《ぎせい》となるのは子どもたちであります。18歳未満《みまん》の子どもは地球上に21億人いますが、その健康や成長が守られている国で暮らすことのできる数は1割にも満たないといわれます。

「子どものための世界サミット」以降の10年間で、予防《よぼう》可能な病気で亡くなる子どもの数は大きく減少し、基礎教育を受けられる子どもの数も増加するなど、一定の進歩が見られました。

しかし、サミットの行動計画は国際的に幅広《はばひろ》く認知《にんち》されなかったこともあり、目標は十分《じゅうぶん》に達成できていない状況にあります。そこでユニセフ(国連児童基金)では、「子どもたちのための世界的連《れん》帯《たい》」というネットワークを立ち上げ、政府だけでなく、NGO(非政府組織)や教育機関、報道機関などの参加を呼びかけています。

「国連子ども特別総会」も、その一環《いっかん》として行われるものであり、ユニセフのベラミー事務局長は「今日の健康な子どもと明日の健康な世界のつながりを強調することこそ、子ども特別総会の目的である」と位置づけています。

SGIでは、これまで「子どもの人権と現実」展をはじめ、ユニセフを支援《しえん》する活動を行ってきました。同展は、ユニセフ創設《そうせつ》50周年を記念して1996年6月に開幕《かいまく》して以来、アメリカ各都市や南アフリカなどを巡回《じゅんかい》しているもので、5月（2002年）の特別総会に連動《れんどう》する形でニューヨークでの開催も予定しております。

私は、今回の特別総会を、各国のリーダーたちがすべての分野において「子ども第一」「子ども最優先」の原則を貫《つらぬ》くことを誓約《せいやく》し、〝子どもたちのための同盟《どうめい》〟を広げていく出発点とすべきであると訴《うった》えたい。

そして、その第一歩として、子どもたちの人権を著《いちじる》しく侵害《しんがい》している、子どもの人身売買《じんしんばいばい》や子ども兵士を禁じた「子どもの権利条約」の二つの選択《せんたく》議定書を、各国が批准することを強く求めたいと思います。

加《くわ》えて、特別総会の場か、もしくは近い将来に「世界教育憲章《けんしょう》」の採択《さいたく》を目指してはどうかと提案したい。これまでにも、識字《しきじ》教育や初等《しょとう》教育などの基礎教育をすべての国で推進《すいしん》するための「万人《ばんにん》のための教育世界宣言《せんげん》」があります。これを発展的に深める形で、教育環境の整備のための国際協力とともに、21世紀の教育を展望《てんぼう》して、「子どもたちの幸福」を第一義《だいいちぎ》に掲《かか》げた「教育のための社会」の理念を柱《はしら》としながら、世界市民教育、平和教育を地球的規模《きぼ》で実施《じっし》するための共通規範《きはん》を打ち立てるべきではないかと考えるのです。

「人権教育」の新しい国際枠組《わくぐ》み（2004年）

基礎教育を普及《ふきゅう》させる取り組みとともに、戦争のない世界を築《きず》くための礎《いしずえ》となるのが、「人権教育」です。

紛争《ふんそう》をなくすには、それを生み出し、エスカレートさせる敵対《てきたい》意識や差別感情を克服《こくふく》し、平和共存していくための土壌《どじょう》づくりが欠《か》かせません。

また、紛争にまでいたらない場合でも、世界的な経済不況《ふきょう》と相《あい》まって、失業《しつぎょう》問題をはじめ、さまざまな形で摩擦《まさつ》が起こり、社会の緊張《きんちょう》を高めている事例《じれい》は多くみられます。

友人であったアメリカのジャーナリストのノーマン・カズンズ氏は、「人間の傷《きず》や痛みに無頓着《むとんちゃく》な態度は、教育失敗のこの上なく明白《めいはく》なしるしである」（『人間の選択』松田銑訳、角川書店）と警告《けいこく》しましたが、こうした状況を放置《ほうち》しておけば、社会に憎《にく》しみや怒りの感情が沈殿《ちんでん》し、さらなる紛争を招《まね》く危険性は大きいといえましょう。

私は3年前（2001年）に南アフリカで開催《かいさい》された国連の「人種差別に反対する世界会議」に宛《あ》てたメッセージの中で、「国連人権教育の10年」（1995〜2004年）に続く形で、「平和のための人権教育の10年」を設置《せっち》することを呼びかけました。

そうした中、昨年（2003年）8月には国連の人権小委員会で、「第2次人権教育の10年」の設置を国連総会で宣言《せんげん》するように求めた勧告《かんこく》が出されています。

私は、この動きを歓迎《かんげい》するとともに、その実施《じっし》にあたっては、特に次代《じだい》を担《にな》う子どもたちに焦点《しょうてん》を当てて、「平和と共生《きようせい》の地球社会」づくりにつながる人権教育の推進《すいしん》に力を入れていってはどうかと訴《うつた》えたい。

本年（２００４年）は、「奴隷制《どれいせい》との闘争《とうそう》とその廃止《はいし》を記念する国際年」でもありますが、こうした過去の重い教訓《きようくん》を踏《ふ》まえつつ、人種差別や不寛容《ふかんよう》を乗り越えゆく土壌《どじよう》を育《はぐく》んでいくべきであります。

ＳＧＩとしても、国連機関の活動の支援《しえん》や、他のＮＧＯ（非政府組織）とも連携《れんけい》を取りながら、平和教育と人権教育のグローバルな推進のために最大限努力していきたいと思います。

この人権教育に関連して、近年、情報社会化が急速《きゆうそく》に進む中で、マスメディアが特定の民族や人種に対する差別感情を煽《あお》ったりする例や、インターネット上で特定の民族や人種を攻撃《こうげき》するページなども目立つようになっており、紛争やヘイト・クライム（憎悪《ぞうお》による犯罪《はんざい》）の温床《おんしよう》となることが懸念《けねん》されています。

こうした中、先月（２００３年12月）にスイスで、国連の「世界情報社会サミット」の第１回会合が行われ、情報を〝持つもの〟と〝持たざるもの〟の格差《かくさ》が拡大《かくだい》する、いわゆる「デジタルデバイド（情報格差）」の問題が大きな焦点となったのをはじめ、情報社会のあり方をさまざまな角度から問う機会となりました。

そこでは、報道の自由やメディアの独立性《どくりつせい》がネット社会でも不可欠《ふかけつ》であるとする一方で、メディアに情報の責任ある取り扱いを求める旨《むね》などを盛《も》り込んだ「サミット宣言」が採択《さいたく》されました。

私は、明年《みようねん》（２００５年）にチュニジアで行われる第２回会合に向けて、情報社会の倫理《りんり》についての議論をさらに深めていくべきではないかと思います。

ともあれ、「人間の安全保障」の推進《すいしん》のためには、新しい大胆《だいたん》な発想と、粘《ねば》り強い努力の積《つ》み重《かさ》ねが欠《か》かせません。すでにタイのように、「社会開発および人間の安全保障省《しょう》」を設置《せっち》した国もありますが、こうした例などを参考にしながら、各国が——創価学会の牧口初代会長が志向《しこう》した「人道的競争」のような形で切磋琢磨《せっさたくま》し——よい意味での競《きそ》い合《あ》いを行っていくことが、重要ではないでしょうか。

また、その取り組みによって得られた情報や経験を共有《きょうゆう》したり、技術交流や人的派遣《はけん》を進めるなどして、「人間の安全保障」を世界的な規模《きぼ》で実現させていくべきだと強く訴《うった》えたい。

「人権理事会」における重点目標（２００６年）

国連創設《そうせつ》60周年を迎《むか》えた昨年（２００５年）は、さまざまな形で改革論議が高まり、３月にはアナン事務総長が、『より大きな自由を求めて』と題する報告書を発表しました。

これは、「貧困《ひんこん》からの自由（開発）」「恐怖《きょうふ》からの自由（安全保障）」「尊厳《そんげん》をもって生きる自由（人権）」という三つの角度から、国連の使命と改革の方向性を、包括的《ほうかつてき》に打ち出したものです。

報告書では、これらが密接《みっせつ》な関係にあることを、次のように強調しています。

「開発なしに、人類の安全保障はない。安全保障がなければ開発も不可能《ふかのう》である。また、人権が尊重《そんちょう》されなければ、開発も安全保障もありえない」

実に重要な視点だと思います。

私もこれまで、国連改革を展望《てんぼう》するにあたっては、「人間」という言葉を冠《かん》する三つのテーマ——すなわち、「人間開発」「人間の安全保障」「人権」を柱《はしら》に据《す》えることが欠《か》かせないと、訴えてきました。

なぜなら国連の根本《こんぽん》使命は、〝われら人民は〟で始まる憲章が象徴《しょうちょう》するように、世界のすべての民衆のために尽《つ》くし、地球上から悲惨《ひさん》の二字をなくすことにあるからです。

このアナン事務総長の報告書などをもとに、討議《とうぎ》が重ねられた結果、９月（２００５年）に行われた国連総会の特別首脳《しゅのう》会合で、国連改革のための「成果《せいか》文書」が採択《さいたく》されました。

◇

そこで今回、合意《ごうい》をみた改革案の中で、特に「人権理事会」について、一言、言及《げんきゅう》しておきたい。（中

略）

これまで人権委員会は、各国の人権問題をはじめ、世界共通の課題をテーマごとに取り上げ、改善《かいぜん》に向けた討議《とうぎ》と研究を続けるとともに、決議の採択を通し、改善策の提案や、改善を求めるための人権侵害の事実公表といった活動を行ってきました。

しかしその一方で、人権問題によっては、特定の政府を糾弾《きゅうだん》することに終始《しゅうし》して問題の硬直化《こうちょくか》を招《まね》いたり、各国の外交関係を反映《はんえい》する形で人権問題の扱《あつか》いが過度《かど》に政治化してしまう傾向《けいこう》もみられただけに、信頼性の回復が急務《きゅうむ》となっていました。

「人権理事会」は今後の検討《けんとう》を経《へ》て、年内の設置が目指されていますが、私は、「人権理事会」が担《にな》う役割や体制について、幾《いく》つか提案をしておきたい。

一つ目は、理事会の通常会期の議題の一つとして「人権教育と広報」の項目を設《もう》け、人権侵害《しんがい》が起こる土壌《どじょう》を改善するための予防策の検討に力を入れていくことです。

個々の人権侵害の違法性《いほうせい》を討議し、犠牲者を救済《きゅうさい》する措置《そち》を模索《もさく》することは、当然、人権委員会から継続《けいぞく》すべき重要な任務《にんむ》であることはいうまでもありません。

しかし、人権侵害《しんがい》を予防したり、再発を防《ふせ》ぐためには、そうした侵害を生み出す社会の土壌を粘《ねば》り強く変えていく努力が求められましょう。

折《おり》しも昨年（2005年）から、国連の「人権教育のための世界プログラム」がスタートしており、「人権理事会」が議題項目《こうもく》の一つとして人権教育による意識啓発《けいはつ》を取り上げ、この問題に継続的に取り組む中で、世界プログラムの実施《じっし》をフォローアップしていくことも期待できるのではないでしょうか。

二つ目は、NGO（非政府組織）をはじめとする市民社会の代表に、「人権理事会」への参加の機会を確保することです。

これまで国連の人権運動は、多くのNGOなどの積極的《せっきょくてき》な関与《かんよ》によって、実質的に支《ささ》えられてきたといっても過言《かごん》ではありません。また人権委員会では、経済社会理事会の機能《きのう》委員会という位置づけであったことから、経済社会理事会との協議資格《しかく》を基準《きじゅん》に、NGOのかかわり方が制度化されていました。

全体会での発言や、さまざまな協議会において、政府や国連の関係者とNGOとの協議が活発に行われてきたこの制度は、新しい「人権理事会」においても、継続されるべきであり、より効果的な形で維持《いじ》されることを、私は強く望みます。

三つ目は、人権問題に関する専門家で構成される諮問《しもん》機関を「人権理事会」の下に設置《せっち》することを提案したい。

具体的には、人権委員会の下《もと》で活動を行ってきた人権小委員会を継続させるか、または同様の機能をもった組織を設《もう》ける形になるかとは思いますが、「人権理事会」の討議《とうぎ》を支えるシンクタンク（調査研究機関）としての機能に加《くわ》えて、市民社会からの視点を反映《はんえい》させる役割を担《にな》っていくべきでしょう。

またこの諮問機関で、これまで人権小委員会の下で発展してきた小委員会の特別報告者や、先住民《せんじゅうみん》や少数者などの特定人権問題に関する作業部会といった制度を、今後も引き継いでいくべきではないでしょうか。

人権教育および研修に関する国際会議（2008年）

約半世紀にわたり、国際社会を呪縛《じゅばく》してきた冷戦構造《れいせんこうぞう》が終結《しゅうけつ》し〝世紀〟をまたいで20年近くの歳月《さいげつ》が経過《けいか》しましたが、それにとって代わる新しい世界構造は、まったく見えてきません。

ライナス・ポーリング博士（ノーベル平和賞、同化学賞受賞者）といえば、生前《せいぜん》、私が四度お会いし、対談集を上梓《じょうし》し（1990年10月）、遺志《いし》をくんで「ライナス・ポーリングと20世紀」展も世界各地で開催《かいさい》させていただきました。

その博士が、対談集の冒頭《ぼうとう》で「今後の世界情勢の動向を思うと、私の胸はおどります。勇気がわきます。ソ連が動きだしました。ゴルバチョフ大統領のリードで、現実に世界軍縮《ぐんしゅく》への潮流《ちょうりゅう》が流れ始めました。（中略）人類が、初めて『理性』と『道理《どうり》』にかなった道を歩《あゆ》む。そうした世界への転回《てんかい》が、いよいよ始まったのです」（『「生命の世紀」への探求』、『池田大作全集第14巻』所収）と、明るい展望《てんぼう》を語っておられました。90歳を目前《もくぜん》にした平和の闘士《とうし》の温顔《おんがん》が目に浮かぶようです。

残念ながら、その後の動きは博士の期待を大きく裏切《うらぎ》るものとなってしまった。グローバリゼーション（地球一体化）の不可避《ふかひ》な流れのなか、その先頭《せんとう》を行くアメリカを中心とする「新世界秩序《ちつじょ》」なるものも、一時は喧伝《けんでん》されましたが、新たな軋轢《あつれき》を次々と生《しょう》じ、みるみる退潮《たいちょう》を余儀《よぎ》なくされ、現状は無秩序に近い。

しかし、歴史の歯車《はぐるま》を逆転させてはならない。万難《ばんなん》を排《はい》して、人類意識に立った新たな世界秩序を模索《もさく》し、構築《こうちく》していかなければ、グローバル社会は混迷《こんめい》の度《ど》を増していくばかりであります。

とはいえ、秩序への模索《もさく》が種々試《こころ》みられていることも事実です。過日《かじつ》（2008年1月15日～16日）、スペインのマドリードで開かれた「文明の同盟《どうめい》フォーラム」なども、その一例《いちれい》でしょう。国際平和と安全の維持《いじ》には、文化的な敵意《てきい》を克服《こくふく》する努力が不可欠《ふかけつ》として、75以上の国連加盟国《かめいこく》および国際機関が参加しているもので、スピーチをした国連の潘基文《パンギムン》事務総長は「あなた方は、それぞれ異《こと》なった文化的背景《はいけい》や展望《てんぼう》を有《ゆう》しているかもしれない。しかし、『文明の同盟』が、極端《きょくたん》主義に対抗《たいこう》し、私たちの世界を脅《おびや》かす分断《ぶんだん》の動きを鎮《しず》める上で重要な方法であるという共通の信念を、ともに分かち合っている」として、平和への行動の第一歩を促《うなが》しています。

また、フランスのサルコジ大統領は年頭《ねんとう》の会見で、人間性の重視《じゅうし》と連帯《れんたい》などを核《かく》とした文明政策を提起《ていき》した上で、「20世紀の体制のままで、21世紀の世界を形作ることはできない」とし、改革の一環《いっかん》として現行のG8サミット（主要国首脳会議《しゅようこくしゅのうかいぎ》）を、中国、インド、ブラジル、メキシコ、南アフリカの5カ国を加えた「G13」に拡大《かくだい》すべきと提案しました。傾聴《けいちょう》に値《あたい》すると思います。

私もかねてより、サミットの参加国に中国やインドなどを加えて「責任国首脳会議」に発展的改編《かいへん》を行い、よりグローバルな形で責任の共有を図《はか》るべきと訴《うった》えてきただけに、この提案に深く賛同《さんどう》するものであります。

さて、冷戦終結後《れいせんしゅうけつご》に志向《しこう》された「新世界秩序」が〝錦《にしき》の御《み》旗《はた》〟として掲《かか》げていたのが、周知《しゅうち》のように「自由」であり「民主主義」であります。両者ともに、それ自体文句《もんく》のつけようのないものですが、ひとたびそれを異なった政治文化の中に根づかせようとすると、どんなに困難が伴《ともな》うか。それどころか、「自由」や「民主主義」を一定限度実現しているところでも、維持向上《いじこうじょう》の努力を怠《おこた》ると、みるまに似《に》ても似つかぬものへと堕落《だらく》してしまう――。このことを〝ベルリンの壁《かべ》〟の崩壊《ほうかい》を受けた直後の提言（1999年の「SGIの日」記念提言）の中で、私はプラトンの洞察《どうさつ》に依《よ》りながら訴《うつた》えたことがあります。

すなわち、「自由」といい、「民主主義」といっても、行き着くところ「欲望《よくぼう》の大群《たいぐん》」を生み出して、それによって「青年の魂《たましい》の城砦《じようさい》」が崩《くず》されてしまえば、救《すく》いようのない無秩序、カオス（混沌《こんとん》）を招《まね》き、あげくの果ては、事態収拾《しゆうしゆう》のために、「一匹の針《はり》のある雄蜂《おすばち》」が待望《たいぼう》されるようになる。「民主制」は「僭主制《せんしゆせい》」への衰退《すいたい》、逆行《ぎやつこう》を余儀《よぎ》なくされるであろう、と（『国家』田中美知太郎・藤沢令夫他訳、『世界古典文学全集15　プラトンⅡ』筑摩書房）。

その警鐘《けいしよう》は、決して杞憂《きゆう》ではありませんでした。金融主導《きんゆうしゆどう》のグローバリゼーションの、蝶番《ちようつがい》の外れたような進行は、世界的規模《きぼ》の格差《かくさ》社会をもたらし、拝金主義《はいきんしゆぎ》と不公平感を蔓延《まんえん》させ、それを一因《いちいん》（最大の要因といってもよいかもしれない一因）とするテロ行為《こうい》は、拡散《かくさん》の一途《いつと》をたどっております。テロや犯罪の発生する構造的要因を析出《せきしゆつ》し、きめ細かく対処せずに、一方的に力で抑《おさ》え込《こ》もうとしても、事態を悪化させるばかりであることは、歴史の教訓《きようくん》です。力による秩序は、むしろ無秩序、カオスに隣接《りんせつ》している。

私が仏法者として一番憂慮《ゆうりよ》していることは、こうした風潮《ふうちよう》に乗《じよう》じて昨今《さつこん》の〝原理《げんり》主義への傾斜《けいしや》〟ともいうべき現象、心性《しんせい》が、随所《ずいしよ》に顔をのぞかせていることであります。

かまびすしく取りざたされている宗教的原理主義に限らず、民族や人種にまつわるエスノセントリズム（自民族中心主義）やショービニスム（排外的《はいがいてき》愛国主義）、レイシズム（人種主義）、イデオロギー的なドグマ（教条《きようじよう》）、あるいは市場《しじよう》原理主義にいたるまで、カオスに乗じて、わが物顔《ものがお》に横行《おうこう》しているといっても過言《かごん》ではない。そこでは、万事《ばんじ》に「原理」「原則」が「人間」に優先、先行し、「人間」

はその下僕《しもべ》になっている。それぞれの分野での細かい定義《ていぎ》は措《お》くとして、そうした〝原理主義への傾《けい》斜《しゃ》〟を端的《たんてき》に要約すれば、かつてアインシュタインの遺《のこ》した「原則は人のためにつくられるのであって、原則のために人があるのではない」(ウィリアム・ヘルマンス『アインシュタイン、神を語る』雑賀紀彦訳、工作舎)という言葉に尽きていると思います。

原理・原則は人間のためにあるのであって、決して逆ではない――この鉄則《てっそく》を貫《つらぬ》き通すことは、容《よう》易《い》ではない。人間は、ともすれば手っ取り早い〝解答〟が用意されている原理・原則に頼りがちです。シモーヌ・ヴェイユの比喩《ひゆ》(『重力と恩寵』田辺保訳、筑摩書房)を借《か》りれば、人間や社会を劣化《れっか》させてやまない「重力《じゅうりょく》」に引きずられ、人間性の核《かく》ともいうべき〝汝自身《なんじじしん》〟は、どこかに埋没《まいぼつ》してしまう。私どもの標榜《ひょうぼう》する人間主義とは、そうした〝原理主義への傾斜〟と対峙《たいじ》し、それを押しとどめ、間断《かんだん》なき精神闘争によって自身を鍛《きた》え、人間に主役《しゅやく》の座《ざ》を取り戻させようとする人間復権《ふっけん》運動なのであります。

◇

かつて私は、世界人権宣言《せんげん》の制定にあたって重要な役割を果たしたブラジル文学アカデミーのアタイデ元総裁と対談集(『二十一世紀の人権を語る』、『池田大作全集第１０４巻』所収)を発刊しました。その中で、当時を回想《かいそう》し、アタイデ氏が述《の》べておられた言葉が忘れられません。

「『世界人権宣言』の検討《けんとう》作業を進め、直面《ちょくめん》した幾多《いくた》の難問《なんもん》について考えるうえで、私がとくに心がけた点は何であったか――それは、世界の各民族の間に〝精神的なつながり〟を創《つく》り出すこと、すなわち、〝精神の世界性〟を確立《かくりつ》することでした」と。

つまり、経済的なつながりや政治的なつながりのように、状況次第《しだい》で壊《こわ》れてしまう関係では、恒久《こうきゅう》平和の基盤《きばん》としてはあまりにも脆《もろ》すぎる。それらの結びつきよりも、はるかに崇高《すうこう》で、幅広《はばひろ》く、強固《きょうこ》に人類を結びつける絆《きずな》を育《はぐく》むことが欠《か》かせないとの信念に立って、検討《けんとう》作業に臨《のぞ》んだというのであります。

「世界人権宣言」の採択《さいたく》60周年にあたる本年（２００８年）は、国連人権高等弁務官《こうとうべんむかん》事務所が中心となって、人権宣言の意義《いぎ》を一層《いっそう》広めていくための、「わたしたち全員のための尊厳《そんげん》と正義」と題するキャンペーンが行われます。この機《き》を逃《のが》すことなく、各国政府と市民社会が協力し合って、人権教育の普及《ふきゅう》など具体的な取り組みを積極的《せっきょくてき》に進めることが求められます。

現在、「国連人権教育の10年」（１９９５年〜２００４年）に続く形で、国連の「人権教育のための世界プログラム」が２００５年からスタートしています。こうした枠組《わくぐ》みを継続《けいぞく》させる重要性は、私も、２００１年に南アフリカで開催《かいさい》された「反人種主義・差別撤廃《てっぱい》世界会議」に向けたメッセージなどで繰《く》り返し訴《うった》えてきたものです。人権の尊重を政府レベルの議論の対象にとどめるだけでなく、「人間の尊厳」の基盤《きばん》として人々の現実生活に深く根ざし、世界共通の「人権文化」として定着《ていちゃく》させることが重要となるとの信念からでした。

「人権教育と学習の推進《すいしん》」は、国連改革に伴《ともな》い新たに発足した人権理事会においても、総会決議に基づき、主要任務《にんむ》の一つとして掲《かか》げられています。また昨年（２００７年）９月には、「人権教育および研修に関する国連宣言《せんげん》」の草案《そうあん》作成に着手《ちゃくしゅ》することが同理事会で決定しました。この宣言が採択《さいたく》されれば、世界人権宣言や国際人権規約《きやく》などの国際法上の人権基準に、新たな一文書が加《くわ》わることを意味します。

こうした重要な宣言は、先に述《の》べたように、人々の現実生活に根ざした「人権文化」の定着《ていちゃく》に資《し》するものとして起草《きそう》されるべきであり、市民社会からの視点や要望《ようぼう》を十分踏《ふ》まえた形で検討されることが望まれます。

そこで私は、宣言の草案づくりに向けて、市民社会における幅広《はばひろ》い声を結集《けつしゅう》することを目的の一つとして、人権教育をテーマにした国際会議の開催《かいさい》を強く呼びかけたい。

人権教育に関して、これまで地域レベルの会議や、専門家による小規模《しょうきぼ》の会議などは開かれたことはありますが、世界規模での国際会議は実現しておりません。その意味でも、〝市民社会のイニシアチブ〟による市民社会のための世界規模での「人権教育および研修に関する国際会議」の早期開催を提案したいのであります。

また会議では、新たな国連宣言に関する議論に加えて、「人権教育のための世界プログラム」の今後の進め方についても、活発に意見交換《こうかん》を行っていってはどうかと思うものです。

「人権文化」を建設するための方途《ほうと》（2011年）

私たちが21世紀の第二の10年で重点的《じゅうてんてき》に取り組むべき課題として、人権文化の建設について述べておきたい。

人権文化は、「国連人権教育の10年」（1995年～2004年）を機《き》に広がった言葉で、一人一人が自発的《じはってき》な意志に基づいて、人権を尊重《そんちょう》し、生命の尊厳《そんげん》を守り抜《ぬ》いていく生き方を、社会をあげて文化的な気風《きふう》として根づかせることを目指すものです。

そもそも、この国連の枠組《わくぐ》みはNGO（非政府組織）の強い後押《あとお》しで実現したものでした。

その根底《こんてい》には、人権の法制度的な保障をいかに確立し、侵害《しんがい》された場合にどう救済《きゅうさい》するかといった観点《かんてん》とともに、日頃から侵害を起こさせない土壌《どじょう》を育《はぐく》むことが欠《か》かせないとの問題意識が脈打《みゃくう》っていました。

私は現在、マーチン・ルーサー・キング博士の盟友《めいゆう》で人権運動に長年挺身《ていしん》されてきた歴史学者のビンセント・ハーディング博士と対談を進めています。その中で博士が提起《ていき》した言葉は、人権文化の建設を展望《てんぼう》する上で極《きわ》めて重要な指針《ししん》として胸に迫《せま》りました。

――「公民権運動《こうみんけんうんどう》」という言葉は、自分たちが携《たずさ》わってきた運動を表すものとしては不十分《ふじゅうぶん》である。なぜなら、次の世代が〝これだけ多くの法律が成立したのだから、もうこれで終了だ〟と、運動を過去の歴史として受け止めてしまいかねないからである。そうではなく、「『民主主義を拡大《かくだい》するための運動』と言えば、次の世代は、自らが受《う》け継《つ》いだもの以上に、民主主義を拡大させていく責務《せきむ》があると自覚《じかく》できるでしょう。この責務は、ずっと継続していくのです」と(『希望の教育　平和の行進』第三文明社)。

法律になったから人権が尊《とうと》いのではない。法律を勝ち取る闘争そのものを精神的な法源《ほうげん》とし、その精神を継いでさらに運動を拡大する担《にな》い手が陸続《りくぞく》と続くからこそ人権は輝く——。この考えは、生命尊厳《そんげん》の思想を社会に根づかせる要諦《ようてい》として、仏法が「法自《みずか》ら弘《ひろ》まらず」(御書856ページ)との視座《しざ》を強調してきた点とも響《ひび》き合うものです。

釈尊《しゃくそん》の言葉に「生《う》まれを問うことなかれ。行いを問え。火は実《じつ》にあらゆる薪《まき》から生《しょう》ずる」(『ブッダのことば』中村元訳、岩波書店)とあるように、仏法では、どんな人にも尊極《そんごく》な生命が内在《ないざい》するがゆえに人間は根源的《こんげんてき》に平等であると強調する一方で、生命を輝かせる鍵《かぎ》はあくまで自らの行動にあると説きます。その上で、「一切《いっさい》の生きとし生けるものは、幸福であれ、安穏《あんのん》であれ、安楽《あんらく》であれ」(同前)と説くように、自他《じた》共《とも》の幸福と社会の安穏を目指す生き方を促《うなが》す教えなのです。

ゆえにSGIでは、人間の内なる変革《へんかく》を重視する仏法思想に基《もと》づき、国連NGOとしての活動の柱《はしら》の一つに人権教育の推進《すいしん》を掲《かか》げ、取り組んできました。

1993年6月にウィーンで行われた世界人権会議に先立ち、同年4月に東京の国連大学で開幕《かいまく》した「現代世界の人権」展はその代表的な活動で、「国連人権教育の10年」が終了する2004年までに世界40都市を巡回《じゅんかい》し、民衆レベルでの意識啓発《けいはつ》を進めてきました。また私も、2001年8月にダーバンで行われた国連の反人種主義・差別撤廃《てっぱい》世界会議に寄《よ》せたメッセージなどで、国連による人権教育の枠組《わくぐ》みの継続《けいぞく》を訴《うった》えてきました。

それだけに、国連10年の枠組みを引き継いで2005年にスタートした「人権教育のための世界プログラム」の冒頭《ぼうとう》で人権文化の建設が謳《うた》われ、国連人権委員会に代わって２００６年６月に活動を始めた人権理事会の主要任務《しゅようにんむ》の一つに「人権教育と学習の推進」が掲げられたことは、実に歓迎《かんげい》すべき出来事でした。

以来、具体的な取り組みとして、スイスとモロッコの提案を受け、２００７年９月に人権理事会で「人権教育および研修に関する国連宣言《せんげん》」の草案起草《そうあんきそう》が決定し、今秋《こんしゅう》（２０１１年）の国連総会での採《さい》択《たく》に向けて作業が進められています。

私たちは人権教育の国際基準《きじゅん》を初めて定める宣言の採択を機《き》に、すべての国で人権文化がより自覚的で力強いものとなるよう、一致《いっち》協力して前進すべきではないでしょうか。

そこで私は、その基盤《きばん》づくりのために三つの提案を行いたい。第一の提案は、人権教育を専門に推《すい》進《しん》する国連組織の整備です。

現在、「人権教育および研修に関する国連宣言」の草案は人権理事会で起草作業が進められていますが、国連総会でより多くの国々の賛同《さんどう》を得て採択され、世界各地で実施《じっし》されるようになるには、市民社会の一貫《いっかん》した後押《あとお》しが欠《か》かせません。また「人権教育のための世界プログラム」についても専門の国際機関がないため、枠組みを今後も継続し充実《じゅうじつ》させる上で、ＮＧＯの積極的なサポートが必要となってきます。

これまでこの分野では、国連ＮＧＯ会議（ＣＯＮＧＯ）の下部《かぶ》組織としてジュネーブで活動を行ってきた「人権教育学習ＮＧＯ作業部会」を中心に、国連の人権教育に関する政策に市民社会の声を反映させる挑戦《ちょうせん》が続けられてきました。

なかでも２００９年３月に作業部会が、国際的なネットワーク団体である人権教育アソシエイツと協力し、NGO365団体の連名《れんめい》で人権理事会に提出した共同提案への評価は高く、多くの理事会関係者の関心を集めました。

また、作業部会の議長を務《つと》めるSGIでは、人権教育アソシエイツと共同で、人権教育における具体的な成功例を紹介し、その重要性を訴えるDVDの制作準備を進めており、年内の完成を目指しています。

そこで私は、人権教育に取り組み、あるいは人権教育に関心のある既存のNGOネットワークや団体を中心に「人権教育のための国際評議会」を発足《ほっそく》させ、人権理事会や人権高等弁務官《こうとうべんむかん》事務所と連携《れんけい》しつつ、人権教育を推進《すいしん》する国際的な流れを広げ、強めていくことを呼びかけたい。

そして、国連と市民社会が協働《きょうどう》作業の実績《じっせき》を重ねていく中で、将来的な展望《てんぼう》として「国連人権教育計画」（仮称《かしょう》）のような専門組織を設置《せっち》することも検討していってはどうか。

運営面や資金《しきん》面でより充実《じゅうじつ》した体制を確保するとともに、各国レベルで国連と政府とNGOが協議して世界プログラムや国連宣言の履行《りこう》を着実《ちゃくじつ》に果たしていく仕組みを整えながら、人権文化が地球上のあらゆる場所で花開くよう目指すべきだと思うのです。

第二の提案は、「青年に焦点《しょうてん》を当てた人権教育」を推進するための地域的な連携の強化です。

国連では、昨年（2010年）8月から今年（2011年）8月までを「国際ユース年」と定め、人類が直面する課題を克服《こくふく》する上で、世界のユース（青少年）たちが持つエネルギーと創造性《そうぞうせい》と自発性を生かすことを呼びかけています。

歴史を振り返っても、ガンジーやキング博士が20代で立ち上がったように、多くの人権闘争は青年の熱と力によって切り開かれてきたものでした。

厳《きび》しい社会の現実を突《つ》き崩《くず》し、新しい時代を築《きず》く上で、どれほど青年が果たす役割が大きいか――。キング博士は晩年、青年に対する警鐘《けいしょう》として、「個人がもはや社会にたいする真の参加者でなくなり、社会にたいする責任を感じなくなったとき、民主主義は空洞化《くうどうか》します」（『良心のトランペット』中島和子訳、みすず書房）との言葉を残しました。

このことは人権文化の建設にも当てはまり、先にハーディング博士が力説《りきせつ》していたように、人権の担《にな》い手が世代から世代へと受け継がれる流れを強固《きょうこ》にすることが欠《か》かせません。

そこで私は、グローバル化が進む現代の情勢を踏《ふ》まえ、国単位《たんい》での人権教育に加えて、国家の枠《わく》を超えた地域的な連携を強化し、人的《じんてき》交流も含《ふく》めた「青年に焦点を当てた人権教育」を拡充《かくじゅう》することを提案したい。

現在、欧州《おうしゅう》評議会を中心に「民主的市民教育と人権教育」が推進されているヨーロッパでは、市民を「社会の中でともに生きる人」と位置づけた上で、特に行動する若い市民の育成《いくせい》が奨励《しょうれい》されています。

こうした人権教育のための連帯を、NGOなど市民社会の側《がわ》が主体的にかかわっていく形で、世界の他の地域でも広げていくべきではないでしょうか。

かつて私は1987年の提言で、「国連世界市民教育の10年」を実施し、環境・開発・平和・人権の四つのテーマを軸《じく》に、21世紀を担い立つグローバルな市民意識の涵養《かんよう》を進めることを呼びかけました。

SGIではこれを具体化する一環《いっかん》として、1995年から始まった国連による人権教育の枠組みと2000年に開始された「平和の文化」の活動を支援《しえん》する一方で、他のNGOと協力し「持続《じぞく》可能な開発のための教育の10年」の制定を呼びかけ、2005年に同10年がスタートしてからは、その取り組みを支援する活動を活発に進めてきました。

今後も引き続き、「平和の文化」を全世界に根づかせ、持続可能な未来を築くための活動を力強く展開するとともに、人権文化については、国境を越えた人的交流などの実体験を重視しながら〝互《たが》いの共通性を見いだしそれぞれの多様性《たようせい》を生かしゆく心〟を養《やしな》う機会を設《もう》けるなど、人権の担《にな》い手となる青年が陸続《りくぞく》と育つための環境づくりを多角的《たかくてき》に進めたいと思います。

第三の提案は、「人権文化の建設に向けた宗教間対話」の推進《すいしん》です。

人権は知識として学ぶだけで、人々の心に定着《ていちゃく》するものではありません。そのことは、国連人権高《こう》等弁務官《とうべんむかん》事務所がまとめた小中高校向けのガイドブックでも明確《めいかく》に記されています。

「最高の能力と細心《さいしん》の注意を持って教えたとしても、文書や歴史だけで、人権をクラスに根づかせることはできません」

「(人権に関する)文書の重要性を単《たん》なる知識としないためには、実生活での経験という観点から人権にアプローチし、正義、自由、平等に対する生徒自身の理解を養うような形で取り組む必要があります」(『ABC　人権を教える』、国連広報センターのホームページから)

例えば、子どもたちが身近な場所でいじめを前にした時、いじめに加勢《かせい》しないだけでなく、止める側《がわ》に回ることができるのか――そうした日々の現実との格闘《かくとう》なくして、人権感覚が錬磨《れんま》されるはずのないことは、何も学校教育に限らず、すべての人々に当てはまるものといえましょう。

私は、その礎《いしずえ》となるのは「胸を痛《いた》める心」のような良心《りょうしん》であり、どんな状況に直面《ちょくめん》しても自《みずか》らに恥《は》じない「最良《さいりょう》の自己」であろうとする信念が重要な支《ささ》えになると思います。そして宗教は本来、こうしたエートス（道徳的気風《きふう》）を育《はぐく》む人間精神の大地であらねばならないと考えてきました。

人権がどれだけ法律で保障されても、それが多くの人にとって外在的《がいざいてき》なルールや他律的《たりつてき》な道徳として受け止められている限りは、人々を守る大きな力とはなりえません。

ガンジーが自己の信念について「非暴力《ひぼうりよく》は、意のままに脱《ぬ》いだり着《き》たりする衣服《いふく》のようなものではない」（『わたしの非暴力1』森本達雄訳、みすず書房）と叫《さけ》んだように、〝ひとたびそれを破《やぶ》れば、もはや自分ではなくなる〟との誓《ちか》いにまで昇華《しょうか》されてこそ、人権規範《きはん》は社会を変革していくための無限の力の源泉《げんせん》になりうるのではないでしょうか。

もちろん、宗教だけが倫理《りんり》的《てき》な基盤《きばん》を提供《ていきょう》するものでは決してなく、医師による「ヒポクラテスの誓い」のように信念に基《もと》づいて自《みずか》らに責務《せきむ》を課《か》す生き方が、今後も重要になることは論《ろん》をまちません。

しかし一方で、宗教学者のパウル・ティリッヒが指摘したように、宗教は精神を揺《ゆ》り動かす根源的《こんげんてき》な問いかけである〝人間は何のために生きるのか〟といった意味への志向性《しこうせい》に深部《しんぶ》でかかわっているだけに、より大きな貢献《こうけん》を果たすことができるのではないか。

つまり、宗教的信条《しんじょう》に基づいた〝より善《よ》き生《せい》〟への意味づけを通して、ティリッヒの言う「自己自身を失《うしな》うことなしに自己を越えて創造《そうぞう》するところの力」（『生きる勇気』大木英夫訳、平凡社）を発現させる道を、宗教は開くべきだと思うのです。

SGIの運動は、一人一人が内面の変革を通じて自他共《じたとも》の〝より善き生〟の顕現《けんげん》を目指すものです。人権文化の文脈《ぶんみゃく》に照《て》らしていえば、人権について学び、意識を磨《みが》くだけでなく、日々の生活の中で実践し、一人一人が〝人権の体現者〟として社会に波動《はどう》を起こす存在となってこそ、人権教育の取り組みは初めて完結《かんけつ》するとの信念の下《もと》、草の根の活動を続けてきたのです。

仏法の真髄《しんずい》である「法華経」では、その範《はん》となる不軽菩薩《ふきょうぼさつ》の姿が描かれています。

不軽菩薩は、人間は誰《だれ》しも尊極《そんごく》な生命を具《そな》えているとの信念に基づき、出会うすべての人に「我《われ》は深く汝等《なんだち》を敬《うやま》い、敢《あえ》て軽慢《きょうまん》せず」と唱えて礼拝《らいはい》する実践を貫《つらぬ》きました。しかし、混迷《こんめい》を深める世相《せそう》にあって、人々から悪口罵詈《あっくめり》され、揶揄《やゆ》されるばかりか、時には杖《つえ》で打たれたり、石を投げられたりもした。それでも、礼拝《らいはい》の実践を決して投げ出すことはなかった。

やがて「法華経」が中国に伝わり、鳩摩羅什《くまらじゅう》によって翻訳《ほんやく》された時に、彼の名は「常《つね》に人を軽《かろ》んじなかった菩薩《ぼさつ》」を意味する言葉で表現されたのです。

この名に込められた精神はまた、私ども創価学会が創立以来80年にわたって実践してきた人権闘争の魂《たましい》にほかなりません。

草創期《そうそうき》から〝貧乏人《びんぼうにん》と病人の集まり〟と時に揶揄されながらも、むしろそれを最大の誉《ほま》れとし、悩み苦しむ人のために尽《つ》くすことが仏法の根本《こんぽん》精神であるとの宗教的信条《しんじょう》を燃やす中で、地道《じみち》な対話で徹《てっ》して一人一人を励《はげ》まし勇気づける行動を続けてきました。

「法華経」ではほかにも、普賢《ふげん》菩薩、薬王《やくおう》菩薩、妙音《みょうおん》菩薩、観世音《かんぜおん》菩薩など、さまざまな菩薩が自《みずか》らの特性を生かして人々に尽くしていく姿が説かれています。

私どもはその精神を現代社会に敷衍《ふえん》して、誰もが自分の特性を最大に生かしながら「人権」と「人道」の担《にな》い手になることができると訴《うった》え、ともに成長を期《き》してきたのです。

国連では本年（２０１１年）、人権分野に関して、〝差別をなくすために声をあげ、行動する新しい世代をいかに鼓舞《こぶ》するか〟に焦点《しょうてん》を当てています。まずは、このテーマを軸《じく》に、宗教界がどのような貢献《こうけん》をなしうるかについて討議《とうぎ》を進めていってはどうでしょうか。

かつて私はハーバード大学で行った講演《こうえん》（1993年9月、「21世紀文明と大乗《だいじょう》仏教」）で、「はたして宗教をもつことが人間を強くするのか弱くするのか、善《よ》くするのか悪くするのか、賢《かしこ》くするのか愚《おろ》かにするのか」が厳《きび》しく問われる時代に入っていると、自戒《じかい》を込めての警鐘《けいしょう》を鳴らしたことがあります。

さまざまな宗教が人権文化の建設という共通の目標に立って対話を重ね、互《たが》いの原点と歴史を見つめながら、人権文化の建設のために行動する人々をいかに輩出《はいしゅつ》していくかを良い意味で競《きそ》い合う——創価学会の牧口常三郎初代会長が提唱していた「人道的競争」に取り組むことを呼びかけたいのです。

［平和の文化］

「戦争の文化」の克服《こくふく》（１９９９年）

国連は２０００年を「平和の文化のための国際年」に定めていますが、これに加える形で、21世紀の最初の10年間（２００１年～２０１０年）を、「世界の子どもたちのための平和の文化と非暴力《ひぼうりょく》のための国際の10年」とすることを昨年11月、総会で決議《けつぎ》しました。

これは、ユネスコ（国連教育科学文化機関）をはじめ、ゴルバチョフ元ソ連大統領や南アフリカのマンデラ大統領、アルゼンチンの人権の闘士《とうし》エスキベル博士、ガンジー非暴力研究所所長のアルン・ガンジー氏（マハトマ・ガンジーの令孫《れいそん》）ら識者や諸《しょ》団体が、かねてより制定を求めていたものであり、まさに21世紀の軌道《きどう》を「平和の文化」へ「非暴力」へと向けていく、誠《まこと》に重要な意義《いぎ》をもつ「国際の10年」なのです。決議では、「未来の世代を戦禍《せんか》から救い、『平和の文化』への転換《てんかん》を実現することが国連の責務《せきむ》」であるとし、加盟国《かめいこく》や国連機関、ＮＧＯ（非政府組織）などの協力を得ながら、地球上のすべての子どもたちの幸福のために努力を傾《かたむ》けることを目指すとされています。

◇

「戦争の文化」を克服するための課題として私が論じたいのは、紛争《ふんそう》や対立、国際問題を解決する手段についてです。いまだ国際社会では、長期化《ちょうきか》する紛争を解決するために軍事介入《ぐんじかいにゅう》を模索《もさく》したり、容《よう》易《い》ならざる問題を解決するために武力行使《こうし》が選択《せんたく》されるケースが少なくありません。

コソボ紛争のＮＡＴＯ（北大西洋条約機構《きこう》）の空爆《くうばく》検討しかり、ケニアとタンザニアの米大使館を標的《ひょうてき》にした爆破《ばくは》テロに対するアメリカの報復《ほうふく》攻撃しかり、大量破壊《はかい》兵器の査察《ささつ》受け入れを拒否《きょひ》したイラクに対する米英両国の空爆しかりであります。もちろん、国際社会に大きな脅威《きょうい》を与える問題を安《あん》易《い》に見過ごすことはあってはなりませんが、解決手段として軍事力を用いることにはあくまで慎重《しんちょう》であるべきと私は考えます。

ハード・パワーによる強制的解決というのは、結局のところ、本質的な解決にはつながらないし、禍根《かこん》を残す場合があまりにも多い。ヘーゲルが示唆《しさ》したように、いかに正義や大義《たいぎ》があろうとも、他者にとってそれが侵害《しんがい》と映《うつ》る限り、復讐《ふくしゅう》を招《まね》いたり、泥沼化《どろぬまか》する恐れがあるのです。

そうではなく、問題の所在《しょざい》を明らかにしながら障害《しょうがい》を一つ一つ取り除《のぞ》いていく、「対話」を軸《じく》としたソフト・パワーこそが求められるのではないかと思うのです。

そのための挑戦《ちょうせん》は、すでに北アイルランドのように、紛争の傷跡《きずあと》が深く残る地域で始まっております。テロや流血の惨事《さんじ》が30年近くにわたって続き、〝不治《ふじ》の病《やまい》〟とまで言われた北アイルランド紛争は、対話路線の積極的促進《そくしん》によって、昨年（１９９８年）４月、歴史的な和解合意《ごうい》に達しました。

合意が双方《そうほう》の住民投票と国民投票で承認《しょうにん》されたように、〝争《あらそ》いや殺し合いは、もうたくさんだ〟というのが、３０００人以上の犠牲者《ぎせいしゃ》を出すなど、その不毛《ふもう》さが身にしみた人々の実感であったと思われます。この合意の斬新《ざんしん》な点は、何といっても、国境を超えた「南北評議会」という地域の運営を担《にな》う機構を設け、そこで暮らす人々の共生《きょうせい》を第一に目指していることです。国家の枠組《わくぐ》みよりも、まず地域住民の意向《いこう》を重視することで、紛争の根源《こんげん》にある人々の帰属《きぞく》意識の問題を克服しようとする今回の試《こころ》みが軌道《きどう》に乗れば、世界各地で起こっている他の紛争《ふんそう》を終結《しゅうけつ》させる上で貴重《きちょう》なモデルケースになることが期待されます。実際、すでにスペインのバスク紛争にも影響を与え、停戦《ていせん》への道を開いているのです。

武装解除《ぶそうかいじょ》など課題は残っていますが、信頼醸成《じょうせい》を深めるなかで合意《ごうい》の履行《りこう》が進むように、国際社会が協力して後押《あとお》ししていく必要があると思われます。

この北アイルランドにおける和平に見られるように、元来《がんらい》、不可避《ふかひ》な対立などなく、乗り越えられない壁《かべ》などない。互《たが》いを最初から〝対立する存在〟として捉《とら》えるのではなく、何が障害《しょうがい》となり、何が対立を生み出しているのか――それを見極《みきわ》める作業こそが、まず求められるべきでしょう。平和の糸口は、相手を〝敵〟として見る前に、同じ「人間」として見ることから開けてくるものなのです。

国連は、２００１年を「国連文明間の対話年」に定めました。これは決議にもあるように、「新たな千年の門出《かどで》にあたって、異《こと》なる文明同士が建設的な対話を通し相互《そうご》理解を深めることに共同の努力を払《はら》うべきである」との国際社会の意思の表れといえるでしょう。

私が創立《そうりつ》した戸田記念国際平和研究所は、そのモットーとして「地球市民のための文明間の対話」を掲《かか》げて活動を続けてきました。同研究所では、創価学会の戸田第2代会長の生誕《せいたん》１００周年にあたる２０００年2月に、「文明の対話――新たな千年のための新しい平和の課題」とのテーマのもとで国際会議の開催《かいさい》を予定しており、大いに期待するところです。

同研究所所長でハワイ大学のテヘラニアン教授と私は現在、イスラムと仏教をめぐる「文明の対話」を進めております。教授はそこで、現代社会は「コミュニケーションの回路《かいろ》はどんどん拡大《かくだい》しているにもかかわらず、対話そのものは切実《せつじつ》に不足している世界」（『二十一世紀への選択』、『池田大作全集第

108巻』所収）であると指摘していました。

確かに、情報化社会の進展に伴《ともな》い、出来合《できあ》いのステレオタイプ的な情報が強烈《きょうれつ》に流される一方で、実像というものがますます捉えにくくなってきている面は否《いな》めません。だからこそ、人間と人間との直接の対話が求められるのであり、「文明の対話」といってもそれがあくまで基本となると思うのです。

私は東西冷戦《れいせん》のさなかにあって、「そこに人間がいるから」という信念で、ソ連や中国などの社会主義の国々を訪れ、友好の橋を架《か》けようと努めてきました。同様に、さまざまな宗教的・民族的・文明的背景《はいけい》の異なる世界の方々と対話を重ねてきましたが、「人間性」という共通の大地に立って心を開いて話し合えば、問題解決への道は必ず見つかるというのが、偽《いつわ》らざる実感です。誰人も本心では争《あらそ》いなど欲《ほっ》していない。孤立《こりつ》が疑心《ぎしん》を生み、疑心が対立を呼ぶ。だからこそ、いかなる国も民族も絶対に孤立させてはならない――との思いで徹《てっ》して世界を回り、ある時は対話を通し、ある時は教育交流や文化交流を通して、一滴《いってき》また一滴と友情の水嵩《みずかさ》を増しながら、人間と人間とをつなぐ平和の大河《たいが》を築《きず》いてきたのです。

心理学者ユングが指摘するように、「個人を実際に根本的に変える」力は、「人間と人間との個人的な触《ふ》れ合いからしか生まれない」（松代洋一編訳『現在と未来』平凡社）のであり、「平和の文化」を育《はぐく》み、共生の地球社会を築くといっても、人間と人間との一対一の対話を粘《ねば》り強く重ねていくことが、迂遠《うえん》な小径《こみち》のようでも確かな大道《だいどう》へとつながっていくものであると、私は強く確信するものであります。

平和に果たす女性の役割（２０００年）

20世紀の最後の10年は、誠《まこと》に目まぐるしい激動《げきどう》の10年でした。（中略）

冷戦《れいせん》が終結《しゅうけつ》した１９８９年から昨年（１９９９年）までの10年間で、紛争《ふんそう》や分離独立《ぶんりどくりつ》など劇的な変化を経験した国家の数は約50に及《およ》び、紛争による死者は４００万人にのぼるといいます。

特に近年は、紛争における非《ひ》戦闘員《せんとういん》（民間人）犠牲者《ぎせいしゃ》の割合は9割に達し、その半数が子どもたちとなっている点は、誠に憂慮《ゆうりょ》すべき事態といえましょう。

また、紛争で生き残った人々も大半《たいはん》が難民《なんみん》生活を余儀《よぎ》なくされており、ＵＮＨＣＲ（国連難民高等《こうとう》弁務《べんむ》官《かん》事務所）では、国際的な保護が必要とされる人々の数を約２３００万人と推定《すいてい》しています。

「戦争と暴力の世紀」と呼ばれる20世紀の〝負《ふ》の遺産《いさん》〟を克服《こくふく》すべく、国連は新たなミレニアム（千《せん》年紀《ねんき》）の開幕《かいまく》となる本年を「平和の文化のための国際年」と定めました。

加えて、21世紀の最初の10年にあたる明２００１年から２０１０年を、「世界の子どもたちのための平和の文化と非暴力《ひぼうりょく》のための国際の10年」と設定《せってい》しています。その意味で本年（２０００年）は、「戦争の文化」から「平和の文化」への転換《てんかん》を目指し、国際社会が団結して行動を開始する絶好の機会であると私は強く訴《うった》えたい。

ユニセフ（国連児童基金）の『二〇〇〇年　世界子供白書《はくしょ》』でも、構造的《こうぞうてき》暴力からの脱却《だつきゃく》を、一世代のうちに成《な》し遂《と》げる決意で取り組むべきと強調されております。

昨年（１９９９年）、アメリカＳＧＩの青年部が〝暴力の克服〟のための運動に立ち上がりました。

厳《きび》しい現実に絶望したり、自分たちの身に危険が及ばないからといって、手をこまねいていてはなりません。たとえ小さな一歩であっても、社会の悪を見過《みす》ごすことなく、行動を起こすことからすべては始まるのです。

「いずこの地であろうと悲劇《ひげき》はあってはならない」「世界から悲惨《ひさん》の二字《にじ》を消し去ってみせる」との力強い意志をもって、私たちはともに前進せねばなりません。その不断《ふだん》の挑戦《ちょうせん》のなかにこそ、21世紀を単なる〝20世紀の延長線上《えんちょうせんじょう》の時代〟に終わらせず、新しい「平和と希望の世紀」の軌道《きどう》をつくりゆく鍵《かぎ》があると、私は思うのです。

私たち人類が取り組むべき課題は、単《たん》に戦争がないといった消極的《しょうきょくてき》平和の実現ではなく、「人間の尊厳《そんげん》」を脅《おびや》かす社会構造を根本《こんぽん》から変革する積極的《せっきょくてき》平和の実現にあります。そのためには、国際協力や法制度の整備も必要となりますが、何にもまして、その基盤《きばん》となるのが「平和の文化」といえましょう。

SGIは、1975年1月26日、世界51カ国・地域の代表がグアムに集い、実質的なスタートをみてより、日蓮大聖人の仏法を基調《きちょう》とした「人間主義」を掲《かか》げながら、「平和」「文化」「教育」を通じた民衆の連帯《れんたい》を世界148カ国・地域に広げてきました。それは「戦争と暴力の世紀」から「平和と希望《み》の世紀」へ——不幸と悲惨に満《み》ちた人類史の転換を目指しての〝民衆の民衆による民衆のための平和運動〟であります。

「平和の文化」構築のために挑戦を重ねてきたSGIでは、昨年（1999年）もハーグとソウルで開催されたNGO（非政府組織）の会議で、それぞれシンポジウムを主催《しゅさい》し、討議を行ってきました。また平和研究機関である「ボストン21世紀センター」（現・池田国際対話センター）においても昨年（1

999年）春、3回にわたる連続会議を行い、「平和の文化」構築《こうちく》のための方途《ほうと》を模索《もさく》してきました。

いずれの会議でも、焦点《しょうてん》として浮かび上がってきたのは、悲劇《ひげき》を生み出す「憎《にく》しみと対立の土壌《どじょう》」を、いかに「平和と共存の土壌」へと変えていくかという点であります。

ひとたび武力紛争《ふんそう》が起これば、殺戮《さつりく》や破壊《はかい》が繰り返されるだけでなく、暴力や恐怖から逃《のが》れるために住み慣《な》れた故郷《こきょう》を離れ、難民《なんみん》生活を強《し》いられる人々が多数、出てきます。

SGIでは、仏法の理念に基《もと》づく人道《じんどう》主義の立場から、こうした難民を救援《きゅうえん》するUNHCRの活動を支援してきました。なかでも日本の青年部を中心とする救援キャンペーンは、1973年のベトナム・西アフリカに対するもの以来、20回を数え、1980年に始まった難民キャンプの視察《しさつ》や調査団の派遣《はけん》は14回になります。

昨年（1999年）は、ユーゴスラビアのコソボ自治州《じちしゅう》と、タンザニアにあるルワンダ、ブルンジ、コンゴ難民キャンプに視察団を派遣しました。今後とも、こうした仏法を基調《きちょう》とした平和・文化・教育の運動は、地道《じみち》に多角的《たかくてき》に展開《てんかい》してまいりたい。それが仏法者の人間的、社会的使命だからです。

◇

現在、「平和の文化のための国際年」を主導《しゅどう》するユネスコ（国連教育科学文化機関）が中心となり、世界規模《きぼ》での意識啓発《けいはつ》運動がスタートしています。これは「マニュフェスト2000」と名付けられた運動で、国連の「ミレニアム（千年紀《せんねんき》）総会」に向けて、一億人の署名《しょめい》を提出することを目標とするものです。

これまでユネスコに協力し、「国際識字年キャンペーン」や、「平和の文化」への意識を育《はぐく》む「世界の少年少女絵画展」の海外巡回《じゅんかい》を行ってきたSGIとしては、「マニュフェスト2000」の理念に賛同《さんどう》し、広報面での協力を含めた支援を行っていく所存《しょぞん》です。

これに付言し、「平和の文化」に果たす女性の役割について言及《げんきゅう》したいと思います。

人類の長い歴史のなかで、戦争や暴力、圧政《あっせい》や人権抑圧《よくあつ》、疫病《えきびょう》や飢饉《ききん》など、社会が混乱《こんらん》や不安に陥《おち》った時、最も苦しめられてきたのが女性たちでありました。

にもかかわらず、社会の歩《あゆ》みを絶《た》えず「善《ぜん》」なる方向へ、「希望」の方向へ、「平和」の方向へと、粘《ねば》り強く向けてきたのも、女性たちであったといえましょう。

マハトマ・ガンジーが〝もし、「力」が精神の力を意味するのであれば、女性は計《はか》り知れないほど男性よりもすぐれている。もし、非暴力が、私たち人間の法則であれば、未来は女性のものである〟(ハリーバーウ・ウパッデャイ『バープー物語』池田運訳、講談社出版サービスセンター。参照)と強調していたように、希望の未来を開く鍵《かぎ》は女性が担《にな》っているのです。

平和に果たす女性の役割については、私も年来《ねんらい》、強調してきた点であり、ラテンアメリカの人権運動家であるエスキベル博士と、現在準備を進めている対談集の中で、重点的に語り合うことになっています。

ＳＧＩとしても、女性たちの手による反戦出版活動や、意識啓発のための展示や講演会《こうえんかい》などの活動に意欲的《いよくてき》に取り組んできました。昨年（１９９９年）10月にはソウルでのＮＧＯ世界大会で、「女性こそ『平和の文化』の担い手」とのテーマのもと、シンポジウムも行っています。

また、女性の視点から人類が抱《かか》える諸課題を問い直し、『女性から見た地球憲章《けんしょう》』などを出版してきた「ボストン21世紀センター」（現・池田国際対話センター）では本年（２０００年）、「平和における女性の役割」を考えるシンポジウムを開催するとともに、「平和を考える女性講演シリーズ」をスタートさせることになっています。

国連でも6月（2000年）に「女性2000年会議」が行われ、SGIも参加を予定していますが、議論が深められることを期待するものです。

こうした取り組みとともに欠《か》かせないのが、日々の生活の中で「平和の文化」を具体的に創造《そうぞう》していく挑戦《ちょうせん》でありましょう。

〝一人一人が日々、粘《ねば》り強く平和の振《ふ》る舞《ま》いを持続《じぞく》する過程《かてい》のなかに「平和の文化」が存在する〟と訴える平和学者のエリース・ボールディング博士は、特にこの面での女性の役割を重視しています。

平和といっても遠きにあるものではない。他人を大切にする心を育《はぐく》み、自らの振る舞いを通して、地域の中で友情と信頼の絆《きずな》を一つ一つ勝ち取っていくなかでこそ、世界は平和へと一歩一歩前進するのです。

毎日の振る舞い、そして地道な対話を通し、「生命の尊厳《そんげん》」「人間の尊厳」への思いを高め合うなかで、「平和の文化」の土壌《どじょう》は豊かになり、新しい地球文明は花開くのです。

女性に限らず、一人一人の人間が目覚め、立ち上がることこそ、社会が「戦争の文化」へと暴走《ぼうそう》するのを押しとどめるブレーキとなり、平和の世紀を築《きず》く原動力となりましょう。

SGIでは、自他共《じたとも》の幸福を目指す仏法の理念に基《もと》づき、「人間革命」という名の、〝民衆の民衆による民衆のためのエンパワーメント運動〟に取り組んできました。ここでいう、エンパワーメントとは、人間誰《だれ》しもに本来備《ほんらいそな》わっている無限《むげん》の可能性と力を最大に引き出すことに眼目《がんもく》があります。

そのために、人々と積極的《せっきょくてき》にかかわり合い、生命と生命との触発《しょくはつ》作業を繰り返すなかで、自他共の平和と幸福が実現され、世界平和への礎《いしずえ》は、より強固となると私たちは考えるのです。

世界各地でＳＧＩのメンバーが、悩み苦しむ友を励《はげ》まし、生きる勇気と希望を引き出す地道《じみち》なエンパワーメントの実践に取り組む一方で、よき市民として平和・文化・教育の運動を通して「民衆の連《れん》帯《たい》」を築き上げてきたことに、私は大いなる喜びと、強い自負《じふ》を感じます。

この「人間と人間の連帯」「心と心の連帯」の拡大《かくだい》こそが、「平和の文化」のほかならぬ実践であることを、改《あらた》めて確認しておきたい。平和が人間一人一人の心の中に根づいてこそ、「平和の文化」を全地球的規模《きぼ》に広げることができ、永続化《えいぞくか》させることができると私は確信するのです。

日々の生活の中に「平和の種《たね》」を（2004年）

昨年（2003年）3月、国連のチョウドリ事務次長を創価大学と創価女子短大の卒業式にお迎《むか》えし、学窓《がくそう》からの旅立ちを世界平和への旅立ちと重ね合わせて、心のこもる祝辞《しゅくじ》をいただきました。

その事務次長が、本年（2004年）初頭《しょとう》、私あてに新年のメッセージを寄せてくださったのですが、注目すべきはその中で、世界平和に取り組む上での「家庭」や「家族」の役割が、ことのほか強調されていることです。

いわく、「社会と積極的にかかわる家庭からは、自立し、創造力のある、困難に立ち向かうことのできる人間が育ちます。『平和の文化』のメッセージと、寛容《かんよう》・相互《そうご》理解・多様性《たようせい》の尊重《そんちょう》の価値が、家庭で幼少期《ようしょうき》から教えられるなら、数十年先の世界においては、対立と暴力の蔓延《まんえん》する今日《こんにち》の社会は、大きく変化するはずです」と。

国連というグローバルな立場から平和のために汗を流している人の言《げん》だけに、千鈞《せんきん》の重みをもっております。（中略）

魂《たましい》の次元《じげん》にまで届《とど》くソフト・パワーによる精神土壌《どじょう》の開拓《かいたく》がなされなければ、恒久《こうきゅう》平和に一歩も近づけるものではない。その開拓作業の不可欠《ふかけつ》の場が、家庭や家族という小さな、原初《げんしょ》の共同体である、との認識《にんしき》に達しておられるのだと思います。

確かに、口惜《くちお》しくも殉職《じゅんしょく》された外務省の奥克彦大使《おくかつひこたいし》が「イラク便《だよ》り」の中で、事態の深刻《しんこく》さを嘆《なげ》きながらも、「でも救いはあります。それは子供達の輝く目です」「イラクの子供達のきらきらした目を見ていると、この国の将来はきっとうまく行く、と思えてきます」（外務省のホームページ）と述《の》べているのは、まさに正鵠《せいこく》を射《い》ていると思います。

イラクをはじめ紛争《ふんそう》地域で、不信と憎悪《ぞうお》の焔《ほのお》を燃え上がらせている大人たちの目を見ていると絶望的な気持ちにさえ襲《おそ》われるのですが、一転《いってん》して子どもたちの輝く目に接《せつ》すると、この人類史のアポリア（難問）にも、一条《いちじょう》の光が差し込む、の感を深くします。

そのためにも、彼らが成育《せいいく》し、魂を活性化《かっせいか》させゆく場である教育現場には、いやましてスポットを当てていかなければならないと訴えたい。

青年をこよなく愛した、創価学会の戸田城聖第2代会長の若人《わこうど》への熱い呼びかけが想起《そうき》されます。

「衆生《しゅじょう》を愛さなくてはならぬ戦いである。しかるに、青年は、親をも愛さぬような者も多いのに、どうして他人を愛せようか。その無慈悲《むじひ》の自分を乗り越えて、仏の慈悲の境地《きょうち》を会得《えとく》する、人間革命の戦いである」（『戸田城聖全集第1巻』）と。

衆生を愛するという仏教の極致《きょくち》であり、人類愛の精髄《せいずい》たる慈悲といっても、親を愛するという身近な〝一歩〟を欠《か》いては絵空事《えそらごと》になってしまう。「足下を掘《ほ》れ、そこに泉《いずみ》あり」といわれるように、一日一日の地道な営《いとな》みの中の〝一歩〟は、些細《ささい》なようで、実はそこにすべてが含《ふく》まれている。単なる肉親《にくしん》の情愛を超え、親が子を、子が親を、一個の人格、すなわち「他者」と位置づけ、触《ふ》れ合い、打ち合い、互《たが》いに陶冶《とうや》し合う鍛《きた》えの持続《じぞく》こそ、地についた〝一歩〟であり、それは「家のなか」から踵《きびす》をめぐらし、地域社会での公徳心《こうとくしん》の発露《はつろ》に始まり、健全《けんぜん》な愛国心、そして普遍的《ふへんてき》な人類愛へと、まっすぐに歩みを向けていくはずであります。

液状化《えきじょうか》現象といっても決して言《い》い過《す》ぎではない昨今《さっこん》の時代精神の惨状《さんじょう》、衰退《すいたい》を目にしていると、平和という大問題も、そうした身近なところから捉《とら》え、再考三考《さいこうさんこう》していく以外にない。少なくとも、それを欠《か》いては抜本的《ばっぽんてき》な手立てとはいえないのではないか、と感じられてなりません。ゆえに、私どもは、その次元から確《かく》たる〝一歩〟を踏《ふ》み出していきたいと思います。

◇

昨年（２００３年）は、平和教育の一環《いっかん》として、パリのユネスコ（国連教育科学文化機関）本部やジュネーブの国連欧州《おうしゅう》本部などで「ライナス・ポーリングと20世紀」展を巡回《じゅんかい》し、この2月（２００４年）にはＳＧＩが中心となってニューヨークの国連本部で「世界の子どもたちのための平和の文化の建設」展を開催《かいさい》する予定となっています。

これらの展示はいずれも、時代変革の波を起こすためにはまず、地球を取り巻く問題の一つ一つを、わが身に引き寄せて考えることが欠かせない、との信念から生まれたものです。

私は現在、21世紀の世界が基調《きちょう》とすべき「平和の文化」を提唱してきた、平和学者のエリース・ボールディング博士と対談を進めています。

その中で博士は、「人間は、現在のこの時点にだけ生きる存在ではありません。もし自分をそういう存在だと考えるならば、今、起こっている事柄《ことがら》にたちまち打ちのめされてしまいます」（『「平和の文化」の輝く世紀へ！』、『池田大作全集第１１４巻』所収）と述べ《の》、希望を失《うしな》わないためには長期的《ちょうきてき》な観《かん》点《てん》で未来を見据《みす》えながら、建設的な役割を果たすことが重要であると訴《うった》えておられました。

思えば１９７５年1月、ＳＧＩの発足《ほっそく》に際《さい》し、私は、世界から集まったメンバーを前に、こう呼びかけました。

〝皆《みな》さん方はどうか自分自身が花を咲《さ》かせようという気持ちでなくして、全世界に平和の種《たね》を蒔《ま》いて、その尊《とうと》い一生を終わってください。私もそうします〟と。

この信念は今も、まったく変わるものではありません。平和といっても、決して日常を離《はな》れたところにあるものではない。一人一人が現実の「生活」の中に、また「生命」と「人生」に、どう平和の種を植《う》え、育てていくか。ここに、永続的《えいぞくてき》な平和への堅実《けんじつ》な前進があると、私は確信するものです。

かつて戸田第2代会長は、万年《まんねん》の未来を展望《てんぼう》し、「やがて創価学会は壮大《そうだい》なる『人間』触発《しょくはつ》の大地となる」と語りました。私どもは、その誇《ほこ》りと使命感を胸に、明年《みょうねん》(2005年)のSGI発足30周年を目指して、「平和の文化」を築《きず》く民衆のグローバルな連帯《れんたい》をさらに広げていきたいと思います。

「多様性《たようせい》の尊重《そんちょう》」と対話の精神（2005年）

2001年9月のアメリカでの「同時多発《たはつ》テロ事件」以来、世界ではグローバルな緊張《きんちょう》状態が強まっています。

いつ起こるともしれないテロに対抗《たいこう》する形で、多くの国で安全保障政策が優先化《ゆうせんか》される中、こうした緊張状態から生《しょう》じる言いようのない不安が市民生活の間で広がりつつある現実は、異常《いじょう》な事態といえましょう。

冷戦《れいせん》時代もこれに似《に》た状況はありましたが、現在の脅威《きょうい》にはそれ以上の底知《そこし》れなさが感じられます。相手の姿《すがた》がはっきりとつかめないばかりか、何をもって終結《しゅうけつ》となるのかが一向《いっこう》に見えないために、軍事行動や治安措置《ちあんそち》をいくら講《こう》じても安心感を得られず、たえず不安にさらされる重苦《おもくる》しさがあるからです。

イラク情勢も依然《いぜん》、混迷《こんめい》が続いています。昨年（2004年）6月に暫定《ざんてい》政府への主権移譲《いじょう》が行われたものの、各地で武力衝突《しょうとつ》やテロが続発《ぞくはつ》しており、今月（2005年1月）30日に予定されている国民議会選挙の成功が危《あや》ぶまれています。

これらの問題に加えて、暗礁《あんしょう》に乗り上げている中東《ちゅうとう》和平の行方や、北朝鮮の核《かく》開発問題の膠着化《こうちゃくか》、多発する地域紛争などの不安定要因が相《あい》まって、「戦争と暴力の20世紀」の再来《さいらい》を懸念《けねん》する声さえあがっています。

一方で、近年、多くの国々で「セキュリティー（安全保障）」の優先度が高まるあまり、軍縮《ぐんしゅく》どころか軍拡《ぐんかく》への傾向《けいこう》が強まったり、治安優先のために人権が制限される事例《じれい》が増えるとともに、貧困《ひんこん》や環境破壊《はかい》といった他の地球的問題群《ぐん》への国際的な対応が遅れがちになり、人々の生活や尊厳を脅《おびや》かす脅威が深刻化《しんこくか》していることは、テロの時代が招《まね》いたもう一つの大きな悲劇《ひげき》といえます。

では、こうした21世紀の人類が直面《ちょくめん》する危機《きき》をどう乗り越えていけばよいのか――。もとより、〝魔法《まほう》の杖《つえ》〟を一振《ひとふ》りすれば済《す》むような打開策《だかいさく》はなく、前途《ぜんと》は険《けわ》しいと言わざるを得ません。問答無用《もんどうむよう》の暴力にどう立ち向かえばよいのかというアポリア（難問《なんもん》）が、立ちはだかっているからです。

とはいえ、いたずらに悲観《ひかん》に陥《おちい》る必要はないでしょう。人間が引き起こした問題である以上、人間の手で解決できないものはなく、どんなに時間がかかろうとも、もつれた紐《ひも》を解《と》くための努力を投げ出さない限り、打開《だかい》の道は必ず見えてくるはずだからです。

その最大の鍵《かぎ》となるのが、言い古《ふる》されているようで、なお未解決の難題であり続けている「対話」の二字であります。「対話こそ平和の王道」とは、人類史がその歩《あゆ》みを止めようとするのでない限り永遠に背負《せお》い続けていかねばならない宿題《しゅくだい》ではないでしょうか。

◇

思えば、SGIが発足《ほっそく》した1975年は、第4次中東《ちゅうとう》戦争やベトナム戦争の余燼《よじん》が冷《さ》めやらぬ中、西側諸国がサミットを初開催《はつかいさい》して結束《けっそく》を固める一方で、東側陣営《じんえい》内での中ソ対立が激化《げきか》するなど、世界の分裂《ぶんれつ》が深まっていた時代でした。

その中で私は、SGI発足に先駆《さきが》ける形で、1974年に中国とソ連を相次《あいつ》いで初訪問し、一触即《いっしょくそく》発《はつ》の緊張下《きんちょうか》にあった両国の首脳《しゅのう》と誠心誠意《せいしんせいい》、対話を重ねました。

当時の日本では、ソ連の人々に対する敵対意識が激しく、「なぜ宗教者が宗教否定《ひてい》の国へ行くのか」といった批判《ひはん》も数多く受けました。しかし、世界の約3割を占《し》めていた社会主義諸国の存在を無視《むし》したままで世界平和の展望《てんぼう》を描《えが》くことはできず、その状態を一日も早く打開しなければならないというのが、仏法者としての私の偽《いつわ》らざる思いだったのです。

初訪中の際《さい》、ソ連の空襲《くうしゅう》に備《そな》えて地下に防空壕《ぼうくうごう》をつくる北京の人々の姿《すがた》を目にした私は、3カ月後（1974年9月）にお会いしたコスイギン首相に「中国はソ連の出方《でかた》を気にしています。ソ連は中国を攻《せ》めるつもりがあるのですか」と、単刀直入《たんとうちょくにゅう》に聞きました。

「ソ連は中国を攻撃するつもりも、孤立化《こりつか》させるつもりもありません」との首相の言葉を得た私は、再び中国へ向かい、そのメッセージを伝えるとともに、周恩来総理《しゅうおんらいそうり》とお会いし、日中両国が友好を深め、ともに世界のために行動する重要性について語り合いました。

そして1975年1月にはアメリカを訪《おとず》れ、国連本部で創価学会青年部による核廃絶《かくはいぜつ》1000万署《しょ》名《めい》を手渡し、キッシンジャー国務長官とも意見交換《こうかん》を行いました。

こうした「対話」の渦《うず》を広げる真《ま》っただ中《なか》で、30年前（1975年）のきょう1月26日に、第2次世界大戦の激戦地《げきせんち》の一つであったグアムに51カ国・地域の代表が集《つど》い、SGIは〝民衆による一大《いちだい》平和勢力〟の構築《こうちく》を目指して、出発を果たしたのです。

以来、今日《こんにち》にいたるまで私どもは「対話こそ平和の王道」との信念のままに進んできました。

私も、分断化《ぶんだんか》に向かう世界を友情と信頼で結ぶ「人間外交」と、文化・教育分野における幅広《はばひろ》い「民衆交流」の推進《すいしん》に全力を傾《かたむ》けてきました。

国家やイデオロギーを超えて、世界の指導者と対話を重ね、キリスト教やイスラム教、ユダヤ教やヒンズー教や儒教《じゅきょう》をはじめとする、あらゆる思想的・文化的・宗教的背景《はいけい》をもった識者の方々と語り合う中で、21世紀の人類に要請《ようせい》される対話の依《よ》って立つ基盤《きばん》は、やはり、「結合《けつごう》は善《ぜん》、分断は悪」を信念とする「人間主義」をベースにしていく以外にない。これが、私の変わらぬ結論なのであります。

私なりに挺身《ていしん》してきたそうした人間主義に基づく外交の軌跡《きせき》を総括《そうかつ》しながら、改めて痛感《つうかん》することは、多くの紛争の根源《こんげん》となっている過激《かげき》主義（エクストリーミズム）、教条主義《きょうじょうしゅぎ》（ドグマティズム）を、何としても人間主義の方向へと軌道修正《きどうしゅうせい》していかなければならないということです。

◇

今、一番の焦点《しょうてん》となっているイラク情勢にしても、最も懸念《けねん》されるのは、それが「文明の衝突《しょうとつ》」という、イズムとイズムの対立といった様相《ようそう》を帯《お》びてしまうことでしょう。

いずこの国であれ、過激主義的な思考や、自国《じこく》の文化や法制度を他国《たこく》に押しつけようとする覇権的《はけんてき》思考を、皆《みな》が抱《いだ》いているわけではなく、むしろ少数派《しょうすうは》のはずです。

私は5年前（２０００年）、イラン出身の平和学者であるテヘラニアン博士（ハワイ大学教授）とともに、仏教とイスラム教をめぐる語らいを収めた対談集（『二十一世紀への選択』、『池田大作全集第１０８巻』所収）を発刊しました。

博士との語らいで、提起された問題点の一つは、イスラム教を暴力や脅威《きょうい》と結びつける偏見《へんけん》や誤解《ごかい》の根強さであります。「ジハード」という言葉の本意《ほんい》も、あくまで、より高い精神性を求めての人間の内面的な格闘《かくとう》にあることを、博士は強調されていました。

また、かつてのオスマン帝国における他宗教への宥和《ゆうわ》政策や、イスラム圏《けん》の治世下《ちせいか》に置かれたコルドバやサラエボなどのヨーロッパの都市で諸宗教の共存が図《はか》られてきた史実《しじつ》を踏《ふ》まえて、イスラム文明の骨格《こっかく》には、他者への不寛容《ふかんよう》などとはまったく正反対の、「普遍性《ふへんせい》への眼差《まなざ》し」や「多様性《たようせい》の尊重《そんちょう》」といった美質《びしつ》が脈打《みゃくう》ってきたことを、正しく認識する必要があるとの点で、私たちは一致《いっち》しました。

私は2月（2005年）から、トルコ出身の文化人類学者であるヤーマン博士（ハーバード大学教授）との連載《れんさい》対談をスタートしますが、ここでもイスラム社会の実像と精神性に光を当てながら、人類共存の地球文明への道を開くための方途《ほうと》について論じ合う予定であります。

SGIとしても、4年前（2001年）の同時多発《たはつ》テロ事件の直後から「ヨーロッパ科学芸術アカデミー」が定期的に開催《かいさい》してきた、キリスト教、仏教、ユダヤ教、イスラム教の代表による「四大《よんだい》宗教間対話」に参加するなど、ともに平和に貢献《こうけん》する道を模索《もさく》してきました。

また、私の創立《そうりつ》した平和研究機関「ボストン21世紀センター」（現・池田国際対話センター）や、東洋哲学研究所でも、地球的問題群《ぐん》解決への視座《しざ》を見いだすために、文明間や宗教間の対話に積極的《せっきょくてき》に取り組んでいます。

いずれにせよ対立を泥沼化《どろぬまか》させないためには、文明そのものと暴力志向《しこう》の動きを切り離し、「定型化《ていけいか》」や「限定性」といった〝過激主義の罠《わな》〟に陥《おちい》ることへの警戒《けいかい》を怠《おこた》ってはならない。

この点、地球規模《きぼ》で広がる文化的対立をテーマにした国連開発計画の『人間開発報告書　2004』（横田洋三・秋月弘子監修、国際協力出版会）で示唆《しさ》深《ぶか》い分析がなされています。（中略）

報告書では、自分たちの主義主張を他者に強要《きょうよう》し暴力的手段《しゅだん》をも辞《じ》さないグループは、宗教に限らず民族や人種を背景《はいけい》としたものもあるとした上で、その特徴として、「現実の不満を解決することにではなく、危機感をあおるスローガンとして表面的な不満を利用することに力を注《そそ》ぐ」「同じ集団に属《ぞく》する人々さえも対象にして、異なる意見を誹謗《ひぼう》し、抑圧《よくあつ》し、集団への誠実《せいじつ》さや忠誠心《ちゅうせいしん》（信仰の純粋《じゅんすい》さや愛国心）を問題にする」等の点を指摘しています。

つまり、人々を過激な行動に駆《か》り立てるのは、単に特定の宗教や民族に属《ぞく》しているからなのでは決してないこと、それらのグループは自分たちが属する集団に対しても排他的《はいたてき》な行動をとること、といったように実態を正しく見極《みきわ》めることが肝要《かんよう》なのです。

私がこれまで、中東からアジア・アフリカ地域に広がるイスラム圏諸国の指導者や多くの識者の方々と対話を重ねてきた実感からいっても、敵対《てきたい》ではなく平和的共存を望む穏健的《おんけんてき》な考えをもつ人々こそが、顕在的《けんざいてき》、潜在的《せんざいてき》な多数派であり、テロや紛争《ふんそう》を起こすグループのほうが例外的存在であると思われます。

ゆえに大切なのは、軍事一辺倒《いっぺんとう》のやり方で暴力志向《しこう》のグループに対峙《たいじ》し、市民の間にもグループへの支持《しじ》や共感の裾野《すその》を広げてしまうような逆効果な手法ではなく、グループの活動の素地《そじ》となる社会的不安や不満を粘《ねば》り強く取り除《のぞ》きながら、その存立基盤《そんりつきばん》を根元《ねもと》からなくしていく努力ではないでしょうか。

鍵《かぎ》となるのは、やはり、私がこれまで一貫《いっかん》して強調してきた教育、とりわけ青少年への教育であると思います。

◇

今月（2005年1月）からスタートした国連の「人権教育のための世界プログラム」は、そのための国際的な取り組みとして、重要な意義《いぎ》をもつものといえるでしょう。

人権教育の世界的枠組《わくぐ》みの継続《けいぞく》の必要性については、4年前（2001年）に南アフリカで行われた国連の「反人種主義・差別撤廃《てっぱい》世界会議」に寄《よ》せたメッセージで私が訴《うった》えた点でもあり、今回の世界プログラムは、ＳＧＩとしても他のＮＧＯ（非政府組織）や国連機関、各国政府と協力を重ね、その機運《きうん》が高まる中で、昨年（２００４年）４月の国連人権委員会での決議による勧告《かんこく》を経《へ》て、先月（２００４年12月）の国連総会の決議で制定されたものです。

第一段階《だんかい》となる２００７年までの最初の３年間では、初等・中等教育の場を通した青少年への人権教育に特に焦点《しょうてん》を当てていく予定となっています。

ＳＧＩとしても、これまで「国連人権教育の10年」を支援《しえん》し行ってきた「現代世界の人権」展に続く形で、新たな人権展示を制作し、各地で開催《かいさい》していく予定です。

また今年（２００５年）からは、「持続《じぞく》可能な開発のための教育の10年」もスタートしております。これも、私どもが他のＮＧＯなどとともにその制定を訴え、実現をみたものです。

教育の10年を進める中心となるユネスコ（国連教育科学文化機関）が、その基本的なビジョンを「持続可能な未来と、社会の積極的《せっきょくてき》な変革のために必要な価値観や行動、生き方を学習する機会」としているように、対象となる内容は環境教育だけに限らず、実《じつ》に幅広《はばひろ》いものです。

いうなれば、平和や貧困《ひんこん》の問題といった、人類が直面《ちょくめん》するあらゆる課題を視野《しや》に入れながら、未来の世代へと受《う》け継《つ》いでいくことのできる「持続可能な地球社会」を、皆《みな》が力を合わせて建設するための礎《いしずえ》となっていく教育であります。

その意味で、この二つの教育は互《たが》いに密接《みっせつ》な関係にあり、国連を軸《じく》にした二つの教育推進《すいしん》の取り組みを〝21世紀の方向性を決定づけるチャンス〟と捉え、国際社会が一致《いっち》協力し、成功へ向けての努力を傾《かたむ》けるべきではないでしょうか。

「平和の文化」学校拠点化《きょてんか》プログラム（２０１０年）

先進国であろうと、途上国《とじょうこく》であろうと、社会が危機《きき》に直面した時、そのしわ寄《よ》せを最も強く受けるのは子どもたちです。

今回の経済危機においても、各国で景気《けいき》が後退《こうたい》し、国家の財政や家計が逼迫《ひっぱく》する中で、十分な栄養《えいよう》を得られなくなったり、満足な保健ケアを受けられなくなったり、学校をやめて働かざるを得なくなったりする子どもたちが増加することが懸念《けねん》されています。

そこで私は、学校をさまざまな脅威《きょうい》から子どもたちを守る屋根《やね》、すなわち「人間の安全保障」を確保する拠点《きょてん》とする一方で、子どもたちを「平和の文化」の担《にな》い手に育てる場としていくことを呼びかけたい。

すでにＷＨＯ（世界保健機構）では、学校を健康増進《ぞうしん》の拠点として重視する活動を１９９５年からスタートしています。

このアプローチは現在、ＷＨＯやユニセフ（国連児童基金）など四つの機関が共同して進める「ＦＲＥＳＨ」の枠組みにも受け継がれ、健康に生活するためのスキルを磨《みが》く教育や、栄養ある食事の提《てい》供《きょう》などを柱《はしら》とした学習環境の整備を進めることが目指されているのです。

このうち、学校給食の配給《はいきゅう》は、世界食糧《しょくりょう》計画が長年にわたり取り組んできたように、子どもの健康と未来を守る重要なセーフティーネットとなっています。

またユニセフでは「子どもに優しい学校」を提唱し、地震《じしん》や台風《たいふう》に強い学校づくりを支援《しえん》し、学校が子どもたちにとって危機《きき》の時には避難《ひなん》する場所となり、日常性を取り戻し、傷《きず》ついた心を癒《い》やす場所となるよう、呼びかけてきました。

私は、これまで国連の諸《しょ》機関などが学校を拠点にして進めてきた活動の経験や実績を踏《ふ》まえつつ、今後、「人間の安全保障と平和の文化のための学校拠点化プログラム」として発展させることを提案したい。

近年、子どもたちを単《たん》に庇護《ひご》すべき存在としてではなく、〝変革の媒介者《ばいかいしゃ》〟として位置づけてエンパワーメントしていく動きが重視されてきましたが、そこから歩《あゆ》みをさらに進めて、人類の悲劇《ひげき》の流《る》転《てんし》史を転換《てんかん》するために、次代を担う子どもたちから時代変革の波を起こす環境づくりを目指すべきだと思うのです。

今年（２０１０年）で「世界の子どもたちのための平和の文化と非暴力のための国際の10年」は最終年となります。来年（２０１１年）以降はこれを引き継ぐ形で、学校を拠点に「平和の文化」を全地球に広げる活動を進めるべきではないか。

国連で１９９９年に採択《さいたく》された「平和の文化に関する行動計画」では、取り組むべき課題の一つとして次の項目《こうもく》が掲《かか》げられていました。

「子どもたちが早い時期から、あらゆる争《あらそ》いを、人間の尊厳《そんげん》を尊重《そんちょう》するような精神、寛容《かんよう》と非差別の精神をもって平和的に解決することが可能になるような価値観の形成、態度、行動の様式《ようしき》ならびに生き方を身につけるような教育をすすめる」（平和の文化をきずく会編『暴力の文化から平和の文化へ』）

いわば、こうした内容を軸《じく》に、学校や家庭などあらゆる場での教育を通じて、生命や尊厳を脅《おびや》かす危険に対処《たいしょ》できる力と、暴力的手段によらずに対話を通じて問題を解決する精神を培《つちか》っていく。そして、成長した子どもたちが将来《しょうらい》にわたって、自分のみならず、身の回りの人々の人権や尊厳を守る存在となり、「平和の文化」を社会に根づかせる担い手となっていく流れをつくり出すことを、私は呼びかけたいのです。

その上で、「平和の文化」の裾野《すその》をより広げるためには、国連や政府による取り組みだけでなく、市民社会の側《がわ》から、価値観や振《ふ》る舞《ま》いや生き方といった次元《じげん》で「平和の文化」の要素となる考え方を、粘《ねば》り強く意識啓発《けいはつ》していく努力が重要となります。

これまで私どもは、創価学会の牧口初代会長の精神を受《う》け継《つ》ぎ、社会が直面《ちょくめん》する問題を考える出発点に「子どもたちの幸福」を据《す》えることを呼びかけてきました。

1989年に子どもの権利条約が採択《さいたく》されたことを受け、「世界の子どもとユニセフ展」や「子どもの人権展」の巡回《じゅんかい》を日本で進めたほか、1996年からはアメリカ各地などで「子どもの権利と現実」展を行いました。

また、国際10年を支援《しえん》する一環《いっかん》として、2004年から「世界の子どもたちのための平和の文化の建設」展を各国で開催《かいさい》するとともに、2006年からは日本各地で「平和の文化と子ども展」を巡回してきたのであります。

子どもは未来からの使者《ししゃ》であり、人類の宝《たから》である。その胸に勇気と希望を灯《とも》すことが世界の平和につながっていく――。私どもは、今後もこの信念に基《もと》づき、「子ども第一」の世界を目指して邁進《まいしん》していきたい。

池田大作（いけだ・だいさく）
創価学会名誉会長、創価学会インタナショナル（ＳＧＩ）会長。1928年東京都生まれ。創価大学、アメリカ創価大学、創価学園、民主音楽協会、東京富士美術館、東洋哲学研究所、戸田記念国際平和研究所などを創立。『人間革命』（全12巻）『新・人間革命』（現在24巻）をはじめ著書多数。また世界の識者と対談を重ね、『二十一世紀への対話』（Ａ・Ｊ・トインビー）『二十世紀の精神の教訓』（Ｍ・Ｓ・ゴルバチョフ）『人間主義の大世紀を』（Ｊ・Ｋ・ガルブレイス）『地球平和への探究』（Ｊ・ロートブラット）『文化と芸術の旅路』（饒宗頤）のほか多くの対談集がある。国連平和賞、ＵＮＨＣＲ（国連難民高等弁務官事務所）から人道賞等を受賞。

新しき人類社会と国連の使命 上——池田大作 平和提言選集

2013年11月18日　初版発行
2022年 2 月16日　5刷発行

著　者　池田大作
編　者　戸田記念国際平和研究所
発行者　南晋三
発行所　株式会社 潮出版社
〒102-8110　東京都千代田区一番町6
一番町SQUARE
電話 03-3230-0781（編集）03-3230-0741（営業）
振替 00150-5-61090
http://www.usio.co.jp

印刷・製本　中央精版印刷株式会社

ISBN 978-4-267-01944-9　C0095

定価はカバーと帯に表示してあります。
落丁・乱丁本は送料弊社負担でお取り替えいたします。弊社営業部にご一報のうえ、お送りください。